인·적성검사

2025
고시넷
대기업

KB215200

최신
전국 수협
기출유형

실제 시험과
동일한 구성의
모의고사

전국 수협 인적성
선택과목 경영학/수협법
최신 기출유형 모의고사

gosinet
(주)고시넷

정오표 및 학습 질의 안내

 ## 정오표 확인 방법

고시넷은 오류 없는 책을 만들기 위해 최선을 다합니다. 그러나 편집 과정에서 미처 잡지 못한 실수가 뒤늦게 나오는 경우가 있습니다. 고시넷은 이런 잘못을 바로잡기 위해 정오표를 실시간으로 제공합니다. 감사하는 마음으로 끝까지 책임을 다하겠습니다.

고시넷 홈페이지 접속 > 고시넷 출판-커뮤니티 > 정오표

www.gosinet.co.kr

 모바일폰에서 QR코드로 실시간 정오표를 확인할 수 있습니다.

 ## 학습 질의 안내

학습과 교재선택 관련 문의를 받습니다. 적절한 교재선택에 관한 조언이나 고시넷 교재 학습 중 의문 사항은 아래 주소로 메일을 주시면 성실히 답변드리겠습니다.

이메일주소 **qna@gosinet.co.kr**

CONTENTS 차례

파트 3 인성검사

파트 4 면접가이드

책 속의 책 정답과 해설

1

전국 수협 소개 & 채용 절차

전국 수협의 비전, 윤리경영, CI, 인재상 등을 수록
하였으며 최근 모집공고의 내용 및 채용 절차 등을
쉽고 빠르게 확인할 수 있도록 구성하였습니다.

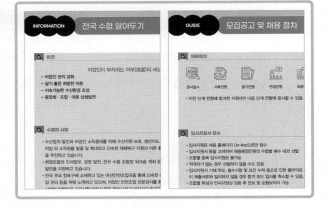

2

전국 수협 기출문제 분석

2022년부터 2024년까지의 최신 기출문제를 분석
하여 최근 출제 경향을 한눈에 파악할 수 있도록 하
였습니다.

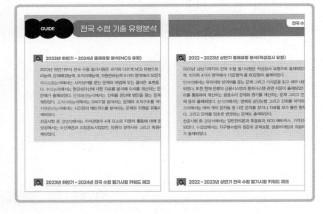

3

기출유형문제로 실전 연습 & 실력 UP!!

총 4회의 적성검사 기출유형문제와 2가지 전공시
험으로 자신의 실력을 점검하고 완벽한 실전 준비
가 가능하도록 구성하였습니다.

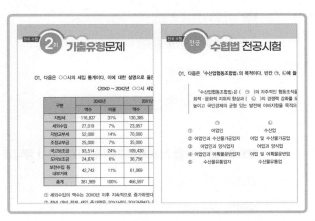

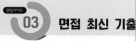

4

인성검사 & 면접가이드

채용 시험에서 최근 점점 중시되고 있는 인성검사와 면접 질문들을 수록하여 마무리까지 완벽하게 대비할 수 있도록 하였습니다.

5

상세한 해설과 오답풀이가 수록된 정답과 해설

기출유형문제와 전공시험에 대한 상세한 해설을 수록하였고 오답풀이 및 보충 사항들을 수록하여 문제풀이 과정에서의 학습의 효과가 극대화될 수 있도록 구성하였습니다.

비전

어업인이 부자되는 어부(漁富)의 세상

- 어업인 권익 강화
- 살기 좋은 희망찬 어촌
- 지속가능한 수산환경 조성
- 중앙회 · 조합 · 어촌 상생발전

 수협의 사업

- 수산업의 발전과 어업인 소득증대를 위해 수산자원 보호, 생산지도, 어장 환경개선 지원은 물론 어업 외 소득원을 발굴 및 확대하고 신속한 재해복구 지원과 어촌 활력을 불어넣는 다양한 사업을 추진하고 있습니다.
- 회원조합의 인사업무, 경영 발전, 전국 수협 조합장 워크숍 개최 등 회원조합의 지속적 성장과 발전을 지원하고 있습니다.
- 전국 주요 항포구에 소재하고 있는 어선안전조업국을 통해 신속한 해상구조지원업무 및 안전조업 관리 등을 위해 노력하고 있으며, 어업인 안전조업 전문강사를 통한 체험 · 참여형 교육을 실시하여 어업인의 긴급상황 대처 능력을 향상시키고 어선사고 및 인명피해를 예방하고 있습니다.
- 전국 위판장과 공판장 등에 설치된 방송시스템을 통해 다양한 수협 및 수산업 관련 소식을 신속하게 전달하여 대국민 홍보를 강호하고 수산업의 위상을 높이는 해양수산방송을 운영하고 있습니다.
- 어업인의 커뮤니케이션 활성화를 통해 권익을 보호하고 수협 · 수산 관련 소식의 정확한 전달과 홍보를 위해 수산물 생산 및 소비 관련 뉴스, 수산 정책 및 수산 관련 종합뉴스 등 다양한 소식을 담은 어업in수산을 매주 목요일에 발간하여 어업인, 수협, 정부, 일반인에게 배포하고 있습니다.

 CI

- 수협 로고의 외곽타원은 어민의 삶의 터전이 푸른 바다, 맑은 물을 상징
- 4마리의 물고기 도형은 어민과 어민, 수협과 어민, 수협과 정부 사이의 상호협동을 의미
- 물고기와 파도문양의 합성으로 형성한 역동감은 수협운동을 통한 진취적인 선진국가로의 발전을 투구하는 수협의 기상을 의미

윤리경영

투명하고 깨끗한 세상! 수협이 앞장서겠습니다.

윤리경영을 통한 세계화

세계적으로 엔론사태 이후 기업의 준법정신을 높일 수 있는 '기업윤리'가 강조되고 있으며, 윤리경영이 글로벌 스탠더드로 부상되고 있습니다.

철저한 윤리경영의 실천 및 확산

수협은 공사, 모든 용역, 구매 등 계약 체결의 일련과정에서 금품 또는 향응을 수수하지 못하도록 계약 상대방과 청렴계약 체결 위반 시 계약 해지, 거래 중단 등 불이익 부과로 업무의 투명성 강화와 아울러 수협의 윤리경영 실천 및 거래업체의 윤리경영 확산을 도모하고 있습니다.

윤리경영시스템의 운영 및 사회공헌

윤리경영은 일시적 유행이 아닌 시대적 요구사항으로 21세기 기업생존을 위한 필수요건임을 전 임직원이 인지하여, 기업경쟁력 강화차원에서 변화와 혁신의 시대적 상황과 높아진 사회의식수준에 부응하기 위하여 윤리경영시스템을 도입해 운영하고 있으며, 각종 사회봉사활동 및 공정하고 투명한 업무수행을 행하고 있습니다.

 인재상

Cooperation

협동과 소통으로 시너지를 창출하는 수협인

• 동료와 팀워크를 발휘하여 조직의 목표 달성에 기여하는 사람
• 다양한 배경과 생각을 가진 사람들과 의견을 조율하여 문제를 해결하는 사람

Creativity

창의와 혁신으로 미래에 도전하는 수협인

• 번뜩이는 생각과 새로운 시각으로 변화하는 시대에 앞서 나가는 사람
• 유연한 자세와 변화를 추구하며 새로운 분야를 개척하는 사람

Consideration

친절과 배려로 어업인과 고객에 봉사하는 수협인

• 고객을 섬기는 따뜻한 가슴으로 고객 행복에 앞장서는 사람
• 상대방의 입장에서 생각하고 행동하는 너그러운 마음을 품은 사람

채용절차

원서접수 　 서류전형 　 필기전형 　 면접전형 　 최종발표

• 이전 단계 전형에 합격한 지원자만 다음 단계 전형에 응시할 수 있음.

입사지원서 접수

• 입사지원은 채용 홈페이지 On-line으로만 접수
• 입사지원서 등을 고려하여 채용예정인원의 수협별 배수 내외 선발
• 조합별 중복 입사지원은 불가능
• 적격자가 없는 경우 선발하지 않을 수도 있음.
• 입사지원서 기재 착오, 필수사항 및 요건 누락 등으로 인한 불이익은 본인 부담이며, 주요기재사항이 제출서류와 일치하지 않을 경우 합격 또는 입사를 취소할 수 있음.
• 조합별 특성과 인사규정상 임용 후 전보 및 순환보직이 가능

지원자격

학력	제한 없음(단, 졸업예정자는 면접일 이후 근무 가능한 자여야 함. 근무가 불가능할 시 합격이 취소될 수 있음).
연령	제한 없음(단, 마감일 기준 현재 우리 조합 정년 이상인 자 제외).
기타	• 우리 조합 인사규정상 채용결격사유에 해당하지 않는 자 • 우리 조합 업무 관련 자격증 소지자 우대 • 취업지원대상자, 장애인은 관련법령에 의해 가점 등 부여

필기전형

구분	내용
일반관리계	• 필수과목(30%) : 적성검사(50문항/60분) • 선택과목(70%) : 전공(50문항/50분) 　– 민법(친족, 상속편 제외), 회계학(원가관리회계, 세무회계 제외), 경영학 　(회계학 제외), 수협법(시행령, 시행규칙 포함), 상업경제 중 택 1
기술계	필수과목 : 적성검사(50문항/60분)
인성검사	200문항/30분

※ 필기전형 고득점자 순으로 채용예정인원의 수협별 배수 내 선발하며 각 과목별 과락(40점 미만) 시 불합
격 처리
※ 인성검사 성적은 제외하나 '부적합'의 경우 불합격 처리

면접전형

• 면접 관련 세부내용은 채용홈페이지에 공고하지만 조합 사정에 따라 일정 변동 가능
• 면접은 1차 인성면접과, 2차 실무면접으로 이루어지고 1·2차 면접은 같은 날 진행됨.
• 면접점수 고득점자 순으로 최종합격자를 결정
• 면접 대상자에 한하여 면접 당일 해당 조합 총무과에 다음 서류를 개별 제출

공통	해당자
• 주민등록초본 • 최종학교 학력증명서 · 전학년 성적증 명서(석사이상은 학부 졸업 및 성적증 명서 포함)	• 주민등록초본(병역사항 포함) 　– 병역을 필한 지원자는 병역사항이 포함된 주민등 　록초본만 제출 가능 • 경력증명서 • 취업지원대상자증명서, 장애인증명서 • 자격증 · 면허증 사본

※ 면접 전행 시 제출한 서류는 채용절차의 공정화에 관한 법률 제11조에 따라 최종합격자 발표 후 14일 이
내 반환 청구가 가능함.

2023년 하반기 ~ 2024년 출제유형 분석(NCS 유형)

2023년 하반기부터 전국 수협 필기시험은 과거와 다르게 NCS 유형으로 개편되어 의사소통능력, 수리능력, 문제해결능력, 조직이해능력, 자원관리능력 5가지 영역에서 50문항을 출제했다.

의사소통능력에서는 사자성어를 묻는 문제와 어법에 맞는 올바른 표현을 사용하는 문제가 출제되었다. 수리능력에서는 현금성자산에 대한 자료를 분석해 수치를 계산하는 문제와 처분손익을 계산하는 문제가 출제되었다. 문제해결능력에서는 진위를 판단해 범인을 찾는 문제와 경로를 찾는 문제가 출제되었다. 조직이해능력에서는 SWOT을 분석하는 문제와 조직구조를 파악하는 문제가 출제되었다. 자원관리능력에서는 시간관리 매트릭스를 분석하는 문제와 자원을 유통하는 방법을 묻는 문제가 출제되었다.

전공시험 중 경영학에서는 지식경영의 4개 요소와 지원적 활동에 대해 묻는 문제가 출제되었다. 수협법에서는 수산채권과 조합공도사업법인, 임원의 결격사유 그리고 회원제명사유를 묻는 문제가 출제되었다.

2023년 하반기 ~ 2024년 전국 수협 필기시험 키워드 체크

2022 ~ 2023년 상반기 출제유형 분석(적성검사 유형)

2023년 상반기까지의 전국 수협 필기시험은 적성검사 유형으로 출제되었으며 언어력, 수리력, 분석력, 지각력 4가지 영역에서 15문항씩 총 60문항이 출제되었다.

언어력에서는 유의어와 반의어를 묻는 문제 그리고 기사문을 읽고 세부 내용을 파악하는 문제가 출제되었다. 또한 현재 은행의 금융시스템과 통화시스템 관련 지문이 출제되었다. 수리력에서는 단리와 복리를 활용하여 계산하는 응용수리 문제와 원가를 계산하는 문제 그리고 인원의 자리 배치를 묻는 문제 등이 출제되었다. 분석력에서는 명제와 삼단논법 그리고 진위를 파악하는 문제가 출제되었다. 지각력에서는 여러 개의 문자들 중 다른 문자를 찾거나 자료를 보고 틀린 항목을 찾는 문제가 출제되었다. 그리고 단어를 암호로 변경하는 문제도 출제되었다.

전공시험 중 경영학에서는 일반관리론과 후광효과, BCG 매트릭스, 가격전략 등을 묻는 문제가 출제되었다. 수협법에서는 지구별수협의 정관과 공제상품, 쌍끌이어업과 외끌이어업의 차이를 묻는 문제가 출제되었다.

2022 ~ 2023년 상반기 전국 수협 필기시험 키워드 체크

고시넷
전국수협
최신기출유형모의고사
적성검사 + 전공시험

키워드 >>> 문맥에 따라 문단 배열하기
최단 경로 파악하기
달러 환전액 계산하기
PMI 사고과정 이해하기
시간관리 매트릭스 파악하기

분석 >>> 전국 수협 필기시험은 1. 의사소통능력, 2. 수리능력, 3. 문제해결능력, 4. 조직이해능력, 5. 자원관리
능력 다섯 가지 영역으로 출제되고 있다. 의사소통능력에서는 보고서 작성법을 파악하는 문제와
사자성어의 의미를 파악하는 문제가 출제되었다. 수리능력에서는 적금의 이자를 계산하는 문제와
자료를 바탕으로 수치를 계산하는 문제가 출제되었다. 문제해결능력에서는 최단 경로를 구하는
문제와 조건을 바탕으로 우선순위를 파악하는 문제가 출제되었다. 조직이해능력에서는 조직도를
분석하는 문제와 결재과정을 파악하는 문제가 출제되었다. 자원관리능력에서는 시간관리 매트
릭스를 적용하는 문제와 스프레드 시트를 활용하는 문제가 출제되었다.

전국 수협_ 적성검사

파트 **1** **기출유형모의고사**

01. 4명으로 구성된 마케팅팀 직원들은 출신학교와 나이, 성씨가 모두 다르다. 다음 〈조건〉을 고려할 때, 항상 거짓인 것은?

─────| 조건 |─────

- 마케팅팀 직원들의 나이는 26, 27, 28, 29세이다.
- 마케팅팀 직원들의 출신학교는 S 대, E 대, H 대, K 대이다.
- 마케팅팀 직원들의 성은 김, 이, 박, 최이다.
- 마케팅팀에서 26세인 직원의 성은 김 씨이며 4명의 직원 중 첫 번째로 입사했다.
- 입사 순서가 세 번째인 마케팅팀 직원보다 1살 어린 마케팅팀 직원은 S 대를 나왔다.
- 마케팅팀에서 최 씨 성을 가진 사람은 28세나 29세가 아니다.
- 마케팅팀에서 E 대를 나온 직원은 H 대를 나온 직원보다 1살 많고, H 대를 나온 직원은 입사 순서가 마지막인 직원보다 한 살 많다.
- 이 씨 성을 가진 마케팅팀 직원은 박 씨 성을 가진 마케팅팀 직원보다 입사 순서가 빠르고 나이가 많다.

① 28세인 마케팅팀 직원은 박 씨이다.

② S 대를 나온 마케팅팀 직원은 최 씨이다.

③ K 대를 나온 마케팅팀 직원은 26세이다.

④ 김 씨 성의 마케팅팀 직원은 S 대 출신이다.

⑤ 입사 순서가 두 번째인 마케팅팀 직원은 27세 혹은 29세이다.

02. 다음은 ○○수협 김 과장이 신입사원 A에게 '보고서 작성 요령'에 대해 알려주고자 작성한 초고이다. 작성 요령으로 적절하지 않은 내용은?

<보고서 작성 요령>

① 보고 대상이 누구인지에 따라 보고서의 내용과 형식, 구체성의 정도, 분량 등을 적절하게 조절한다.

② 보고 시점은 보고서 작성 시간만 포함시킬 것이 아니라 보고 과정에 소요되는 시간까지 감안해 여유롭게 설정하는 것이 좋다.

③ 과거에 추진한 사례나 관련 부서의 담당자에게 자료를 요청하는 등 조직 내부를 활용하는 경우 보다 쉽게 원하는 자료를 얻을 수 있는 이점이 있다.

④ 전문용어, 약어 등은 회사의 구성원이라면 누구나 이해할 수 있는 내용이므로 상세 설명은 적지 않는다.

⑤ 보고서 제목과 작성 일자, 작성자 소속 등 필수 항목을 점검한다.

03. 다음을 참고할 때, 최 대리와 강 사원 중 어느 한 명이라도 식사 당번에 포함될 확률은?

　　1박 2일간 야유회를 떠난 영업본부 직원 11명은 야외에서 식사를 직접 준비해 먹으려 한다. 11장의 종이 중 4장에 '식사' 표기를 한 후 통 속에 넣어 '식사'가 쓰인 종이를 뽑게 되면 식사 당번이 된다. 맨 처음 뽑는 최 대리는 자신의 종이를 뽑은 후, 장을 보러 간 강 사원의 종이까지 대신 뽑아주기로 하였다.

① $\dfrac{21}{55}$　　　　　② $\dfrac{3}{7}$　　　　　③ $\dfrac{5}{9}$

④ $\dfrac{17}{33}$　　　　　⑤ $\dfrac{34}{55}$

[04 ~ 05] 다음 자료를 보고 이어지는 질문에 답하시오.

L 카드-체크 매출표

IC 승인

상호 : P 마트   대표자 : 조민정
사업자번호 : 416-81-641598
TEL : 053-404-XX17
주소 : 대구시 수성구 연못12로2길 3

카드번호 : 4049-2*6*-****-9981
거래일시 : 202X/12/17   14 : 38 : 20
승인번호 : 1785642
가맹점번호 : 248651825
매입사명 : L 카드
카드 일련번호 : 1771(일시불)

거래금액 :   56,340원
부가세 :   6,260원
총합계 :   62,600원

(DISC전표/창구매입불가)   전자서명전표

고유번호 : 3754-9774-1988
감사합니다!

영수증(사업자용)

카드 종류   거래일자
개인/체크카드   202X/12/17

카드번호   4049-2*6*-****-9981
승인번호   일시불   1785642
거래 유형   체크 승인

상품명	단가(원)	수량(개)	금액(원)
백미	26,500	2	53,000
탄산수	850	6	5,100
프레즐	3,000	2	6,000

합계 : 64,100
업종
결제대행(PG)

가맹점명 : P 마트
사업자번호 : 416-81-641598
전화번호 : 053-404-XX17
가맹점번호 : 248651825
주소 : 대구시 수성구 연못12로2길 3

*상기의 거래 내역을 확인합니다.

04. 다음 중 위 매출표와 영수증을 이해한 내용으로 적절하지 않은 것은?

① P 마트에서 사용된 카드의 카드사는 L 카드이다.

② P 마트는 대구를 주소로 하고 있고, 대표자는 조민정이다.

③ P 마트에서 프레즐 구매보다 탄산수 구매에 더 많은 금액을 사용했다.

④ P 마트에서 사용된 카드번호는 4049 − 2*6* − **** − 9981이다.

⑤ P 마트에서 거래한 거래내역 고유번호는 8로 끝난다.

05. 다음 중 위 매출표와 영수증을 통해 알 수 있는 내용을 짝 지은 것으로 적절하지 않은 것은?

① 카드 일련번호 : 1692

② 승인번호의 마지막 두 자리 : 42

③ 물품 수량 : 10개

④ 부가세 : 6,260원

⑤ 거래월 : 12월

06. 다음 중 국내 환경 관련 산업계 상황에 대한 설명으로 적절한 것은?

> 대한상공회의소는 산업통상자원부, E 회계법인과 공동으로 28일 세종대로 대한상의회관에서 〈제14차 대한상의 ESG 경영 포럼〉을 개최했다. 이번 행사는 정부, 기업, 학계, 유관 기관의 전문가들이 참여하여 ESG 기반 신사업 창출 전략, ESG와 탄소중립 관련 기술 동향, ESG 벤처스타트업 동향과 이에 대한 시사점에 대해 논의됐다.
>
> 이번 행사에 발표자로 참석한 E 회계법인 박○○ 전무는 "국내 환경산업 매출액은 2020년 102조 원이었고, 2030년 132조 원으로 성장이 전망되며, 특히 2030년에는 자원순환관리, 물관리, 신재생에너지가 전체 매출액의 약 74.4%로 큰 비중을 차지할 것"이라고 국내 환경시장 규모의 증가를 예상했다.
>
> 한편 〈제4차 2050 탄소중립 녹색성장위원회〉에 참석한 한○○ 국무총리는 "정부는 탄소중립 시대를 맞아 오는 2030년까지 기후테크 산업에 민관 활동으로 145조 원을 투자해 유니콘 기업 10개를 육성할 예정"이라며 기후테크 산업을 국가 차원에서 지원하겠다고 발표한 바 있다.
>
> 기후테크 산업은 성장을 위해 국가의 지원도 중요하지만, 인증 문제 해결도 시급하다고 지적된다. 이날 패널토론에 참석한 C 환경 컨설팅 기업의 이○○ 대표는 "현재 기후테크 관련 벤처스타트업들은 기술은 개발했지만, 인증 단계에서 어려움이 많다"라며 문제점을 제기했다. 이○○ 대표는 "모 기후테크 스타트업 기업과 협업했을 때, 혁신적인 기술을 인증하는 단계에서 제3인증기관이 해당 기술은 인증할 수 있는 범위에 속하지 않아 인증이 어렵다고 했다"며 "인증기관이 기술 개발 속도에 따라가지 못해 불필요한 장치를 추가해서 인증을 받는 상황은 빨리 해결해야 한다"라고 현장의 불만을 전했다. H 비영리 투자사 이○○ 대표도 "벤처 스타트업의 사업분야는 빠른 속도로 변화하고 있으며 생존이 어려운 기업들도 많다"며 "기술을 개발한 기업들에게는 사업 진행을 가속화할 수 있는 인증 시스템과 투자가 필요하다"고 말했다.

① 앞으로의 전망을 예측하기에는 관련 자료가 매우 부족하다.

② 정부 및 기업의 관심으로 관련 산업이 육성될 것으로 보인다.

③ 긍정적인 성장세가 예상되나 동시에 해결해야 할 문제도 있다.

④ 정부 정책이 환경 중심으로 추진되고 있어 밝은 전망이 예상된다.

⑤ 선진국과 비교하여 성장세가 더디다고 볼 수 있으며, 이를 위한 정책 마련이 필요하다.

07. 다음 중 (가)에서 (나)를 거쳐 (다)까지 이동하는 최단거리 경우의 수로 옳은 것은?

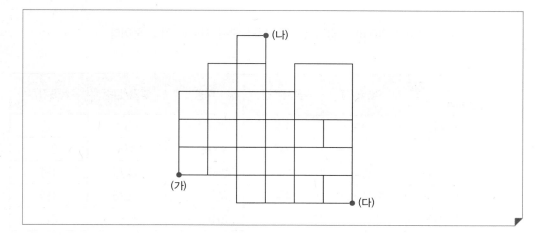

① 68가지　　　　　② 960가지　　　　　③ 980가지

④ 1,008가지　　　　⑤ 1,029가지

08. 20팀이 출전한 축구 대회에서 먼저 5팀씩 4개 조로 나누어 조별 리그전을 하고, 각 조의 상위 2팀씩 참여하여 토너먼트전으로 우승팀을 가린다. 이 경우 전체 경기의 수는 몇 경기인가?

① 44경기　　　　　② 45경기　　　　　③ 46경기

④ 47경기　　　　　⑤ 48경기

09. 다음 자료와 조건에 따라 지수가 선정할 시공업체로 적절한 곳은?

지수는 사무실 인테리어 업체 선정을 위해 관련 자료를 검토 중이다.

기준 / 업체명	경영상태	공사기간	비용	후기/점수	A/S기간
K 시공	보통	4주	350만 원	3.5/5	1년
G 시공	매우 좋음	3주	400만 원	4/5	2년
H 시공	좋음	3주	380만 원	3.5/5	1년
M 시공	좋지 않음	4주	330만 원	4.5/5	1년
U 시공	매우 좋음	5주	370만 원	5/5	3년

〈순위-점수 환산표〉

순위	1위	2위	3위	4위	5위
점수	5점	4점	3점	2점	1점

• 5개의 기준에 따라 5개의 업체 간 순위를 매기고 순위-점수 환산표에 의한 점수를 부여함.
• 경영상태가 좋을수록, 공사기간이 짧을수록, 비용이 낮을수록, 후기 점수가 높을수록, A/S 기간이 길수록 높은 순위를 부여함.
• 2개 이상의 업체의 순위가 동일할 경우, 그다음 순위의 업체는 순위가 동일한 업체 수만큼 순위가 밀려남(예 A, B 업체가 모두 1위일 경우, 그다음 순위인 C 업체는 3위).
• 환산 점수의 합이 가장 높은 업체를 선정함.
• 환산 점수의 합이 가장 높은 업체가 2개 이상일 경우, 경영상태가 더 좋은 업체를 선정함.

① K 시공   ② G 시공   ③ H 시공
④ M 시공   ⑤ U 시공

10. 다음은 D사의 조직개편 전과 후의 조직도이다. 이에 대한 설명으로 올바르지 않은 것은?

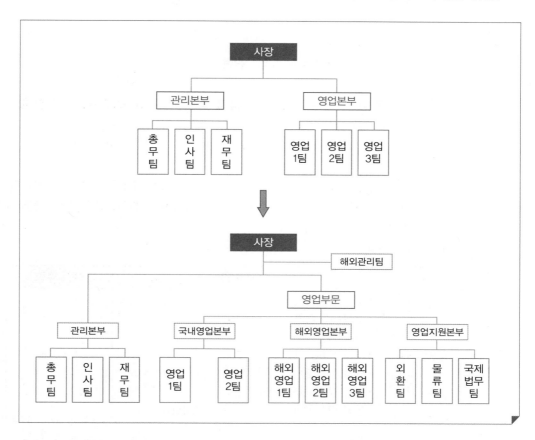

① 팀과 본부의 수가 확대 개편되었다.

② 해외영업 업무가 추가되었으며, 지원조직도 신설되었다.

③ 국내영업본부와 해외영업본부는 영업부문 내에서 자연스러운 경쟁관계가 형성된다.

④ 기존 관리본부 산하 3개 팀의 사장과의 결재라인이 추가되었다.

⑤ 해외 사업과 관련하여 사장 직할 조직이 신설되었다.

[11 ~ 12] 다음은 S 은행의 「통장프린터 도입」에 관한 공고문이다. 이를 바탕으로 이어지는 질문에 답하시오.

「통장프린터 도입」 관련 입찰 공고

ICT시스템 구축 역량과 경험이 있는 업체는 대기업 및 중소기업을 불문하고 누구나 제한 없이 참여할 수 있도록 폭넓은 장을 만들었습니다.

1. 목적
(1) 당행에서 사용할 영업점 통장프린터 관련 사업 수행이 가능한 업체를 파악하고자 합니다.
(2) 제안자료는 당행의 요구사항에 대한 충족 여부, 수행 능력 등을 확인하여 사업을 추진하기 위한 기초자료로 사용할 예정입니다.

2. 제안 사양 및 예정 수량

구분	기기 사양	예정 수량
통장프린터	• 다국어 지원(한국어, 중국어, 일본어 필수) • 고항자력 지원 • USB 연결방식 지원 • 무게 12kg 이하 • 인자방식 : 24 PIN DOT • LCD창 및 알람 기능 지원 • 운영체제 : Windows 10(32bit, 64bit)	0000대

3. 업체 선정방법 : 제한경쟁입찰
(1) 낙찰자 결정 방법 : 2단계 입찰(가격 및 기술(규격) 분리)
 - 품목별 BMT 평가를 수행하여 배점 한도의 85% 이상인 자를 협상적격자로 선정함. 협상적격자를 대상으로 예정가격 이하의 최저가 제안 업체를 우선 순위자로 선정함.
 - 동일가격의 낙찰자가 2인 이상인 경우 즉시 추첨으로 낙찰자를 결정

4. 자격 조건
(1) 최근 3년간 제1금융권 납품 실적이 있는 제조사 또는 그 제조사가 지정한 총판사
 - 최근 3년간(누적 기준) 100대 이상 납품한 실적 필요
(2) 제한자격 : 공고 게시일 현재 부도, 화의, 워크아웃, 법정관리 중에 있는 사업자와 당행의 부정당업자로 제재를 받고 있는 사업자
 ※ 공고 게시일 : 본 사업공시 게시일로부터 최종 계약서 체결 전일까지의 기간임.

5. 참가 의향서 제출 내용

  (1) 제출기한 : 5월 10일 17 : 00까지

  (2) 제출방법 : 인편

  (3) 제출장소 : 첨부 참조

  (4) 제출서류 : ① 참가 의향서, ② 청렴계약 및 상생이행 확인서, ③ 사업자등록증 사본, ④ 법인등기부 등본 및 정관, ⑤ 법인인감증명서 및 사용인감계, ⑥ 국세 및 지방세 완납증명서 또는 미과세증명, ⑦ 전년도 재무제표 및 외부기관 신용평가서, ⑧ "4. 자격 조건"의 수행 실적 현황(제조사 아닐 경우 제조사 기술 지원공문)

---

11. 다음 중 위 공고문의 내용과 일치하지 않는 것은?

  ① 3년간의 납품 실적은 총판사가 아닌 제조사의 필수 자격조건이다.

  ② 참가 의향서는 이메일이나 인터넷 등의 방법으로 접수받지 않는다.

  ③ S 은행에서는 자력 물질을 전혀 사용하지 않은 안전한 통장프린터를 원한다.

  ④ 낙찰자로 선정되기 위해서는 가격뿐만 아니라 기술적인 면에서도 우수성을 인정받아야 한다.

  ⑤ 협상적격자 중 동일가격의 낙찰자가 2인 이상인 경우 추첨을 통해 낙찰자를 결정한다.

---

12. 다음 중 통장프린터 입찰에 참가할 자격이 없는 업체는? (단, 이외에 언급되지 않은 사항은 모두 적격한 것으로 간주한다)

  ① 공고 게시 한 달 전까지 워크아웃 상태였으나 가까스로 회생에 성공한 G 기업

  ② USB 연결방식으로 사용이 가능하며 무게가 10kg 내외인 제품을 생산하는 J 제조사

  ③ 한국어, 영어, 중국어, 독일어 등 4개 국어를 지원하며 최근 3년간 납품 실적 350대인 F 중소기업

  ④ S 은행의 경쟁사에 최근 납품 실적이 있고 고항자력 자화테이프 통장을 사용할 수 있는 제품을 제조하는 N 업체

  ⑤ LCD창 및 알람 기능을 지원하는 제품을 최근 3년간 250대 납품한 K 제조사

13. 다음은 자원의 특징과 낭비요인에 대한 글이다. 빈칸 ㉠, ㉡에 들어갈 가장 알맞은 용어는?

> 직장 생활에서 시간, 예산, 물적자원, 인적자원 등의 자원 가운데 무엇이 얼마나 필요한지를 확인하고, 이용 가능한 자원을 최대한 수집하여 실제 업무에 어떻게 활용할 것인가를 계획하며, 계획대로 업무수행에 이를 할당할 수 있어야 한다.
>
> 자원은 (㉠)을 지니고 있기 때문에 자원을 적절히 분배하여 관리하고 최대한 활용해야 한다. 자원의 낭비요인은 비계획적인 행동, (㉡) 추구, 자원에 대한 인식 부재, 노하우 부족 등을 들 수 있다.

	㉠	㉡		㉠	㉡		㉠	㉡
①	무한성	차별성	②	내구성	편리성	③	보존성	가용성
④	대중성	타당성	⑤	유한성	편리성			

14. 다음은 부동산 취득 시 납부해야 할 세금 산출 방법에 관한 내용이다. 부동산을 매매, 상속 등의 방법으로 취득하는 사람은 취득세, 농어촌특별세, 등록세, 지방교육세를 납부하여야 한다면 주택 매매 가격이 4억 원이고 공시지가는 5억 원이라고 할 때, 납부해야 하는 세금은 얼마인가?

> 〈부동산 취득 시 납부하여야 할 세금의 산출 방법〉
> • 취득세는 부동산 취득가격에 2%의 세율을 곱하여 산정한다. 다만, 자경농민이 농지를 상속으로 취득하는 경우에는 취득세가 비과세된다. 그리고 농어촌특별세는 결정된 취득세에 10%의 세율을 곱하여 산정한다.
> • 등록세는 부동산 취득가격에 0.8%의 세율을 곱하여 산정한다. 다만, 자경농민이 농지를 취득할 때 등록세의 세율은 상속의 경우 취득가액의 0.3%, 매매의 경우 1%이다. 그리고 지방교육세는 결정된 등록세액에 20%의 세율을 곱하여 산정한다.
> • 부동산 취득가격은 취득자가 신고한 가액과 공시지가(시가표준액) 중 큰 금액으로 하며, 신고 또는 신고가액의 표시가 없는 때에는 공시지가를 과세표준으로 한다.

① 15,800,000원   ② 16,000,000원   ③ 16,200,000원

④ 16,400,000원   ⑤ 16,600,000원

15. 다음 개요를 수정하기 위한 방안으로 적절하지 않은 것은?

제목 : 다문화 가정 지원서비스의 문제점 및 개선 방안

Ⅰ. 서론 : 근 10년간 다문화 가정의 증가 실태

Ⅱ. 본론

    1. 다문화 가정의 개념

        1) 다문화 가정의 출현 배경

        2) 다문화 가정의 종류

    2. 국내 다문화 가정 지원 현황

        1) 공공기관 및 제도적 차원

        2) 사단법인, 사회단체(NGO 등) 차원

        3) 선진국의 다문화 가정 지원 사례 조사

    3. 다문화 가정 지원서비스의 문제점

        1) 다문화 가정 정책수립의 체계성 부족

        2) 다문화 가정 구성원의 취업 및 자립지원 미흡

        3) 자녀세대 성장지원 미흡

        4) 주변의 냉대와 차별

    4. 다문화 가정 지원서비스의 개선 방안

        1) 다문화 가정 정책수립의 체계성 강화

        2) 다문화 가정 취업 및 자립지원 강화

        3) 다문화 자녀의 학교 적응교육 및 글로벌 인재 육성 강화

Ⅲ. 결론

---

① 본론의 1은 논의하고자 하는 쟁점의 배경지식에 해당하므로 서론으로 이동하여 다문화 가정의 증가 실태와 연관지어 다룬다.

② 본론의 '2-3) 선진국의 다문화 가정 지원 사례 조사'는 4의 하위 항목으로 이동한다.

③ 본론의 '3-4) 주변의 냉대와 차별'은 3의 하위 항목으로 적절하지 않으므로 결론으로 이동한다.

④ 본론의 '4-1) 다문화 가정 정책수립의 체계성 강화'를 구체화하여 '4-1) 출신국가별, 지역별 맞춤형 서비스 제공'으로 수정한다.

⑤ 결론에 '다문화 가정 정착을 통한 국가의 글로벌 경쟁력 강화'를 덧붙인다.

[16 ~ 17] 다음 자료를 읽고 이어지는 질문에 답하시오.

총무부 김 대리는 경영부서의 성과급 관련 자료를 보고 있다.

〈경영부서 인사등급〉

이름	직급	인사등급	이름	직위	인사등급
김철수	부장	B	이미래	사원	S
나희민	대리	A	정해원	과장	A
박민영	부장	C			

〈월 기본급〉

직급	부장	과장	대리	사원
기본급	400만 원	350만 원	280만 원	230만 원

〈성과급 지급률〉

인사등급	S 등급	A 등급	B 등급	C 등급
지급률	기본급의 150%	기본급의 120%	기본급의 100%	지급하지 아니함.

※ 성과급은 12월에 기본급과 함께 지급한다.

16. 경영부서에서 가장 많은 성과급을 받게 되는 직원은?

① 김철수　　　　　　② 나희민　　　　　　③ 박민영
④ 이미래　　　　　　⑤ 정해원

17. 12월 경영부서 직원들에게 지급되는 금액의 합계는?

① 2,784만 원　　　　② 2,822만 원　　　　③ 2,958만 원
④ 3,161만 원　　　　⑤ 3,202만 원

18. 다음은 어느 회사 전체 직원의 커뮤니케이션 채널을 조사한 자료이다. 전체 직원이 100명이라고 할 때, 다음의 조사에서 B 통신사를 이용하는 직원 중 △△ SNS 서비스를 사용하지 않는 직원은 몇 명인가? (단, 개별 통신사 이용자별 SNS 활용 비율은 모두 동일하며, 소수점 아래 첫째 자리에서 반올림하여 계산한다)

〈직원별 커뮤니케이션 채널 조사〉

• SNS 이용 비율(중복응답 포함)

매체	비율
○○ 메신저	50%
□□ 메신저	73%
△△ SNS 서비스	22%
◇◇ SNS 서비스	17%

• 이동통신사 이용 비율

통신사	비율
A 통신사	50%
B 통신사	30%
C 통신사	20%

① 23명　　　　　② 26명　　　　　③ 29명
④ 32명　　　　　⑤ 35명

19. 다음은 ○○회사 직원 A ~ E에 대한 자료이다. 실수에 대한 벌점을 〈보기〉와 같이 부과할 때, 징계를 받는 직원은?

〈○○회사 직원 A ~ E의 실수 건수〉

직원	실수 건수(건)		우수 직원 수상 연도
	일반 실수	중대한 실수	
A	30	6	–
B	23	17	–
C	18	21	20X1년 우수 직원
D	34	8	20X3년 우수 직원
E	39	8	20X2년 우수 직원

| 보기 |

• 일반 실수는 건당 10점, 중대한 실수는 건당 20점의 벌점을 부과한다.
• 20X1 ~ 20X3년에 우수 직원으로 선정된 직원은 벌점에서 100점을 차감한다.
• 다음 두 조건을 모두 만족하는 직원에게 징계를 내린다.
  – 벌점이 총 500점 이상이다.
  – 업무처리 건수 대비 실수 건수가 20% 이상이다.
• 모든 직원의 업무처리 건수는 200건으로 동일하다.

① A   ② B   ③ C
④ D   ⑤ E

20. 다음 신혼부부의 자녀 보육형태 현황 도표를 통해 알 수 있는 사실이 아닌 것은?

(단위 : 명, %)

보육형태 \ 연도		합계	가정 양육	어린이 집	유치원	아이 돌봄 (종일제)	혼합				기타 (미상 등)
							소계	가정 양육 +돌봄	어린이 집 +돌봄	유치원 +돌봄	
20X1년 (구성비)		956,623 (100.0)	483,168 (50.5)	388,388 (40.6)	28,002 (2.9)	1,208 (0.1)	30,595 (3.2)	13,056 (1.4)	16,499 (1.7)	1,040 (0.1)	25,262 (2.6)
20X2년 (구성비)		917,883 (100.0)	458,208 (49.9)	393,205 (42.8)	28,767 (3.1)	1,147 (0.1)	23,617 (2.6)	8,485 (0.9)	14,221 (1.5)	911 (0.1)	12,939 (1.4)
전년 대비	증감	-38,740	-24,960	4,817	765	-61	-6,978	-4,571	-2,278	-129	-12,323
	증감률	-4.0	-5.2	1.2	2.7	-5.0	-22.8	-35.0	-13.8	-12.4	-48.8
	비중차 (%p)	0.0	-0.6	2.2	0.2	0.0	-0.6	-0.4	-0.2	0.0	-1.2

① 혼합형 보육형태는 20X1년 대비 20X2년에 모든 유형에 있어 그 수가 감소하였다.

② 20X1년과 20X2년의 전체 혼합형 보육형태 중 '유치원+돌봄'의 비중은 동일하다.

③ 기타 항목을 제외한 보육형태 중 가정양육이 20X1년 대비 20X2년의 인원수 차이가 가장 크다.

④ 20X1년 '가정양육+돌봄'과 아이 돌봄의 차이는 20X1년 전체의 약 1.2%를 차지한다.

⑤ 전년 대비 20X2년의 어린이집 비중차는 가장 크나, 전년 대비 증가율은 유치원보다 작다.

21. 다음 글의 빈칸에 들어갈 내용과 관련된 사자성어로 가장 적절한 것은?

> 버리고 떠나야 새로운 것을 얻을 수 있다. 강물도 자신을 버려야 바다로 갈 수 있다. 나무도 모든 것을 버리고 한겨울을 버텨야 새순을 얻을 수 있다. 새도 뼛속까지 비워야 높이 날 수 있다. 강물이 자신을 버리지 않고 한곳에 머물러 있다면, 나무가 한여름의 무성한 잎을 버리지 않고 그대로 간직하고 있다면, 새가 뼛속을 비우지 않고 가득 채우고 있다면 더 이상의 진보나 발전은 없을 것이다.
>
> 사람도 어제를 버려야 오늘을 맞이할 수 있고, 오늘을 버려야 내일로 나아갈 수 있다. 버리고 떠나야 새로운 세계를 만날 수 있다. 배가 안전한 항구에 정박하기를 계속 원한다면 거친 파도를 항해하는 방법을 알지 못하는 것과 마찬가지로 지금 이곳을 벗어나지 않으면 다른 세계의 무한한 가능성을 만날 수 없다. 노련한 뱃사공은 거친 파도와 함께 단련되듯이 위대한 사람도 견디기 어려운 고난과 넘기 어려운 역경의 바다에서 탄생한다.
>
>
>
> 어리석은 사람(愚者)은 과거의 경험에서 배우고 현명한 사람(賢者)은 역사로부터 배운다는 말이 있다. 우리에게 가장 큰 위협은 경쟁사가 아니라 성공이 우리를 안주하게 만드는 것이다. 버릴 수 있는 '용기'가 얻을 수 있는 '기회'를 가져다준다. 배움의 과정은 무엇인가를 습득하고 부족한 지식과 스킬을 채우는 과정이다. 새로운 관점과 능력을 습득하기 위해서는 이 과정을 방해하는 기존 지식을 버려야 한다. 기존 지식, 고정관념이나 통념, 타성이나 낡은 습관 등을 버려야 새로운 지식과 생각이 움틀 수 있는 여유와 공간이 생긴다.

① 간담상조(肝膽相照) ② 불치하문(不恥下問) ③ 마부위침(磨斧爲針)
④ 수주대토(守株待兎) ⑤ 지록위마(指鹿爲馬)

[22 ~ 24] 다음 자료를 보고 이어지는 질문에 답하시오.

박 사원은 상품 생산에 필요한 자원에 대한 자료를 살펴보고 있다.

〈상품별 1개 생산 시 자원 사용량과 개당 이익〉

구분	자원 1	자원 2	자원 3	개당 이익
상품 A	20원	60원	15원	1,200원
상품 B	24원	20원	60원	600원

〈자원별 가용 예산〉

구분	자원 1	자원 2	자원 3
가용 예산	2,300원	5,000원	5,000원

• 상품 생산은 자원별 가용 예산 범위 내에서 이루어지며, 상품 A, B는 자연수 단위로 생산 가능하다.
• 상품 생산 시 모든 자원은 동일한 개수가 필요하다.
※ 가용 예산은 상품을 생산하는 데 사용할 수 있는 최대 예산이다.

22. 다음 중 상품 A를 단독으로 생산하고자 할 때, 최대 생산 가능 개수는?

① 67개   ② 83개   ③ 93개
④ 115개   ⑤ 333개

23. 다음 중 상품 B를 단독으로 생산하고자 할 때, 얻을 수 있는 최대 이익은?

① 36,000원   ② 49,800원   ③ 57,000원
④ 69,000원   ⑤ 150,000원

24. 박 사원은 상품 A, B를 동일한 수량으로 동시에 생산하려고 한다. 이때 박 사원이 얻을 수 있는 최대 이익은?

① 93,600원   ② 111,600원   ③ 118,800원
④ 149,400원   ⑤ 171,000원

25. 다음 사례는 문제해결단계 중 어느 단계에 해당하는가?

> 최근 국내에서도 Salesforce를 활용한 성공적인 고객관계관리를 위한 혁신적인 움직임이 감지됐다. 금융권 최초 클라우드(SaaS) 기반의 콜서비스 CRM 전산시스템을 도입한 A사는 Salesforce의 Service Cloud를 활용하여 콜센터 시스템을 총 6개월에 걸쳐 재구축했다. 콜센터를 단순 고객상담 업무를 처리하는 Cost Center에서 수익 창출이 가능한 Profit Center로 구축한 A사는 금융 세미나 사례 발표로 주목을 받기도 했다. 고객 정보를 한 곳에서 통합 관리할 수 있도록 클라우드 옴니채널 환경을 구성하여 고객이 어느 채널에 접근해도 동일한 경험을 얻을 수 있는 시스템을 구축했다. 특히, 360도 고객분석을 통해 고객의 니즈에 맞는 최적의 상품을 추천하거나 콜센터와 본점·지점 간의 통합 커뮤니케이션을 지원하여 신속한 고객대응이 가능한 선제적인 시스템을 구축한 사례로 손꼽힌다.

① 문제인식   ② 문제도출
③ 문제원인 분석   ④ 문제해결안 개발
⑤ 문제해결안 실행 및 평가

26. 작업능률이 같은 펌프들로 다음과 같이 B 저수지의 물을 퍼낸다고 할 때, 펌프 12대로 물을 모두 퍼내는 데 걸리는 시간은? (단, 소수점 이하는 반올림하여 계산한다)

> • B 저수지에는 x톤의 물이 있다.
> • 펌프 2대로 물을 모두 퍼내는 데 7분이 걸린다.
> • 펌프 3대로 물을 모두 퍼내는 데 4분이 걸린다.
> • 저수지에는 일정한 양의 물이 하천에서 흘러든다.

① 12초   ② 20초   ③ 25초
④ 35초   ⑤ 49초

27. 다음은 목표관리제(MBO)를 설명하는 글이다. 목표관리제에 대한 설명으로 옳지 않은 것은?

> 직장 내에서 회계담당자는 영업부서가 잘 운영되고 있는지에 무관심하다. 영업사원은 전산 관리자가 무슨 일을 하는지도 모른다. 전산관리자는 회계담당자가 하는 일이 뭔지 알고 싶어 하지도 않는다. 모두의 관심사는 그저 제때 월급이 나오고 해마다 월급이 얼마나 오르느냐이다. 이렇듯 많은 기업에서 사원들은 사실 회사 경영에 대해 그다지 관심 없이 살아간다. 조직의 모든 사람이 그저 자기 업무에만 몰입하고 전체 조직의 목표에 대해 무관심하다면 일이 제대로 굴러갈 수 있을까? 각 부서가 매일 수행하는 일상 업무를 모두 합쳐 놓기만 하면, 기업 전체는 아무 문제없이 세워둔 전략 방향대로 굴러가게 될까? 그렇지 않다는 것이 경영학자 피터 드러커의 통찰이었다. 드러커는 1954년에 낸 저서 '경영의 실제(The Practice of Management)'에서 목표관리제(MBO : Management By Objectives)라는 화두를 던진다. 이는 기업의 기존 조직이 지닌 기능만 합쳐서는 기업이 전략을 갖고 움직이기가 어려우므로, 각 부서가 기업 전체 전략과 부합하는 각각의 목표를 갖고 이를 이루기 위해 노력하도록 하는 관리 방법이다.

① 개인 목표와 조직의 목표는 통합되어야 한다.

② 관리 방법을 개선하고자 한 것으로 단순히 활동이나 작업을 계획화한 것이다.

③ 조직의 목표 아래 각 부서와 임 · 직원이 이에 부합된 목표를 가져야 한다.

④ 모든 조직은 목표를 달성하기 위하여 만들어졌다.

⑤ 조직의 모든 사람이 자신의 업무에만 몰입하고 전체 조직에 대해 알지 못하면 기업의 전략방향을 달성할 수 없다.

[28 ~ 29] 다음은 ○○공사 워크숍에 초빙된 강사 K가 교육에 활용한 자료이다. 이어지는 질문에 답하시오.

나이가 들면 점점 누군가와 뭔가를 기념하는 것에 시간과 마음을 많이 쏟게 된다. 친구를 초대하는 자신의 생일파티에서도 겸연쩍어 했던 소년기와 청년기를 지나 누군가와 약속을 잡고, 선물을 사고, 방문하고, 결혼식장과 ㉠상갓집에 가고, 장례식 후엔 다시 안부를 물으며 찾아뵙고, 답례하는 의식이 이제는 일상적인 일이 되어버렸다.

얼마 전에 이사를 마친 나는 지인들을 초대해 식사하는 시간을 몇 번 가졌다. 요즘은 속을 훤히 아는 가족조차 시간을 들이지 않고 편리하게 선물 대신 돈을 주는 시대라지만, 나는 돈이 마치 쌀과 연탄처럼 몇 번 먹고 때면 기억 속에서 제거된다고 생각한다. 화폐엔 등가성만 있고 고유성은 없어 거기서 뭔가 상징적인 것을 찾으려는 시도는 실패하기 마련이다.

그러나 물건은 다르다. 그것은 시간이고 마음이다. 받는 이의 필요와 취향을 고심하느라 애쓴 ㉡증여자의 흔적을 되새기는 것은 자못 기쁘다. 최근 받은 선물 중 가장 기억에 남는 것은 양식기 세트다. 새집에서 사람들과 함께 음식을 만들어 먹으라고 줬겠지만, 내가 본 것은 선물에 담긴 '시간'이다. 그는 내 취향을 가늠하기 위해 간접 정보를 취합했고, 그렇게 고른 물건 중 가장 나은 것을 알고자 어떤 셰프에게 조언까지 구했다. 그 물건을 사려면 그의 집에서 왕복 두세 시간은 이동해야 했는데, 그는 비 오는 날 퇴근 후 그곳에 다녀왔다. 거기엔 자기 시간을 절약하려는 마음 같은 건 찾아 볼 수 없었고 대신 그 자리에 타인이 있었다. 덕분에 그 타인은 온전히 '주체'가 될 수 있었다. 이는 예(禮)를 중시하는 마음가짐이 담긴 행위이며, 그 행위의 매개로서 물건이 필요하다는 것을 알 수 있다.

이러한 시간을 계산하지 않는 헤픈 행동이 매사 근면하게 살아가는 현대인의 ㉢전형성에서 벗어나 있어, 받는 이를 생각하는 마음이 느껴진다. 서로를 생각하는 행위 속에서 여유 있는 틈들이 생겨나고 우리는 그 틈을 거닐다가 천천히 상대에게 스며들어간다. 이런 감정을 몇 번 겪으면서 내게 떠오른 것은 예기치 않게도 예전에 봤던 그림들이었다. 선물하는 이의 마음을 들여다보는 일은 카스파르 프리드리히의 '안개바다 위의 방랑자' 속 ㉣방랑자가 된 기분을 느끼게 한다. 즉 상대의 커다란 산맥 같은 마음을 풍경처럼 감상하게 되는 것이다. 혹은 조영석의 '설중방우도' 속 손님처럼 눈으로 진창이 된 길을 헤쳐온 이의 발을 상상하며 감상하게 된다.

선물은 물건을 통해 상대에게 경의를 표하는 것이기도 하고, 받는 사람은 물건을 통해 그 마음을 온전히 받아들이는 것이기도 하다. 선물은 어떤 면에서 보면 부드러운 어루만짐이다. ㉤망설임과 신중함 그리고 애틋함의 모퉁이를 돌아, 시간이 걸려서 날아오는 곡선과 같다. 그 소박하고 귀한 물건은 집의 한 공간을 차지해 주인과 같이 살면서 숨을 쉰다. 울타리를 넘어 들어올 때 그것은 과시하지 않으면서 감정과 함께 섞여와 물건이 아닌 어떤 '존재'가 되기도 한다.

무언가를 기념하면서 서로의 삶을 매듭짓고 넘어가는 행위는 안정감을 준다. 내일을 위해 오늘을 아끼기보다 오늘을 내어주다 보면 나를 위해 마음의 여유를 부리며 숨 쉴 공간이 생겨난다. 반면 매듭짓지 않은 축적은 양으로서만 기억될 뿐 어떤 이미지로도 깊이 새겨지지는 않는다.

28. 제시된 글에 대한 특징으로 적절하지 않은 것은?

① 자신의 경험을 바탕으로 진솔하게 작성한 글이다.
② 비유적인 표현을 사용하여 말하고자 하는 바를 드러낸다.
③ 선물을 주고받는 행위에 대한 의미를 완곡한 표현을 통해 전달한다.
④ 필자의 의견과 주제를 구체적인 사례와 예술 작품을 통해 나타낸다.
⑤ 주제에 대해 필자가 가지고 있는 전문적인 지식을 논리적으로 서술한다.

29. 제시된 글의 밑줄 친 ㉠ ~ ㉤의 단어를 활용한 사례로 적절하지 않은 것은?

① 거래처 김 부장님이 모친상을 당해 내일 저녁 ㉠상갓집에 다녀와야 해서 모임 참석이 어려울 것 같아.
② 성탄절을 맞이하여 어려운 이웃을 돕는 자선사업에 가장 많은 성금 ㉡증여자가 우리 회사 사장님이시네요.
③ 주말드라마 △△△에서 주인공 역할을 맡은 A는 탐욕적인 인간의 ㉢전형성을 보여 주는 것 같더군.
④ 조선시대 후기 김삿갓이라는 사람은 항상 ㉣방랑자의 삶을 살면서 아주 많은 작품을 남겼다고 하더군.
⑤ 인사팀 김 부장은 직원들의 애로사항을 경청하여 이번 인사에 반영하는 데 한 치의 ㉤망설임도 없었다.

30. 다음은 A 국의 농가수를 조사한 자료이다. 이에 대한 설명으로 옳지 않은 것은?

〈20X1년의 농가수 현황〉

구분	전체	전업	겸업	
			1종 겸업	2종 겸업
농가수(가구)	29,182	15,674	5,967	7,541

※ 전체 농가수=전업 농가수+겸업 농가수
※ 겸업 농가 중 1종 겸업은 농가 소득이 다른 소득보다 높은 가구, 2종 겸업은 농가 소득보다 다른 소득이 높은 가구를 의미한다.

〈현황별 농가수의 전년 대비 증감률〉

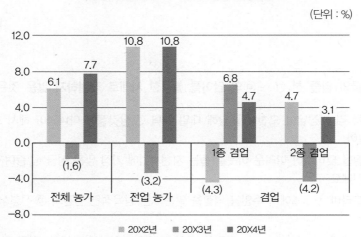

※ 증감률(%)은 소수점 이하 둘째 자리에서 반올림한다.
※ ( ) 안의 수치는 감소를 의미한다.

① 20X2년 전체 농가수 중 겸업 농가수의 비중은 47% 이하이다.
② 20X2년과 20X3년의 2종 겸업 농가수 차이는 310가구 이상이다.
③ 20X3년의 1종 겸업 농가수 대비 2종 겸업 농가수 비중은 120% 이상이다.
④ 1종 겸업 농가수가 가장 많았던 해의 전업 농가수는 18,200가구 이하이다.
⑤ 20X1 ~ 20X4년 중 전체 농가수에서 전업 농가수 비중이 가장 높았던 해는 20X4년이다.

31. 영업본부에 있는 A, B, C, D 네 개의 부서가 한 달간 부서 대항 축구시합을 벌였다. 리그전을 통해 이긴 부서에는 승점 3점, 비긴 부서에는 승점 1점, 진 부서에는 승점 0점을 부여하며 승점이 높은 상위 2개 부서가 결선에 진출한다. 한 달 간 축구시합이 종료된 후 다음과 같은 결과가 나왔다면 결선에 진출하는 두 부서는 어디인가?

- A 부서는 D 부서를 이겼고, 승점은 총 7점을 기록했다.
- 어느 부서와도 무승부를 기록하지 않은 부서가 있다.
- D 부서는 단 한 번 이겼다.
- C 부서의 승점은 총 2점이다.

① A, B 부서   ② B, C 부서   ③ A, C 부서
④ A, D 부서   ⑤ 알 수 없다.

32. 시간관리 매트릭스에 대한 다음 자료에서 영역 1의 예시로 적절하지 않은 것은?

〈시간관리 매트릭스〉

영역 1. 긴급하면서 중요한 일 　- 즉시 처리해야 하고 명확한 결과가 있는 일 　- 장기 목표에도 영향을 주는 일	영역 2. 긴급하지 않지만 중요한 일 　- 장기 목표에 영향을 미치지만 당장 처리하지 않아도 되는 일 　- 꾸준한 계획 이행이 필요한 일
영역 3. 긴급하지만 중요하지 않은 일 　- 즉시 처리해야 하지만 장기 목표에는 영향을 미치지 않는 일	영역 4. 긴급하지 않으면서 중요하지 않은 일 　- 즉시 처리하지 않아도 되며 장기 목표에 영향을 미치지 않는 일

① 김 대리는 현재 진행 중인 대규모 건설 사업의 고객 민원 사항에 대한 답변을 작성하고 있다.
② 박 부장은 매주 보고해야 하는 업무결산서를 작성하고 있다.
③ 김 과장은 이번 주에 마감해야 하는 프로젝트에 집중하고 있다.
④ 최 주임은 업무에 필요한 자격증 시험을 위하여 기본 개념을 정리하고 있다.
⑤ 김 전무는 6개월 앞으로 다가온 신사업 자금 확보를 위한 투자설명회를 준비하고 있다.

[33 ～ 34] 다음 안내문을 보고 이어지는 질문에 답하시오.

〈계약체결 시 꼭 확인하세요〉

【대항력 및 ㉠우선변재권 확보】

① 임차인이 주택의 인도와 주민등록을 마친 때에는 그다음 날부터 제3자에게 임차권을 주장할 수 있고, 계약서에 확정일자까지 받으면 후순위권리자나 그 밖의 채권자에 우선하여 권한을 받을 수 있습니다.

    – 임차인은 최대한 ㉡신속이 주민등록과 확정일자를 받아야 하고 주택의 점유와 주민등록은 임대차 기간 중 계속 유지하고 있어야 합니다.

② 등기사항증명서, 미납국세, 다가구주택 확정일자 현황 등 반드시 확인하여 선순위 담보권자가 있는지, 있다면 금액이 얼마인지를 확인하고 계약 체결여부를 결정하여야 ㉢계약금을 지킬 수 있습니다.

※ 미납국세와 확정일자 현황은 임대인의 동의를 받아 임차인이 관할 세무서 또는 관할 주민센터 · 등기소에서 확인하거나, 임대인이 직접 납세증명원이나 확정일자 현황을 발급받아 확인시켜 줄 수 있습니다.

〈계약기간 중 꼭 확인하세요〉

【차임증액청구】

계약기간 중이나 갱신 시 차임 · 보증금을 증액하는 경우에는 5%를 초과하지 못하고, 계약체결 또는 약정한 차임 등의 증액이 있은 후 1년 이내에는 청구하지 못합니다.

【㉣묵시적 갱신 등】

① 임대인은 임대차기간이 끝나기 6개월부터 1개월 전까지, 임차인은 1개월 전까지 각 상대방에게 기간을 종료하겠다거나 조건을 변경하여 재계약을 하겠다는 취지의 통지를 하지 않으면 종전 임대차와 동일한 조건으로 자동 갱신됩니다.

② 제1항에 따라 갱신된 임대차의 존속기간은 2년입니다. 이 경우 임차인은 언제든지 계약을 ㉤해제할 수 있지만 임대인은 계약서 제7조의 사유 또는 임차인과의 합의가 있어야만 가능합니다.

〈계약종료 시 꼭 확인하세요〉

【임차권등기명령 신청】

임대차가 종료된 후에도 보증금이 반환되지 아니한 경우 임차인은 임대인의 동의 없이 임차주택 소재지 관할 법원에서 임차권등기명령을 받아 등기부에 등재된 것을 확인하고 이사해야 우선순위를 유지할 수 있습니다. 이때 임차인은 임차권등기명령 관련 비용을 임대인에게 청구할 수 있습니다.

---

33. 윗글을 근거로 할 때, 다음 질의응답 내용 중 옳지 <u>않은</u> 것은?

①	Q. 임대차 계약 만료일이 20일 남았는데 집 주인이 아직 별 얘기가 없네요. 계약이 자동 갱신된 것으로 봐도 될까요?
	A. 네, 맞습니다. 1개월도 안 남았다면 이미 묵시적 갱신에 동의한 것으로 간주합니다.
②	Q. 임대인이 주택담보대출을 얻고 상환을 못하게 되면 세입자도 보증금을 잃게 되나요?
	A. 그런 경우를 대비해서 계약체결 직후 주민등록을 해야 하고 확정일자를 받으셔야 합니다.
③	Q. 임대차 계약만 체결되고 나면 실거주를 안 하거나 주민등록을 이전해도 큰 상관은 없겠죠?
	A. 우선변제권을 확보하기 위해서 주택 점유와 주민등록을 유지하시는 게 좋습니다.
④	Q. 다가구주택에 전세 계약을 하려 하는데요, 계약만 잘 체결하면 되겠죠?
	A. 세입자 간 담보권 순위와 선순위 금액을 반드시 확인하여야 보증금을 안전하게 지키실 수 있습니다.
⑤	Q. 계약 기간이 종료되어도 임대인이 보증금을 반환해 주지 않을 경우 어떻게 해야 하나요?
	A. 보증금을 받으실 때까지 주택 점유를 포기하거나 먼저 이사를 하지 않으셔야 합니다.

34. 윗글에서 밑줄 친 ㉠∼㉤ 중 어법이나 의미상 오류가 없는 것은?

① ㉠　　　　　　② ㉡　　　　　　③ ㉢

④ ㉣　　　　　　⑤ ㉤

35. 다음은 갑 국의 도시와 농촌 간 소득 비교 자료이다. 가구원 1인당 소득과 취업자(영농종사자) 1인당 소득을 연도별로 비교한 내용으로 적절한 것은?

(단위 : 천 원)

구분	도시근로자 가구		농가	
	가구원 1인당 소득	취업자 1인당 소득	가구원 1인당 소득	영농종사자 1인당 소득
2016년	1,087	3,912	1,220	1,492
2018년	2,446	7,916	2,777	2,847
2020년	5,313	14,891	6,124	5,033
2022년	6,808	19,001	7,395	5,045
2024년	8,242	21,724	8,241	5,196

① 도시근로자 가구 대비 농가의 가구원 1인당 소득비는 2016년 이후 지속적으로 증가하였으며, 취업자 대비 영농종사자 1인당 소득비의 경우 2016년 이후 지속적으로 감소하였다.

② 도시근로자 가구 대비 농가의 가구원 1인당 소득비와 취업자 대비 영농종사자 1인당 소득비의 경우 모두 2020년까지 증가하다가 이후 감소하였다.

③ 도시근로자 가구 대비 농가의 가구원 1인당 소득비와 취업자 대비 영농종사자 1인당 소득비의 경우 모두 2016년 이후 지속적으로 감소하였다.

④ 도시근로자 가구 대비 농가의 가구원 1인당 소득비는 2020년 이후 감소하였으며, 취업자 대비 영농종사자 1인당 소득비의 경우 2020년 이후 증가하였다.

⑤ 도시근로자 가구 대비 농가의 가구원 1인당 소득비는 2020년까지 증가하다가 이후 감소하였으며, 취업자 대비 영농종사자 1인당 소득비의 경우 2016년 이후 지속적으로 감소하였다.

36. 다음은 우리나라 가구 수에 관한 자료이다. 〈보기〉 중 자료에 대한 해석으로 옳은 것은 모두 몇 개인가?

〈우리나라 평균 가구원 수 및 1인 가구 비율〉

(단위 : 명, %)

구분	1990년	1995년	2000년	2005년	2010년	2015년	2020년
평균 가구원 수	4.47	4.08	2.74	3.42	3.12	2.88	2.76
1인 가구 비율	4.5	6.7	9.1	12.9	16.3	20.4	23.8

〈1인 가구와 4인 이상 가구의 비율 예상 추이(2030년, 2035년은 예측치)〉

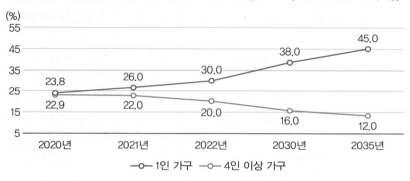

┤ 보기 ├

㉠ 2021년 평균 가구원 수는 최소 2.13명이다.

㉡ 1990년 이후 평균 가구원 수는 5년마다 꾸준히 감소하였다.

㉢ 2022년 2 ~ 3인 가구의 비율은 전체 가구에서 절반 이하이다.

㉣ 2005년 1인 가구 비율은 2000년 대비 50% 이상 증가하였다.

① 0개 ② 1개 ③ 2개
④ 3개 ⑤ 4개

37. 다음 글에 제시된 N사의 조직 운영 방식에 대한 설명으로 옳은 것을 〈보기〉에서 모두 고르면?

N사는 역할 중심의 리더십을 필두로 한 수평적 조직 체계, 흔히 보스 없는 조직으로 불리는 GCC(General Company Circle) 방식으로 조직을 운영한다. 보통의 조직 운영 체계에서 소수의 리더에게 의사결정 권한을 부여한다면 GCC에서는 서클 구성원이 서로 논의하여 가장 잘할 수 있는 역할을 선정하고 그에 따라 리더십을 부여한다. 즉, 구성원 스스로 역할과 업무를 결정해 자신의 시간을 투자하며, 1인당 보통 7 ~ 8개의 역할을 수행한다. 이렇듯 여러 개의 하위 서클이 모여 N사를 구성하며 서클들은 한 달에 한 번 회의에 모여서 조율할 사항을 논의한다. 이때 특정 리더십을 보유한 구성원이 맡은 역할이 적합하지 않다고 판단되면 다른 구성원에게 리더십이 넘어가는 등 서클 구성원의 역할은 수시로 조정된다. 또한, N사의 직원 성과 평가는 자체 개발한 양식으로 개별 직원의 모든 업무 결과를 종합 측정해 이루어진다. N사는 리더십을 전체 구성원에게 나눠줌으로써 전문성과 효율성의 극대화를 도모한다.

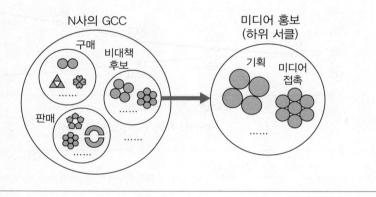

---| 보기 |---

㉠ 서클 내에서 맡고 있는 특정인의 역할은 프로젝트가 끝날 때까지 변경되지 않는다.
㉡ 조직에서 고정된 역할 수행이 익숙한 사람은 N사의 조직 체계에 만족하지 못할 것이다.
㉢ N사가 효율성 극대화를 추구하지만 역할 조율에 필요한 회의 시간까지 없애기는 어렵다.
㉣ N사에서 타사로 이직할 때 어떤 지위였는지 질문을 받는다면 쉽게 대답할 수 있을 것이다.

① ㉠, ㉡   ② ㉠, ㉢   ③ ㉡, ㉢
④ ㉡, ㉣   ⑤ ㉢, ㉣

38. 아래 조건이 모두 성립할 때, 다음 중 A 업체가 2층을 청소하는 요일로 가장 적절한 것은?

- B 은행은 은행 건물 3층의 청소를 전문 업체인 A 업체에 위탁하였다.
- A 업체는 휴일인 수요일을 제외하고 주말 포함 매일 오후 8시부터 오후 9시까지 청소를 진행하며, 한 층을 청소하는 데 1시간이 소요된다.
- A 업체는 2일 연속으로 동일한 층을 청소하지 않는다(휴일도 1일로 계산한다).
- 1층 청소는 일주일에 1회 진행한다.
- 2층 청소는 일주일에 2회 진행하고, 2층 청소를 한 후 최소 2일 동안은 2층 청소를 진행하지 않는다(휴일도 1일로 계산한다).
- 3층 청소는 일주일에 3회 진행하고, 그 중 하루는 반드시 일요일에 진행한다.

① 월요일, 목요일 ② 월요일, 토요일 ③ 화요일, 목요일

④ 화요일, 금요일 ⑤ 화요일, 토요일

39. 다음은 A 업체의 지난달 비용 집행내역이다. 이를 참고할 때 직접비가 간접비의 3배를 넘지 않게 조절할 수 있는 방법으로 옳은 것은?

〈A 업체의 지난달 비용 집행내역〉

- 직원 급여 1,250만 원
- 임직원 통신비 65만 원
- 건물관리비 550만 원
- 공작기계 2대 구입 비용 2,300만 원
- 비품 30만 원
- 광고료 600만 원
- 자재대금 700만 원
- 임직원 출장비 370만 원
- 수도/전기세 55만 원

① 직원 급여를 10% 인상한다.
② 광고료 지출을 200만 원 늘린다.
③ 자재대금을 200만 원 절약한다.
④ 사무실 임대료 50%를 익월에 함께 지출한다.
⑤ 공작기계를 1대만 구입한다.

[40 ~ 41] 다음은 협력업체의 선정 기준과 신청 업체 현황이다. 이어지는 질문에 답하시오.

〈협력업체 선정 기준〉

구분	배점	채점 기준	
사업 기간	30점	8년 미만	만점의 40%
		8년 이상 15년 미만	만점의 80%
		15년 이상	만점
실적	20점	–	
기술 인력 보유 현황	20점	5명 미만	만점의 30%
		5명 이상 10명 미만	만점의 50%
		10명 이상	만점
비용 절감 계획	30점	1% 미만	만점의 30%
		1% 이상 3% 미만	만점의 70%
		3% 이상	만점
계	100점	–	

※ 점수가 가장 높은 업체를 선정하며 동점인 경우 사업 기간이 긴 업체, 기술 인력이 많은 업체 순으로 선정한다.

〈신청 업체 현황〉

구분	A	B	C	D	E
사업 기간	12년	19년	4년	9년	7년
기술 인력	4명	9명	19명	5명	11명
비용 절감	2.8%	3.2%	0.6%	2.2%	0.4%

40. C와 E 업체가 실적 항목에서 만점을 받았고 나머지 업체의 실적 항목 점수가 같다면, 선정 기준에 따라 선정될 업체는?

① A   ② B   ③ C

④ D   ⑤ E

41. 선정 기준의 항목과 배점이 다음의 두 가지로만 측정하는 것으로 바뀌었다면, 선정되는 업체로 적절한 곳은? (단, 다른 기준은 모두 같다)

구분	배점
사업 기간	40점
기술 인력 보유 현황	60점
계	100점

① A   ② B   ③ C

④ D   ⑤ E

42. 다음 두 조직 ㉠, ㉡의 구조적 특징에 대한 설명으로 적절하지 않은 것은?

> A사에서는 최근 사회적인 요구를 반영하기 위한 임시조직으로 ㉠'채용심사감독위원회'를 설치하였다. 사내 경영진과 중간 관리자, 외부와 중립적인 인사들로 구성된 채용심사감독위원회는 다음 달에 있을 대규모 신입사원 채용의 모든 사항을 관리, 감독하는 역할을 수행하게 된다.
>
> B사에서는 스마트폰 앱 개발에 관심이 있는 직원들이 모여 정보 공유와 앱 공동개발을 목적으로 하는 ㉡'애플리메이킹' 조직을 구성하였다. 이 모임은 누구나 가입과 탈퇴가 자유로우며, 조직의 리더도 별도로 정하지 않았다. 공동의 의견을 하나로 모아야 할 경우에는 항상 다수결로 결정하며 따로 정해진 모임 시간이나 규칙도 없이 온라인을 통한 구성원들의 대화가 주된 의사소통 방식이다.

① ㉠은 의도적으로 만들어진 조직이다.

② ㉠의 임무는 보통 명확하지 않고 즉흥적인 성격을 띤다.

③ ㉡은 공식적인 임무 이외에도 다양한 요구들에 의해 구성되는 경우가 많다.

④ ㉡의 구성원은 임의로 지정되어 구성된다.

⑤ ㉡의 활동은 자발적이며 행위에 대한 보상은 '보람'이다.

43. 다음 (가) ~ (라)를 글의 흐름에 맞게 순서대로 배열한 것은?

(가) 창조 도시는 창조적 인재들이 창의성을 발휘할 수 있는 환경을 갖춘 도시이다. 즉, 창조 도시는 인재들을 위한 문화 및 거주 환경의 창조성이 풍부하며, 혁신적이고도 유연한 경제시스템을 구비하고 있는 도시이다.

(나) 창조 계층을 중시하는 관점에서는 개인의 창의력으로 부가가치를 창출하는 창조 계층이 모여서 인재 네트워크인 창조 자본을 형성하고 이를 통해 도시는 경제적 부를 축적할 수 있는 자생력을 갖게 된다고 본다. 따라서 창조 계층을 끌어들이고 유지하는 것이 도시의 경쟁력을 제고하는 관건이 된다. 창조 계층에는 과학자, 기술자, 예술가, 건축가, 프로그래머, 영화 제작자 등이 포함된다.

(다) 그러나 창조성의 근본 동력을 무엇으로 보든 한 도시가 창조 도시로 성장하려면 창조 산업과 창조 계층을 유인하는 창조 환경이 먼저 마련되어야 한다. 창조 도시에 대한 논의를 주도한 찰스 랜드리(Charles Landry)는 창조성이 도시의 유전자 코드로 바뀌기 위해서는 다음과 같은 환경적 요소들이 필요하다고 보았다. 개인의 자질, 의지와 리더십, 다양한 재능을 가진 사람들과의 접근성, 조직 문화, 지역 정체성, 도시의 공공 공간과 시설, 역동적 네트워크의 구축 등이 그것이다.

(라) 창조 도시의 주된 동력을 창조 산업으로 볼 것인가 창조 계층으로 볼 것인가에 대해서는 견해가 다소 엇갈리고 있다. 창조 도시의 주된 동력으로 창조 산업을 중시하는 관점에서는 창조 산업이 도시에 인적, 사회적, 문화적, 경제적 다양성을 불어넣음으로써 도시의 재구조화를 가져오고 나아가 부가가치와 고용을 창출한다고 주장한다. 창의적 기술과 재능을 소득과 고용의 원천으로 삼는 창조 산업의 예로는 광고, 디자인, 출판, 공연 예술, 컴퓨터 게임 등이 있다.

① (가)-(나)-(다)-(라)　　② (가)-(라)-(나)-(다)　　③ (라)-(나)-(가)-(다)

④ (라)-(나)-(다)-(가)　　⑤ (라)-(가)-(나)-(다)

44. 다음 자료에 관한 설명으로 옳은 것은 모두 몇 개인가? (단, 모든 계산은 소수점 아래 둘째 자리에서 반올림한다)

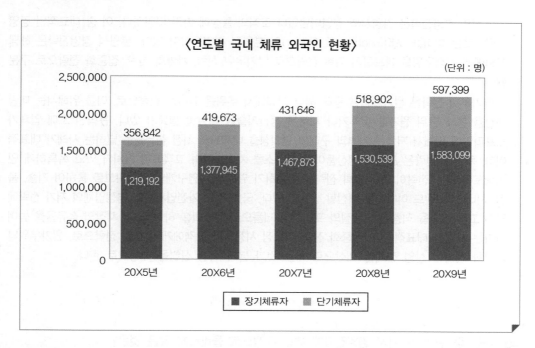

〈연도별 국내 체류 외국인 현황〉

(단위 : 명)

㉠ 20X5년 이후 국내에 체류하고 있는 외국인 수는 점점 증가하고 있다.

㉡ 단기체류자 대비 장기체류자 수의 비율은 20X6년보다 20X8년에 더 높았다.

㉢ 20X9년 장기체류자 수는 20X5년 장기체류자 수 대비 약 30% 증가했다.

㉣ 20X8년 장기체류자의 전년 대비 증가량은 20X7년 장기체류자의 전년 대비 증가량보다 많다.

① 0개   ② 1개   ③ 2개
④ 3개   ⑤ 4개

[45 ~ 46] 다음 글을 읽고 이어지는 질문에 답하시오.

조직의 경영전략은 경영자의 경영이념이나 조직의 특성에 따라 다양하다. 이 중 대표적인 경영전략으로는 마이클 포터(Michael E. Porter)의 본원적 경영전략이 있다. 본원적 경영전략은 해당 사업에서 경쟁우위를 확보하기 위한 전략으로 단기우위 전략, 차별화 전략, 집중화 전략으로 구분된다.

원가우위 전략은 원가절감을 통해 해당 산업에서 우위를 점하는 전략으로, 이를 위해서는 대량생산을 통해 단위 원가를 낮추거나 새로운 생산기술을 개발할 필요가 있다. 온라인 소매 업체가 오프라인에 비해서 저렴한 가격과 구매의 편의성을 내세워서 시장 점유율을 넓히는 사례가 대표적이다. 차별화 전략은 조직이 생산품이나 서비스를 차별화하여 고객에게 가치가 있고 독특하게 인식되도록 하는 전략이다. 차별화 전략을 활용하기 위해서는 연구개발이나 광고를 통하여 기술, 품질, 서비스, 브랜드 이미지를 개선할 필요가 있다. 국내 주요 가전업체들이 경쟁업체의 저가 전략에 맞서 고급 기술을 적용한 고품질의 프리미엄 제품으로 차별화를 하여, 고가 시장의 점유율을 높여 나가는 사례가 대표적이다. 집중화 전략은 특정 시장이나 고객에게 한정된 전략으로, 원가우위나 차별화 전략이 산업 전체를 대상으로 하는 것과 달리 특정 산업을 대상으로 한다.

45. 다음 중 위의 세 가지 경영전략에 대한 특징으로 올바르지 않은 것은?

① 신기술 개발을 지양하고 가격경쟁력 확보에 주력하는 것은 원가우위 전략의 특징이다.
② 연구개발이나 광고를 통하여 기술, 품질, 서비스, 브랜드 이미지를 개선할 필요가 있는 것은 차별화 전략의 특징이다.
③ 저가 항공사들이 쓰는 대표적인 경영전략은 집중화 전략이다.
④ 온라인 소매 업체가 오프라인 대비 저렴한 가격과 구매의 편의성을 내세워서 시장 점유율을 높이는 것은 원가우위 전략의 특징이다.
⑤ 집중화 전략은 특정 시장에 한하여 원가우위 전략이나 차별화 전략을 활용하는 것이다.

46. 다음 (가)와 (나)의 사례에 나타난 경영전략이 올바르게 짝지은 것은?

> (가) 세탁기를 생산하는 L 전자는 최근 부진한 매출을 극복할 방안을 세탁기의 용량에서 찾았다. 경쟁업체들이 많아져 더 이상 제품의 새로운 기능 위주의 영업 전략으로는 한계가 있음을 파악한 L 전자는 최근 1인 가구가 증가하고 있다는 점에 착안하여 소형 세탁기를 출시하기로 하였다. 혼자 살거나 자녀가 없는 가구를 주 고객으로 하여 세탁기의 불필요한 기능을 과감하게 제거하고 비용은 낮추어 구매 욕구를 불러일으킬 수 있는 방안을 모색한 것이다. 기존 대용량 세탁기 생산은 유지하되, 1인 가구를 위한 초저가 소형 세탁기를 출시한 L 전자는 고객들의 뜨거운 반응에 힘입어 매출 신장을 기대하고 있다.
>
> (나) 아웃도어 의류 생산 업체인 N사는 저가의 상품을 생산하는 경쟁업체들이 늘어나 시장 내 점유율이 계속 낮아져 고심 중이다. 최근 N사의 영업전략 회의에서 마케팅본부장 최이사는 N사가 추구해야 할 경영전략은 고급화라는 점을 다시 한번 강조하며, N사의 제품을 구매하는 고객에게 다른 사람들과는 다른 최고급 의류를 구매한 것이라는 인식을 심어 주기 위해 더욱 값비싼 소재를 사용한 높은 가치의 상품을 만들어야 한다는 의견을 제시하였다.

	(가)	(나)		(가)	(나)
①	원가우위 전략	차별화 전략	②	차별화 전략	원가우위 전략
③	차별화 전략	집중화 전략	④	집중화 전략	원가우위 전략
⑤	집중화 전략	차별화 전략			

[47 ~ 48] 다음 기사를 읽고 이어지는 질문에 답하시오.

<공인인증서 폐지...공공·금융기관 사용의무 없앤다>

웹사이트 이용의 걸림돌이었던 공인인증서 제도가 폐지되고 다양한 본인 인증 수단이 활성화된다. 또한 카드사가 보유한 개인정보를 당사자가 손쉽게 활용할 수 있게 될 전망이다. 과학기술정보통신부(이하 과기정통부)는 22일 청와대에서 대통령 주재로 열린 규제혁신 토론회에서 이러한 내용을 담은 초연결 지능화 규제혁신 추진 방안을 확정·발표했다. 혁신 방안은 4차 산업혁명의 핵심 기반인 데이터, 네트워크, 인공지능(AI) 역량 강화에 장애가 되는 규제를 개선하는 것을 목표로 한다. 과기정통부는 획일화된 인증시장을 혁신하고 신기술 도입을 활성화하기 위해 공인인증서 제도를 폐지하기로 했다.

관련법에 명시된 공인인증서의 우월적 지위를 폐지해 사설인증서와 마찬가지로 다양한 인증수단의 하나로 활용하게 한다는 계획이다. 이를 위해 전자상거래법과 전자서명법 등 공인인증서 사용을 의무화한 법령 개정을 순차적으로 추진할 방침이다. 관계 부처와 협의를 마친 10개 법령은 상반기 중 국회에 개정안을 제출하고, 하반기에는 전자상거래법과 나머지 20개 법령을 제출할 예정이다.

공인인증서의 법적 효력이 사라지더라도 본인 확인이 필요한 영역에서는 대안으로 전자서명을 활용하도록 할 방침이다. 이와 관련해 3월 중 전자서명의 안전한 관리와 평가 체계에 관한 세부방침을 마련한다. 공인인증서는 애초 계약 성사를 확인하는 전자서명 용도로 만들어졌지만 사설인증서보다 우월한 법적 지위로 인해 공공 및 금융기관에서 본인 확인용으로 활용하는 경우가 많았다. 게다가 실행을 위해서는 액티브 X가 필요해 이용자의 불편함이 컸다. 과기정통부는 공인인증서 폐지로 블록체인·생체인증 등 다양한 인증수단이 확산되고, 액티브 X 없는 인터넷 이용환경이 구축될 것으로 기대했다.

양×× 정보통신정책실장은 "공공기관 등에서 실명확인이 필요한 부분은 일정한 자율인증(서명) 기준을 만들고자 한다."며 "공인인증서는 법적 효력이 달라지겠지만 불편함 없이 계속 사용할 수 있도록 할 예정"이라고 말했다. 또한 과기정통부는 올해 카드사 등이 보유한 개인정보를 당사자가 편리하게 내려받아 자유롭게 활용하는 사업을 시범 실시할 예정이다. 개인정보 제공 조건을 사전에 설정할 수 있는 블록체인 기술, 정보를 암호화한 상태에서 AI 학습이 가능하게 하는 동형암호 기술 개발도 지원하기로 했다. 그동안은 기업이 보유한 개인정보를 본인이 활용하려고 해도 시간과 비용이 걸렸지만, 개인정보의 자기결정권 확대 차원에서 본인정보 활용을 지원하는 제도를 도입하기로 했다고 과기정통부는 설명했다.

47. 제시된 기사를 읽고 나눈 다음 대화 내용에서 기사의 내용을 잘못 이해한 사람은?

> 태수 : 내 컴퓨터는 액티브 X와 안 맞는 프로그램이 있었는데 공인인증서 제도가 폐지된다니 잘된 일이야.
>
> 예린 : 그러게 말이야. 이제 인증 절차 없이도 인터넷 금융생활을 할 수 있을 만큼 사회가 성숙해졌다는 의미가 될 수 있겠네.
>
> 상원 : 그런데 새로운 제도가 정확히 언제부터 실행될지는 아직 불투명한 상태로군.
>
> 재희 : 그뿐 아니라 금융사가 보유한 나의 정보를 내가 보다 손쉽게 이용할 수 있게 되었네. 이건 굉장히 편리해진 부분으로 보여.

① 태수   ② 예린   ③ 상원
④ 재희   ⑤ 없음.

48. 위 기사에서 밝힌 내용의 후속 조치로 다음과 같은 과정이 있었다. 다음 과정이 진행되기 위하여 필요한 일로 적절하지 않은 것은?

> 뱅크사인은 공인인증서처럼 전자금융거래 등에서 가입자 본인임을 확인하고 전자문서 등의 진위도 확인하는 인증서비스다. 은행권은 정부가 공인인증서 제도를 폐지하고 다양한 인증기술을 허용하면서 뱅크사인 도입을 추진했다. 특히 정부의 블록체인 활성화 정책에 부응하고 블록체인 기술을 금융시스템에 적용하기 위해 '은행권 블록체인 컨소시엄'을 구성했다.

① K 은행, H 은행, S 은행 등은 뱅크사인 도입을 위한 시범사업을 진행하였다.
② 시중 은행들은 새로운 인증제도 도입을 위해 내부 약관을 개정하였다.
③ 블록체인 활성화에 따라 기존 금융거래와 가상화폐 거래 시스템을 통합하였다.
④ 뱅크사인의 이용과 관련해 범은행권 대고객 합동 홍보 광고를 제작하였다.
⑤ 개인정보의 자기결정권 확대를 위한 제도에 대한 논의가 이루어졌다.

49. 다음은 이동통신시장 추이에 대한 자료이다. 이에 대한 설명으로 옳지 않은 것을 〈보기〉에서 모두 고른 것은?

〈자료 1〉 4대 이동통신사업자 매출액

(단위 : 백만 달러)

구분	A사	B사	C사	D사	합계
20X6년	3,701	3,645	2,547	2,958	12,851
20X7년	3,969	3,876	2,603	3,134	13,582
20X8년	3,875	4,084	2,681	3,223	13,863
20X9년 1 ~ 9월	2,709	3,134	1,956	2,154	9,953

〈자료 2〉 이동전화 가입 대수 및 보급률

(단위 : 백만 대, %)

구분	20X4년	20X5년	20X6년	20X7년	20X8년
가입 대수	52.9	65.9	70.1	73.8	76.9
보급률	88.8	109.4	115.5	121.0	125.3

※ 보급률(%) = $\frac{\text{이동전화 가입 대수}}{\text{전체 인구}} \times 100$

| 보기 |

㉠ 20X7년 4대 이동통신사업자 중 A사와 C사의 매출액 합은 전체 매출액 합계의 50%를 넘는다.

㉡ 20X8년에 A사와 B사의 매출액 순위가 역전된 것을 제외하고는, 20X6년부터 20X8년까지의 매출액 순위는 동일하다.

㉢ A사의 20X9년 10 ~ 12월 월평균 매출액이 1 ~ 9월의 월평균 매출액과 동일하다면, A사의 20X9년 전체 매출액은 약 3,612백만 달러가 된다.

㉣ 20X8년 보급률을 통해 그 해의 전체 인구가 약 7천만여 명임을 알 수 있다.

① ㉠, ㉡　　　② ㉠, ㉣　　　③ ㉡, ㉢
④ ㉡, ㉣　　　⑤ ㉢, ㉣

50. 다음 자료에 대한 분석 중 ㉠에 들어갈 수치로 옳은 것은? (단, 소수점 아래 둘째 자리에서 반올림한다)

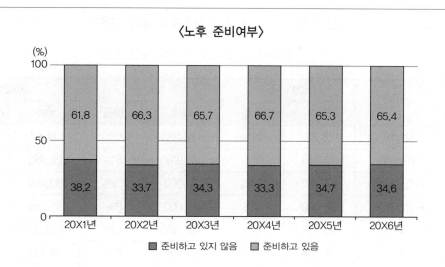

〈노후 준비여부〉

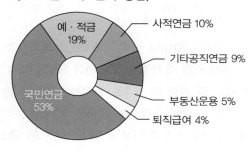

〈20X6년 노후 준비 방법〉

20X6년 조사에서 노후를 준비하고 있다고 대답한 사람의 비중은 20X1년보다 3.6%p 증가했다. 20X6년 노후를 준비하는 사람들에게 노후 준비 방법에 대해 질문하였다. 국민연금으로 노후 준비를 하는 인원이 가장 많았으며, 이는 전체 조사대상자 중 약 (㉠   )에 해당한다.

① 6.3%　　　　　　　② 9.8%　　　　　　　③ 22.9%

④ 34.7%　　　　　　　⑤ 53.5%

01. 다음은 ○○시의 세입 통계이다. 이에 대한 설명으로 옳은 것은?

〈20X0 ~ 20X2년 ○○시 세입 통계〉

(단위 : 억 원)

구분	20X0년		20X1년		20X2년	
	액수	비율	액수	비율	액수	비율
지방세	116,837	31%	130,385	28%	134,641	25%
세외수입	27,019	7%	23,957	5%	25,491	5%
지방교부세	52,000	14%	70,000	15%	80,000	15%
조정교부금	25,000	7%	35,000	8%	60,000	11%
국고보조금	93,514	24%	109,430	23%	123,220	23%
도비보조금	24,876	6%	36,756	8%	44,978	8%
보전수입 등 내부거래	42,743	11%	61,069	13%	72,105	13%
총계	381,989	100%	466,597	100%	540,435	100%

① 세외수입의 액수는 20X0년 이후 지속적으로 증가하였다.

② 전년 대비 전체 세입 증가액은 20X1년이 20X2년보다 적다.

③ ○○시의 세입 중 가장 큰 비중을 차지하는 것은 지방세이다.

④ 전체 세입에서 지방세가 차지하는 비중은 20X0년 이후로 계속 증가하였다.

⑤ 20X1년 지방교부세의 전년 대비 증가액은 20X1년 국고보조금의 전년 대비 증가액보다 적다.

02. 다음 글의 제목으로 적절한 것은?

중국의 개항장 상해의 경제 성장 과정에서 대두한 근대 광동 상인은 야누스와 같이 상반된 얼굴을 가지고 있다. 하나는 서구 제국주의의 경제적 침략을 위한 첨병으로 양행의 중국 시장 잠식에 일조한 '매판' 자본으로서의 모습이다. 그러나 다른 각도에서 보면 청나라 말기 중국이 자력으로 서구 근대문물을 수입하여 근대적 산업을 건설하고자 했을 때 물심양면으로 참여한 사람들이 서구어에 능통하고 서구 경제를 잘 아는 광동 상인들이었다. 이들은 인적으로는 같은 사람이지만, 보는 각도에 따라서 애국자와 매국노의 상반된 이미지를 가지고 있는 것이다. 매판 자본으로 성장한 광동 상인은 양무운동 시기 이홍장 양무파 관료의 근대 공업 건설과 각종 경제 기획에 자본과 인력 양면에 적극적으로 참여함으로써 관직을 수여받고 청조와 유착한 '관상(官商)'으로 성장해 나갔다. 19세기 중반 이후 특히 개항장에서 광동 상인의 세력이 커진 것은 열강의 보호를 받는 양행의 매판이라는 특수신분과 양무운동의 브레인으로 활동하면서 누린 청조의 후원이라는 정치적 요인 때문이었다.

연안 개항장에서 광동 상인이 가장 집중되어 있고 동아시아 전역으로 진출하는 허브가 되었던 곳은 상해였다. 양행의 활동거점이 광주에서 상해로 옮겨가면서 자연스럽게 광동 상인의 중심 활동무대도 고향을 떠나 상해로 옮겨왔다. 1853년 전후로 상해에 거주하는 광동인은 이미 8만 명에 이르렀고, 광동 상인들은 상해 상계에서 최대의 파벌을 형성하고 있었다.

양무운동과 관련한 광동 상인의 상해에서의 활동은 활발하게 전개되었다. 중국 자본으로 만든 최초의 근대식 기업은 모두 양무운동 시기에 청조가 설립한 관영 기업들이었다. 자본과 기술, 경영 노하우가 없었던 청조는 상인의 조력을 얻어 기업을 설립해야 했다. 이 실험적 근대 기업이 설립된 주 무대는 서구 회사가 많고 정보와 자본이 넘쳐나던 상해였다. 그리고 양무운동 시기 이홍장을 도와 기업을 경영했던 것이 외국의 근대 기술과 회사조직, 경영에 관한 풍부한 지식을 가지고 있던 매판 상인들, 그중에서도 고급 매판으로 자신의 회사를 여러 개 거느리고 있었던 광동성 향산현(香山縣) 출신의 광동 상인 그룹이었다.

① 매판 자본에 물든 광동 상인
② 광동 상인과 청조의 숨은 조력
③ 동아시아로 진출하게 된 광동 상인
④ 근대 중국 개항장을 선점했던 광동 상인
⑤ 상해 발전의 원동력을 제공한 광동 상인

[03 ~ 04] S 조합 남 부장은 조합에서 출발하여 A ~ E 5곳의 위판장을 방문하려고 한다. 다음 약도를 참고하여 이어지는 질문에 답하시오(단, 약도상의 모든 수치 단위는 km이다).

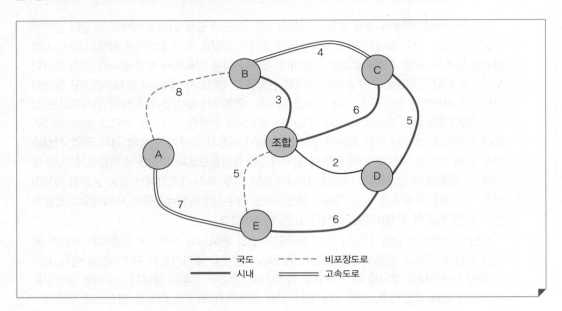

03. 남 부장이 5곳의 위판장을 최단 거리로 방문할 수 있는 경로로 올바른 것은? (단, 조합으로 복귀하는 것은 고려하지 않으며, 선으로 표시된 도로만으로 이동이 가능하다)

① 조합－B－A－E－D－C   ② 조합－B－C－D－E－A
③ 조합－C－D－E－A－B   ④ 조합－D－C－B－A－E
⑤ 조합－E－A－B－C－D

04. 위의 지도와 다음 도로별 연비를 참고할 때, 남 부장이 연료비를 가장 적게 들이면서 5곳의 위판장을 모두 방문하였다면 남 부장이 이동한 경로로 올바른 것을 고르면? (단, 소수점 아래 셋째 자리에서 반올림한다)

국도	시내	비포장도로	고속도로
14km/L	10km/L	8km/L	20km/L

① 조합－E－A－B－C－D   ② 조합－B－C－D－E－A
③ 조합－C－D－E－A－B   ④ 조합－D－C－B－A－E
⑤ 조합－E－A－B－C－D

05. 다음 중 메인비즈제도(MAINBiz)에 대한 설명으로 옳은 것은?

> MAINBiz란 MANAGEMENT(경영), INNOVATION(혁신), BUSINESS(기업)의 합성어로 중소벤처기업부로부터 경영혁신형 중소기업으로 인증받은 기업이다. 제품 및 공정 중심의 기술혁신과 달리 마케팅 및 조직혁신 등 비기술 분야의 경영혁신형 중소기업을 육성하기 위해 「중소기업기술혁신 촉진법」 제15조 제3항에 따라 도입된 제도이다.
>
> 중소기업은 기본적으로 부분보증 이용 시 부분보증비율 85%를 적용하므로 대출금액의 85%에 보증료율을 곱하여 보증료를 계산한다. 이때 기본 보증료율은 1.2%이지만 MAINBiz 인정 기업은 보증료율을 0.1%p 차감받는다(협회 회원사 가입 시 0.1%p 추가 차감으로 총 0.2%p 차감). 신보매출채권보험료를 15% 차감하는 혜택도 있다. 매출채권보험이란 거래금(외상, 어음)에 대한 손실금을 보상해 주는 보험으로, 메인비즈 인증서 사본을 제출해야 한다.
>
> 한편 MAINBiz 인증 기업은 무역촉진단 파견사업 지원 신청 시 가산점을 받을 수 있다. 해당 사업은 마케팅 능력이 취약하고 수출전문 인력이 부족하여 해외시장 개척에 애로를 겪는 중소기업을 단체전시회, 시장개척단, 수출컨소시엄으로 해외에 파견하여 지원하는 것이다. 각 사업에 대해 업체당 1,000만 원 이내의 금액을 지원받을 수 있다. 혁신 관련 인증 개수에 따라 점수가 배분되며, 중소기업중앙회 무역촉진부에 전화하거나 온라인 홈페이지에서 신청할 수 있다.

① 메인비즈기업의 신보매출채권보험료가 10억 원인 경우 1억 원을 차감받을 수 있다.

② 10억 원을 대출한 메인비즈기업이 협회 회원사로 가입하면 기본 보증료율은 총 0.3%p 차감받을 수 있다.

③ 무역촉진단 파견사업의 종류는 3가지이며 1,000만 원까지 지원받을 수 있다.

④ 무역촉진단 파견사업 지원 신청은 중소기업중앙회 무역촉진부에 전화해야만 가능하다.

⑤ 메인비즈제도는 비기술 분야 혁신으로 마케팅, 조직혁신, 공정 등의 혁신이 포함된다.

[06 ~ 07] △△은행 홍보팀에서 근무하는 A 사원은 하반기 경영전략에 관한 언론 배포용 보도자료 초안을 작성하고 있다. 이어지는 질문에 답하시오.

〈 _____(가)_____ 〉

　△△은행이 하반기 디지털 창구 서비스를 전 점포로 확대한다. △△은행은 "익숙한 종이 서식 기반에서 디지털 기반 업무처리 방식으로의 전환을 빠르게 추진하고자 한다."라며 디지털 경쟁력 강화를 위해 각종 비대면 서비스를 직원이 먼저 사용해 디지털에 능숙해질 것을 강조하는 한편, 디지털 직무순환 기회 및 다양한 학습지원을 약속했다.

　△△은행은 작년 10월부터 3개 영업점에서 디지털 창구를 시범 운영한 것으로 시작해 현재 50개점에서 이를 운영 중이고, 올해 말까지 780개 영업점으로 확대할 계획이다. 디지털 창구는 디지털 서식 기반의 종이 없는 창구로, 디지털 서식 운영을 통해 고객과 직원 중심의 거래 편의성을 제고하는 프로세스이다.

　△△은행의 디지털 창구는 고객이 금융 거래 시 작성하는 수많은 서식을 디지털화해 고객 입장에서 쉽게 작성할 수 있도록 했으며 서명 간소화 기능을 적용해 서명을 중복적으로 작성해야 하는 경우에도 1회만 하면 되도록 편의성을 더했다. 직원 역시 거래에 필요한 서식을 찾거나 검색하여 출력하는 번거로움에서 벗어나 본연의 금융 상담에 집중할 수 있고 마감 업무 최소화로 일과 삶의 균형을 맞추는 근무문화 형성에도 도움을 줄 것으로 보인다. 또한, 각종 서식을 만들거나 고객 장표를 보관하는 데 지출되는 관리비용도 절감할 수 있게 됐다.

　이러한 영업점 창구의 디지털 서비스 강화는 특히 스마트 기기에 익숙하지 않아 비대면 서비스를 받는 것에 어려움을 느끼는 중·장년층 고객과 영업점 방문을 선호하는 고객에게 높은 수준의 대면 금융상담 서비스를 제공할 수 있다.

　△△은행 관계자는 "디지털 창구 프로세스 도입으로 고객은 보다 스마트한 금융서비스를 편리하게 이용할 수 있을 것"이라며 "앞으로도 고객 니즈에 따라 서비스를 확대하고 지속적으로 개선해 나갈 것"이라고 말했다. 디지털 뱅킹의 확대와 비대면 영업의 강화로 은행들의 '지점 다이어트'가 계속되고 있지만 △△은행은 디지털 금융은 물론 일반 지점 영업의 효율성을 끌어올려 고객을 잡겠다는 전략을 펼칠 계획이다.

06. A 사원은 아래와 같은 상사의 가이드에 따라 (가)에 들어갈 보도자료 초안의 제목을 작성하려고 한다. 다음 중 가장 적절한 것은?

> 언론 배포용 보도자료의 제목에는 우선 시행 주체를 명확하게 드러내 주는 것이 좋습니다. 그리고 불필요한 수식어나 모호한 표현을 사용하지 않도록 주의하며 보도자료의 핵심 내용을 포괄할 수 있는 메시지를 담아야 합니다.

① △△은행은 지금-디지털화로 '지점 다이어트' 중
② △△은행, 디지털 서식 기반의 '종이 없는 창구' 단계적 구현
③ △△은행, 오프라인 서비스에서 온라인 서비스로 도약
④ △△은행, 직원 편의를 위한 디지털 창구 도입
⑤ 보다 스마트한 금융서비스를 위하여!-종이 신청서의 소멸

07. 제시된 보도자료의 요약본을 작성하여 △△은행 홈페이지에 게시하려고 한다. 다음 중 그 내용이 옳은 것은?

> 등록일 20XX. XX. XX. ㅣ 조회수 25
> _____(가)_____
>
> △△은행은 디지털 경쟁력 강화에 대한 포부를 밝혔다.
> (중략)
> ① 앞으로 디지털 시대에 발맞춰 오프라인보다 온라인 고객을 잡는 전략을 펼치려는 것이다. ② 현재 △△은행은 총 780개 영업점에서 디지털 창구를 시범 운영하고 있다. 이러한 디지털 창구의 확대는 ③ 고객편의성 향상, 직원 업무 절감, 관리비용 절감 등 긍정적인 변화를 가져올 것이라 예상된다. ④ 특히 스마트 기기에 익숙한 청년층 고객들을 사로잡을 수 있을 것으로 기대되고 있다. ⑤ 디지털 창구는 일반 영업 창구에 비해 유지비를 더 필요로 하지만, 서비스 질의 향상을 위해 △△은행은 향후에도 투자를 아끼지 않을 예정이다.

08. 다음은 ○○공사 조직도의 일부이다. 이에 대한 직원들의 대화 중 적절하지 않은 것은?

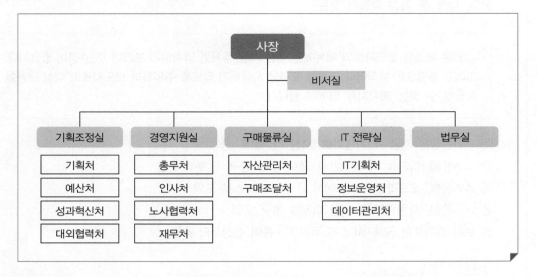

① 이 대리 : 기능별 조직은 상호 관련성 있는 업무를 동일 부서에 배치하는 설계방식입니다.

② 김 팀장 : 우리 공사의 조직구조는 명령전달체계, 의사소통 경로로서 중요한 내부 환경의 한 요소입니다.

③ 안 주임 : 제품이나 서비스를 생산하기보다 다른 회사의 경영권을 확보할 목적으로 만들어진 조직구조 형태를 지주회사라고 합니다.

④ 최 사원 : 모든 조직구조는 장단점이 존재합니다. 중요한 것은 기업의 상황에 적합한 조직구조를 취하여야 한다는 점입니다.

⑤ 박 과장 : 기업의 초기단계에 가장 많이 나타나는 조직구조 형태는 사업부 조직으로 여러 비관련 산업을 포괄할 수 있습니다.

09. K사의 영업팀에는 3명의 대리와 4명의 사원이 있다. 영업팀장은 사내 홍보행사에 참여해 봉사할 직원 2명을 제비뽑기를 통해 결정하기로 했다. 7명의 이름이 적힌 종이가 들어 있는 통에서 2개의 종이를 차례로 꺼낼 때, 적어도 1명의 대리가 포함되어 있을 확률은?

① $\frac{2}{7}$
② $\frac{3}{7}$
③ $\frac{4}{7}$

④ $\frac{5}{7}$
⑤ $\frac{6}{7}$

10. 다음은 지역별 학교 현황과 대학진학률에 관한 자료이다. 이에 대한 설명으로 옳은 것은?

〈자료 1〉 지역별 학교 현황

(단위 : 개)

구분	초등학교	중학교	고등학교	대학교	합계
서울	591	377	314	52	1,334
경기도	1,434	721	592	68	2,815
강원도	353	163	117	18	651
충청도	873	410	262	53	1,598
전라도	1,107	556	354	58	2,075
경상도	1,718	932	677	98	3,425
제주도	116	43	30	5	194

〈자료 2〉 지역별 고등학교 졸업생의 대학진학률

(단위 : %)

구분	20X6년	20X7년	20X8년	20X9년
서울	65.6	64.7	64.2	62.8
경기도	81.1	80.6	78.5	74.7
강원도	92.9	90.8	88.4	84.2
충청도	88.2	86.7	84.0	80.1
전라도	91.3	88.1	86.9	81.9
경상도	91.8	89.6	88.2	83.8
제주도	92.6	91.5	90.2	87.6

① 20X9년 전국 고등학교 졸업생의 대학진학률 평균은 약 79.3%이다.

② 대학진학률의 순위는 각 지역의 대학교 개수와 서로 밀접한 관련이 있다.

③ 전체 학교의 개수가 많은 지역일수록 대학교의 개수도 많다.

④ 20X6년 대비 20X9년의 대학진학률 감소폭이 가장 작은 지역은 경기도이다.

⑤ 20X8년 전라도의 고등학교 졸업생 대학진학률은 20X7년에 비해 1.2% 감소하였다.

11. 다음 보도문에서 ○○시가 운영하는 민관 합동 조직진단반에 대한 설명으로 적절하지 않은 것은?

　　지난 26일 ○○시에서 조직 운영의 업무 효율성과 조직진단의 객관성과 전문성을 높이기 위해 '민관 합동 조직진단반'을 도입한다고 밝혔다. ○○시에 따르면 민관 합동 조직진단반은 시 조직진단 과정에 참여해 인력 재배치, 조직 정비 방안 도출, 조직운영체계상 개선 사항 제안, 기구 · 인력의 비효율성 점검 등 의견을 제안하는 기구다. 그동안의 ○○시 자체 조직진단 방식에서 벗어나 민관이 합동으로 조직운영 전반을 진단함으로써 행정의 객관성과 신뢰성이 더욱 높이기 위한 시도다. ○○시가 조직진단에 민간위원을 위촉한 건 이번이 처음이다. 조직진단반은 행정기구 조직 관련 전문 연구원 등 민간위원과 ○○시 소속 공무원 등 5명으로 구성됐으며, 조직진단 기간 중 자문기구로서 한시 운영된다. ○○시는 조직진단 및 자문 결과를 반영한 조직개편안을 마련, 입법예고 등 관련 행정절차를 거쳐 오는 7월 조직개편을 시행할 계획이다.

---

① 운영 기간이 정해져 있다.

② ○○시 내부 구성원도 참여한다.

③ 조직 운영 과정에서 개선 사항을 제안하게 된다.

④ 도입 취지는 조직 운영 업무 구성원 다양성 제고이다.

⑤ 과거에는 ○○시 자체적으로 조직진단을 수행하였다.

12. 앤디, 밴, 크리스, 데이빗, 에릭은 모두 외국인으로 H 은행에 계좌를 개설하려 하는데, 다섯 명 모두 은행이 필요로 하는 구비 서류를 제출하였다고 주장하고 있다. 이 중 네 명만 진실을 말한다고 가정할 때, 거짓을 말하는 사람은 누구인가?

- 앤디 : 내가 제일 늦게 제출한 것 같네.
- 밴 : 나는 데이빗이 서류를 제출한 바로 다음에 제출했어.
- 크리스 : 아마 내가 가장 먼저 서류를 제출했을걸.
- 데이빗 : 나는 앤디와 밴보다 서류를 늦게 제출했네.
- 에릭 : 내가 크리스보다는 늦게 제출했지만 밴보다는 먼저 제출했을걸.

---

① 앤디　　　　　　　② 밴　　　　　　　③ 크리스

④ 데이빗　　　　　　⑤ 에릭

13. K 수협 인사팀은 다음과 같은 일정으로 6월에 있을 면접을 진행하고자 한다. 외국의 주요 인사 내방 일정보다 적어도 5일 전까지 입소교육을 완료해야 한다면, 가능한 가장 늦은 면접일자는 언제인가?

〈6월 달력〉

일	월	화	수	목	금	토
						1
2	3	4	5	6	7	8
9	10	11	12	13	14	15
16	17	18	19	20	21	22
23	24	25	26	27	28	29
30						

〈일정 및 면접 세부 사항〉

• 면접일 후 결과 정리와 결재까지 2일이 소요되고, 결재를 득한 다음날 합격자 발표가 가능하다(주말 제외).
• 합격자는 면접 결과 발표 후 하루의 준비시간이 주어지고, 3일 간의 입소교육에 참여해야 한다(단, 입소교육 일정은 토요일, 일요일 포함 가능).
• 면접은 한 그룹 당 2명의 면접관이 진행하며 2개 장소에서 동시 진행된다.
• 면접관은 과장 이상의 직급자로 구성해야 하며, 개인 업무를 고려하여 선정된다(직급은 부장>차장>과장>대리 순임).
• 22 ~ 26일은 외국의 주요 인사 내방 일정으로 면접 진행이 불가하다.

〈면접관 후보자 개인 업무 일정〉

A 과장	B 차장	C 과장	D 대리	E 부장	F 과장
6일	10일, 13일	11일	5일, 14일	3일, 4일	4일, 10일, 17일

① 6월 5일　　　　② 6월 6일　　　　③ 6월 7일
④ 6월 10일　　　⑤ 6월 11일

[14 ～ 15] 다음 제시 상황과 자료를 보고 이어지는 질문에 답하시오.

직원 P는 연도별 자연재해 통계자료를 살펴보고 있다.

〈연도별 자연재해 피해액〉

(단위 : 백만 원)

구분 연도	태풍	호우	대설	풍랑	강풍	지진	합계
20X1년	5,262	141,414	32,239	0	94	0	179,009
20X2년	13,887	1,256	13,489	345	4,031	0	33,008
20X3년	226,301	37,867	19,720	8,761	0	11,628	304,277
20X4년	0	123,614	85	617	0	67,713	192,029

〈연도별 자연재해로 인한 시설 피해 규모〉

(단위 : 명, 백만 원)

구분 연도	사망·실종 자수	이재민수	피해액					
			건물	선박	농경지	공공시설	기타	합계
20X1년	2	7,691	3,645	124	3,027	142,198	30,015	179,009
20X2년	0	92	263	316	11	13,604	18,814	33,008
20X3년	7	7,221	9,444	1,379	7,541	222,742	63,171	304,277
20X4년	7	8,731	65,923	75	13,631	106,736	5,664	192,029

〈연도별 자연재해 복구비〉

(단위 : 백만 원)

구분 연도	태풍	호우	대설	풍랑	강풍	지진	합계
20X1년	10,263	462,958	30,975	0	24	0	504,220
20X2년	29,434	1,679	5,372	140	2,868	0	39,493
20X3년	532,774	38,840	14,890	21,384	0	15,316	623,204
20X4년	201	325,195	36	576	0	183,605	509,613

14. 다음 중 직원 P가 제시된 자료를 이해한 내용으로 적절하지 않은 것은?

① 20X1 ~ 20X4년 동안 연도별 자연재해 피해액이 매해 지속적으로 증가하는 자연재해가 있어.

② 20X1년은 다른 해에 비해 자연재해 피해액 대비 자연재해 복구비가 가장 컸어.

③ 20X3년에는 태풍으로 인한 자연재해 피해액이 제일 컸어.

④ 20X4년은 자연재해로 인한 피해액이 작년에 비해 크지 않았어.

⑤ 20X4년에는 지진으로 인한 자연재해 피해액과 자연재해 복구비가 다른 해보다 컸어.

15. 다음 중 자료의 (가) ~ (마)에 들어갈 값으로 가장 적절한 것은? (단, 모든 계산 값은 소수점 아래 셋째 자리에서 반올림한다)

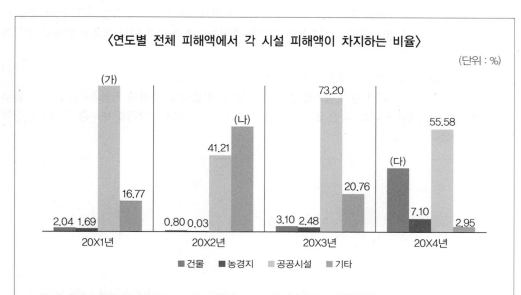

〈연도별 전체 피해액에서 각 시설 피해액이 차지하는 비율〉 (단위 : %)

20X3년 대비 20X4년 시설별 피해 규모 증감률				
건물	선박	농경지	공공시설	기타
598.04%	−94.56%	80.76%	(라)	(마)

① (가) 76.44　　　　② (나) 53.80　　　　③ (다) 32.51

④ (라) −52.08　　　　⑤ (마) −58.03

[16 ~ 17] 다음 글을 읽고 이어지는 질문에 답하시오.

직원에 '자원'이라는 용어를 사용하는 것은 다소 비인간적으로 느껴질 수 있지만 현실에서 직원은 회사가 보유할 수 있는 가장 중요한 핵심 자원입니다. HRM은 조직이 직원이라는 자원을 더욱 효율적으로 관리하여 여러 가지 핵심 장점을 누리도록 돕기 위해 존재합니다. 다음은 효과적인 HRM 전략을 도입하면 얻을 수 있는 몇 가지 이점입니다.

(1) 더 나은 교육 및 더 빨라진 ㉠<u>온보딩</u>

신규 직원 채용, 교육 및 장비 제공은 투자이며, 신규 직원은 업무에 어느 정도 속도가 붙을 때까지 투자 비용을 회수할 수 없습니다. 인적자원관리는 교육 프로세스를 개선하고 간소화하기 때문에 신규 직원은 생산성을 발휘하는 데 필요한 스킬 및 정책을 빠르게 배울 수 있습니다.

(2) 직원의 융통성 강화

효율적인 HRM 전략을 도입하면 교육이 온보딩 프로세스에서 그치지 않습니다. 인적 자원 관리는 개인 및 직업 차원에서 지속적인 발전을 촉진하므로 직원이 회사 내에서 변화와 성장에 적응할 수 있습니다.

(3) 직원 인사고과의 보다 정확한 인정

HRM은 정기적인 직원 성과 평가를 통해 구현할 수 있습니다. 따라서 기업에서는 뛰어난 업무 실적을 파악하고 보너스, 특전 및 기타 보상을 통해 가장 뛰어난 성과를 보여준 직원을 인정할 수 있습니다.

16. 윗글을 참고할 때, 다음 중 HRM 부문에서 수행하는 업무가 아닌 것은?

① 직원들에게 적절한 업무교육 기회를 제공하여 업무 적응을 도모한다.

② 업무에 배정된 직원이 적절하게 업무를 수행하고 있는지 관리 및 감독한다.

③ 직원들의 직무적성을 검토하여 적성에 맞는 직원을 특정 부서에 배치한다.

④ 같은 비용으로 일정 수준 이상의 성과를 낼 수 있는 직원을 선별하고 배정한다.

⑤ 직원들이 선호하는 사업 아이템을 발굴하여 해당 아이템을 바탕으로 사업 방향을 정한다.

17. 다음 중 밑줄 친 ㉠의 의미로 가장 적절한 것은?

① 신규 직원이 처음 조직에 입문하는 시기

② 신규 직원의 조직 적응을 지원하는 교육과정

③ 직원에게 부족한 역량을 파악하기 위한 절차

④ 조직의 비전을 설립하는 단계

⑤ 기업이 적용 투자 대비 수익을 거두기 시작하는 시점

[18 ~ 19] 다음 보도자료를 읽고 이어지는 질문에 답하시오.

2023년 6월 14일 유럽의회 본회의 표결에서 '인공지능 법안'의 협상안이 가결되었다. 유럽연합은 혁신적 기술을 발전시키고 이용할 수 있는 환경을 조성하기 위하여 인공지능을 규제하는 이 법안을 마련하였다. 규제 대상은 유럽연합 회원국 및 역내 기업이다.

이 법안은 인공지능을 '허용할 수 없는 위험', '고위험', '제한된 위험', '저위험 또는 최소 위험' 등 4단계의 위험도로 분류하고, 이 중 '저위험 또는 최소 위험'을 제외한 나머지 3단계에 대해 단계별 규제를 부과한다. 특히 제5조는 사람들의 안전, 생명, 권리에 명백한 위협이 되는 유해한 인공지능을 '허용할 수 없는 위험' 단계로 분류해 유럽연합 내에서 사용하는 것을 금지한다. 유럽연합은 '허용할 수 없는 위험'을 가진 인공지능의 예시로 특정 취약군에 대한 인지 행동 조작(아이들에게 위험한 행동을 유도하는 음성 인식 장난감), 개인의 사회 · 경제적 지위, 특성, 행동을 기반으로 한 사회적 점수 평가, 안면 인식과 같은 실시간 원격 생체 인식 시스템을 제시하였다.

이 법안에 따르면 유럽연합 회원국은 국가 감독 기구를 포함한 하나 이상의 관할 당국을 지정해 이 법의 적용과 시행을 감독하고, 회원국 대표와 유럽연합 집행위원회로 구성된 유럽 인공지능 이사회를 설립하여야 한다.

---

18. 윗글에서 유럽연합이 가결한 법안의 목적으로 가장 적절한 것은?

① 국가 간 대립 완화
② 기술 경쟁력 극대화
③ 반인륜적인 신종 범죄 예방
④ 무분별한 기술 투자 제한
⑤ 신기술로 인한 부작용 최소화

19. 윗글에서 설명하는 법안의 구체적인 내용에 대한 추론으로 옳지 않은 것은?

① 법 시행을 위한 담당 기구가 있어야 한다.
② 세부 내용을 등급화하여 규정을 정하고 있다.
③ 원척적으로 유럽연합 내에서 금지되는 대상이 있다.
④ 유럽연합은 자체 집행위원회를 구성해야 한다.
⑤ 인종을 차별하는 행위를 유발하는 경우 가장 심각한 것으로 분류한다.

20. 다음은 보이스피싱(Voice Fishing, 전화금융사기) 피해신고 건수 및 금액에 대한 자료이다. 이에 대한 설명으로 옳지 않은 것은?

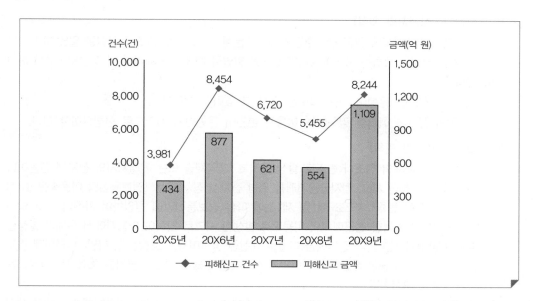

① 보이스피싱 피해신고 건수는 20X6년 이후 점차 감소하다가 20X9년에 다시 급격히 증가하였다.

② 20X9년 보이스피싱 피해신고 금액은 20X5년에 비해 2.5배 이상 증가하였다.

③ 20X5 ~ 20X9년 보이스피싱 피해신고 금액의 평균은 719억 원이다.

④ 20X7년의 보이스피싱 피해신고 건수는 20X5 ~ 20X9년 보이스피싱 피해신고 건수의 평균보다 높다.

⑤ 전년 대비 20X8년 보이스피싱 피해신고 건수의 감소율은 피해신고 금액 감소율보다 작다.

[21 ~ 22] 다음은 전자금융거래 기본약관 내용 중 일부이다. 이어지는 질문에 답하시오.

제19조(사고 · 장애시의 처리)

① 이용자는 거래계좌에 관한 접근수단의 도난, 분실, 위조 또는 변조의 사실을 알았거나 기타 거래절차상 비밀을 요하는 사항이 누설되었음을 알았을 때에는 지체없이 이를 은행에 신고하여야 한다.

② 제1항의 신고는 은행이 이를 접수한 즉시 그 효력이 생긴다.

③ 제1항의 신고를 철회할 경우에는 이용자 본인이 은행에서 서면으로 신청하여야 한다.

제20조(손실부담 및 면책)

① 은행은 접근매체의 위조나 변조로 발생한 사고, 계약체결 또는 거래지시의 전자적 전송이나 처리과정에서 발생한 사고, 전자금융거래를 위한 전자적 장치 또는 「정보통신망 이용촉진 및 정보보호 등에 관한 법률」 제2조 제1항 제1호에 따른 정보통신망에 침입하여 거짓이나 그 밖의 부정한 방법으로 획득한 접근매체의 이용으로 발생한 사고로 인하여 이용자에게 손해가 발생한 경우에 그 금액과 1년 만기 정기예금 이율로 계산한 경과이자를 보상한다. 다만, 부정이체 결과로 당해 계좌에서 발생한 손실액이 1년 만기 정기예금 이율로 계산한 금액을 초과하는 경우에는 당해 손실액을 보상한다.

② 제1항의 규정에도 불구하고 은행은 다음 각호에 해당하는 경우에는 이용자에게 손해가 생기더라도 책임의 전부 또는 일부를 지지하지 아니한다.

1. 천재지변, 전쟁, 테러, 또는 은행의 귀책사유 없이 발생한 정전, 화재, 건물의 훼손 등 불가항력으로 인한 경우

2. 이용자가 접근매체를 제3자에게 대여하거나 사용을 위임하거나 양도 또는 담보 목적으로 제공한 경우

3. 제3자가 권한 없이 이용자의 접근매체를 이용하여 전자금융거래를 할 수 있음을 알았거나 쉽게 알 수 있었음에도 불구하고 이용자가 자신의 접근매체를 누설 또는 노출하거나 방치한 경우

4. 은행이 접근매체를 통하여 이용자의 신원, 권한 및 거래지시의 내용 등을 확인하는 외에 보안 강화를 위하여 전자금융거래 시 사전에 요구하는 추가적인 보안조치를 이용자가 정당한 사유 없이 거부하여 사고가 발생한 경우

5. 이용자가 제4호에 따른 추가적인 보안조치에 사용되는 매체 · 수단 또는 정보에 대하여 다음 각 목의 어느 하나에 해당하는 행위를 하여 사고가 발생한 경우

   가. 누설 · 노출 또는 방치한 행위

   나. 제3자에게 대여하거나 그 사용을 위임한 행위 또는 양도나 담보의 목적으로 제공한 행위

6. 법인(「중소기업기본법」 제2조 제2항에 의한 소기업은 제외)인 이용자에게 손해가 발생한 경우로 은행이 사고를 방지하기 위하여 보안절차를 수립하고 이를 철저히 준수하는 등 합리적으로 요구되는 충분한 주의의무를 다한 경우

③ 은행은 제1항의 규정에 따른 책임을 이행하기 위해서는 보험 또는 공제에 가입하거나 준비금을 적립하는 등 필요한 조치를 한다.

④ 이용자로부터 접근매체의 분실이나 도난의 통지를 받은 경우에는 은행은 그때부터 제3자가 그 접근매체를 사용함으로 인하여 이용자에게 발생한 손해를 보상한다.

21. 다음 중 약관의 내용과 일치하지 않는 것은?

① 이용자로부터 접근매체의 도난을 신고받은 후 제3자가 접근매체를 사용함으로 인해 발생한 손해는 은행에서 보상한다.

② 부정이체 결과로 이용자에게 손해가 발생한 경우 1년 만기 정기예금의 이율로 계산한 경과이자만을 보상한다.

③ 이용자가 사전에 은행으로 접근매체의 도난을 신고하였고, 이를 철회하고자 한다면 본인이 직접 은행으로 방문해야 한다.

④ 보안강화를 위한 추가적인 보안조치를 정당한 사유 없이 거부하였다면 이로 인한 손해가 발생할 시 보상을 받기 힘들 수도 있다.

⑤ 송전탑 문제로 은행이 위치한 동이 정전이 났다면 은행은 이용자의 손해를 보상하지 않을 수도 있다.

22. 다음 중 이용자에게 손해가 발생하였을 때 은행이 모든 책임을 지는 사례는?

① 지진으로 인해 건물이 훼손되어 손해가 발생하였을 때

② 이용자가 접근매체를 분실하였으나 신고하지 아니하였을 때

③ 제3자가 은행 정보통신망에 침입하여 이용자에게 손해가 발생하였을 때

④ 이용자가 접근매체를 노출하여 방치함으로 인해 손해가 발생하였을 때

⑤ 이용자가 가족에게 접근매체를 양도하여 손해가 발생하였을 때

23. 다음 그림과 같이 A, B, C, D, E로 나뉜 영역에 용도를 정해주려고 한다. 서로 다른 쇼핑몰 2개, 서로 다른 전시장 2개, 카페 1개로 공간을 할당하려고 할 때, 쇼핑몰끼리는 이웃하지 않도록 하는 경우의 수로 옳은 것은?

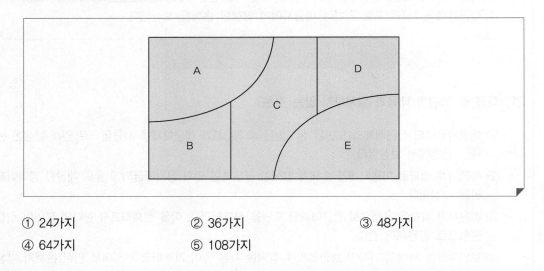

① 24가지   ② 36가지   ③ 48가지
④ 64가지   ⑤ 108가지

24. 다음 〈사례〉의 한 대리가 자원을 낭비하게 된 원인으로 적절한 것은?

| 사례 |

　　○○기업 인사과의 올 상반기 설악산 워크숍 준비는 작년 하반기 회사 체육대회 준비를 해 본 경험이 있는 한 대리가 담당하기로 했다. 한 대리는 시간이 많이 남아 있다고 생각하여 느긋하게 있다가 출발 3일 전에야 기억이 나서 준비를 하기 시작했다.

　　한 대리는 급하게 필요해 보이는 물품을 생각나는 대로 구입하던 중 숙소가 어디냐고 물어보는 최 사원의 말에 숙소를 예약하지 않았다는 사실이 떠올랐다. 바로 인터넷으로 숙소를 예약하려고 하였으나 예산 범위 안의 장소는 예약이 이미 마감되어 있었다. 어쩔 수 없이 예산이 초과되는 비싼 숙소를 예약할 수밖에 없었다.

　　워크숍 당일에는 구입해 두었던 물품을 사용하려고 하니 인원수에 비해 수량이 턱없이 부족하였다. 숙소에 도착하여 근처에서 부족한 물품들을 계속 구입하게 되어 비용이 또 소모되었고, 단합대회가 끝난 뒤 급하게 구입했던 물품 중 일부는 사용하지 않은 채로 남아 있었다.

① 노하우 부족   ② 편리성 추구   ③ 비계획적 행동
④ 물품의 부실한 관리   ⑤ 자원에 대한 인식 부재

25. 다음 자료를 통해 판단한 내용으로 옳지 않은 것은?

<BIS 자기자본비율 산정 정보>

• BIS 자기자본비율 = {은행의 자기자본/(은행이 보유한 대출금×그 유형에 따른 위험가중치)의 총합}×100
• 자기자본 = 자본금+순이익 잉여금
• 위험가중치는 중앙정부대출은 0%, 주택담보대출은 50%, 일반대출은 100%를 적용한다.
• BIS 자기자본비율이 높을수록 은행의 재무건전성이 높다.

<각 은행의 정보>

(단위 : 억 원)

구분	A 은행	B 은행	C 은행	D 은행
자기자본	30,000	18,000	60,000	20,000
자본금	20,000	15,000	30,000	17,000
중앙정부대출	15,000	10,400	11,000	13,000
주택담보대출	60,000	20,000	90,000	30,000
일반대출	50,000	20,000	70,000	40,000

① 재무건전성이 가장 낮은 은행의 일반대출금 규모가 타 은행과 비교하여 가장 작은 것은 아니다.
② 자본금이 많은 은행일수록 해당 은행의 주택담보대출금도 많다.
③ 순이익 잉여금이 가장 많은 은행과 자본금을 가장 많이 가지고 있는 은행은 같다.
④ BIS 자기자본비율이 가장 높은 은행은 C 은행이다.
⑤ BIS 자기자본비율이 가장 낮은 은행은 D 은행이다.

26. 다음 〈조건〉과 〈진술〉을 참고할 때, 과자를 먹은 사람은 누구인가?

─────────| 조건 |─────────

• A, B, C, D, E 중 과자를 먹은 사람은 한 명이다.
• 과자를 먹은 사람만 거짓을 말하고 먹지 않은 사람은 진실을 말한다.

─────────| 진술 |─────────

• A : 나는 과자를 먹지 않았습니다.
• B : D가 과자를 먹는 것을 보았습니다.
• C : E는 과자를 먹지 않았습니다.
• D : 과자를 누가 먹었는지 나는 모릅니다.
• E : B는 과자를 먹지 않았습니다.

① A   ② B   ③ C
④ D   ⑤ E

27. A 고객은 은행에 방문해 복리 예금 상품에 대해 알아보고 있다. 빈칸에 들어갈 금액은?

• A 고객 : 복리 예금 상품 추천해 주실 수 있나요?
• B 사원 : 네, 고객님. 연이율 15% 상품이 요즘 가장 인기가 많습니다.
• A 고객 : 200만 원을 예치하면 2년 만기 때 받게 되는 금액은 얼마인가요?
• B 사원 : (팸플릿에 있는 표를 보여 주며) 2년 만기 때 받게 되는 금액은 _____입니다.

① 232만 원   ② 248만 5천 원   ③ 256만 원
④ 264만 5천 원   ⑤ 272만 원

28. 다음 글의 밑줄 친 ㉠～㉄ 중 문맥상 적절하게 사용되지 않는 단어는 모두 몇 개인가?

금융 제도나 금융 상품과 관련된 정보는 전문 용어들이 많을 뿐만 아니라 관련 제도나 법이 수시로 변하기 때문에 일반인들이 모든 정보를 이해하기가 쉽지 않다. 그러다 보니 금융 기관의 종사자로부터 얻는 금융 관련 정보에 의존하거나 투자 권유를 받는 경우가 종종 있다.

하지만 다른 사람의 말만 믿고 ㉠투자 의사 결정을 내렸다가 손실이 발생했다고 해서 그 사람이 손실을 보상해 주는 것은 아니며 모든 책임은 전적으로 자신에게 ㉡존속된다는 점을 명심할 필요가 있다.

투자 의사 결정의 기본은 '㉢자기 책임의 원칙'이다. 이 원칙은 투자와 관련한 정보나 조언은 누구에게서나 얻을 수 있지만, 최종적인 판단은 반드시 자신의 책임하에 이루어져야 하며, 그 결과 또한 자신이 책임져야 한다는 원칙이다. 이 원칙은 개인의 선택을 기초로 하는 ㉣계획 경제의 운용 원칙이며, 근대 민법의 기본 원리이기도 하다.

금융 상품 판매 실적을 올려야 하는 금융 기관 종사자의 말만 믿고 예금자 ㉤보호 대상이 아닌 상품을 구매한다거나, 재무 상태가 건전하지 못한 금융 기관에 예금자 보호 한도를 초과하는 과도한 금액을 ㉥집중 배치하는 것은 바람직한 금융 의사 결정이 아니다. 금융 기관에 종사하는 사람들이 제시하는 원금 보장, 수익 보장, 손실 보전의 약속 등은 자본 시장법상 엄격히 금지하는 행위이며, 아무런 효력이 인정되지 않는다는 것을 ㉦유념할 필요가 있다.

① 2개   ② 3개   ③ 4개
④ 5개   ⑤ 6개

29. 다음은 발산적 사고의 하나인 '강제결합법'에 대한 설명이다. 이를 참고할 때, 강제결합법의 사례로 적절하지 않은 것은?

> 강제결합법(Forced Connection Method)은 서로 관계가 없는 둘 이상의 대상을 강제로 연결시켜 아이디어를 창출하는 방식이다. 조금 인위적인 방법이기는 하지만 지식과 경험이 부족할 때나 아이디어가 더 이상 생성되지 않을 때 유용하게 사용할 수 있다. 강제결합법은 두 대상의 관계성이 낮을 때 효과가 더 크게 나타날 수 있다. 두 대상은 머리에 떠오르는 대상으로 해도 되지만, 관계성이 낮아야하기 때문에 예를 들어 단어카드를 무작위로 뽑아서 나온 단어들을 연결하는 방법을 사용할 수 있다. 그 방법은 다음과 같다.
> 1. 몇 백 개의 단어 카드를 만든다.
> 2. 상자에 넣고 잘 섞는다.
> 3. 2 ~ 3개의 단어 카드를 뽑는다.
> 4. 해당 단어가 암시하는 아이디어를 결합한다.

① 휴대폰의 특성을 시계에 접목하여 전화와 카메라, 알람 기능 등을 갖춘 스마트워치를 개발했다.
② 기존 플라스틱 컵의 재질을 끊임없이 대체해 보는 과정을 통해 종이컵이 개발되었다.
③ 음성, 사전, LCD 등의 단어를 결합하여 음성지원 전자번역기를 개발하였다.
④ 구름과 가방이라는 키워드로 구름처럼 가벼우면서 튼튼한 가방을 개발하였다.
⑤ 계단을 밟고 내려가면 발전이 되는 '발전 계단'은 계단과 전기라는 단어를 결합하여 만든 아이디어가 반영되었다.

30. 다음 입찰 공고의 내용과 일치하지 않는 것은?

- 입찰명 : 2023년 스마트팜 청년창업 보육센터 교육생 모집(홍보) · 선발 · 관리 통합 사업
- 계약방법 : 일반경쟁 입찰
- 입찰방법 : 일반(총액)협상에 의한 계약
- 입찰(개찰)일시 : 제안서 평가 후
- 납품기한 : 2023. 11. 17.
- 사업예산 : 금 353,000,000원 (금 삼억오천삼백만원), 부가세 포함
- 입찰방식 : 전자입찰
  - 나라장터(www.g2b.go.kr) 또는 e-발주시스템을 통해 ① 가격입찰서, 산출내역서, 공동수급협정서, 입찰이행보증 관련 서류를 제출하고, ② 입찰참가자격 서류, 제안서(정성평가제안서, 정량평가제안서)를 제출하여야 함(5-4. 제출서류 항목을 참조).
    ※ 공고서에서 요구한 입찰참가신청 제출서류가 누락된 경우 및 산출내역서와 입찰가격이 다를 경우 무효처리(우선협상 대상에서 제외) 함.
- 공동계약 : ■공동이행방식 □분담이행방식 □불가
- 입찰일정

구분	공고기간	공동수급 협정서 접수(해당자만)	전자입찰서 접수	제안서 및 입찰서류 (전자제출)	제안서 평가
날짜	2023. 02. 06. ~ 2023. 02. 23.	2023. 02. 22. 18 : 00시까지	2023. 02. 18. 10 : 00 ~ 2023. 02. 23. 11 : 00	2023. 02. 18. 10 : 00 ~ 2023. 02. 23. 11 : 00	별도 통보 (예정)
장소	G2B시스템 alio.go.kr, epis.or.kr	G2B시스템	G2B시스템	G2B시스템	농정원

※ 단, 상기 일정상 접수 마감이 공휴일을 포함하는 경우엔 조달시스템 운영정책에 따라(시스템 점검 등) 평일로 조기마감이 될 수 있으니, 반드시 확인 후 진행
※ 제안서 제출방식은 온라인 제출이며 입찰에 참여하는 자는 나라장터 또는 e-발주시스템에 제안서를 제출하여야 함. 나라장터 시스템 오류에 대비한 이메일(rfp@epis.or.kr) 추가 제출 가능
※ 나라장터 또는 e-발주시스템 제출 없이 메일만 제출된 경우는 인정하지 않음

---

① 입찰자를 모집하여 경쟁시키는 방법을 택하고 있다.
② 현장을 통한 제안서 접수는 불가하다.
③ 제안서는 온라인 제출 방식이므로 이메일로 제출하는 것이 가능하다.
④ 산출내역서와 입찰가격이 다를 경우 낙찰자로 선정될 수 없다.
⑤ 분담이행방식의 공동계약은 불가하다.

31. 다음의 명제를 토대로 얻을 수 있는 결론이 아닌 것은?

- 갑 마을의 농민들은 모두 사과 또는 복숭아를 재배한다.
- 트랙터를 가진 갑 마을 농민들은 2인 가구를 이루고 있다.
- 사과를 재배하는 갑 마을 농민들은 2인 가구를 이루고 있지 않다.
- 복숭아를 재배하는 갑 마을 농민들은 노인과 함께 산다.
- 노인과 함께 살지 않는 갑 마을 농민들은 트랙터를 갖고 있지 않다.

---

① 노인과 함께 살지 않는 갑 마을 농민들은 사과를 재배한다.
② 트랙터를 가진 갑 마을 농민들은 노인과 함께 산다.
③ 2인 가구를 이루고 사는 갑 마을 농민들은 노인과 함께 산다.
④ 사과를 재배하는 갑 마을 농민들은 트랙터를 가지고 있지 않다.
⑤ 복숭아를 재배하는 갑 마을 농민들은 트랙터를 가지고 있다.

32. 경영활동의 구성요소를 고려할 때, 다음 중 경영활동이라고 볼 수 없는 것은?

(가) S 식품은 주변의 경쟁업소들과 매일 치열한 경쟁을 벌이며 생존을 위한 고객유치에 매진하고 있다.

(나) M 교회는 도심 한복판에 자리한 주택가 끝에서 일상에 지친 도시민들에게 하느님의 가르침을 전파하기 위해 강의와 봉사활동을 목적으로 활동하고 있다.

(다) PC방을 2개 운영하고 있는 J 씨는 그중 한 곳에서 인건비 절감을 위해 본인이 직접 야간에도 근무를 하고 있다. 그는 가까운 미래에 5곳으로 업장을 늘릴 계획을 가지고 있다.

(라) 임대료가 올라 이번 달에도 직원 한 명을 줄여야 하는 Y 씨는 편의점을 운영한다. 매출신장을 위해 가게 앞 도로에 홍보물도 설치해 보지만 기대한 효과를 거둘 수 있을지 의문이다.

(마) 40대 가장인 K 씨는 잘나가던 대기업을 퇴사하고 조그마한 노점상을 차렸다. 힘들고 고달프지만 나름의 계획을 가지고 추위와 싸워가며 열심히 수공예품을 판매하고 있다.

---

① (가)　　　　　　② (나)　　　　　　③ (다)
④ (라)　　　　　　⑤ (마)

[33 ~ 34] 다음 자료를 보고 이어지는 질문에 답하시오.

S 은행에 근무하는 신입행원 A는 아래 제시된 정보를 토대로 주택청약종합저축 관련 내용을 숙지하고 있다.

〈청년우대형 주택청약종합저축〉

■ 가입대상 : 아래의 자격을 모두 갖춘 개인(외국인은 가입불가)
 1) 만 19세 ~ 만 29세 이하(병역복무기간 인정)인 자
 2) 연소득 3천만 원 이하의 근로·사업·기타 신고소득이 있는 자
 3) 무주택인 세대주
 ※ 무주택 여부는 가입자 본인에 한함(세대구성원의 주택 소유와 무관함).
 ※ 청년우대형 주택청약종합저축 가입은 주택청약종합저축, 청약저축, 청약예금, 청약부금을 포함하여 전 금융기관 1인 1계좌에 한함.
 ※ 사업·기타소득자 자격으로 가입 후 근로소득자 자격으로 변경불가(가입 시 제출한 소득서류의 소득종류로 판단)

■ 가입서류(모든 서류 필수 제출 원칙)
 1) 본인실명확인증표 : 신분증(주민등록증, 운전면허증, 여권 등)
 2) 세대주 확인 서류 : 주민등록등본(3개월 이내 발급분)
 3) 소득확인서류 : 연소득 3천만 원 이하를 증빙하는 서류

구분	근로소득자	사업·기타소득자
증빙서류 (한 가지 선택)	– 소득확인증명서 – 근로소득 원천징수영수증 – 근로소득자용 소득금액증명원 – 급여명세표	– 소득확인증명서 – 사업소득 원천징수영수증 – 종합소득세용 소득금액증명원 – 종합소득과세표준확정신고 및 납부계산서 – 기타소득 원천징수영수증

 4) 병적증명서 : 만 30세 이상인 자 중 병역기간 차감(최대 6년 범위 내)하여 만 29세 이하인 경우에 한해 서류 제출

■ 적용이율 : 기본이율에 일정자격 충족 시 가입일로부터 최대 10년까지 우대이율 추가하여 적용
 1) 기본이율(주택청약종합저축 기간별 적용이율과 동일)

구분	1개월 이내	1개월 초과 1년 미만	1년 이상 2년 미만	2년 이상
기본이율	무이자	연 1.0%	연 1.5%	연 1.8%

 2) 우대이율(연 1.5%p)
  – 적용대상 : 가입기간 2년 이상인 계좌(단, 당첨계좌는 2년 미만 포함)

– 적용원금 : 납입금액 5천만 원 한도
– 적용기간 : 가입일로부터 최대 10년 동안 적용
※ 청년우대형 주택청약종합저축은 예금자보호법에 따라 예금보험공사가 보호하지 않으나, 주택도시기금의 조성재원으로서 정부가 관리하고 있습니다.

33. 행원 A는 다음과 같이 고객 B의 문의에 응대하고 있다. 답변 내용으로 옳지 않은 것은?

고객 B : 청년우대형 주택청약종합저축 상품에 대해 문의하려고 합니다. 가입 조건이 어떻게 되나요?

행원 A : ① 청년우대형 주택청약종합저축은 만 19세 이상 만 29세 이하, 연소득 3천만 원 이하의 신고소득이 있는 무주택 세대주에 한해 가입이 가능합니다.

고객 B : 저는 현재 만 31세이지만 3년 동안 병역복무를 했는데요, 이 경우 가입이 가능한지요?

행원 A : ② 만 30세 이상이더라도 최대 6년 범위 내로 병역기간을 차감했을 때 만 29세 이하면 가입대상에 해당합니다.

고객 B : 현재 1년 5개월 된 당첨계좌의 경우 우대이율을 적용받을 수 있나요?

행원 A : ③ 납입금액 5천만 원 한도 내에서 연 1.5%p의 우대이율을 적용받으실 수 있습니다.

고객 B : 가입할 때 조심스러운 부분이 원금 보호인데요. 원금 손실은 걱정하지 않아도 되지요?

행원 A : ④ 네. 해당 상품은 예금자보호법에 따라 예금보험공사에서 보호합니다.

고객 B : 현재 제 근로소득은 연 3천만 원 이하인데 어떤 서류로 증명하면 될까요?

행원 A : ⑤ 소득확인증명서, 근로소득 원천징수영수증, 근로소득자용 소득금액증명원, 급여명세표 중 하나를 제출하시면 됩니다.

34. A는 상사의 지시에 따라 제출서류 관련 예시를 작성하고 있다. 다음 중 필요한 증빙서류가 바르게 나열된 사례를 모두 고르면?

> A 씨, 가입에 필요한 서류를 구비하는 데 어려움을 느끼는 고객이 많다고 합니다. 구체적인 사례를 들어서 필요한 가입서류를 안내할 수 있다면 좋을 것 같아요. 여러 예시들과 함께 필요한 가입서류를 적은 표를 제작해주세요.

| 사례 |

고객명	필수증빙서류	가입구분
고객 C (만 24세, 여성)	• 여권 • 주민등록등본 : 2개월 전 발급, 세대주 C • 소득확인증명서 : 연소득 2천4백만 원	근로소득자
고객 D (만 28세, 여성)	• 운전면허증 • 주민등록등본 : 1개월 전 발급, 세대주 D • 종합소득세용 소득금액증명원 : 연소득 3천만 원	근로소득자
고객 E (만 26세, 남성)	• 주민등록증 • 주민등록등본 : 3일 전 발급, 세대주 E • 기타소득 원천징수영수증 : 연소득 2천4백만 원 • 병적증명서 : 병역기간 2년	기타소득자
고객 F (만 31세, 남성)	• 운전면허증 • 주민등록등본 : 일주일 전 발급, 세대주 F • 급여명세표 : 연소득 2천8백만 원 • 병적증명서 : 병역기간 2년	근로소득자

① 고객 C, D
② 고객 C, F
③ 고객 E, F
④ 고객 C, D, F
⑤ 고객 D, E, F

[35 ~ 36] 다음 글을 읽고 이어지는 질문에 답하시오.

조직구조란 조직을 구성하고 있는 사람, 업무, 부서들 간의 공식적 관계나 상호관련성을 구축하는 짜임새를 일컫는다. 조직구조 유형으로 기능별, 부문별, 매트릭스, 프로세스 구조 등을 제시할 수 있다. 기능별 구조는 마케팅, 제조, 재무 등의 기능단위로 분화된 조직형태이다. 기능별 구조는 전문화 라인과 스태프 관계, 통제범위, 권한, 책임 등에 관한 초기 경영이론에 바탕을 두고 있다. 비슷한 작업을 수행하거나 비슷한 문제를 해결하는 사람들을 집단화하여 기술과 자원의 전문화가 촉진된다는 장점이 있으나 구성원들이 제한적 관점으로 일상적 과제수행에만 관심을 갖는다는 단점이 있다.

부문별 구조는 조직의 제품, 서비스, 고객, 지역 등을 기준으로 하위 단위를 형성한다. 조직의 전체 목적 달성을 위한 부문 간 의존성을 이해하고 가용자원을 상호 조정한다는 장점이 있다. 그러나 구성원의 능력을 충분히 활용할 전문적 과업이 적다는 것이 단점이다.

매트릭스 구조는 기능별 구조와 부문별 구조의 강점을 활용한 구조로, 수직적인 기능별 구조에 제품이나 프로젝트별 조정이 가능한 수평구조를 결합한 형태를 의미한다. 이 구조는 다양한 관점을 촉진하며 전문화된 기능별 지식을 모든 프로젝트에 활용할 수 있다. 그러나 조직을 관리하기가 용이하지 않다는 한계가 있다.

프로세스 구조는 새로운 관점의 구조화 방식으로 제품개발, 고객주문처리, 판촉 등의 핵심 과정을 중심으로 전문팀을 구성하는 것을 의미한다. 수평적 관계를 강조하며 효율성과 몰입도가 높다는 장점이 있다. 또한 고객 만족 향상에 자원을 집중시키고 변화에 신속한 대응이 가능하다. 그러나 팀 의사결정에 시간이 필요하며, 잘못된 과정으로 비효율이 발생할 가능성이 있다.

한편 조직구조조정은 기업의 가치를 높이고 보다 효율적이고 안정적인 구조를 갖추고자 기업에 변화를 주려는 과정을 의미한다. 조직구조조정의 대표적인 예로 다운사이징과 리엔지니어링을 들 수 있다. 다운사이징은 조직 규모를 줄이는 것으로 미국 기업들이 급속히 약화된 경쟁력 회복을 위해 비대한 관리층과 (㉠) 조직을 바꾸기 위해 도입한 혁신 기법이다. 이는 재배치, 조기퇴직, 아웃소싱, 재구조화, 계층축소 등의 형태로 나타난다. 다운사이징은 M&A나 조직 쇠퇴, 산업구조 변화 등에 의해 또는 조직이 새로운 조직구조를 실현하고자 할 때나 사회적 신념에 의해서 나타난다.

리엔지니어링은 조직의 성과를 획기적으로 향상시키기 위해 사업과정을 (㉡) 재설계하는 것을 의미한다. 기존의 기업 활동을 무시하고 모든 기업 활동과 업무 프로세스를 완전히 백지상태에서 새롭게 구성하는 경영혁신 기법이다. 즉, 효율성 저하의 원인을 과업흐름의 비효율성으로 전제한다. 전문화된 과업단위를 통합적으로 유연하게 만들고 경쟁조건, 소비자 요구, 제품의 라이프사이클 변화 등에 신속하게 대응 가능하다. 즉, 다양한 과업 간의 연계와 조정정도를 높이기 위해 조직의 핵심과정을 바꾸는 것이다.

35. 윗글의 빈칸 ㉠과 ㉡에 들어갈 적절한 표현을 바르게 묶은 것은?

	㉠	㉡		㉠	㉡
①	비효율적	점진적으로	②	비효율적	근본적으로
③	효율적	점진적으로	④	효율적	신속하게
⑤	전문적	근본적으로			

36. 다음 조직구조에 대한 설명 중 적절하지 않은 것은?

① 고객만족도를 향상시키고 변화에 빠르게 대응하고 싶다면 제품개발, 고객주문처리, 판촉 등의 핵심과정을 중심으로 전문팀을 구성하는 것을 고려해 볼 만하다.

② 조직의 핵심과정을 바꾸고 성과를 획기적으로 향상시키고 싶다면 기존의 기업활동은 고려하지 않고 새로운 업무 활동과 프로세스를 구축하는 것도 하나의 방안이다.

③ 조직을 구성하고 있는 사람, 업무, 부서들 간의 공식적 관계나 상호관련성을 구축하는 틀은 분화 기준에 따라 유형이 나뉠 수 있다.

④ 제품, 서비스, 고객, 지역 등을 기준으로 조직의 하위 단위를 형성한다면 구성원들의 전문성을 활용하는 데에는 한계가 있을 수 있다.

⑤ 다운사이징은 조직의 비대화에 따른 능률성 저하 문제를 개선하고 경쟁력을 회복하기 위해 기업들이 택하는 조직구조 유형 중 하나이다.

37. 다음 자료에 대한 설명으로 올바르지 않은 것은?

〈A 국의 생활폐기물 발생 현황 비교〉

구분	20X3년		20X8년	
	발생량 (톤/일)	1인당 발생량 (kg/인/일)	발생량 (톤/일)	1인당 발생량 (kg/인/일)
생활폐기물 소계	43,757	0.96	42,384	0.92
생활쓰레기	29,082	0.64	20,306	0.44
재활용폐기물	10,592	0.23	12,828	0.28
기타 생활폐기물	4,083	0.09	9,250	0.20

〈A 국의 20X8년의 가정 부문별 생활폐기물 배출량〉

(단위 : kg/인/일)

종류		생활폐기물	
			재활용폐기물
가 정	단독주택	0.241	0.138
	아파트	0.253	0.143
	연립주택	0.239	0.149
	다세대	0.253	0.150
	비주거용	0.246	0.137
	평균	0.246	0.143

① 20X3년 대비 20X8년에 생활폐기물 발생량이 가장 많이 증가한 것은 기타 생활폐기물이고, 가장 많이 감소한 것은 생활쓰레기이다.

② 20X3년 대비 20X8년 생활폐기물의 발생량 감소율은 −3%를 넘어선다.

③ 20X8년 가정 부문의 생활폐기물 1인당 평균 발생량은 비가정 부문보다 적다.

④ 1인당 재활용폐기물 배출량이 많은 가정일수록 생활폐기물의 배출량도 더 많다.

⑤ 20X8년 생활폐기물 중 재활용폐기물이 차지하는 비중은 가정 부문이 A 국 전체보다 더 크다.

[38 ~ 40] 다음 제시상황과 자료를 보고 이어지는 질문에 답하시오.

직원 H는 주간업무보고를 점검하고 있다.

주간업무보고							
5월 2주(5/07 ~ 5/11)							

결재		
경영실장	기획 본부장	이사장

담당구분			업무내용			일정	
담당부서	담당팀	담당자	프로젝트명	금주업무	차주 예상업무	시작일	마감일
인재양성부	교육팀	최희찬	상반기 사내교육	사내교육 진행	사내교육 진행	5/07	5/11
인재양성부	교육팀	김주연	상반기 사내교육	프로그램 기획	사내교육 진행	5/07	5/09
인재양성부	인사팀	한주미	하반기 인사이동	영업부 인터뷰	평가자료 취합	5/07	5/08
인재양성부	인사팀	장택진	하반기 인사이동	기획부 인터뷰	홍보부 인터뷰	5/09	5/11
기획부	전략팀	현준민	지역 문화축제	프로그램 기획	참여업체 선정	5/08	5/11
기획부	전략팀	고연수	SNS 이벤트	프로그램 기획	프로그램 기획	5/08	5/11
기획부	지원팀	이연호	상반기 사내교육, 지역 문화축제	사내교육 비품 관리	프로그램 비품 관리	5/07	5/10
기획부	계약팀	배지민	지역 문화축제	프로그램 기획	참여업체 선정	5/09	5/10
홍보부	PR팀	장요한	지역 문화축제	프로그램 기획	프로모션 제작	5/07	5/11
홍보부	광고팀	서순철	지역 문화축제	프로모션 제작	프로모션 제작	5/07	5/10
홍보부	광고팀	유경조	지역 문화축제, SNS 이벤트	프로모션 제작	프로모션 제작	5/07	5/10

홍보부	PR팀	민영훈	SNS 이벤트	프로그램 기획	이벤트 진행	5/07	5/11
연구개발부	개발팀	소형주	B 제품 출시기획	제품 개발	제품 개발	5/08	5/11
연구개발부	연구팀	주상춘	B 제품 출시기획	개발안 발표	제품 개발	5/07	5/07
연구개발부	연구팀	채종연	K 제품 개선	개선점 연구	개선안 발표	5/07	5/11
연구개발부	개발팀	조연희	K 제품 개선	제품 개발	제품 개발	5/07	5/11
연구개발부	개발팀	이영선	K 제품 개선	제품 개발	제품 개발	5/07	5/11
영업부	영업1팀	유지성	지역 문화축제	프로그램 기획	참여업체 선정	5/09	5/11
영업부	영업1팀	도연민	K 제품 개선	제품 관련 설문조사	조사자료 취합	5/08	5/10
영업부	영업2팀	성지유	SNS 이벤트	이벤트 기획	이벤트 기획	5/08	5/11
영업부	영업2팀	이호준	SNS 이벤트	이벤트 기획	이벤트 기획	5/08	5/11
영업부	영업2팀	김성영	SNS 이벤트	이벤트 기획	이벤트 기획	5/08	5/11
영업부	영업3팀	이은영	B 제품 출시기획, K 제품 개선	업자 미팅	개선안 발표	5/10	5/10
영업부	영업3팀	태은경	B 제품 출시기획	업자 미팅	업자 미팅	5/10	5/10
경리부	회계팀	박민수	상반기 결산	상반기 결산	상반기 결산	5/07	5/11
경리부	재경팀	류지철	상반기 결산	상반기 결산	상반기 결산	5/07	5/11

※ 담당자 중 동명이인은 없다.

※ 프로젝트명이 같은 것은 동일한 프로젝트를 의미한다.

※ 각 담당자가 주마다 진행한 업무는 해당 담당자가 맡고 있는 프로젝트와 관련된 업무이다.

38. 다음 중 주간업무보고에 기재된 업무 담당팀의 총 개수로 옳은 것은?

① 13팀　　　　　　　② 14팀　　　　　　　③ 15팀
④ 16팀　　　　　　　⑤ 17팀

39. 다음 중 주간업무보고에 기재된 업무 담당자의 총 인원수로 옳은 것은?

① 26명　　　　　　　② 27명　　　　　　　③ 28명
④ 29명　　　　　　　⑤ 30명

40. 다음 중 직원 H가 주간업무보고를 통해 이해한 내용으로 가장 적절한 것은?

① 5월 2주차에는 총 11개의 프로젝트가 진행되었다.
② 한 주에 두 개 이상의 다른 프로젝트를 진행하고 있는 담당자는 총 2명이다.
③ 5월 2주차에 당일에 업무를 시작하여 당일에 업무를 끝낸 담당자의 수는 5명 미만이다.
④ 지역 문화축제 프로젝트를 진행하는 담당자는 총 5명이다.
⑤ 5월 2주차에 상반기 사내교육 담당할 담당자 중 고연수와 같은 프로젝트를 진행 중인 사람이
　있다.

41. 자원관리팀은 연말을 맞이하여 1박 2일 워크숍을 진행하려고 한다. 다음 〈조건〉을 따를 때, 다음 중 워크숍을 진행할 수 있는 날짜는?

〈12월 달력〉

일	월	화	수	목	금	토
		1	2	3	4	5
6	7	8	9	10	11	12
13	14	15	16	17	18	19
20	21	22	23	24	25	26
27	28	29	30	31		

〈1월 달력〉

일	월	화	수	목	금	토
					1	2
3	4	5	6	7	8	9

| 조건 |

- 워크숍에는 팀원 전원이 참여해야 하며, 자원관리팀은 김 차장, 박 과장, 조 대리, 이 대리, 홍 사원, 장 사원 6명으로 이루어져 있다.
- 공휴일, 주말에는 워크숍을 진행하지 않는다.
- 연말(12월 마지막 주), 연초(1월 첫째 주)에는 워크숍을 진행하지 않는다.
  ※ 단, 1일이 목요일을 포함하는 경우 첫째 주로 판단한다.
- 매달 두 번째, 네 번째 금요일과 첫 번째, 세 번째 수요일에는 부서 전체 회의가 있다.
- 팀원들의 개인 일정은 아래와 같다.
  - 김 차장 : 12월 1 ～ 4일 외부 출장
  - 박 과장 : 매달 둘째 주 월 ～ 목요일 외부 교육
  - 조 대리 : 12월 22 ～ 23일 휴가

① 12월 14 ～ 15일 ② 12월 16 ～ 17일 ③ 12월 23 ～ 24일
④ 1월 4 ～ 5일 ⑤ 1월 7 ～ 8일

42. 서울 ○○수협에 근무하는 김△△ 사원은 두바이 현지의 바이어와 화상회의 프로그램을 이용하여 미팅을 진행할 예정이다. 다음 〈조건〉을 모두 고려할 때, 가장 적절한 미팅 시작 시각은?

─────| 조건 |─────

• 서울과 두바이의 시차는 5시간으로 서울이 더 빠르다.
• 김△△ 사원의 근무 시간은 오전 8시부터 오후 5시까지이며, 바이어의 근무 시간은 현지 시각으로 오전 9시부터 오후 5시까지이다.
• 미팅은 근무시간 내에만 진행한다.
• 점심시간에는 미팅 시간을 잡을 수 없다. 김△△ 사원의 점심시간은 오전 11시부터 오후 12시까지이며, 바이어의 점심시간은 현지 시각으로 오전 11시부터 오후 1시까지이다.
• 바이어는 출근 후 30분 동안 사내회의를 하기 때문에 이를 피하여 정한다.
• 미팅 진행시간은 1시간을 초과하지 않는다.
• 미팅은 정각에 시작한다.

① 서울 시각으로 오전 8시
② 서울 시각으로 오전 9시
③ 서울 시각으로 오후 3시
④ 서울 시각으로 오후 4시
⑤ 서울 시각으로 오후 5시

43. 어떤 일을 장 대리가 혼자 하면 18일이 걸리고, 박 차장이 혼자 하면 30일이 걸린다. 이 일을 처음에는 장 대리가 혼자 진행하다가 박 차장이 연달아 혼자 진행하여 22일 만에 마쳤다면, 장 대리가 일을 한 기간은?

① 11일
② 12일
③ 13일
④ 14일
⑤ 15일

[44 ~ 45] 다음 글을 읽고 이어지는 질문에 답하시오.

최근 간편송금 서비스의 이용건수와 이용액수 모두 3배 이상 급성장한 것으로 조사되었다. 간편송금 서비스 시장은 지속적으로 이용자가 증가하고 있어 올해에는 그 규모가 이용건수 3억 9천만 건, 이용액수 28조 원에 달할 것으로 추정된다.

간편송금 서비스의 최대 강점은 복잡한 인증 절차 없이 쉽고 빠르게 송금할 수 있다는 것이다. 간편송금 서비스는 공인인증서 의무사용이 폐지되면서 등장하였으며 보안카드나 1회용 비밀번호 생성기(OTP) 대신 비밀번호나 지문인식 등 간편 인증수단을 이용한다. 기존 은행 모바일뱅킹으로 송금하기 위해서는 과정이 복잡할 뿐만 아니라 영업점을 방문해 인터넷뱅킹 등록도 해야 하고 송금 대상자의 계좌번호도 알아야 했다. 반면 간편송금은 모바일로 처음 계좌인증만 완료하면 이후엔 상대의 전화번호나 메신저 계정만 알아도 빠르게 송금할 수 있다.

간편송금 서비스 시장은 ㉠신규 전자금융업자가 지배하고 있는데, 특히 상위 2개 업체가 97%에 달하는 지분을 차지하고 있다. 업계 1위는 간편송금 서비스를 가장 먼저 시작한 핀테크 업체인데, 휴대전화 번호만으로 송금이 가능하다. 업계 2위는 메신저 플랫폼을 기반으로 간편송금 서비스를 제공하면서 영향력을 넓혀 가고 있다.

이에 기존 송금 서비스를 주도했던 ㉡은행권 또한 간편송금 시장 경쟁에 뛰어드는 추세이다. 은행권은 기존 모바일뱅킹 앱에 간편송금 기능을 추가하거나 별도의 간편송금 서비스 앱을 내놓았다. 그러나 간편송금 기능이 탑재된 모바일뱅킹 앱을 실행할 때 공인인증서 로그인이 필요한 경우도 있고, 별도의 앱을 내놔도 후발주자라는 불리함 때문에 인지도가 낮아 큰 성과를 내지 못했다.

한편 간편송금 서비스의 수익성이 낮기 때문에 은행권이 적극적으로 경쟁에 뛰어들지 않는다는 분석도 있다. 현재 간편송금 시장을 주도하고 있는 전자금융업자들도 사실상 간편송금 서비스로 손해를 보고 있기 때문이다. 간편송금 전자금융업자는 현재 송금 건당 150 ~ 450원의 비용을 제휴 은행에 지불하는 반면 이들 업체의 무료 고객 비중은 72 ~ 100%에 달한다. 이 때문에 간편송금 서비스 자체가 손실을 입을 수밖에 없는 구조이다. 게다가 간편송금 서비스는 소액 송금 위주로 운영되고 있고, 이를 초과한 금액은 대부분 은행을 통해 거래되고 있기 때문에 은행 입장에서는 굳이 무리해서 시장 진출을 도모할 필요가 없다는 시각이다. 하지만 간편송금 서비스로 고객을 확보한 전자금융업자가 차후 소비자 금융을 연계 제공한다면 은행의 신규 수익 영역을 침범하게 된다. 따라서 이미 포화되어 있는 간편송금 시장에서 은행권이 어떻게 경쟁력을 확보할지 귀추가 주목된다.

44. 윗글의 ⑤과 ⑥에 대한 설명으로 옳지 않은 것은?

① ⑤은 ⑥보다 먼저 송금 서비스를 시작했다.

② 고액을 송금하려는 고객은 ⑥을 이용할 것이다.

③ ⑤은 ⑥에게 간편송금 서비스 수수료를 제공하고 있다.

④ 공인인증서 의무사용이 재도입된다면 ⑤이 큰 타격을 입을 것이다.

⑤ ⑥은 간편송금 서비스에서 큰 성과를 거두지 못하고 있다.

45. 윗글의 내용과 일치하는 것을 〈보기〉에서 모두 고르면?

―| 보기 |―

㉠ 간편송금은 공인인증서 없이도 이용 가능하다.

㉡ 간편송금 이용자의 과반수는 무료로 서비스를 이용한다.

㉢ 은행권은 간편송금의 현재 수익성을 고려하여 간편송금 서비스 경쟁에 뛰어들지 않았다.

① ㉠   ② ㉡   ③ ㉠, ㉡

④ ㉠, ㉢   ⑤ ㉠, ㉡, ㉢

46. ○○공사 인사팀 대리 K는 신입사원들을 두 명씩 생산팀, 홍보팀, 영업팀, 총무팀에 배치하려고 한다. 기존의 신입사원 배치 기준에서 연수 부서에 관한 기준이 삭제되고 직원 평가 점수로만 부서를 배치하게 되었다면, 다음 중 영업팀에 배치되는 사원끼리 바르게 짝지어진 것은?

신입사원을 배치할 때 순서는 아래와 같습니다.
1. 연수 부서와 희망 부서가 일치하면 우선 배치합니다. 이때, 희망 부서의 지망 순서는 무관하게 연수 부서와 일치하는 부서로 배치합니다.
2. 직원 평가 점수가 높은 순서대로 1지망 부서에 배치하되, 각 부서에 2명이 초과되는 경우에는 2지망 부서, 남는 부서 순서대로 배치합니다.

기준 신입사원	직원 평가 점수	연수 부서	희망 부서 (1지망)	희망 부서 (2지망)
가	4점	총무팀	영업팀	총무팀
나	3점	영업팀	총무팀	영업팀
다	1점	총무팀	영업팀	홍보팀
라	4점	홍보팀	총무팀	생산팀
마	5점	생산팀	영업팀	홍보팀
바	3점	홍보팀	생산팀	총무팀
사	3점	영업팀	생산팀	총무팀
아	2점	생산팀	총무팀	영업팀

① 가, 마   ② 가, 아   ③ 나, 마
④ 다, 아   ⑤ 사, 마

47. 다음 자료에 대한 설명으로 옳지 않은 것은?

⟨OECD 주요 국가별 삶의 만족도 및 관련 지표⟩

(단위 : 점, %, 시간)

국가 ＼ 구분	삶의 만족도	장시간근로자비율	여가·개인 돌봄시간
덴마크	7.6	2.1	16.1
아이슬란드	7.5	13.7	14.6
호주	7.4	14.2	14.4
멕시코	7.4	28.8	13.9
미국	7.0	11.4	14.3
영국	6.9	12.3	14.8
프랑스	6.7	8.7	15.3
이탈리아	6.0	5.4	15.0
일본	6.0	22.6	14.9
한국	6.0	28.1	14.6
에스토니아	5.4	3.6	15.1
포르투갈	5.2	9.3	15.0
헝가리	4.9	2.7	15.0

※ 장시간근로자비율은 전체 근로자 중 주 50시간 이상 근무한 근로자의 비율이다.

① 삶의 만족도 차이가 2.5점 이상인 두 국가의 여가·개인 돌봄시간 차이는 모두 0.4시간 이상 이다.

② 삶의 만족도가 한국보다 낮은 국가들의 장시간근로자비율의 산술평균은 이탈리아의 장시간근로 자비율보다 높다.

③ 여가·개인 돌봄시간 상위 3개 국가의 삶의 만족도 평균은 하위 3개 국가의 삶의 만족도 평균보 다 낮다.

④ 장시간근로자비율이 미국보다 낮은 국가의 여가·개인 돌봄시간은 모두 미국의 여가·개인 돌 봄시간보다 길다.

⑤ 삶의 만족도가 가장 높은 국가와 가장 낮은 국가는 장시간근로자비율이 가장 낮은 국가 1위와 2위를 나란히 차지한다.

[48 ~ 49] 다음 금융상품 안내 자료를 보고 이어지는 질문에 답하시오.

〈○○정기예금(개인)〉

상품특징	가입자가 이율, 이자지급, 만기일 등을 직접 설계하여 저축할 수 있는 다기능 맞춤식 정기예금입니다. ※ 직장인우대종합통장, 명품여성종합통장 가입자가 인터넷뱅킹을 통하여 신규 가입 시 연 0.3%p 우대
가입대상	제한 없음(단, 무기명으로는 가입하실 수 없습니다).
계약기간	고정금리형 : 1 ~ 12개월 이내에서 월 또는 일 단위(인터넷뱅킹 신규는 월 단위만 가능)
적립방법 및 저축금액	– 신규 시 최저 100만 원 이상 원 단위로 예치 – 건별 10만 원 이상 원 단위로 추가입금 가능(신규 포함 30회까지 가능)
세금	비과세종합저축으로 가입 가능 ※ 단, 관련 세법 개정 시 세율이 변경되거나 세금이 부과될 수 있음. ※ 계약기간 만료일 이후의 이자는 과세됨.
분할인출	– 대상계좌 : 가입일로부터 1개월 이상 경과된 고정금리형 계좌(단위기간금리연동형 불가) – 분할인출횟수 : 계좌별 3회(해지 포함) 이내에서 총 15회 한도 – 적용이율 : 가입당시 예치기간별 고정금리형 ○○정기예금 기본이율 – 인출금액 : 제한 없음(단, 분할인출 후 계좌별 잔액 100만 원 이상 유지).
이율	– 기본이율 3.8% – 중도해지 시 이율

예치기간	이율(연 %)
1개월 미만	0.1
1 ~ 3개월 미만	기본이율×50%×경과월수÷계약월수(최저 0.3)
3개월 이상	기본이율×50%×경과월수÷계약월수(최저 0.5)

48. 다음 중 위 예금 상품에 대한 설명으로 바르지 않은 것은?

① 인터넷뱅킹을 통하여 신규 가입 시 누구나 우대금리를 적용받는 것은 아니다.

② 30회 분할적립을 할 경우, 최소 추가 가능 금액의 합은 최초 100만 원의 예치금을 제외하고 290만 원이다.

③ 7개의 계좌를 가지고 있을 경우, 해지를 포함하여 매 계좌당 3회 분할인출이 가능하다.

④ 분할인출은 횟수와 시기, 잔여금액에 제한 사항이 있다.

⑤ 비과세로 가입해도 경우에 따라 과세될 수 있다.

49. 1월 10일 계약기간 12개월로 위의 상품에 가입하여 같은 해 11월 11일에 중도해지를 하였을 때 적용되는 중도해지 이율은 얼마인가? (단, 소수점 아래 셋째 자리에서 반올림한다)

① 1.35% ② 1.45% ③ 1.52%
④ 1.58% ⑤ 1.67%

50. 다음 시간계획을 위한 우선순위 매트릭스의 (B)에 들어갈 적절한 업무를 〈보기〉에서 모두 고른 것은?

〈일의 우선순위 판단을 위한 매트릭스〉

구분	긴급한 일	긴급하지 않은 일
중요한 일	(A)	(B)
중요하지 않은 일	(C)	(D)

| 보기 |

ㄱ. 위기상황 ㄴ. 시간 낭비 거리
ㄷ. 새로운 기회 발굴 ㄹ. 중장기 계획 세우기
ㅁ. 잠깐의 급한 질문 ㅂ. 우편물 확인
ㅅ. 프로젝트 마감 ㅇ. 인기 있는 활동

① ㄱ, ㅅ ② ㄷ, ㄹ ③ ㄱ, ㄴ, ㅇ
④ ㄷ, ㅁ, ㅂ ⑤ ㅂ, ㅅ, ㅇ

01. 다음 자료를 통해 알 수 있는 다우닝가 합의의 주요 내용은?

> 대통령은 영국 총리와 오는 22일 '다우닝가 합의' 문서에 서명할 예정이라고 밝혔다. 양국 관계를 끌어올려 다양한 분야에서 협력을 심화하는 것을 골자로 하는 이 문서의 명칭은 정상 회담이 열릴 영국 총리 관저 주소인 다우닝가 10번지에서 따 왔다. 대통령실 관계자는 현지 에서 기자들과 만나 "글로벌 전략적 동반자 관계를 넣은 것은 그만큼 유럽의 대표주자인 영국 이 아시아 · 태평양 지역 중심국인 한국과 구체적으로 추진할 중요한 내용이 많다는 것을 약 속하는 것이고 문서는 이런 내용을 종합적으로 함축하고 있다"고 밝혔다.
>
> 문서에는 북핵 등 한반도 문제와 함께 우크라이나 사태, 이스라엘−하마스 무력충돌, 아 · 태 지역 해양 분쟁 등 주요 글로벌 현안에 대한 공동의 입장이 담긴다. 규칙 기반의 국제 질서 를 강화하면서 유엔 안전보장이사회(안보리), 주요 20개국(G20) 및 주요 7개국(G7) 정상회의 등 다자 무대에서 공조해 나가자는 의지가 표명될 예정이다.
>
> 안보 · 경제 · 지속가능한 미래 협력 분야 등 양국이 협력할 3대 분야의 내용도 구체적으로 담긴다. 국방 · 방산 분야에서는 방위력 협력 파트너십 의향서 및 방산 공동수출 양해각서 (MOU)를 체결해 협력을 발전시키기로 했다. 사이버 위협 대응 역량을 강화하는 '전략적 사이 버 파트너십'도 체결된다. 합동 훈련을 확대하고 안보리 대북제재 이행을 위한 해양 공동 순 찰을 추진한다는 내용도 포함된다. 그리고 기존 한 · 영 자유무역협정(FTA)을 개선하기 위한 협상에 관한 내용도 포함된다. 이와 함께 공급망 구축을 위해 반도체 협력 MOU를 체결하고 경제 · 금융 협력 방안과 미래 산업 분야 경제 협력 등을 논의하기로 했다.

① 미래 협력 방안 협약
② 기후 보호 협약 조인
③ 경제 보호 조약 작성
④ 지속적 상호 방문 약속
⑤ 전쟁 동맹국 지위 서약

02. 다음과 같은 유형의 조직구조가 가지는 특징으로 적절하지 않은 것은?

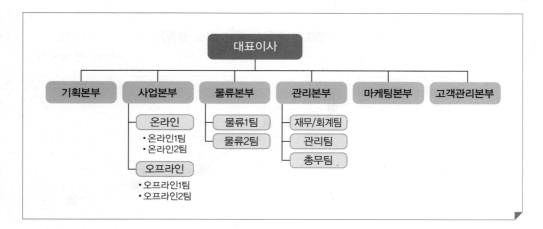

① 기능별 목표를 관리하고 달성하는 데 유리하다.

② 각 본부가 전체 조직목표에 대해 제한된 시각을 갖기 쉽다.

③ 직급이 높아질수록 의사결정 범위와 권한이 커진다.

④ 전체 조직차원에서 기술의 통합과 전문화가 곤란하다.

⑤ 조직 외부의 전문적인 지식이나 기술이 활용되기 어렵다.

03. □□기업에서는 인사평가에 따른 개별면담을 진행하고 있다. 가장 우수한 인사평가인 S 등급을 받은 직원이 갑, 을, 병, 정 중에 있으며 이들 중 한 사람만 거짓말을 할 때, S 등급을 받을 수 있는 사람을 모두 고르면? (단, S 등급을 받은 사람은 한 명이다)

- 갑 : 나는 S 등급을 받지 않았어.
- 을 : 나도 S 등급을 받지 않았어.
- 병 : 을이 S 등급을 받았어.
- 정 : 을 또는 병이 S 등급을 받았어.

① 갑   ② 을   ③ 을, 병

④ 갑, 정   ⑤ 병, 정

04. 다음 중 그래프에 대한 설명으로 옳지 않은 것은?

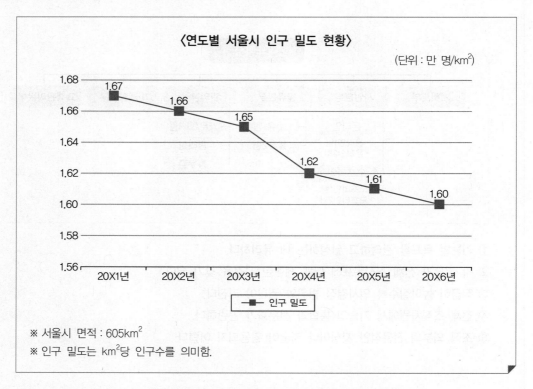

〈연도별 서울시 인구 밀도 현황〉

(단위 : 만 명/km²)

※ 서울시 면적 : 605km²
※ 인구 밀도는 km²당 인구수를 의미함.

① 전년 대비 인구 밀도가 가장 많이 감소한 해의 인구는 10만 명 이상 감소하였다.

② 20X4 ~ 20X6년의 자료만 고려할 경우, 20X7년 서울시 인구는 약 962만 명으로, 6만 명 정도의 인구가 서울시를 떠날 것으로 예상된다.

③ 20X4년 서울시의 인구 밀도는 전년 대비 1.8% 감소하였다.

④ 20X1년 대비 20X6년 서울시의 인구 감소율은 4%를 넘는다.

⑤ 20X1년부터 20X6년까지 서울시의 인구는 연평균 8만 명 이상 감소하였다.

05. 다음 글을 참고할 때, 〈보기〉의 조 대리에게 가장 적절한 유연근무제 유형으로 알맞은 것은?

> 유연근무제는 획일화된 공무원의 근무형태를 개인, 업무, 기관별 특성에 맞게 다양화하여 일과 삶의 균형을 꾀하고 공직 생산성을 향상하는 것을 목적으로 한다. 유연근무제는 시간제근무, 탄력근무제, 원격근무제로 나눌 수 있다.
>
> 시간제근무는 다른 유연근무제와 달리 주 40시간보다 짧은 시간을 근무하는 것이다. 수시로 신청할 수 있으며 보수 및 연가는 근무시간에 비례하여 적용한다.
>
> 탄력근무제는 네 가지 유형이 있다. 시차출퇴근형은 1일 8시간 근무체제를 유지하면서 출퇴근시간을 자율적으로 조정할 수 있으며 7 : 00 ~ 10 : 00에 30분 단위로 출근시간을 스스로 조정하여 8시간 근무 후 퇴근한다. 근무시간선택형은 주 5일 근무를 준수해야 하지만 1일 8시간을 반드시 근무해야 하는 것은 아니다. 근무 가능 시간대는 6 : 00 ~ 24 : 00이며 1일 최대 근무시간은 12시간이다. 집약근무형은 1일 8시간 근무체제에 구애받지 않으며, 주 3.5 ~ 4일만을 근무한다. 근무 가능 시간대는 6 : 00 ~ 24 : 00이며 1일 최대 근무시간은 12시간이다. 이 경우 정액급식비 등 출퇴근을 전제로 지급되는 수당은 출근하는 일수만큼만 지급한다. 재량근무형은 출퇴근 의무 없이 프로젝트 수행으로 주 40시간의 근무를 인정하는 형태이며 기관과 개인이 협의하여 수시로 산정한다.
>
> 원격근무제에는 재택근무형과 스마트워크근무형이 있는데, 시행 1주일 전까지 신청하면 된다. 재택근무형은 사무실이 아닌 자택에서 근무하는 것이며, 초과근무는 인정되지 않는다. 스마트워크근무형은 자택 인근의 스마트워크센터 등의 별도 사무실에서 근무하며, 초과근무를 하기 위해서는 사전에 부서장의 승인이 필요하다.

| 보기 |

> 공무원인 조 대리는 유연근무제를 신청하고자 한다. 조 대리는 자신의 부서 사무실에 출근하여 다른 직원들과 어울리며 일하는 것을 선호하며, 주 40시간의 근무시간은 유지할 예정이다. 이틀은 아침 7시에 출근하여 12시간씩 근무하고, 나머지 사흘은 5 ~ 6시간의 근무를 하고 일찍 퇴근하려는 계획을 세웠다.

① 근무시간선택형   ② 시차출퇴근형   ③ 시간제근무
④ 집약근무형   ⑤ 재택근무형

06. 다음 중 (가) ~ (라)를 문맥에 맞게 순서대로 나열한 것은?

(가) 4차 산업혁명이 도래하면 실시간 자동생산, 유연한 생산 체계 등이 가능해지며 초저비용, 초고효율의 새로운 경제, 새로운 산업이 열리게 되리라 전망하고 있다. 또한 소득 증가와 노동 시간 단축 등을 통해 삶의 질이 향상되는 긍정적인 효과를 기대할 수 있다.

(나) 이미 사회 곳곳에 그 여파가 드러나고 있다. 상당히 많은 수의 일자리가 사라졌으며 실업자 수는 계속 증가하고 있다. 국제노동기구(ILO)에 따르면 지난해 전 세계 실업자 수는 1억 9,710만 명이었고 올해 말에는 2억 50만 명으로 증가할 것이라고 전망했다. 앞으로 전 산업군과 직종에서 일자리가 점차 사라질 것이며 4차 산업혁명이 본격화되는 시점에는 전체 일자리의 80 ~ 90%가 없어질 것으로 예상되고 있다.

(다) 하지만 4차 산업혁명이 노동 시장에 줄 수 있는 악영향 또한 지적되고 있다. 이전 산업혁명에서 기계가 인간의 노동력을 대체함으로써 엄청난 수의 실업자가 발생했던 것처럼 일자리가 사라져 노동 시장의 붕괴를 가져올 수 있다. 또한 향후 노동 시장은 '고기술/고임금'과 '저기술/저임금' 간의 격차가 더욱 커질 뿐만 아니라 일자리 양분으로 중산층의 지위가 축소될 가능성이 크다.

(라) 이에 전 세계 각국의 정부가 4차 산업혁명 대응 전략을 적극 추진하고 있다. 세계경제포럼 창립자이자 집행 위원장인 클라우스 슈밥(Klaus Schwab)은 지금부터 10년 후까지 4차 산업혁명에 대비하지 못하는 국가와 기업은 위기를 맞게 될 것이라고 경고하였다. 하지만 4차 산업혁명에는 긍정적 영향력과 부정적 영향력이 공존하며 예상되는 변화의 정도가 크기 때문에 손익 계산이 쉽지 않다.

① (나)-(가)-(다)-(라)　　② (가)-(라)-(나)-(다)　　③ (가)-(다)-(나)-(라)
④ (라)-(가)-(다)-(나)　　⑤ (다)-(나)-(가)-(라)

07. 다음 글을 통해 알 수 있는 조직 성장을 위한 원칙은?

> 내가 세운 회사가 업계에서 살아남는다면 시간이 지난 뒤 결정을 해야 한다. 얼마나 크게 그리고 얼마나 빨리 성장할지를 선택해야 하기 때문이다. 회사를 키우려면 당장 자본 조달이 필요하고 무리한 확장 이후에 사업에 실패를 하면 돌이킬 수가 없게 된다. 덩치 큰 공룡보다 작은 몸집의 포유류나 곤충이 살아남은 자연 생태계도 이와 같은 메커니즘이다. 많이 성장할수록 많이 먹어야 하는데 먹을 게 없어지면 죽게 된다. 과연 끝없는 성장은 옳은 길인가?
>
> 우리 사회는 무조건 큰 것이 더 좋다는 인식이 만연하다. 대부분의 사람들은 모든 경영자들이 사업 기회를 활용해 최대한 빨리 회사를 성장시켜 제2의 구글이나 페이스북 같은 기업을 만들려고 한다고 생각한다. 사회에 널리 퍼져 있는 이러한 추측은 회사 입장에서는 성장에 대한 또 다른 압박으로 다가온다. 특히 사회적 지위와 명성이 연관되어 있다면 더욱 그렇다.
>
> 칼튼은 말한다. "성장에 관한 결정은 결코 쉽지 않습니다. 경영자의 자존심이 걸린 문제니까요. 저는 내면을 들여다보는 시간을 자주 가집니다. 내 삶에서 가장 중요한 것은 무엇인가? 내가 사업을 하는 목적은 무엇인가? 인생에서 얻고자 하는 것은 무엇인가? 세상은 언제나 더 큰 성장을 독려합니다. 하지만 저는 그것을 따라야 할 필요성을 느끼지 못했습니다."

① 일반적인 상식을 배제해야 한다.
② 지속적인 성장을 위해 사업에 몰입해야 한다.
③ 주어진 사업 기회를 놓치지 않아야 한다.
④ 스스로에게 자문하면서 성찰해야 한다.
⑤ 사회적 지위와 명성을 높이기 위해 노력해야 한다.

[08 ~ 09] 다음은 우리나라의 원유 관련 산업의 수출입 현황에 대한 자료이다. 이어지는 질문에 답하시오.

〈2023년 주요국 수출 순위〉

순위	국가	수출액 (억 불)	전년 대비 증가율 (%)	전년 순위
1	중국	22,633	7.9	1
2	미국	15,468	6.6	2
3	독일	14,485	8.3	3
4	일본	6,982	8.3	4
5	네덜란드	6,525	14.2	5
6	한국	5,737	15.8	8
7	홍콩	5,503	6.5	6
8	프랑스	5,350	6.7	7
9	이탈리아	5,063	9.7	9
10	영국	4,450	8.6	10

〈2023년 주요국 무역 순위〉

순위	국가	무역액 (억 불)	전년 대비 증가율 (%)	전년 순위
1	중국	41,052	11.4	2
2	미국	39,562	6.9	1
3	독일	26,155	9.3	3
4	일본	13,694	9.3	4
5	네덜란드	12,257	13.9	5
6	프랑스	11,589	7.9	6
7	홍콩	11,402	7.2	7
8	영국	10,891	4.1	8
9	한국	10,522	16.7	9
10	이탈리아	9,585	10.6	10

〈우리나라의 연도별 세계 수출시장 점유율〉

08. 다음 중 제시된 자료에 대한 설명으로 옳지 않은 것은?

① 2023년 세계 수출시장 규모는 약 166,290억 불이다.

② 1 ~ 10위 국가 중 2023년의 순위가 2022년보다 상승한 국가는 수출액과 무역액에서 각각 2개 국이다.

③ 2007 ~ 2023년 기간 동안 우리나라의 세계 수출시장 점유율은 8번의 감소시기를 거쳐 약 42%의 증가율을 보이고 있다.

④ 2023년 수출액 상위 10개국의 수출액은 세계 수출시장의 50%가 넘는다.

⑤ 2022년 네덜란드와 한국의 수출액 차이는 1,000억 불보다 적다.

09. 무역액이 수출액과 수입액의 합계일 때, 주어진 10개국 중 2023년의 수출액, 수입액, 무역액 순위가 모두 동일한 국가는 몇 개인가?

① 3개   ② 4개   ③ 5개

④ 6개   ⑤ 7개

[10 ~ 11] 다음 글을 읽고 이어지는 질문에 답하시오.

(가) ○○협동조합은 예금자보호법이 처음 제정된 1995년보다 이른 1983년부터 협동조합권 최초로 예금자보호제도를 법률로 제정하고, 예금자보호준비금을 설치하여 예금자를 보호하는 제도를 운영하고 있다. ○○협동조합에서 고객이 가입한 예·적금 상품에 대한 원금을 지급하지 못하게 될 경우 은행과 동일하게 고객 1인당 5천만 원까지의 원금과 소정의 이자를 지급한다.

(나) 미국의 실리콘밸리은행(SVB) 사태를 계기로 기존 국내 금융기관의 예금자보호한도인 5천만원을 상향해야 한다는 목소리가 다시 커지고 있다. ⊙현행 예금자보호법에 따르면 은행·저축은행·보험사 등의 금융기관이 파산하면 고객 예금은 예금보험공사로부터 1인당 최대 5천만 원까지 돌려받을 수 있다. 이 보호한도는 2001년 국내총생산(GDP) 등을 근거로 책정된 후 23년째 제자리인데, 미국 실리콘밸리은행 파산 사태 때문에 현 제도를 개선하자는 목소리에 힘이 실리는 모양새다. 지난해 한국의 1인당 GDP(국제통화기금 기준)는 2001년 대비 3배가량 증가했으나, 1인당 GDP 대비 예금보호한도 비율은 1.2배로 일본(2.3배), 영국(2.3배), 미국(3.3배) 등에 견주었을 때 낮은 편이다. 현재 국회에는 예금보험한도를 1억 원으로 상향하자는 예금자보호법 개정안이 여러 건 발의된 상태이다.

금융당국도 3분기에 예금자보호제도의 전반적인 개선책을 발표할 예정이다. 그러나 제도 개선을 위해서는 금융권 간의 이권이 잘 조율돼야 한다. 대표적인 게 예금 보험료율이다. 예금보호한도를 높이면 예금 보험료율도 상승해 금융기관이 부담해야 하는 예금 보험료가 증가한다. 금융기관들은 보험료가 늘어날 경우 이를 대출금리를 높이는 등의 방식으로 소비자에게 전가할 수밖에 없다는 입장이다. 시중은행의 예금 보험료율은 0.08%, 보험사의 경우에는 0.15%인데, 2011년 저축은행 사태 이후 저축은행의 보험료율은 0.4%다. 그래서 저축은행에서는 오히려 보험료율을 낮춰야 한다고 주장하고 있다. 시중은행의 경우는 부실 위험이 높지 않은 상황인데도 보험료가 늘어나는 데 불만스러워하는 한편, 예금자보호한도가 늘어나면 금리가 높은 저축은행으로 예금이 쏠릴 것을 우려하고 있다. 보험사에서는 예금자보험보다는 계약 이전을 통해 이를 해결하는 게 더 낫다고 판단하고 있다.

10. 다음 중 밑줄 친 ⊙과 (가)와의 관계에 대한 설명으로 옳은 것은?

① ⊙을 개선하여 (가) 문단과 같은 제도를 시행하고 있다.

② ⊙을 근거로 (가) 문단과 같은 제도를 시행하고 있다.

③ ⊙은 (가) 문단과 같은 제도를 근거로 시행하고 있다.

④ ⊙이 있기 전에 이미 (가) 문단과 같은 제도를 시행하고 있었다.

⑤ ⊙의 문제점을 보완하기 위해 (가) 문단과 같은 제도를 시행하고 있다.

11. 다음 중 (나)에서 설명하고 있는 제도를 개정하려는 근거를 모두 고르면?

> a. 미국의 실리콘밸리은행(SVB) 사태
>
> b. 한국, 일본, 영국, 미국의 1인당 GDP 대비 예금보호한도 비율
>
> c. 금융기관이 부담해야 하는 예금 보험료율 상승

① a   ② b   ③ a, b

④ b, c   ⑤ a, b, c

12. 다음 두 회사의 경영 전략에 대한 설명으로 올바른 것은?

> 경쟁 관계에 있는 갑 회사와 을 회사는 올 초부터 서로 다른 경영 전략을 선택하게 되었다. 갑 회사는 저렴한 가격을 통해 보다 폭넓고 다양한 고객을 확보하는 것이 장기적인 경영전략에 도움이 된다고 판단한 반면, 을 회사는 제품의 특성을 감안할 때 전체 고객층의 요구에 충족하는 마케팅보다 다소 가격이 인상되더라도 차라리 노인층에 특화된 기능을 추가하여 60세 이상의 고객에게 집중하고자 하는 전략을 취한 것이다.

① 두 회사는 모두 동일한 전략을 선택하였다.
② 갑 회사의 전략은 제품의 대량생산을 더 어려워지게 한다.
③ 을 회사의 전략은 집중화 전략이다.
④ 을 회사는 제품 전체의 마케팅 비용이 더 증가하게 된다.
⑤ 두 회사 모두 생산품이나 서비스가 독특하게 인식되도록 하는 전략을 선택하였다.

13. 김윤지 씨는 A 지역에서 B 지역으로 이동하려고 한다. 다음 도로망을 참고할 때 A 지역에서 B 지역으로 가는 최단경로의 수는 몇 가지인가?

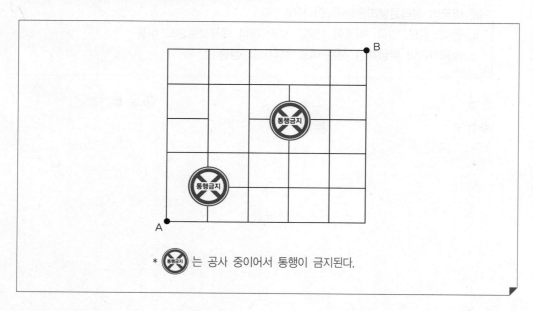

* ⊗ 통행금지 는 공사 중이어서 통행이 금지된다.

① 39가지   ② 45가지   ③ 51가지
④ 57가지   ⑤ 59가지

14. 1 : 1 면접 대비 멘토링 프로그램에 멘토 갑, 을, 병, 정, 무와 멘티 A, B, C, D, E 5명이 참여한다. 멘토와 멘티는 서로를 각각 한 명씩 지명하며, 서로 선택한 경우에는 한 팀이 되고 그렇지 않은 경우 팀이 되지 않는다. 멘토와 멘티가 서로를 지명한 결과가 〈조건〉과 같을 때, 다음 중 참이 아닌 것은?

| 조건 |

- 지명 결과 총 두 팀이 만들어졌다.
- 갑과 A는 2명에게 지명을 받았다.
- 무가 선택한 사람은 병을 지명하였고, 병이 선택한 사람은 갑을 지명하였다.
- 정과 C는 서로 팀이 되었다.
- 을과 병은 같은 사람을 지명하였다.
- B는 무를 지명하였다.
- D는 갑을 지명하였고, 한 명에게만 지명을 받았다.
- 세 명 이상에게 지명 받은 사람은 없다.

---

① 갑은 D와 팀이 되었다.
② 을과 병 모두 팀이 되지 못한다.
③ 병은 A를 지명하였다.
④ B는 누군가에게 지명을 받았다.
⑤ E는 무에게 지명을 받았다.

15. 물품구매를 담당하고 있는 김 대리는 흰색 A4용지 50박스와 컬러 A4용지 10박스를 구매하는 데 5,000원 할인 쿠폰을 사용해서 총 1,675,000원을 지출했다. 컬러 용지 한 박스의 단가가 흰색 용지 한 박스보다 2배 높았다면 흰색 A4용지 한 박스의 단가는 얼마인가?

① 20,000원
② 22,000원
③ 24,000원
④ 26,000원
⑤ 28,000원

[16 ~ 17] 인사팀 직원 K는 직원들의 인사발령을 위해 다음의 인사발령 규정을 확인하고 있다. 이어지는 질문에 답하시오.

〈지점별 필요인원 및 선호순위〉

지점	필요인원	지점별 선호 직원 순위(왼쪽부터 1위)
가	1명	과장 C-부장 B-부장 A-대리 I-과장 D-대리 J-과장 E-대리 G-대리 H-대리 F
나	1명	대리 I-부장 A-과장 D-대리 J-부장 B-과장 C-대리 F-대리 G-대리 H-과장 E
다	2명	부장 A-부장 B-과장 D-과장 C-대리 I-과장 E-대리 J-대리 H-대리 F-대리 G
라	1명	대리 J-과장 D-부장 A-대리 F-과장 E-과장 C-대리 I-부장 B-대리 H-대리 G
마	3명	대리 H-대리 F-대리 J-대리 I-대리 G-과장 C-과장 E-부장 A-과장 D-부장 B
바	2명	부장 B-부장 A-과장 E-과장 D-과장 C-대리 I-대리 H-대리 G-대리 F-대리 J

〈직원별 평가 결과 및 희망지점〉

직원	인사평가	실적	희망지점	직원	인사평가	실적	희망지점
부장 A	중상	수	가	부장 B	중	미	마
과장 C	상	우	나	과장 D	중	수	나
과장 E	중상	우	라	대리 F	하	우	마
대리 G	중하	가	마	대리 H	중하	양	다
대리 I	상	미	가	대리 J	중하	수	다

〈인사발령 규정〉

• 1단계 : 인사평가 결과가 중 이상인 직원에게 희망지점 발령 우선권을 준다. 이때 각 지점의 필요인원을 충족할 때까지 직원을 배정하며, 희망인원이 필요인원을 초과할 경우에는 직급이 높은 직원을 우선 배정한다. 이때, 직원 간 직급이 동일한 경우에는 해당 지점 선호 순위가 더 높은 직원을 우선 배정한다.

• 2단계 : 남은 직원은 더 높은 인사평가 결과를 받은 직원부터 필요인원이 충족되지 않은 지점 중 해당 직원을 선호하는 순위가 가장 높은 지점에 배정한다. 직원의 인사평가 결과가 동일한 경우에는 직급이 더 낮은 직원을 우선 배정하며, 직급이 같을 경우 더 높은 실적을 받은 직원을 우선 배정한다. 이때 실적은 수-우-미-양-가 순으로 높다.

※ 인사발령 결과로 지점에 발령된 직원이, 해당 지점의 선호 순위가 5위 ~ 10위일 경우 회사에서 해당 직원에게 근무기간 동안 거주할 숙박시설을 제공한다.

※ 직급은 부장-과장-대리 순으로 높으며 인사평가 결과는 상-중상-중-중하-하 순으로 높다.

16. 인사발령 결과에 따라 회사로부터 숙박시설을 제공받는 직원 수는 총 몇 명인가?

① 4명   ② 5명   ③ 6명

④ 7명   ⑤ 8명

17. 다음은 인사발령 규정의 변경사항이다. 이를 반영했을 경우 발령지점이 변경되는 직원 수로 옳은 것은?

〈변경사항〉

1단계 과정 중 희망인원이 필요인원을 초과할 경우 직급이 높은 직원이 아니라 더 높은 인사평가 점수를 받은 직원을 우선 배정하며, 이후 인사평가 결과가 동일할 경우 지점 기준 선호 순위가 더 높은 직원을 우선 배정한다. 이외의 사항은 기존의 인사발령 규정을 따른다.

① 4명   ② 5명   ③ 6명

④ 7명   ⑤ 8명

18. 다음 글의 내용과 일치하지 않는 것은?

대량 주식매수를 통해 특정 기업의 주요 주주 지위를 확보한 후 적극적인 경영 관여를 통해 기업 가치 증대를 추구하는 투자자를 '행동주의 투자자'라고 한다. 여기서 말하는 기업 가치는 투자자에 따라 단기적일 수도 있고 중장기적일 수도 있다. 그러나 통상적으로 최소 1 ~ 2년 정도의 기간을 들여 경영에 참여하고 기업 가치 제고를 위해 활동한다고 볼 수 있다. 경우에 따라서는 이보다 더 긴 기간을 가져가는 경우도 있다.

행동주의 투자자들이 기업을 선택할 때 가장 많이 고려하는 부분은 해당 기업이 드러나 있는 문제점들이나 이슈를 해결했을 경우 기업의 성과가 가시적으로 향상될 수 있을지에 대한 가능성 여부다. 산업 내 경쟁 피어(Peer) 그룹과의 비교에 있어서 저성과가 두드러지면 행동주의 투자자의 관심을 집중시켜 공격이 일어날 가능성이 높아진다. 그리고 저성과가 주가와도 연동된다고 봤을 경우, 주주 이익 관점에서 피어 그룹 대비 열위에 처했을 때 행동주의 투자자의 접근이 언제라도 일어날 수 있다. 관건은 항상 경쟁 그룹 내에서 피어 대비 성과가 저조하다는 시그널을 보내고 있는지의 여부에 달려 있다고 볼 수 있다.

행동주의 투자자의 기본적인 동인은 목표로 삼은 기업의 투자 자본을 배분하는 방식, 수면 위로 부각되고 있는 경영 리스크에 대한 대처 방식, 현재 기업 경영 실적 수준의 적정성에 대한 의문으로부터 시작된다고 볼 수 있다. 그리고 추가적으로 과도한 현금흐름, 낮은 배당 성향, 비즈니스 모델의 주요 변화가 예상되는 사업 등이 포착되는 경우 행동주의 투자자들의 목표가 될 가능성이 커진다.

그러나 행동주의 투자자들이라고 해서 무조건 단독으로 특정 기업에 변화를 이끌어 내기에는 역부족이다. 물론 두 자릿수 비중을 보유하고 있는 대주주라면 얘기가 달라지겠지만 그렇게 대규모로 투자를 하기에는 분명 한계가 있다. 행동주의 투자자들은 결국 다른 주주들 및 주요 이해관계자들을 아군으로 만들었을 때 특정 기업으로부터 의도한 변화를 이끌어 낼 수 있다. 그리고 많은 경우 행동주의 투자자들이 1 ~ 2%의 지분만 보유하였음에도 이러한 연합을 통해 이사회 의석 확보 등을 이루어낼 수 있었다.

월스트리트저널에 의하면 뮤추얼 펀드 매니저 대상 설문에서 절반에 달하는 응답자들이 행동주의 투자자로부터 지지 요청 제안을 받은 적이 있으며, 이들 중 무려 45%가 지지 의사를 표명한 것으로 나타났다. 실로 큰 비중이 아닐 수 없다. 행동주의 투자자들이 소량의 지분만으로도 공격 대상 기업을 흔들 수 있다는 반증이다.

그리고 이러한 대결에서 많은 경우 위임장 대결을 진행하게 된다는 것이 하나의 특징이다. 실제 위임장 대결로 귀결되는 행동주의 활동의 경우 그 비용 또한 상당하다. 보도된 바에 의하면 그 비용은 평균적으로 약 1천만 달러에 달하며 이는 변호사 비용, 리서치 전문가 비용, 주주 서한 발송 관련 비용 등을 포괄한다고 한다.

물론 모든 행동주의 투자자들의 공격이 호전적인 것은 아니다. 언론에 노출시키지 않으면서 기업의 경영진과 투자자 간 대화를 통해 자본 배분, 시장 기회 극대화를 통한 가치증대

등을 논의하는 경우도 많이 있는 것으로 알려져 있다. 컬럼비아 경영대학원에서는 지난 10년간 진행된 약 2,000여 개의 행동주의 활동 분석을 통해 평균적으로 행동주의 투자자들이 2년이 조금 넘는 기간 동안 해당 기업의 주주로 활동한다는 사실을 밝혀냈다. 그리고 미디어를 활용하면서 공격적으로 활동을 진행하는 행동주의 투자자도 분명 존재하지만 실제로 많은 경우 수면 아래에서 우호적으로 조용히 최고 경영진과 협의해 나간다고 한다. 반대로 공격적인 활동들은 많은 경우 이사회 멤버 교체, 기업의 전략적 방향성 변화 등을 목적으로 공개적인 위임장 대결로 이어지게 된다.

① 기업 전체 지분의 100분의 1만 보유한 경우라도 행동주의 투자자로 분류될 수 있다.

② 뮤추얼 펀드 매니저들의 45%가 행동주의 투자자들의 제안에 동참해 지지 의사를 표명하였다는 설문조사 결과가 있다.

③ 수면 아래에서 조용히 최고 경영권과 협의해 나가는 경우도 행동주의 투자자라고 할 수 있다.

④ 적극적인 경영 관여를 통해 기업가치 증대를 추구하는 투자자가 단독으로 영향력을 행사해 특정 기업의 변화를 유발하는 경우가 있다.

⑤ 활동 양상이 외부에서 관찰 가능한지 여부는 행동주의 투자자의 활동 사례로 볼 수 있는지에 영향을 미치지 않는다.

19. 다음 중 자원관리를 효과적으로 하기 위한 행위가 아닌 것은?

① 총무팀 엄 대리는 사무실 이전에 따른 물품과 비용이 얼마인지를 미리 파악해 두었다.

② 정보팀 홍 대리는 일과 후 정해진 친구와의 약속 때문에 오늘 끝내기로 한 업무를 내일 오전에 처리하기로 하였다.

③ 홍보팀 백 대리는 행사에 필요한 인력을 우선 외부의 도움 없이 사내에서 최대한 동원하기로 하였다.

④ 영업팀 남 대리는 출장지에서 남는 하루의 시간을 어떻게 활용할지 결정하기 위해 앞으로 해야 할 일을 다시 한번 점검해 보았다.

⑤ 기술팀 오 대리는 계획에 따라 공급된 부품을 정해진 시간 내에 남김없이 다 사용하기로 하고 부품 목록과 잔량을 비교해 보기 시작하였다.

20. 다음은 건설사 A ~ E의 2024년 실적을 비교하여 정리한 표이다. 자료의 내용과 일치하지 않는 것은?

구분	A 건설	B 건설	C 건설	D 건설	E 건설
2024년 누적 매출액	99,066억 원	82,568억 원	122,645억 원	89,520억 원	83,452억 원
전년 동기 대비	+16.34%	−8.71%	−2.6%	−0.53%	−5.7%
2024년 누적 주택매출	54,280억 원	42,889억 원	38,113억 원	56,440억 원	46,792억 원
전년 동기 대비	12.50%	−9.01%	−4.42%	10.75%	4.04%
2024년 누적 영업이익	8,429억 원	6,786억 원	6,772억 원	6,050억 원	5,352억 원
전년 동기 대비	+290.15%	+49.39%	−14.40%	+80.60%	−7.80%

※ 영업이익률(%) = $\dfrac{영업이익}{매출액} \times 100$

① 2024년 누적 매출액 순위는 2023년과 동일하다.

② 2024년 매출액 중 주택매출의 비중이 가장 큰 건설사는 D 건설이다.

③ 전년 대비 매출은 줄었으나 영업이익이 증가한 건설사는 두 곳이다.

④ 2023년 영업이익이 가장 큰 건설사는 C 건설이다.

⑤ 2024년 영업이익률이 가장 큰 건설사는 A 건설이다.

21. 다음 글을 읽고 이해한 내용으로 적절하지 않은 것은?

오늘날의 바순처럼 네 부분의 몸통으로 분리되는 바순이 등장한 것은 17세기 말엽 프랑스 루이 14세의 왕실이었다. 프랑스의 왕실은 각종 목관 악기의 비약적인 발전을 이끌었다. 특히나 발레를 너무도 사랑했던 태양왕 루이 14세는 각종 왕실 행사에 음악과 춤을 정치적으로 활용할 줄 알았다. 왕실 행사 중에서도 결혼식, 장례식, 불꽃놀이 행사, 외국 귀빈 방문, 군대 사열 등 야외에서 진행되는 행사에는 큰 소리를 낼 수 있는 각종 관악기가 동원되었다.

이와 함께 루이 14세의 왕실 음악가였던 작곡가 륄리는 자신의 오페라 오케스트라에 목관 악기들을 포함시키기 시작했고, 이는 각종 목관 악기들의 눈부신 발전으로 이어졌다. 그중에서도 바순의 발전을 이끈 것은 루이 14세 왕실 예배당의 바순 연주자였던 니콜라스 오트테르 (Nicolas Hotteterre)였다. 네 부분으로 분리되는 몸통, 반음계 연주를 쉽게 해주는 키, 상아와 흑단 같은 고급 재료로 된 우아한 장식을 덧붙인 바순이 등장하게 된 것은 이 무렵 태양왕의 왕실에서 일어난 일이었다.

프랑스에서 개량된 바순을 접한 이들은 이 악기를 유럽 각지로 전파하기 시작했다. 특히 연주자들은 영국으로 건너가서 연주도 하고 악기 공방을 세우기도 했다. 오트테르 가문의 후손들은 런던에서 새로운 목관 악기 공방을 열었다. 그렇게 영국은 프랑스식 바순이 보편적으로 사용되기 시작했고, 바순 제작의 새로운 중심지로 떠올랐다.

특히 영국에서 널리 퍼져 있었던 교회 악단 문화는 많은 목관 악기 연주자들에게 중요한 일자리였다. 어떤 교회에서는 7명의 바수니스트를 고용하기도 했다. 또한 18세기에 들어 끊임없이 전 세계에 식민지 확장 사업을 하던 영국에서 군악대는 많은 관악기 연주자들의 중요한 일자리였다. 사회에서 바순 연주자들을 요구했던 만큼 바순의 제작과 수리 그리고 이를 처리해 줄 공방의 역할도 중요했고, 런던은 그 중심지 역할을 톡톡히 했다.

① 17세기 말 이전까지의 바순은 오늘날과는 다른 형태를 지녔다.

② 바순은 목관악기 종류 중 하나이다.

③ 프랑스에서 개량된 바순은 유럽 각지로 전파되었다.

④ 영국의 군악대는 18세기부터 바순을 사용하기 시작했다.

⑤ 18세기 영국에서는 바순의 사용이 늘어남에 따라 공방의 역할도 중요해졌다.

[22 ~ 23] 다음 제시된 상황과 자료를 보고 이어지는 질문에 답하시오.

○○은행에서는 이번 신입사원 집체교육에서 진행할 소양 교육 프로그램을 선정하려고 한다.

기준 프로그램	가격	난이도	수업 만족도	교육 효과	소요시간
요가	100만 원	보통	보통	높음	2시간
댄스 스포츠	90만 원	낮음	보통	낮음	2시간
요리	150만 원	보통	매우 높음	보통	2시간 30분
캘리그래피	150만 원	높음	보통	낮음	2시간
코딩	120만 원	매우 높음	높음	높음	3시간

〈순위 – 점수 환산표〉

순위	1	2	3	4	5
점수	5	4	3	2	1

• 5개의 기준에 따라 5개의 프로그램 간 순위를 매기고 순위 – 점수 환산표에 의한 점수를 부여함.
• 가격은 저렴할수록, 난이도는 낮을수록, 수업 만족도와 교육 효과는 높을수록, 소요시간은 짧을수록 높은 순위를 부여함.
• 2개 이상의 프로그램의 순위가 동일할 경우, 그다음 순위의 프로그램은 순위가 동일한 프로그램 수만큼 순위가 밀려남(예 A, B, C가 모두 1위일 경우 그다음 순위 D는 4위).
• 각 기준에 따른 점수의 합이 가장 높은 프로그램을 선택함.
• 점수의 합이 가장 높은 프로그램이 2개 이상일 경우, 교육 효과가 더 높은 프로그램을 선택함.

22. 위 자료에 따라 점수를 환산할 때, 다음 중 ○○은행이 선택할 프로그램은?

① 요가　　　　　　　② 댄스 스포츠　　　　　③ 요리
④ 캘리그래피　　　　⑤ 코딩

23. ○○은행은 일부 프로그램의 가격 및 소요시간이 변동되어 새로이 점수를 환산하려고 한다. 변동된 가격 및 소요시간이 다음과 같을 때, ○○은행이 선택할 프로그램으로 적절한 것은?

프로그램	요가	댄스 스포츠	요리	캘리그래피	코딩
가격	120만 원	100만 원	150만 원	150만 원	120만 원
소요시간	3시간	2시간 30분	2시간	2시간 30분	3시간

① 요가　　　　　　　② 댄스 스포츠　　　　　③ 요리
④ 캘리그래피　　　　⑤ 코딩

[24 ~ 25] 다음 글을 읽고 이어지는 질문에 답하시오.

조직변화에 대한 연구들에서 조직변화 과정을 다룬 대표적 이론은 레윈(Kurt Lewin)의 3단계 변화모델이다. 세력장이론(Force-field Theory)이라고도 하는 레윈의 조직변화이론은 조직변화를 추진세력과 견제세력 간의 균형이 발생하면서 진행된다는 관점에서 이론을 제시하고 있다. 즉, 조직변화는 추진세력이 견제세력의 저항을 극복하면서 진행되며, 반대로 견제세력은 추진세력의 주도성에 일정한 저항을 함으로써 일방적으로 변화가 일어나는 것을 통제할 수 있다는 논리이다. 레윈은 추진세력이 견제세력의 저항을 사전에 최소화하는 것으로부터 조직변화가 시작된다고 보았다. 또한 그는 변화의 각 단계에서 추진세력과 견제세력의 행동이 다음과 같은 단계로 진행된다고 하였다.

(가) 경영자가 조직에 새로운 행동과 태도, 기술과 구조를 적용해 나가는 단계이다. 기존의 것을 새로운 양식으로 대체해 나가는 단계로서 구성원들은 새로운 시스템에 적응하면서 기존의 행동과 사고를 변화시켜야 한다. 구성원들은 적응 단계에서 저항하거나 순종하거나 혹은 동일화 및 내면화를 시키는 등 다양한 반응을 보이는데, 저항을 줄이고 가급적 내면화할 수 있도록 경영자의 설득과 공감대 형성 노력이 필요하다.

(나) 변화의 도입 이후 구성원들의 변화 행동이 계속 반복되고 강화되는 단계이다. 이 단계에서는 행동에 대한 강화기재가 중요하며, 반복을 통한 습관화가 이루어지는 것이 발견된다. 만약 이 과정이 효과적으로 진행되지 못한다면 원래의 행동으로 돌아갈 위험성이 높아지게 된다. 이 단계에서 새로운 행동과 제도 운영에 대한 저항을 극복하지 못하면 원래의 상태로 돌아갈 위험이 있기 때문에 각별히 저항에 대한 관리에 신경을 써야 한다. 변화에 대한 저항을 극복하는 데에는 다양한 방법이 있다.

(다) 경영자 혹은 변화담당자가 새로운 행동과 경영방침의 필요성을 제기하고, 변화의 방향을 정하는 단계이다. 조직구조, 기술, 행동양식 등 기존의 관습과 제도가 가진 문제점을 부각시키고, 환경변화에 조직이 새롭게 대응해 나갈 것을 강조하며, 구성원들에게 이를 소통하고자 한다. 구성원들은 새로운 변화가 왜 필요한지, 변화의 결과가 본인들에게 어떤 불이익을 가져올지, 변화에 구성원 스스로 적응해 나갈 수 있을지 등을 고려하기 때문에 불확실성이 높은 단계이다. 경영자가 구성원의 불안을 줄여 주고, 변화에 대한 확신을 심어 주지 못한다면 견제가 세력화될 가능성은 그만큼 증가하게 된다.

24. 윗글의 (가) ~ (다)의 순서와 명칭을 올바르게 연결한 것은?

① (가) 해빙 단계 → (나) 이동 단계 → (다) 재동결 단계
② (나) 재동결 단계 → (다) 해빙 단계 → (가) 이동 단계
③ (나) 이동 단계 → (가) 재동결 단계 → (다) 해빙 단계
④ (다) 이동 단계 → (나) 재동결 단계 → (가) 해빙 단계
⑤ (다) 해빙 단계 → (가) 이동 단계 → (나) 재동결 단계

25. 윗글의 (나)에서 설명하는 변화에 대한 저항을 극복하는 다양한 방법에 관하여 다음 〈보기〉에서 설명하는 것은?

─────| 보기 |─────

변화과정에서 구성원들이 겪게 되는 스트레스와 불안감을 정서적으로 줄여 주고, 변화과정에 필요한 자원을 제공한다. 이를테면 휴식의 제공, 스킬 교육을 위한 근로시간의 배정, 관리자의 격려 등이 이에 해당한다.

① 압력   ② 교육   ③ 협상과 동의
④ 촉진과 지원   ⑤ 조종과 흡수

26. 다음 도표를 참고하여 작성한 〈보고서〉의 ㉠ ∼ ㉤ 중 옳지 않은 것은?

〈국민연금기금의 자산배분과 자산군별 수익률〉

(단위 : %)

구분	자산배분 비중 (2017. 3.)	수익률		
		2016년	2014 ∼ 2016년	1988 ∼ 2016년
전체 자산(570조 원)	100.0	4.7	4.8	5.9
복지부문	0.0	−1.3	−1.7	6.6
금융투자부문	99.7	4.8	4.9	5.7
국내주식	19.6	5.6	0.7	5.7
해외주식	15.5	10.6	8.6	7.7
국내채권	49.3	1.8	4.2	5.3
해외채권	4.0	4.1	4.7	4.9
대체투자	10.9	9.9	11.3	9.0
단기자금	0.4	2.0	1.8	4.6
기타 부문	0.3	0.6	0.9	1.9

〈보고서〉

　2017년 3월 말 기준 국민연금기금의 자산배분은 다음과 같다. 우선 국내채권에 전체 자산 570조 원의 49.3%인 약 281조 원이 투자되어 있다. ㉠다른 자산군의 자산배분을 보면 국내 주식에 19.6%, 해외주식에 15.5%, 해외채권에 4.0% 그리고 대체투자에 10.9%가 투자되어 있다.

　자산군별 수익률을 살펴보면 먼저 ㉡2016년을 기준으로 최근 3년간 대체투자의 수익률이 11.3%로 가장 높게 나타나고 있으며, 다음으로 해외주식 수익률이 8.6%를 기록하고 있다. ㉢반면 2016년 기준 최근 3년간 국내채권의 수익률은 4.2%이었으며 국내주식의 수익률은 0.7%에 그치고 있다. ㉣기간을 확대하여 1988 ∼ 2016년을 살펴보면 국내 및 해외주식의 수익률이 국내 및 해외채권의 수익률보다 다소 높게 나타나고 있다. ㉤매년 해외주식의 수익 률은 대체로 상승 추세에 있어 국내주식에 대한 투자수익률 또한 높아질 전망이다.

① ㉠　　　　　　　　② ㉡　　　　　　　　③ ㉢
④ ㉣　　　　　　　　⑤ ㉤

27. 다음 사례에서 짐작할 수 있는 물품관리처 직원 A의 물품 보관상 문제점은?

> 혹서기와 혹한기 전에는 항상 물품관리처 직원들이 주의를 기울여야 한다. 가스의 수요량 변동이 심하여 혹시 있을지 모르는 수요 예측 오류에 대한 대처를 원활히 해야 하기 때문이다. 각종 크고 작은 설비의 오류나 기계장치의 오작동에 대비하여 필요한 기자재 여유분을 항상 보유하고 있는지도 반드시 확인해야 할 사항이다.
> 다가오는 혹한기를 대비하여 기자재 재고 물량을 정리하던 A는 자재 창고의 공간 부족으로 기자재 보관 장소를 구분하였다. 신규로 입고된 자재는 창고 안에 보관하고, 1년 이상 재고로 보유하던 기자재는 실외 야적장에 공간을 마련하여 보관해 두었다. 또한 부피가 커 공간을 많이 필요로 하는 물품들은 야적장에, 소규모 부품들은 창고 안에 보관하였다.

① 물품 특성과 쓰임새를 고려하여 보관 장소를 선정하지 않았다.
② 야적장 보안 시스템을 정비해 두지 않았다.
③ 물품의 정확한 크기를 확인하지 않았다.
④ 모든 보관품의 리스트를 일목요연하게 준비하지 못했다.
⑤ 소형 물품을 실외로, 대형 물품을 실내로 구분해 두어야 했다.

28. 유 사원은 사내 운동회에서 입을 티셔츠를 구매하려고 한다. 빨강, 파랑, 노랑, 주황, 검정 총 5가지 색상 중 3가지 색상을 선택해 구매한다고 할 때, 선택할 수 있는 색상 조합은 몇 가지인가?

① 10가지　　② 15가지　　③ 20가지
④ 25가지　　⑤ 30가지

[29 ~ 31] 다음 글을 읽고 이어지는 질문에 답하시오.

한 해 동안 전 세계에서 새로이 발생하는 당뇨병 환자 중 14%(320만 명)가 초미세먼지 때문에 당뇨에 걸린다는 연구 결과가 나왔다. 초미세먼지가 심혈관 질환이나 알레르기성 질환의 발병 위험을 높인다는 연구는 많았지만 당뇨병의 위험을 구체적으로 밝힌 대규모 연구는 이번이 처음이다. 특히 세계보건기구(WHO)나 미국환경청(EPA) 등이 권고한 '안전한' 환경 기준보다 낮은 농도에서도 당뇨병 발병 위험이 높아지는 것으로 드러났다. 환경 초미세먼지 농도를 보다 엄격하게 관리해야 한다는 주장에 (㉠   )

미국 워싱턴대 의대 벤저민 보위 연구원팀은 미국 퇴역군인 중 당뇨 이력이 없는 약 173만 명의 건강 상태를 의료 기록을 기반으로 평균 8년 반 동안 추적 조사했다. 또 미국환경청(EPA)이 조사한 이들의 거주지별 초미세먼지(PM2.5) 농도와 미국항공우주국(NASA)이 인공위성으로 측정한 주변 2 ~ 12km 지역의 초미세먼지 농도 데이터를 이용해 초미세먼지가 당뇨병 발병에 미치는 영향을 통계적으로 분석했다.

연구 결과 대기질 속 미세먼지는 $1m^3$ 공간에 10마이크로그램씩 증가할 때마다 당뇨병 발병 위험을 15%씩 늘리는 것으로 드러났다. 특히 2.4마이크로그램만 존재하는 아주 낮은 농도 때부터 당뇨병 발병 위험이 높아지기 시작했으며 위험은 PM2.5가 증가함에 따라 급격히 치솟았다. 미세먼지가 $1m^3$에 5 ~ 10마이크로그램 존재할 때에는 발병 위험이 21% 증가했고 11.9 ~ 13.6마이크로그램일 때에는 24% 증가했다. 그 뒤부터는 추가 증가세 없이 비슷한 발병 위험 수준을 유지했다. 연구팀은 발병 이유도 추정했는데, 미세먼지 등 대기오염물질이 몸 안에서 인슐린 분비를 줄이고 염증을 유발해 혈당을 에너지로 전환하는 과정을 방해하기 때문으로 결론을 내렸다.

연구팀은 2016년 한 해 동안 초미세먼지에 의해 당뇨병에 걸린 환자가 전 세계적으로 320만 명에 이르는 것으로 추정했다. 전체 신규 환자의 14%다. 10만 명마다 약 40명의 당뇨 환자가 발생하는 비율이다. 연구팀은 세계 194개국의 발병률도 비교했다. 초미세먼지에 의한 당뇨 환자 발생 수는 중국과 인도, 미국이 각각 60만, 59만, 15만 명으로 1 ~ 3위를 차지했다. 10만 명당 발병률(이론상 최소 위해 노출수준(TMREL)을 초과하는 초미세먼지에 의한 신규 당뇨 환자 발병률)은 파키스탄이 약 73명으로 가장 높았고 인도와 방글라데시가 그 뒤를 따랐다. 한국 역시 약 10만 명마다 40명 전후로 당뇨 환자가 나타나 비교적 당뇨병 발병률이 높은 나라로 꼽혔다.

연구팀은 초미세먼지가 주요 기구가 정한 권고치보다 낮은 농도에서도 병을 일으킬 수 있는 만큼 초미세먼지 관리기준을 (㉡   )해야 한다고 주장했다. 현재 WHO가 정한 초미세먼지 연평균 농도 권고기준은 $1m^3$당 10마이크로그램, EPA 권고 기준은 12마이크로그램이다. 한국은 오랫동안 25마이크로그램을 유지해 오다 2018년 3월 말부터 15마이크로그램으로 기준을 (㉡   )했다.

29. 윗글에 대한 이해로 바르지 않은 것은?

① 초미세먼지가 심혈관 질환 또는 알레르기성 질환의 발병 위험을 높인다는 연구는 있었으나 당뇨병에 걸릴 위험을 높인다는 것을 밝힌 대규모 연구는 이번이 처음이다.

② 대기 속 미세먼지의 양이 증가할수록 당뇨병 발병 위험도 높아지는데 미세먼지의 양이 일정한 수준을 넘으면 그 뒤부터는 추가 증가세 없이 비슷한 발병 수준을 유지했다.

③ 미세먼지 등에 의해서 당뇨병이 발생하는 이유는 대기오염물질이 몸속에서 인슐린 분비를 줄이고 염증을 일으켜 혈당을 에너지로 전환하지 못하게 하기 때문인 것으로 추정된다.

④ 초미세먼지에 의한 당뇨환자의 발생건수는 중국, 인도, 미국 순으로 많고, 우리나라도 10만 명당 40명 전후로 당뇨 환자가 발생하여 발병률이 높은 편에 속한다.

⑤ 한국은 오랫동안 미국환경청이 정한 초미세먼지 연평균 농도 권고 기준 수치를 기준으로 하였다가 2018년 3월 말부터 미국환경청의 경고 기준을 따르고 있다.

30. ㉠에 들어갈 내용으로 가장 적절한 것은?

① 의문이 생기고 있다.　　② 힘이 실리고 있다.　　③ 해명하고 있다.

④ 곤란해 하고 있다.　　⑤ 반론이 제기되고 있다.

31. ㉡에 공통적으로 들어갈 수 있는 단어로 적절한 것은?

① 강화　　② 약화　　③ 차감

④ 철폐　　⑤ 권고

32. A, B, C가 아래와 같이 12일에 환전을 마친 후 보유하고 있던 통화를 13일에 달러로 환전한다고 할 때, 다음 중 달러화 액수를 기준으로 11일에 비해 손해를 보는 사람을 모두 고른 것은? (단, 금액 계산은 소수점 셋째 자리에서 반올림한다)

11일 기준 1달러	12일 기준 1달러	13일 기준 1달러
1,100원	1,200원	1,150원
105엔	110엔	107엔
7.5위안	7위안	8위안
0.94유로	0.90유로	0.95유로
96루블	98루블	95루블

- A는 11일에 1달러를 유로화로 환전했다. 이 때 받은 유로화를 12일에 원화로 모두 환전했다.
- B는 11일에 1달러를 위안화로 환전했다. 이 때 받은 위안화를 12일에 유로화로 모두 환전했다.
- C는 11일에 1달러를 엔화로 환전했다. 이 때 받은 엔화를 12일에 루블화로 모두 환전했다.

※ 환전 수수료는 없다고 가정한다.
※ 환전으로 보유하게 된 통화 외에 보유하고 있는 통화는 없다고 가정한다.

① A   ② B   ③ C
④ B, C   ⑤ A, B, C

33. 다음은 합리적 결론을 모색하기 위한 PMI 사고기법에 관한 내용이다. PMI 사고 과정에 대한 다음 설명 중 옳지 않은 것은?

> • PMI 사고기법은 잠재적 대안이 되는 아이디어의 장점(Plus), 단점(Minus), 흥미로운 점 (Interesting)이 무엇인지 검토하는 것이다.
> • 아이디어의 장점, 단점, 흥미로운 점을 나열한 후 결론들을 상대적으로 비교하여 최적의 결론을 찾아 나가게 된다.
> • PMI 사고기법은 개인이 혼자서 진행하거나 여러 명이서 논의 과정을 통해 진행할 수 있다.

① PMI 사고기법은 참여하는 사람의 수에 제한이 없다.

② PMI 사고기법은 문제 인식과 원인 분석 이후에 진행되는 절차이다.

③ PMI 사고기법을 통해 내려진 결론은 반드시 정량적인 지표를 근거로 해야 한다.

④ 기후 위기 극복 방안이라는 주제로 PMI 사고기법을 적용한다면 탄소 중립 정책이 대상이 될 수 있다.

⑤ 저출산 현상을 개선하기 위하여 신생아 1명 당 1억 원의 출간 장려금 지급을 제시한다면, 이 대안의 단점(Minus)는 대규모 예산 마련이다.

34. 다음 글을 근거로 판단할 때 프로젝트 최종 마무리까지 소요되는 시간은? (단, 각 단계 종료 즉시 결과를 메일로 발송하며 메일 송수신이 지연되는 경우는 없다)

> 런던 지사에서 근무하는 김○○ 대리, 시애틀 지사에서 근무하는 박□□ 대리 그리고 서울 본사에서 근무하는 이△△ 과장이 같은 프로젝트를 진행하였다. 김 대리가 런던 시각으로 11월 1일 오전 9시에 시작해서 당일 오후 10시에 1단계를 마치면, 1단계의 결과를 받은 박 대리는 시애틀 시간으로 11월 2일 오후 3시에 2단계를 마친다. 2단계 결과를 받은 이 과장은 서울 시간으로 11월 3일 오전 10시에 프로젝트를 최종 마무리한다.
>
> ※ 런던은 GMT+0, 서울은 GMT+9, 시애틀은 GMT-7을 표준시로 사용한다.

① 34시간   ② 36시간   ③ 40시간

④ 42시간   ⑤ 44시간

[35 ~ 37] 다음 제시 상황과 자료를 보고 이어지는 질문에 답하시오.

직원 A는 지역교통안전 기초조사 관련 표를 열람하고 있다.

〈지역교통안전 기초조사〉

대항목	세부항목	조사범위	대항목	세부항목	조사범위
인구	인구총수	과거 5년간	교통시설	자동차 등록대수	과거 5년간
	인구의 구성	과거 5년간	교통사고	사고 발생 추이	과거 5년간
	인구밀도	과거 5년간		사고누적기간	과거 3년간
	생활권별 인구	과거 5년간		운수업체별 사고	과거 3년간
교통시설	교통안전시설	과거 5년간		철도 교통사고	과거 5년간

조사부서	세부항목	조사기간
2부	인구총수	과거 5년
2부	인구의 구성	과거 5년
2부	인구밀도	과거 5년
1부	생활권별 인구	과거 5년
5부	교통안전시설	과거 5년
1부	자동차 등록대수	과거 5년
4부	사고 발생 추이	과거 5년
4부	사고누적기간	과거 3년
2부	운수업체별 사고	과거 3년
3부	철도 교통사고	과거 5년

조사범위	총괄부서	조사 시작연도
전체 인구	2부	20X9년
지역별	5부	2X18년
행정구역단위별	1부	2X10년
지구별	2부	2X13년
계획대상구역	4부	2X16년
구간별	4부	2X07년
수준별	5부	2X05년
전체 차량	1부	2X13년
업체별	2부	2X17년
철도별	3부	2X21년

※ 1, 2, 4부의 경우 1월부터 12월까지 조사를 실시하고 그 외 부서는 4월부터 5월까지만 조사를 실시한다.

35. 다음 중 인구밀도 기초조사의 총괄부서로 적절한 것은?

   ① 1부   ② 2부   ③ 3부

   ④ 4부   ⑤ 5부

36. 다음 중 조사기간이 다른 조사범위로 적절한 것은?

   ① 행정구역단위별   ② 지구별   ③ 전체 차량

   ④ 구간별   ⑤ 지역별

37. 다음 중 2부와 3부가 총괄하는 기초조사 시작연도가 아닌 것은?

   ① 2X09년   ② 2X10년   ③ 2X13년

   ④ 2X17년   ⑤ 2X21년

[38 ~ 39] 다음은 P 대학교 중앙도서관 규정 내용 중 일부이다. 이어지는 질문에 답하시오.

제2조(이용제한) 중앙도서관 규정 제21조에 따라 위반사항은 아래와 같이 조치한다.

① 학생증 부정사용자

1. 1회 위반자 : 대여자 및 차용자 각 1개월간 대출 및 열람실 좌석이용 정지, 타교생에게 대여 시 2개월간 대출 및 열람실 좌석이용 정지

2. 2회 위반자 : 3개월간 대출 및 열람실 좌석이용 정지

3. 3회 이상 위반자 : 6개월간 대출 및 열람실 좌석이용 정지 또는 3개월간 도서관 출입 정지

4. 졸업생 및 외부이용자 : 1회 위반 시 출입증 즉시 회수 및 향후 1년간 출입증 발급 중지

② 이용자 준수사항 위반자

1. 이용자 준수사항 제3호를 위반한 자는 이 내규 제2조 제1항에 준하여 이용을 제한함.

2. 도서관장이 정한 자(도서관 직원, 도서관자치위원회 등)는 열람실 이용과 관련된 이용자 준수사항 위반을 단속 및 조치할 수 있음.

③ 장기연체자

1. 연체도서 반납일로부터 30일 이상 연체자는 30일간 대출 정지

2. 장기연체자는 연체도서 반납 시까지 도서관 출입 정지 및 교내 민원서류 발급 정지

④ 자료절취 및 무단반출

1. 학칙에 따라 징계요청 및 변상(중앙도서관 규정 제20조)

2. 6개월간 도서관 출입 및 이용 정지

3. 졸업생은 1년간 출입 정지

(중략)

제21조(이용자 준수사항) 도서관 이용 시 다음 각호의 사항을 준수해야 한다.

1. 도서관의 자료 또는 시설물 훼손 및 무단 반출 금지

2. 도서관 이용을 위하여 신분증(학생증, 이용증 등)을 타인에게 빌리거나 빌려주는 행위 금지

3. 열람석을 장시간 이석할 경우 자리를 비워 다른 이용자가 이용할 수 있도록 함.

38. 다음 중 제시된 글의 내용과 일치하는 것은?

① 도서관자치위원회에서는 학생증 부정사용자에 대해 조치할 수 있는 권한이 없다.

② 도서를 무단으로 반출한 것이 적발될 시 장기연체자에 준하는 처분을 받는다.

③ 외부이용자는 도서관에 출입하는 것이 불가능하다.

④ 장기연체자는 연체도서 반납일로부터 30일 이상 연체한 자를 말한다.

⑤ 3회 이상 학생증을 부정사용한 재학생은 6개월간 도서관 출입이 정지된다.

39. 다음 도서관 이용이 제한된 사람 중 규정에 맞지 않게 처리된 사람은?

① 학생증을 타교생에게 대여하여 1회 적발된 2학년 A 씨는 2개월간 대출 및 열람실 좌석이용이 정지되었다.

② 자료를 절취하다 적발된 졸업생 B 씨는 1년간 도서관 출입이 정지되었다.

③ 열람석을 장시간 이석하다 적발된 외부이용자 C 씨는 향후 1년간 출입증 발급이 제한되었다.

④ 열흘 전 40일간 연체한 도서를 반납한 D 씨는 앞으로 20일간 교내 민원서류 발급이 제한되었다.

⑤ 도서를 무단으로 반출한 재학생 E 씨는 6개월간 도서관 출입 및 이용이 제한되었다.

40. A 기업의 1차 채용시험에 합격한 지원자의 남녀 비율은 4 : 3이다. 이 중 2차 시험에 합격한 지원자의 남녀비율은 3 : 4이고, 불합격한 지원자의 비율은 17 : 12이다. 2차 시험에 합격한 지원자가 63명일 때, 2차 시험에 불합격한 지원자는 몇 명인가?

① 567명　　　　　　② 580명　　　　　　③ 595명

④ 609명　　　　　　⑤ 638명

41. 다음 중 자료에 대한 해석으로 적절하지 않은 것은?

〈자료 1〉 국내 인구이동

(단위 : 천 명, %, 건)

구분		20X5년	20X6년	20X7년	20X8년	20X9년
총이동	이동자 수	7,412	7,629	7,755	7,378	7,154
	이동률	14.7	15.0	15.2	14.0	13.8
	전입신고건수	4,505	4,657	4,761	4,570	4,570
	이동자 성비(여자=100)	102.3	102.9	103.2	103.9	104.1

※ 이동률(%) : (연간 이동자 수÷주민등록 연앙인구)×100
※ 주민등록 연앙인구 : 한 해의 중앙일(7월 1일)에 해당하는 인구로 당해년 평균 인구의 개념이다.
※ 전입신고건수 : 동일시점에 동일세대 구성원이 동시에 전입신고한 경우 함께 신고한 세대원 수에 상관없이 1건으로 집계

〈자료 2〉 권역별 순이동자 수

(단위 : 천 명)

구분	20X5년	20X6년	20X7년	20X8년	20X9년
수도권	-4	-21	-33	-1	16
중부권	28	39	49	41	42
호남권	-7	-6	-8	-16	-18
영남권	-25	-23	-22	-40	-54

※ 순이동=전입-전출
※ 전입 : 행정 읍면동 경계를 넘어 다른 지역에서 특정 지역으로 이동해 온 경우
※ 전출 : 행정 읍면동 경계를 넘어 특정 지역에서 다른 지역으로 이동해 간 경우

① 20X6년에는 여자 100명이 이동할 때 남자 102.9명이 이동했다.
② 국내 인구 이동률은 20X7년 이후 계속해서 감소하고 있는 추세이다.
③ 20X5 ~ 20X8년까지 수도권으로 전입한 인구가 전출한 인구보다 많다.
④ 20X5 ~ 20X9년까지 중부권은 전입이 전출보다 많다.
⑤ 20X9년 국내 이동자 수는 총 715만 4천 명으로 전년 대비 약 3% 감소하였다.

42. 다음은 시간관리에 대한 강사의 질문이다. 〈보기〉 중 적절하지 않은 답변은 몇 개인가?

> 강사 : 같은 일을 수행해도 더 많은 시간이 소요되는 경우가 있습니다. 이와 같은 시간 낭비의 요인은 크게 내적 요인과 외적 요인으로 나눌 수 있는데요, 시간 낭비 요인에 대해 설명해 보세요.

──────| 보기 |──────

> ㄱ. 내적 요인은 개인의 습관이나 성격에 해당하며 거절하지 못하는 성격 등이 있습니다.
> ㄴ. 자신의 일을 다른 직원에게 권한 위양하는 것은 시간을 낭비하게 하는 내적 요인에 해당합니다.
> ㄷ. 서류 정리를 자주 하거나 서류를 지나치게 숙독하는 행동은 시간낭비 요인 중 하나입니다.
> ㄹ. 외적 요인에는 교통 혼잡, 고객, 문서 등이 있습니다.
> ㅁ. 외적 요인은 본인이 스스로 조절하기 어렵습니다.

① 0개 ② 1개 ③ 2개
④ 3개 ⑤ 4개

43. 다음을 바탕으로 할 때, 을의 현재 나이는?

> • 갑에게는 동생 A와 아들 B, 딸 C가 있다.
> • B는 C보다 나이가 많다.
> • A, B, C의 나이를 모두 곱하면 2,450이다.
> • A, B, C의 나이를 모두 합하면 갑의 아내인 을 나이의 2배가 된다.
> • A의 나이는 B보다 많다.
> • 갑의 나이는 을보다 같거나 많다.
> • 사람의 수명은 100세까지로 전제한다.
> • 여성이 출산할 수 있는 나이는 19 ~ 34세로 전제한다.

① 25세 ② 26세 ③ 32세
④ 34세 ⑤ 38세

44. 다음은 L 그룹이 내부 회의를 통해 결정한 조치사항과 사업 평가 결과이다. L 그룹의 내년도 사업에 대한 예측으로 옳지 않은 것은?

L 그룹은 다음과 같이 현재 진행 중인 사업에 대한 경영 컨설팅을 실시하여 내년도 전략을 수립하려 한다. 컨설턴트들의 점수 평균이 95점 이상일 경우에는 1등급, 90점 이상 ~ 95점 미만은 2등급, 85점 이상 ~ 90점 미만은 3등급, 85점 미만은 4등급을 부여한다. 이때 가장 높은 점수를 부여한 컨설턴트의 점수를 제외하고 계산한다(동점인 경우 포함하여 계산한다).

〈등급별 조치사항〉

• 1등급에 해당하는 사업은 내년에도 적극 지원 및 확장을 시도한다.
• 2등급에 해당하는 사업은 일단 지속 수행하며 투자금을 유지하되 보다 세밀한 관찰과 관리가 필요한 사업으로 분류된다.
• 3등급에 해당하는 사업은 투자 중단 및 내부 회의를 거쳐 사업 지속을 위한 결정을 내린다.
• 4등급에 해당하는 사업은 폐지 및 관리조직과 담당자가 문책을 받게 된다.

〈사업별 평가 결과〉

(단위 : 점)

사업명 \ 컨설턴트	A	B	C	D	E
□□콜라보 마케팅	92	87	90	83	94
△△업체 지원	87	90	89	90	95
○○펀드 투자	82	89	92	94	79
◇◇선박 운용	89	98	95	96	98
인도 ◎◎사 인수	79	88	83	84	85

① 인도 ◎◎사 인수는 내년에 사업 지속이 불가능하다.

② 금년 진행된 사업 중 내년에 시행될 가능성이 있는 사업은 최소 1개이다.

③ 금년 진행된 사업 중 보다 세밀한 관찰과 관리가 필요한 사업은 존재하지 않는다.

④ E 컨설턴트가 ◇◇선박 운용에 대해 1점을 더 주어도 이 사업의 등급에는 변화가 없다.

⑤ B 컨설턴트가 ○○펀드 투자 사업에 대해 C 컨설턴트와 동점을 주어도 이 사업의 등급에는 변화가 없다.

45. 다음은 A ~ E 마을 주민의 재산상황 자료이다. 이에 대한 설명으로 옳은 것을 〈보기〉에서 모두 고르면?

〈A ~ E 마을 주민의 재산상황〉

(단위 : 가구, 명, ha, 마리)

| 마을 | 가구 수 | 주민 수 | 재산 유형 | | | | | | |
| | | | 경지 | | 젖소 | | 돼지 | |
			면적	가구당 면적	개체 수	가구당 개체 수	개체 수	가구당 개체 수
A	244	1,243	( )	6.61	90	0.37	410	1.68
B	130	572	1,183	9.10	20	0.15	185	1.42
C	58	248	( )	1.95	20	0.34	108	1.86
D	23	111	( )	2.61	12	0.52	46	2.00
E	16	60	( )	2.75	8	0.50	20	1.25
전체	471	2,234	( )	6.40	150	0.32	769	1.63

※ 소수점 아래 셋째 자리에서 반올림한 값임.
※ 경지면적＝가구 수×가구당 면적

┤ 보기 ├

㉠ B 마을의 경지면적은 D 마을과 E 마을 경지면적의 합보다 크다.
㉡ 가구당 주민 수가 가장 많은 마을은 가구당 돼지 수도 가장 많다.
㉢ A 마을의 젖소 수가 80% 감소한다면, A ~ E 마을 전체 젖소 수는 A ~ E 마을 전체 돼지 수의 10% 이하가 된다.
㉣ 젖소 1마리당 경지면적과 돼지 1마리당 경지면적은 모두 D 마을이 E 마을보다 좁다.

① ㉠, ㉡   ② ㉠, ㉢   ③ ㉠, ㉣
④ ㉡, ㉢   ⑤ ㉢, ㉣

46. 다음 글을 읽고 '특허요건 및 특허출원'에 대한 설명으로 옳은 것을 〈보기〉에서 모두 고르면? (단, 특허는 창작의 고도성이 요구되는 자연법칙을 이용한 기술적 사상이며, 실용신안이란 산업상 이용할 수 있는 물품의 형상, 구조 또는 조합에 관한 고안으로 지적재산권의 일종이다)

제36조(선출원) ① 동일한 발명에 대하여 다른 날에 둘 이상의 특허출원이 있는 경우에는 먼저 특허출원한 자만이 그 발명에 대하여 특허를 받을 수 있다.

② 동일한 발명에 대하여 같은 날에 둘 이상의 특허출원이 있는 경우에는 특허출원인 간에 협의하여 정한 하나의 특허출원인만이 그 발명에 대하여 특허를 받을 수 있다. 다만, 협의가 성립하지 아니하거나 협의를 할 수 없는 경우에는 어느 특허출원인도 그 발명에 대하여 특허를 받을 수 없다.

③ 특허출원된 발명과 실용실안등록출원된 고안이 동일한 경우 그 특허출원과 실용신안등록출원이 다른 날에 출원된 것이면 제1항을 준용하고, 그 특허출원과 실용신안등록출원이 같은 날에 출원된 것이면 제2항을 준용한다.

④ 특허출원 또는 실용신안등록출원이 다음 각호의 어느 하나에 해당하는 경우 그 특허출원 또는 실용신안등록출원은 제1항부터 제3항까지의 규정을 적용할 때에는 처음부터 없었던 것으로 본다. 다만, 제2항 단서(제3항에 따라 준용되는 경우를 포함한다)에 해당하여 그 특허출원 또는 실용신안등록출원에 대하여 거절결정이나 거절한다는 취지의 심결이 확정된 경우에는 그러하지 아니한다.

1. 포기, 무효 또는 취하된 경우

2. 거절결정이나 거절한다는 취지의 심결이 확정된 경우

⑤ 발명자 또는 고안자가 아닌 자로서 특허를 받을 수 있는 권리 또는 실용신안등록을 받을 수 있는 권리의 승계인이 아닌 자가 한 특허출원 또는 실용신안등록출원은 제1항부터 제3항까지의 규정을 적용할 때에는 처음부터 없었던 것으로 본다.

⑥ 특허청장은 제2항의 경우에 특허출원인에게 기간을 정하여 협의의 결과를 신고할 것을 명하고, 그 기간에 신고가 없으면 제2항에 따른 협의는 성립되지 아니한 것으로 본다.

| 보기 |

㉠ 제2항의 이유로 거절결정이 내려진 특허는 처음부터 없었던 것으로 한다.

㉡ 두 사람이 동일한 내용으로 특허와 실용신안등록출원을 했을 경우 둘 중 하나만 인정된다.

㉢ 동일한 날 출원한 동일한 발명일 경우 협의가 이루어지지 않으면 특허를 받을 수 없다.

㉣ 다른 날 출원한 동일한 발명일 경우 둘 중 하나만 특허를 받을 수 있다.

① ㉠, ㉡   ② ㉠, ㉢   ③ ㉡, ㉣

④ ㉢, ㉣   ⑤ ㉡, ㉢, ㉣

[47 ~ 48] 다음 자료를 읽고 이어지는 질문에 답하시오.

○○회사의 이 사원은 유급휴가비 관련 사내 자료를 보고 있다.

〈유급휴가비〉

구분	부장	과장	대리	사원
유급휴가비(1일당)	5만 원	4만 원	3만 원	2만 원

〈직원 월차사용 현황(12월 31일 기준)〉

[영업1팀]

이름	직급	사용 월차개수
김민석	부장	5개
노민정	대리	2개
송민규	과장	2개
오민아	사원	3개
임수린	사원	7개

[영업2팀]

이름	직급	사용 월차개수
정가을	사원	2개
최봄	대리	2개
한여름	대리	6개
한겨울	과장	5개
황아라	과장	1개

※ 유급휴가비는 남은 월차 한 개당 해당하는 금액을 지급한다.
※ 월차는 1달에 1개씩 생기며, 다음 해로 이월할 수 없다.
※ 유급휴가비는 연말에 지급된다.
※ 모든 직원은 올해 1월 1일부터 만근하였다.

47. 연말에 유급휴가비를 가장 많이 받는 영업1팀 직원은?

① 김민석　　　　② 노민정　　　　③ 송민규
④ 오민아　　　　⑤ 임수린

48. 연말에 영업2팀에 지급될 유급휴가비의 합계는?

① 120만 원　　　　② 130만 원　　　　③ 140만 원
④ 150만 원　　　　⑤ 160만 원

[49 ~ 50] 다음 ○○은행의 적금상품 특약 내용의 일부를 보고 이어지는 질문에 답하시오.

제8조(우대금리) 계약기간 동안 다음 각호의 요건을 충족하고 만기 해지하는 경우 우대금리를 최고 연 0.5%p까지 제공한다.

1. 친구등록(최대 5명)을 한 경우 : 1명당 0.1%p, 최대 연 0.5%p
2. 당행 최초 신규고객(주1)일 경우 : 연 0.1%p
3. 당행 급여이체(주2) 실적이 연평균 3회 이상 있는 경우 : 연 0.2%p
4. 외환송금금액이 $2,000(미달러 환산금액) 이상인 경우 : 연 0.2%p
5. 당행 입출금식 통장을 결제계좌로 지정한 당행 신용(체크)카드의 연간 평균 결제금액(주3)이 240만 원 이상인 경우 : 연 0.2%p
6. 당행 외환송금서비스를 등록한 경우 : 연 0.2%p

> (주1) 최초 신규고객 : 당행 최초 실명등록일로부터 3개월 이내 이 상품 가입 시
> (주2) 급여이체 기준은 아래 방식 중 하나를 통해 월 50만 원 이상 입금 시 인정
> ▶ 창구 급여이체, 인터넷 급여이체
> ▶ 지정일자를 당행 시스템에 등록하고 '급여', '상여', '월급'의 용어로 입금 시
> (주3) 신용(체크)카드 결제금액은 매출표 접수기준, 현금서비스 금액은 제외

제10조(만기자동해지) 동 상품을 가입하고 만기자동해지를 신청한 경우 만기일에 자동해지하여 세후 원리금을 본인명의 지정 입출금식 계좌로 이체한다. 다만, 질권설정 또는 압류 등 출금제한이 등록된 경우에는 자동해지가 불가하다.

제11조(중도해지금리) 이 통장은 만기일 이전에 중도해지를 신청하는 경우 입금액마다 입금일부터 해지일 전일까지의 기간에 대하여 가입일 당시 은행이 고시한 중도해지금리를 적용한다.

제12조(특별 중도해지금리) 해외송금을 보내기 위하여 중도해지 시 가입일 당시 은행이 고시한 정기적금의 경과기간별 고시이율을 적용한다.

제13조(만기후금리) 이 통장은 만기일로부터 지급일 전일까지의 기간에 대하여 만기일 당시 은행이 고시한 만기후금리를 적용한다.

제14조(보험 서비스) 이 통장 가입고객이 가입 후 건당 10만 원 이상 자동이체를 실시한 경우 익월 1일부터 1년간 (주)상해보험혜택을 무료로 제공한다. 보험혜택의 제공기간은 상품 변경일로부터 1년간으로 한다.

> (주)상해보험혜택(제휴사 : A화재해상보험(주) ☎ 1688 – 1688)
> • 담보명 : 일반상해사망
> • 보장금액 : 300만 원
> • 보장내용 : 피보험자에게 다음 중 어느 하나의 사유가 발생한 경우에는 보험수익자에게 약정한 보험금을 지급합니다. 단, 보험기간 중에 상해의 직접결과로써 사망한 경우에 한합니다.

49. 다음 중 윗글의 내용과 일치하는 것은?

① 친구등록만으로는 우대금리를 최대로 받을 수 없다.

② 해외송금을 위해 중도해지한 경우 은행이 고시한 중도해지금리를 적용한다.

③ 급여를 적금통장으로 직접 이체하지 않아도 급여이체로 인정받을 수 있는 방법이 있다.

④ 상해보험혜택을 받는 사람이 질병으로 인한 사망 시 보험수익자에게 보험금이 지급된다.

⑤ ○○은행의 최초 신규고객이며, 외환송금금액이 $2,500인 경우 우대금리를 최대로 받을 수 있다.

50. ○○은행의 〈고시금리〉와 〈중도해지금리〉가 다음과 같을 때 이율이 가장 높은 사람은? (단, 적립금액은 동일하다)

〈고시금리〉

계약기간	고시금리
1년 이상 2년 미만	연 1.20%
2년 이상 3년 미만	연 1.25%
3년 이상	연 1.30%

〈중도해지금리〉

입금일부터 해지일 전일까지의 기간	중도해지금리
1개월 미만	연 0.10%
1개월 이상 3개월 미만	연 0.30%
3개월 이상 6개월 미만	연 0.50%
6개월 이상 1년 미만	연 0.70%
1년 이상	연 1.0%

① 최초 실명등록 후 3개월 내 1년 계약으로 가입한 A 씨

② 가입 시 3년 계약하여 친구를 3명 등록하였고 가입 후 2년 차에 중도해지를 한 B 씨

③ 가입 시 1년 7개월 계약하였으며 매월 지정일자에 40만 원씩 급여이체를 한 C 씨

④ 가입 시 2년 3개월 계약하였으며 만기일 2개월 전 해외송금을 위해 중도해지를 한 D 씨

⑤ 가입 시 2년 6개월 계약하였으며 지정일자에 15만 원씩 이체한 E 씨

4회 기출유형문제

01. 다음 시간관리 매트릭스를 토대로 주어진 〈일일 업무일지〉의 내용을 분석할 때 옳지 않은 것은?

구분	중요한 일	중요하지 않은 일
긴급한 일	I	III
긴급하지 않은 일	II	IV

〈일일 업무일지〉

시간	업무내용	중요도	긴급
09 : 00	메일 확인(업무메일 우선)	●◐	●
09 : 30	신입사원 제출 서류 확인 및 정리	●●●	●●◐
11 : 00	20X8년도 인사업무 수행계획서 작성	●●●	●●●●
12 : 00	점심		
13 : 00	노무 관련 업무처리	●●	◐
15 : 30	연장/야근/휴일 수당 정리 및 관리	●●●●	●●●●
17 : 00	인사변동, 고충업무 처리	●●	●●

① 필요시 "20X8년도 인사업무 수행계획서 작성" 업무시간을 늘려야 한다.

② "인사변동, 고충업무 처리" 업무는 업무 특성상 가장 빨리 처리해야 한다.

③ "노무 관련 업무처리" 업무 시간을 축소해서 타 업무에 활용 범위를 늘릴 필요가 있다.

④ "연장/야근/휴일 수당 정리 및 관리"와 "신입사원 제출 서류 확인 및 정리"의 업무 순서를 바꾸어야 한다.

⑤ "메일 확인(업무메일 우선)" 업무는 타 업무의 진행 상황에 따라 업무 시간을 축소할 수 있다.

02. A는 다음과 같은 방법으로 건물 내 공급 및 배수 시설을 점검하고 있다. 이때 점검을 위해 이용한 수조에 물이 가득 차는데 걸리는 시간은?

> • 수조의 용량은 100리터이며, 수조에 물을 공급하는 시설은 분당 3리터의 물을 공급하고 수조의 배수 시설은 분당 1리터의 물을 배출함.
> • 점검 절차는 수조에 10분 동안 물을 공급하고, 10분 동안 공급을 중단하는 과정을 반복하면서, 배수 시설은 중단 없이 가동시키는 방법으로 진행함.

① 2시간 50분   ② 3시간   ③ 3시간 20분
④ 3시간 40분   ⑤ 4시간

03. ○○공사 엘리베이터에 A, B, C, D, E 다섯 명의 직원이 타고 있다. 다음 〈조건〉이 성립한다고 가정할 때 참이 아닌 것은?

| 조건 |

> • 엘리베이터는 1층에서부터 올라가기 시작하며 중간에 내려가지 않는다.
> • A, B, C, D, E는 모두 다른 층에서 내리며, 3 ~ 7층 중 한 층에서 내린다.
> • B는 A보다 먼저 내린다.
> • E는 7층에서 내리지 않는다.
> • D는 가장 먼저 내린다.
> • C가 내리는 층과 E가 내리는 층은 3층 차이가 난다.

① E는 4층에서 내린다.
② A는 5층에서 내린다.
③ C는 가장 나중에 내린다.
④ E가 내릴 때 B는 엘리베이터에 타고 있다.
⑤ A가 내리는 층과 B가 내리는 층은 1층 차이가 난다.

[04 ~ 05] 다음은 ○○은행의 지원상품 안내문 초안이다. 이어지는 질문에 답하시오.

(가) '수출 · 기술 강소기업 육성자금 대출'은 글로벌 기술경쟁력을 가진 중소 · 중견기업 육성을 위한 상품입니다. ○○은행은 수출 · 기술 강소 500개 기업을 선정하여 해외기술인증규격 획득자금, 특허 · 유망기술 보유 기업의 기술개발 및 상품화 자금 등 경상적인 영업활동에 필요한 운전자금 및 시설자금을 지원합니다. 특히 영업점장 전결권 확대, 금리 감면 등의 우대조건이 부여되어 있어 글로벌 강소기업 육성 지원에 큰 도움이 되고 있습니다.

(나) '산업단지별 분양자금 대출'은 민간분양 산업단지 입주기업을 지원하는 상품입니다. 특정 업종에 밀집되어 있는 지역 산업단지 특성에 맞는 특례를 제공할 예정이며, 해외 청산 투자자금 환율 우대, 기업부동산 자문서비스 등을 제공하여 해외투자 기업이 국내 복귀 시 필요한 자금 및 서비스를 지원하는 해외U턴기업대출도 개발할 예정입니다.

(다) '창업섬김대출'은 전년도에 실시한 '창업지원사업'의 계속 사업으로 보증기관과 협력하여 소상공인, 기술혁신형 벤처기업, 전문 인력 및 경력자 창업으로 분류하여 지원하는 상품입니다. 대출금리 우대 등 금융비용 절감 혜택은 물론, 창업컨설팅 등 특화 서비스를 지원하고 있으며 상품의 총공급규모는 1조 원입니다.

(라) '청년전용창업대출'은 정부의 청년창업지원사업에 적극 동참하여 심각한 청년실업 문제를 해결하기 위해 ○○은행, △△공단, □□재단이 연계하여 개발한 상품으로 성원에 힘입어 총 약 800억 원의 대출펀드를 조기에 소진하였습니다. '청년드림대출'은 은행권 청년창업재단설립에 동참하여 창업초기 기업, 벤처 · 우수기술 기업 등에 대한 보증 및 직간접 투자를 통해 일자리 창출에 기여하고 있습니다. '새싹기업대출'은 문화콘텐츠, 신성장동력 부문에서의 기술력 우수 창업기업에 대한 여신우선지원으로 미래성장 기반을 확보하였으며, '시니어전용창업대출'은 40 ~ 50대를 위한 창업 전용 상품으로 전 연령층의 활발한 창업활동 붐업(Boom - up)을 유도하는 등 다양한 상품을 개발하였습니다. 이 밖에도 재창업 희망 중소기업을 위한 '재창업지원대출' 등 다양하고 폭넓은 창업 지원상품을 개발하고 있습니다.

04. ○○은행 홍보팀에서 근무하는 오 대리는 다음과 같은 주제로 중소기업 지원상품 소개에 대한 간단한 안내문을 (가)~(라)와 같이 작성하였다. 제시된 주제의 순서에 맞게 문단을 재배열한 것은?

〈중소기업 지원상품 소개〉

Ⅰ. 중소기업 일자리 창출 등 사회적 이슈 해결을 위한 상품 개발

Ⅱ. 창업기업 지원상품 개발

Ⅲ. 설비투자 활성화를 위한 상품 개발

Ⅳ. 글로벌 경쟁력 갖춘 기업을 위한 상품 개발

---

① (가)-(다)-(나)-(라)   ② (가)-(다)-(라)-(나)

③ (라)-(나)-(다)-(가)   ④ (라)-(다)-(가)-(나)

⑤ (라)-(다)-(나)-(가)

05. 다음 중 ○○은행에서 이미 개발하여 대출 업무를 수행하였거나 수행 중에 있는 대출의 종류가 아닌 것은?

① 청년드림대출   ② 창업섬김대출

③ 수출·기술 강소기업 육성자금 대출   ④ 산업단지별 분양자금 대출

⑤ 청년전용창업대출

06. 다음 자료에 대한 설명으로 옳지 않은 것은? (단, 소수점 아래 셋째 자리에서 반올림한다)

〈K 글로벌회사의 연도별 임직원 현황〉

(단위 : 명)

구분		20X1년	20X2년	20X3년
국적	한국	9,566	10,197	9,070
	중국	2,636	3,748	4,853
	일본	1,615	2,353	2,749
	대만	1,333	1,585	2,032
	기타	97	115	153
	계	15,247	17,998	18,857
고용형태	정규직	14,173	16,007	17,341
	비정규직	1,074	1,991	1,516
	계	15,247	17,998	18,857
연령	30대 이하	8,914	8,933	10,947
	40대	5,181	7,113	6,210
	50대 이상	1,152	1,952	1,700
	계	15,247	17,998	18,857
직급	사원	12,365	14,800	15,504
	간부	2,801	3,109	3,255
	임원	81	89	98
	계	15,247	17,998	18,857

① 20X3년에 전년 대비 임직원이 가장 많이 증가한 국적의 임직원 수는 나머지 국적에서 증가한 임직원 수의 합보다 크다.

② 20X3년에는 전년에 비해 비정규직 임직원이 차지하는 비율이 약 3%p 감소하였다.

③ 20X1년 대비 20X3년 연령별 임직원 수 증가율이 가장 큰 연령대는 50대 이상이다.

④ 전체 임직원 중 사원이 차지하는 비율은 매년 증가하는 추세이다.

⑤ 20X2년과 20X3년의 40대 이상 임직원 비율은 약 8.42%p 정도 차이난다.

[07 ~ 08] 다음 글은 조직문화에 대한 내용이다. 이어지는 질문에 답하시오.

일반적인 의미에서 문화(Culture)란 자연물이 아닌 인공의 힘이 가미되어 형성된 유산을 통칭하는 개념이다. 즉 사회 구성원의 행동과 사회체제를 형성하고 이들을 연결, 조정하는 종합요소를 의미한다. 한걸음 더 나아가 조직문화(Organizational Culture)는 조직 내에 공유된 정신적인 가치를 나타내기도 하며 환경을 학습하는 도구로서 내·외부의 환경을 바라보는 관점을 제공한다. 또한 조직 구성원들의 행동을 구체적으로 유도하기도 하며 의사결정의 질과 조직의 성공 여부를 결정하는 데 영향을 미치기도 한다.

다른 말로 조직문화는 조직 구성원들의 가치관과 신념을 보여주고 조직의 이데올로기와 관습을 드러내고 조직이 소유하고 있는 지식과 기술을 포함하며 조직이 따르는 규범과 전통을 포괄하는 종합적인 개념이다. 따라서 조직문화란 '조직 구성원 간에 공유된 가치, 사고방식 또는 생활양식'이라고 정의할 수 있다. 조직문화는 조직의 방향을 결정하고 존속하는 데 중요한 요인으로서 기능을 한다.

07. 조직문화의 기능으로 적절하지 않은 것은?

① 조직의 일체감과 정체성을 부여한다.
② 조직 구성원들의 일탈행동을 제도적으로 감시한다.
③ 조직의 안정성을 유지하는 데 도움을 준다.
④ 조직 구성원의 조직 몰입도 향상에 영향을 미친다.
⑤ 조직 구성원의 행동지침을 제공함으로써 개인의 내적 성숙을 촉진시킨다.

08. 조직문화를 표현하는 방식으로 상징물과 인공물, 의례와 의식, 이야기와 전설, 언어와 의사소통 등이 있다. 다음은 무엇에 관한 설명인가?

조직에서 업무를 처리해 가는 과정에서 모든 조직 구성원들이 규칙적으로 준수하는 행동, 절차, 양식 또는 관습을 말한다.

① 상징물 ② 인공물 ③ 의례와 의식
④ 이야기와 전설 ⑤ 언어와 의사소통

09. P 사원은 계약서류를 전달하기 위해 A 건물에서 B 건물까지 이동하려고 한다. 〈조건〉에 따를 때, P 사원이 이동할 수 있는 경우의 수는 몇 가지인가?

| 조건 |

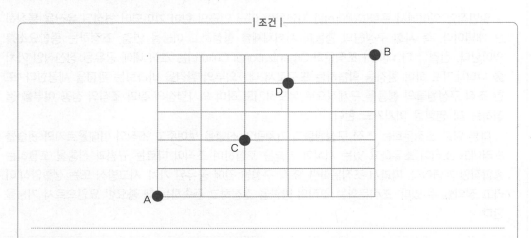

- 한 번 지나간 도로는 다시 지나갈 수 없다.
- P 사원은 최단거리로 이동한다.
- P 사원은 C 건물에 들러 서류를 복사해야 한다.
- D 건물은 공사 중이라 지나갈 수 없다.

① 64가지   ② 66가지   ③ 68가지
④ 70가지   ⑤ 72가지

10. 다음 〈조건〉에 따를 때, 행사장에 필요한 경호원은 최소 몇 명인가?

| 조건 |

- 행사장은 가로 120m, 세로 72m의 직사각형 모양이다.
- 경호원은 행사장의 가장자리에 배치된다.
- 경호원 사이의 간격은 모두 동일하며 5m 미만이다.
- 직사각형 4개의 꼭짓점 위치에는 경호원이 반드시 배치되어야 한다.

① 84명   ② 88명   ③ 92명
④ 94명   ⑤ 96명

11. ○○기업에 근무하는 K 사원은 다음 보도자료를 언론사에 넘기기 전에 교정작업을 진행하고 있다. 다음 중 그 쓰임에 대한 수정이 필요한 단어는 모두 몇 개인가?

> D 구가 '온택트(Ontact) 리더'로서 9일부터 18일까지 □□동 가구거리에서 열리는 초대형 미술경연대회 '20XX 아트프라이즈'를 온·오프라인으로 동시에 ㉠개최한다. D 구와 아트프라이즈 조직위원회·D 구 문화재단이 주최하고, 한국△△재단과 S 은행이 후원하는 이번 대회에는 1,625건의 작품이 ㉡참석했으며, 행사기간 동안 100점이 전시된다. D 구는 코로나19 예방을 위해 유튜브 등 SNS를 통해 실시간으로 즐길 수 있도록 하되, 현장관람은 '아트프라이즈' 홈페이지에서 사전 예약 후 가능하도록 했다. 수상작은 온·오프라인을 통한 관람객 현장 투표와 전문가 심사를 통해 ㉢발췌하며, 선정된 최종 5팀에겐 최대 1,000만 원의 상금과 내년 2월 '아트프라이즈 쇼케이스' 출전 기회가 ㉣부여된다. 이 밖에도 □□동 가구거리의 15개 매장 쇼윈도를 활용한 '쇼윈도 갤러리·콘서트'를 비롯 '스타셰프의 쿠킹쇼', '셀피 갤러리' 같은 총 17가지의 볼거리가 ㉤보급된다. 또 코로나19 방역에 힘쓰고 있는 모든 의료진을 향한 유명 작가들의 응원메시지를 방호복에 담은 '방호복전'과 '고마워요 콘서트'도 개최된다.
> D 구 구청장은 "주민참여형 문화예술 경연대회인 '20XX 아트프라이즈'는 'K-POP', 'K-방역' 같은 'K-예술경연'의 모범사례가 돼 ㉥침제된 □□동 가구거리를 살리고 코로나19로 지친 주민들에게 희망과 위로의 메시지를 전달하기 위한 취지로 기획됐다."면서 "온택트 축제로도 안전하고 창의적인 문화행사가 가능하다는 것을 전 세계에 보이겠다."고 말했다.

① 2개   ② 3개   ③ 4개
④ 5개   ⑤ 6개

[12 ~ 13] 다음 생태 체험관의 안내문을 읽고 이어지는 질문에 답하시오.

〈건강 생태 체험관 관람 안내〉

1. 운영시간 안내
   - 09 : 30 ~ 18 : 30
   - 매주 월요일 휴무
   ※ 입장은 운영 종료 1시간 전까지 가능합니다.

2. 입장요금 안내

구분	정상 요금	단체 요금
어른	7,500원	6,500원
중고생	6,000원	5,000원
어린이	5,000원	4,000원
경로우대	6,000원	5,000원
장애인/국가유공자	6,000원	5,000원

   - 30인 이상 단체일 경우 단체 요금 적용
   - 36개월 미만 유아 무료입장(가족 동반 입장 시)
   - 국가 유공자, 장애인, 경로 우대자, 유아는 신분증 · 복지 카드 · 의료 보험증(택 1) 제시
   - 국가 유공자 할인은 본인 1인에 한함.
   - 만 65세 이상 경로 우대 할인
   - 장애인은 1 ~ 3급 본인과 보호자 1인 할인
   - 장애인 4급 이상은 본인 한정 할인

3. 유의사항 안내
   - 체험관 전 지역은 금연입니다.
   - 음식물 반입 및 취사는 하실 수 없습니다.
   - 동식물 및 흙과 돌을 채집하실 수 없습니다.
   - 지정된 길로만 통행하여 주시기 바랍니다.
   - 애완동물은 동반하실 수 없습니다.
   - 입장권 분실 시 재발급해 드리지 않습니다.

12. 위 안내문을 보고 건강 생태 체험관에 대해 이해한 내용으로 적절하지 않은 것은?

① 단체 요금으로 할인되는 금액의 폭은 대상과 무관하게 모두 같다.

② 식물을 채집하는 체험이 별도로 마련되어 있다.

③ 수요일에는 오후 5시 30분까지 체험관에 입장할 수 있다.

④ 경로 우대자 요금을 적용받기 위해서는 증명이 필요하다.

⑤ 별도 마련된 흡연 공간은 없으며 애완견은 동반할 수 없다.

13. 다음 중 입장료를 가장 적게 내는 일행은? (단, 신분 증명은 모두 완료된 것으로 가정한다)

① 젊은 성인 부부와 3급 장애인

② 68세 할아버지, 37세 아버지, 6살 아이

③ 중년의 어머니, 중학생 딸, 초등학생 아들

④ 국가유공자 두 명과 고등학생

⑤ 35세 동갑인 부부, 24개월인 유아, 67세 할머니

[14 ~ 15] 다음 자료를 보고 이어지는 질문을 답하시오(단, 자료 내에서 자산 항목을 제외한 모든 사항은 항상 변동 없이 시행한다고 가정한다).

<중소기업 취업 청년 전월세 보증금 대출>

▢ 대출 대상
• 아래의 요건을 모두 충족하는 자
1. (계약) 주택 임대차 계약을 체결하고 임차 보증금의 5% 이상을 지불한 자
2. (세대주) 대출 접수일 현재 민법상 성년(만 19세가 되는 해의 1월 1일을 맞이한 미성년자 포함)인 만 34세 이하 세대주 및 세대주 예정자(병역 의무를 이행한 경우 병역 복무 기간에 비례하여 자격 기간을 연장하며, 최대 만 39세까지 연장 가능)로서, 생애 1회만 이용 가능
3. (무주택) 세대주를 포함한 세대원 전원이 무주택인 자
4. (중복대출 금지) 주택도시기금 대출, 은행재원 전세자금 대출 및 주택담보 대출 미이용자
5. (소득) 최초 가입 시에만 심사하며, 연소득 5천만 원(외벌이 가구 또는 단독 세대주인 경우 3천 5백만 원) 이하인 자
6. (자산) 대출 신청인 및 배우자의 합산 순자산 가액이 통계청에서 발표하는 최근 연도 가계 금융 복지 조사의 '소득 5분위별 자산 및 부채 현황' 중 소득 3분위 전체 가구 평균값 이하 (십만 원 단위에서 반올림)인 자 : 2022년도 기준 3.25억 원
7. (신용도) 아래 요건을 모두 충족하는 자
   - 신청인이 한국신용정보원 "신용정보관리규약"에서 정하는 신용정보 및 해체 정보가 남 아있는 경우 대출 불가능
   - 그 외, 부부에 대하여 대출 취급 기관 내규로 대출을 제한하고 있는 경우 대출 불가능
8. (공공임대주택) 대출 접수일 현재 공공임대주택에 입주하고 있는 경우 불가
   - 대출 신청 물건지가 해당 목적물일 경우 또는 대출 신청인 및 배우자가 퇴거하는 경우 대출 가능
9. (중소기업) 아래 중 하나에 해당하는 경우
   ① 중소기업 취업자 : 대출 접수일 기준 중소·중견 기업 재직자(단, 소속 기업이 대기업, 사행성 업종, 공기업 등에 해당하거나 대출 신청인이 공무원인 경우 대출 제외)
   ② 청년 창업자 : 중소기업진흥공단의 '청년 전용 창업 자금', 기술보증기금의 '청년 창업 기업 우대 프로그램', 신용보증기금의 '유망 창업 기업 성장 지원 프로그램', '혁신 스타 트업 성장 지원 프로그램' 지원을 받고 있는 자

▢ 신청 시기
• 임대차 계약서상 잔금 지급일과 주민등록등본상 전입일 중 빠른 날로부터 3개월 이내까지 신청
• 계약 갱신의 경우에는 계약 갱신일(월세에서 전세로 전환 계약한 경우에는 전환일)로부터 3개월 이내에 신청

□ 대상 주택
  • 아래의 요건을 모두 충족하는 주택
    1. 임차 전용 면적 : 임차 전용 면적 85m^2 이하 주택(주거용 오피스텔은 85m^2 이하 포함)
    2. 임차 보증금 : 2억 원 이하

□ 대출 한도 : 최대 1억 원 이내

□ 대출 기간 : 최초 2년(4회 연장, 최장 10년 이용 가능)

□ 대출 금리 : 1.2% (단, 1회 연장까지 동일 금리를 유지하나, 1회 연장 시 대출 조건 미충족자로 확인되거나 1회 연장 포함 대출 기간 4년이 종료된 2회 연장부터 2.3% 적용)

□ 대출금 지급 방식 : 임대인 계좌에 입금함을 원칙으로 하되, 임대인에게 이미 임차 보증금을 지급한 사실이 확인될 경우에는 임차인 계좌로 입금 가능

□ 준비 서류
  • 본인 확인 : 주민등록증, 운전면허증, 여권 중 택 1
  • 대상자 확인 : 주민등록등본(단, 단독 세대주 또는 배우자 분리 세대는 가족관계증명원을 추가 제출하며, 결혼 예정자의 경우 예식장 계약서 또는 청첩장 추가 제출), 만 35세 이상의 병역의무이행자의 경우 병적증명서 제출(단, 병적증명서상 군복무를 마친 사람에 체크되어 있고, 병역사항에 예비역으로 기재되어 있어야 함)
  • 재직 및 사업 영위 확인 : 건강보험자격득실 확인서
  • 주택 관련 : 확정일자부 임대차(전세)계약서 사본, 임차주택 건물 등기사항전부증명서, 임차주택 보증금 5% 이상 납입 영수증
  • 중소기업 재직 확인
    1. 중소기업 재직자의 경우 재직회사 사업자등록증, 주업종코드 확인서, 고용보험자격이력내역서(발급이 불가한 경우 건강보험자격득실 확인서로 대체 가능)
      (단, 1년 미만 재직 시 회사 직인이 있는 급여명세표, 갑종근로소득원천징수영수증(최근 1년), 급여통장(급여입금내역서), 은행 직인이 있는 통장거래내역서를 추가 제출)
    2. 청년 창업자의 경우 관련 보증 또는 대출을 지원받은 내역서

14. 다음 중 제출해야 할 서류를 모두 바르게 제출한 신청자는? (단, 오늘 날짜는 2022년 4월 23일이며, 건강보험자격득실 확인서와 주택 관련 서류는 이미 제출했다고 가정한다)

	신청자명	내용
①	김○○	신청자 정보 : 만 25세, 2021. 04. 30. 중소기업 입사, 단독 세대주
		제출한 서류 : 여권, 주민등록등본, 가족관계증명원, 재직회사 사업자등록증, 주업종코드 확인서, 고용보험자격이력내역서
②	박△△	신청자 정보 : 만 34세, 2021. 01. 01. 창업
		제출한 서류 : 여권, 주민등록등본, 창업 자금 대출 내역서
③	이☆☆	신청자 정보 : 만 36세, 2017. 01. 06. 중소기업 입사, 병역의무이행자
		제출한 서류 : 운전면허증, 주민등록등본, 재직회사 사업자등록증, 주업종코드 확인서, 고용보험자격이력내역서
④	정□□	신청자 정보 : 만 30세, 2020. 08. 03. 중소기업 입사, 2022. 09. 24. 결혼 예정
		제출한 서류 : 운전면허증, 주민등록등본, 예식장 계약서
⑤	최◇◇	신청자 정보 : 만 19세, 2021. 03. 23. 중견기업 입사, 배우자 분리 세대
		제출한 서류 : 주민등록증, 주민등록등본, 재직회사 사업자등록증, 주업종코드 확인서, 고용보험자격이력내역서

15. 다음 중 Q&A 게시판에 올라온 질문에 대한 답변으로 적절하지 않은 것은?

Q&A 게시판
Q. 전세자금 대출 기간 2년이 끝나가서 연장하려고 합니다. 다른 기준은 모두 충족되는데, 현재 중소기업을 퇴사하여 직장을 다니지 않고 있습니다. 연장이 가능할까요?
A. ① 연장이 가능합니다. 다만 연장 시 금리는 중소기업 재직 기준을 충족하지 못하기 때문에 2.3%로 적용됩니다.
Q. 임대인에게 올해 10월 25일에 잔금을 지급하기로 했고, 같은 달 31일에 전입신고를 할 예정입니다. 대출 신청은 언제까지 가능할까요?
A. ② 잔금 지급일과 전입일 중 빠른 날로부터 3개월 이내까지 신청이 가능합니다. 귀하의 경우 잔금 지급일이 더 빠르므로 잔금 지급일 기준으로 계산하시면 됩니다.
Q. 남편과 함께 중소기업에 재직 중인 33살 동갑내기 신혼부부입니다. 자산을 따져보니 남편 1억 9천만 원, 제가 1억 4천만 원인데, 신청이 가능할까요?
A. ③ 작성하신 정보만으로 판단했을 때, 연령과 중소기업 조건은 충족하지만 2022년을 기준으로 자산 요건을 충족하지 못해 신청이 불가합니다.
Q. 가입 기간 동안 납부한 이자 내역을 확인하고 싶습니다. 해당 상품을 2회 연장하여 6년 동안 이용했습니다. 대출 금액은 8,000만 원으로, 가입 내내 조건 변동은 없었습니다. 6년간 납부한 이자는 총 얼마인가요?
A. ④ 귀하께서 납부하신 이자는 총 376만 원입니다.
Q. 현재 만 35살 중소기업 재직자이며, 2년간 현역으로 복무했습니다. 신청이 가능할까요? 가능하다면 연장도 가능할까요?
A. ⑤ 연령과 중소기업 기준 외 다른 기준도 모두 만족하시면 신청이 가능합니다. 예비역으로 체크되어 있는 병적증명서를 추가로 제출하셔서 복무 기간 2년을 인정받으시면 됩니다. 2년 후에도 조건이 충족되면 연장이 가능하나, 상황에 따라 금리가 변할 수 있습니다.

16. 다음은 조직 건강도 조사 결과와 조직문화혁신 5단계에 대해 정리한 것이다. 글을 읽고 보일 수 있는 반응으로 적절하지 않은 것은?

직장인 563명을 대상으로 '조직 건강도'에 대해 조사한 결과, 스스로가 속한 조직이 건강하지 못한 것 같다고 평가하는 직장인은 66.6%였다. 이들은 '조직 건강도'를 해치는 근본적인 원인으로 '불명확한 업무 지시'(28%)와 '상명하복 구조의 권위적인 분위기'(27.2%)를 가장 큰 문제로 꼽았다. 이어 '사내 소통창구 부족'(19.2%), '불필요한 회의 및 과도한 보고'(10.1%), '습관화된 야근'(8.3%) 등이 뒤를 이었다.

(중략)

현재 기업문화 중 퇴출이 가장 시급한 것으로는 '소통 없는 일방적 업무 지시'(46%)를 1순위로 꼽았다. 위계질서에 입각한 권위적 문화가 현 시대의 기업 생태계와 조직원들에게 맞지 않는다고 생각하는 것이다. 다음으로 '습관적인 보여주기 식의 야근'(25%), '과도한 보고'(11.7%), '비효율적 회의'(10.8%)가 있었다.

한편, 직장인들이 이상적으로 생각하는 조직문화로는 '자유로운 의사소통이 가능한 수평적 문화'(33%)가 가장 많았고, '예측 가능한 규칙과 상식적인 가치를 지키는 안정적인 조직문화'(23.4%), '개개인의 역량을 중시하는 자율적인 조직문화'(21.5%) 등이 있었다.

〈조직문화혁신 5단계〉

Step 1. 조직문화의 개선항목을 선정하라. 먼저 성과창출과 직원행복을 가로막는 문제점을 찾아내고 이것을 범주화한다. 일하는 방식 혁신, 일과 삶의 균형, 사기진작과 동기부여, 부서 간 협업, 복지 등으로 범주화될 것이고 이것이 개선항목이다.

Step 2. 조직문화 개선과제를 선정하라. 개선과제 항목 중에서 가장 중요한 과제와 시급한 과제를 정리한다. 회의문화, 지시보고, 휴가사용, 공정한 평가 등 개선과제를 도출한다.

Step 3. 개선과제를 회사의 핵심가치와 연계하여 우선순위를 정하라. 예를 들어 회사의 핵심가치가 신뢰, 소통, 도전, 자율이라면 이에 해당되는 개선과제를 연결시킨다. 핵심가치와 연계해야 조직문화혁신 활동의 착수가 쉬워진다.

Step 4. 선정된 개선과제에서 제거할 것과 도입할 것을 찾아라. 제거할 것과 도입할 것은 동전의 양면으로 따라오게 하는 것이 기본이다. 여기에 동종업계나 비슷한 규모의 회사가 적용하는 방법이 있다면 도입을 검토할 수 있다.

Step 5. 구체적인 실행방안을 작성하라. 현업부서와 협력하여 실행방안을 만들어 CEO 보고 후 시행한다.

① 가장 빨리 개선해야 할 조직문화는 집단문화이군.

② 조직문화의 개선항목으로는 일방적이고 불명확한 업무 지시가 있었군.

③ 회사의 성과창출도 중요하지만 직원행복도 그만큼 중요한 것임을 알 수 있어.

④ 개선과제에서 제거할 부분과 도입할 부분을 결정해서 적용 방법도 검토해야겠어.

⑤ 개선과제를 선정할 때에는 회사의 핵심가치를 고려할 필요가 있겠어.

17. 다음 자료에 대한 설명으로 옳지 않은 것은?

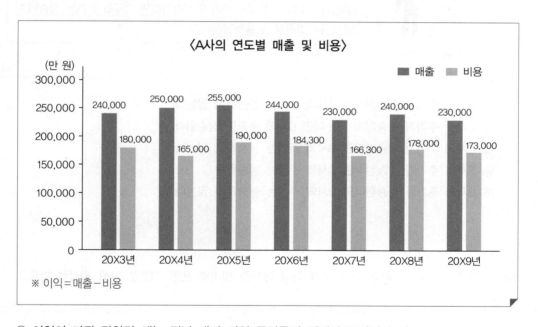

① 이익이 가장 많았던 해는 전년 대비 이익 증감률의 절댓값도 가장 높다.

② 이익이 가장 적었던 해는 전년 대비 비용 증감률의 절댓값도 가장 낮다.

③ 전년 대비 비용 증감률의 절댓값이 가장 높았던 해는 비용이 가장 많았던 해가 아니다.

④ 전년 대비 매출 증감률의 절댓값이 가장 높았던 해는 매출이 가장 많았던 해가 아니다.

⑤ 전년 대비 매출 증감률의 절댓값이 가장 낮았던 해는 매출과 비용 모두 가장 많았던 해이다.

18. 다음 중 전문가 P가 도출한 결론 ㉠이 항상 참이 되기 위해 빈칸에 들어갈 명제 3으로 가장 적절한 것은?

> 명제 1 : A사의 주가가 상승하지 않는다면 B사의 주가는 상승한다.
> 명제 2 : A사의 주가가 상승한다면 C사의 주가는 상승하지 않는다.
> 명제 3 : ( )
>
> ---
>
>
>
> [전문가 P]
>
> 지금까지의 데이터를 분석했을 때, 위의 명제들이 모두 참이며, 이 명제들을 통해 ㉠ D사의 주가가 상승한다면 C사의 주가는 상승하지 않는다는 결론을 도출해냈습니다.

① D사의 주가가 상승한다면 A사의 주가는 상승하지 않는다.

② C사의 주가가 상승하지 않는다면 D사의 주가는 상승한다.

③ C사의 주가가 상승한다면 B사의 주가는 상승하지 않는다.

④ B사의 주가가 상승한다면 D사의 주가는 상승한다.

⑤ B사의 주가가 상승한다면 D사의 주가는 상승하지 않는다.

19. 다음 중 〈보기〉의 밑줄 친 단어와 가장 유사한 의미로 쓰인 것으로 가장 적절한 것은?

> | 보기 |
>
> 줏대 없이 휩쓸리지 않기 위해서는 중심을 <u>잡고</u> 살아야 합니다.

① 폭우를 뚫고 달려간 끝에 가까스로 그 소매치기범을 <u>잡았다</u>.

② 그 집에 쌓인 골동품들을 팔면 한밑천 <u>잡</u>을 수 있을거야.

③ 이번에 그 친구가 주도권을 <u>잡았더군요</u>.

④ 서핑보드에서 떨어지지 않도록 몸의 균형을 <u>잡고</u> 버텼다.

⑤ 그는 무서웠는지 내 옷자락을 <u>잡고</u> 놓아주지 않았다.

20. 다음은 K 그룹의 채용에 지원서를 접수한 지원자 수와 비율에 대한 자료이다. 이에 대한 설명으로 옳지 않은 것은? (단, 소수점 아래 둘째 자리에서 반올림한다)

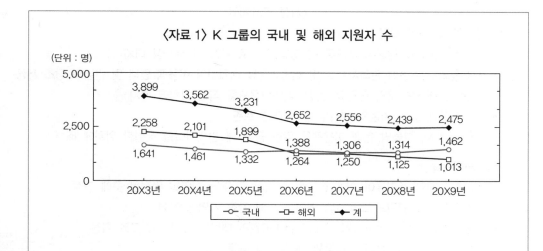

〈자료 1〉 K 그룹의 국내 및 해외 지원자 수

(단위 : 명)

〈자료 2〉 K 그룹의 국내 및 해외 지원자 비율

(단위 : %)

구분	20X3년	20X4년	20X5년	20X6년	20X7년	20X8년	20X9년
국내	42.1	41.0	41.2	52.3	51.1	53.9	(A)
해외	57.9	59.0	58.8	47.7	48.9	46.1	(B)
합계	100.0	100.0	100.0	100.0	100.0	100.0	100.0

① 전체 지원자 수에서 해외 지원자의 수가 전반적으로 감소하는 추세이다.

② 20X9년 전체 지원자 대비 국내 지원자의 비율은 약 59.1%에 해당한다.

③ 20X3년 대비 20X9년 전체 지원자 수는 1,424명 감소하였다.

④ 20X5년 대비 20X6년 전체 지원자 수는 약 25% 급감하였다.

⑤ (A)는 (B)보다 약 18.2%p 높다.

[21 ~ 22] 다음 자료를 보고 이어지는 질문에 답하시오.

〈시설 공사계획〉

1. 산림공원 내 시설 확장
   • 차량 진·출입을 원활히 하도록 각 출입문 도로 확장 및 주차장 배치
   • 공원 출입구 주변에 관리사무소 및 진입광장을 배치하여 이용객 안내 및 만남의 장소 제공
   • 산림공원 내부에 국악 공연장, 동상, 자연박물관을 적정 위치에 배치
   • 공원 동쪽에 있는 기존의 대나무 숲 최대한 보존
   • 화장실, 벤치, 그늘막 등의 이용객을 위한 공원 내 편의시설을 적절한 위치에 배치

2. 한지체험박물관
   • 청소년과 지역 주민들이 쉽게 접근할 수 있도록 주거 지역과 인접한 곳에 건설
   • 박물관 혹은 기념관과 프로그램 연계를 위해 간접 지역에 건설
   • 산림공원 이용객이 접근하기 쉽도록 산림공원의 대나무 숲과 연결도로 확장
   • 산림공원 연결로를 통한 산림공원 내 주차장 공동 이용
   • 한지 공장에서 물품 공수를 위해 이용도로 확장

3. 도시 외곽 레포츠 시설
   • 강변 운영으로 수영장과 수상스포츠 시설 시공
   • 원활한 차량 출입을 위해 순환도로와 연결된 출입로를 확장하고 주차장 배치
   • 인접 산의 암벽 지역에 자연 암벽장 시공
   • 암벽장 내에 강의용 건물을 적정 배치하고 내부에 강의용 인공 암벽장 배치
   • 자연 암벽장의 이용에 불편점이 없도록 공간 확보
   • 이용객들의 휴식을 위해 수변 공원 및 편의시설 배치

4. 강변 산책로
   • 강변 인도 정비 및 자전거도로 설치
   • 입수 사고 대비를 위한 출입 제한 및 구조튜브 등 구조시설 마련
   • 차량을 통해 산책로로 접근하는 이용객들을 위한 주차시설 확충
   • 인근 주민의 접근성 확보를 위한 도로 확장
   • 산책로 코스 내 일정 간격으로 화장실, 벤치 등 공용 편의시설 설치

21. 본 공사 계획에는 각각 다른 건설사가 하나의 사업씩 맡아 진행한다. 〈건설사 시공 가능내역〉을 참고하였을 때, 다음 중 참여하지 않는 건설사는?

〈건설사 시공 가능내역〉

건설사	주차장	도로 확장	공용 편의시설	수상스포츠 시공	암벽장	건축물
갑	X	O	X	O	X	X
을	O	O	X	X	O	O
병	O	O	O	X	X	O
정	O	O	O	O	O	O
무	O	O	O	X	O	O

① 갑   ② 을   ③ 병   ④ 정   ⑤ 무

22. 다음은 건설 부지 명단과 입지 여건이다. 〈시설 공사계획〉과 입지 여건을 참고할 때, 우선순위가 가장 낮은 부지는?

구분	입지 여건
A 부지	• 동쪽으로 일반 주거 지역과 역사박물관이 있으며, 서쪽으로 산림공원과 맞닿음. • 북쪽으로 청소년 수련원 및 골프연습장이 위치함.
B 부지	• 자연녹지 지역으로 폭 12m 도로와 접하고 있으며, 산림공원 내에 위치함. • 서쪽에 스쿨존이, 남쪽에는 주거 지역 및 상업 지역과 인접해 있음. • 동쪽으로 대나무 숲이 위치함.
C 부지	• 자연녹지 지역이며 일반 주거 지역 내부에 있음. • 외곽순환도로와 접해 있음. • 서쪽과 남쪽에 강을 따라 농장 및 논과 밭이 있음.
D 부지	• 일반 주거 지역 내부에 있으며, 서쪽에 고등학교, 중학교, 한지 공장이 있음. • 강변에 위치하여 순환도로와 접해 있음. • 서쪽에 대나무 숲이 위치함.
E 부지	• 도시 외곽에 위치한 자연녹지 지역이며 서쪽으로 순환도로가 있음. • 남쪽에 절이 위치하며, 북쪽에 강이 있음. • 부지 동남쪽으로 △△산 자연 암벽 지형이 있음. • 부지 내에 공터 및 주차장이 조성되어 있음.

① A 부지   ② B 부지   ③ C 부지   ④ D 부지   ⑤ E 부지

23. 다음은 20X4년 ○○공사에 재직 중인 직원 A ~ D에 대한 자료이다. 〈정보〉를 참고할 때, 20X5년 직원 C의 직급은?

구분	직급	현 직급 근무 기간	업무실적	직무태도	사회봉사	비고
직원 A	사원	20X2. 01. 01 ~ 20X4. 12. 31.	50점	60점	70점	질병 휴가 55일
직원 B	사원	20X0. 01. 01 ~ 20X4. 12. 31.	90점	80점	90점	징계 1회
직원 C	대리	20X1. 09. 01. ~ 20X4. 12. 31.	80점	70점	60점	출산 휴가 21일
직원 D	차장	20X1. 09. 01. ~ 20X4. 12. 31.	50점	90점	20점	징계 1회

─────| 정보 |─────

• 승진 총점은 업무실적 40%, 직무태도 30%, 사회봉사 30%의 비율로 반영한다.
• 승진 총점이 80점 이상이며 현 직급 근무 기간이 3년 이상인 경우에만 승진이 가능하다.
• 질병 및 출산 휴가 기간은 근무 기간에 포함되지 않으며 징계 1회당 승진 점수 10점을 감점한다.
• ○○공사의 직급은 사원−대리−과장−차장−부장 순이다.

① 사원   ② 대리   ③ 과장
④ 차장   ⑤ 부장

24. 다음 글의 서술방식으로 가장 적절한 것은?

> 우리 음악에서는 음악적 시간의 흐름인 속도를 '한배'라고 부른다. 이러한 음악의 한배를 있게 한 실제적인 기준은 호흡이었다. 즉, 숨을 들이마시고 내쉼이 표준적인 한배의 틀이 된 것이다. 이를 기준으로 해서 이루어진 방법을 선인들은 양식척(量息尺)이라고 불렀다. '숨을 헤아리는 자(尺)'라는 의미로 명명된 이 방법은 우리 음악에서 한배와 이에 근거한 박절을 있게 한 이론적 근거가 되었다. 시계가 없었던 당시에 선인들은 건강한 사람의 맥박이 6회 뜀을 한 호흡(一息)으로 계산하여 1박은 그 반인 3맥박으로 하였다. 그러니까 한 호흡을 2박으로 하여 박자와 한배의 기준으로 삼았던 것이다. 반면 서양인들은 우리와 달리 음악적 시간을 심장의 고동에서 구하여 이를 기준으로 하였다. 즉, 맥박을 기준으로 하여 템포를 정하였다. 건강한 성인은 보통 1분에 70회 전후로 맥박이 뛴다고 한다. 이에 의해 그들은 맥박 1회를 1박의 기준으로 하였고, 1분간에 70박 정도 연주하는 속도를 그들 템포의 기본으로 하였다. 그래서 1분간 울리는 심장 박동에 해당하는 빠르기가 바로 '느린 걸음걸이의 빠르기'인 안단테로 이는 서양인들의 기준적 빠르기 말이 되었다.

① 기존의 주장을 논리적으로 비판하고 있다.
② 대상의 특성을 분석한 뒤 대조하여 대상의 특징을 제시하고 있다.
③ 중심 개념의 변천을 역사적으로 개관하고 있다.
④ 서로 대비되는 견해를 절충하여 결론을 도출하고 있다.
⑤ 통념의 문제점을 지적하고 새로운 주장을 내세우고 있다.

25. 현재 지점에서 20km 떨어진 A 지점까지 3시간 이내로 왕복을 하려고 한다. A 지점까지 갈 때 15km/h의 속력으로 달렸다면, 돌아올 때는 최소한 몇 km/h의 속력으로 달려야 하는가?

① 8km/h   ② 8.5km/h   ③ 10km/h
④ 12km/h   ⑤ 15km/h

[26 ~ 27] 다음은 ○○공장 생산직의 분기별 성과급 지급 기준과 직원들의 상반기 성과달성률에 관한 자료이다. 이어지는 질문에 답하시오.

〈○○공장 생산직 분기별 성과급 지급 기준〉

1. 개인별 성과급 : 개인별로 성과달성률(%)을 측정하여 다음을 기준으로 개인별 성과급을 지급한다.

83% 미만	83% 이상	100% 이상	110% 이상
미지급	20,000원	60,000원	90,000원

2. 라인별 성과급 : 각 라인 내 직원들의 성과달성률 평균(%p)을 계산하여 다음을 기준으로 성과급을 각 라인별 직원들에게 똑같이 나누어 지급된다(단, 성과달성률 평균은 소수점 아래 첫째 자리에서 반올림하여 계산한다)

90%p 미만	90%p 이상	95%p 이상	100%p 이상
미지급	80,000원	160,000원	220,000원

〈2/4분기 ○○공장 생산라인별 성과달성률〉

제1생산라인		제2생산라인		제3생산라인	
이름	달성률	이름	달성률	이름	달성률
A	92%	E	82%	I	70%
B	84%	F	96%	J	94%
C	106%	G	117%	K	122%
D	79%	H	95%	L	89%

26. 위 기준에 따라 ○○공장 생산직에 지급될 상반기 성과급에 대한 설명으로 옳지 않은 것은?

① 2/4분기 개인별 성과급을 지급받지 못하는 직원은 세 명이다.

② 제2생산라인의 모든 직원들은 최소 40,000원 이상의 성과급을 지급받는다.

③ 2/4분기 성과급이 100,000원 이상인 직원은 두 명이다.

④ 2/4분기 성과급을 가장 많이 받는 직원의 성과급은 150,000원 이상이다.

⑤ 2/4분기 성과급을 가장 적게 받는 사람의 성과급은 20,000원이다.

27. 다음 중 분기별 성과급 지급 기준의 차기 개선안을 검토한 내용으로 옳지 않은 것은?

① 개인 성과달성률의 차이가 12%p임에도 불구하고 같은 개인별 성과급을 받는 경우가 발생하였으므로, 차기에는 개인별 성과급 지급 기준을 세분화한다.

② 개인 성과달성률이 120%를 초과하는 직원을 위해 차기에는 성과급 지급 범위의 확대를 검토한다.

③ 2% 차이로 개인별 성과급 지급 액수가 달라진 경우가 발생하였으므로 차기에는 개인별 성과급에 대해 단계별 성과급이 아닌 성과급 산출식에 따라 지급하는 방안을 검토한다.

④ 이번 분기 성과급을 받지 못한 직원을 위해 차기에는 개인별 성과급 지급의 하한을 내리는 방안을 검토한다.

⑤ 개인 성과달성률의 차이가 24%p임에도 불구하고 라인별 성과급에 의해 총성과급의 차이가 20,000원에 불과한 경우가 발생하였으므로, 차기에는 개인별 성과급의 비중을 확대한다.

28. 다음 중 제시된 자료에 대한 설명으로 적절하지 않은 것은?

〈근로장려금 신청 및 지급 현황〉

(단위 : 천 가구, 억 원)

구분	신청		지급	
	가구	금액	가구	금액
20X7년	1,658	14,195	1,281	10,565
20X8년	1,738	13,204	1,439	10,573
20X9년	1,883	14,175	1,570	11,416

※ 근로장려금 : 열심히 일하지만 소득이 적어 생활이 어려운 자영업자 또는 근로자의 사업 또는 근로를 장려하고 소득과 자녀양육비를 지원하는 제도

〈근로유형별 근로장려금 지급 현황〉

(단위 : 천 가구, 억 원)

구분		전체	상용	일용	상용+일용	기타 사업소득
20X7년	가구	1,281	398	360	95	428
	금액	10,565	3,441	2,472	918	3,734
20X8년	가구	1,439	403	434	110	492
	금액	10,573	3,216	2,520	926	3,911
20X9년	가구	1,570	390	509	114	557
	금액	11,416	3,248	2,795	962	4,411

※ 상용+일용은 상용근로와 일용근로를 겸하는 근로유형을 의미한다.

① 20X8년 근로장려금을 지원받은 기타 사업소득 가구는 전년 대비 약 15% 증가하였다.

② 조사 기간 동안 근로장려금을 받는 일용근로 가구의 전년 대비 증가량을 비교하면 20X8년보다 20X9년의 증가량이 더 많았다.

③ 20X9년 상용근로 가구의 근로장려금이 당해 전체 지급액에서 차지하는 비율은 30% 이상이다.

④ 20X9년에는 근로장려금을 지급받는 일용근로 가구가 50만 가구를 상회하였다.

⑤ 조사 기간 중 20X8년부터 상용근로와 일용근로를 겸함에도 불구하고 근로장려금을 받는 가구의 수는 매년 증가하고 있다.

29. 다음 〈조건〉을 참고할 때, 당첨금을 가져갈 확률이 속하는 구간은?

─────| 조건 |─────

- 다섯 개의 방이 있고, 각 방에는 상자가 4개씩 있다.
- 첫 번째 방에는 1,000원권 지폐 1장이 들은 상자 1개, 500원짜리 동전 1개가 들은 상자 1개, 빈 상자 2개가 있다.
- 두 번째 방에는 5,000원권 지폐 1장이 들은 상자 1개, 1,000원권 지폐 1장이 들은 상자 1개, 빈 상자 2개가 있다.
- 세 번째 방에는 5,000원권 지폐 1장이 들은 상자 1개, 빈 상자 3개가 있다.
- 네 번째 방에는 500원짜리 동전 1개가 들은 상자 1개, 빈 상자 3개가 있다.
- 다섯 번째 방에는 1,000원권 지폐 1장이 들은 상자 1개, 빈 상자 3개가 있다.
- 각 방에서 상자를 1개씩 선택하였을 때 지폐의 합이 정확히 10,000원인 경우 당첨금을 가져갈 수 있다.

① 2.0 ~ 2.5% ② 2.5 ~ 3.0% ③ 3.0 ~ 3.5%
④ 3.5 ~ 4.0% ⑤ 4.0 ~ 4.5%

30. 기업 경영상 지출하게 되는 비용을 직접비와 간접비로 구분하는데, 이는 개인의 가계 지출에도 의식주를 기준으로 그대로 적용할 수 있다. 다음 지출 내역 중 간접비의 총액은 얼마인가?

〈가계 지출 내역〉

H사 보험료	17만 원	자동차 보험료	11만 원
제반 공과금	73만 원	의류 구매	35만 원
외식비	55만 원	병원 치료비	7만 원
전세 보증금 지급	1억 2천만 원		

① 91만 원 ② 97만 원 ③ 101만 원
④ 108만 원 ⑤ 143만 원

[31 ~ 33] 다음 제시 상황과 자료를 보고 이어지는 질문에 답하시오.

직원 C는 항공기의 증명에 관한 규정을 읽고 있다.

「**항공안전법**」 **제20조 (형식증명 등)** ① 항공기등의 설계에 관하여 국토교통부장관의 증명을 받으려는 자는 국토교통부령으로 정하는 바에 따라 국토교통부장관에게 제2항 각호의 어느 하나에 따른 증명을 신청하여야 한다. 증명받은 사항을 변경할 때에도 같다.

② 국토교통부장관은 제1항에 따른 신청을 받은 경우 해당 항공기등이 항공기기술기준 등에 적합한지를 검사한 후 다음 각 호의 구분에 따른 증명을 하여야 한다.

1. 해당 항공기등의 설계가 항공기기술기준에 적합한 경우 : 형식증명

2. 신청인이 다음 각 목의 어느 하나에 해당하는 항공기의 설계가 해당 항공기의 업무와 관련된 항공기기술에 적합하고 신청인이 제시한 운용범위에서 안전하게 운항할 수 있음을 입증한 경우 : 제한형식증명

　　가. 산불진화, 수색구조 등 국토교통부령으로 정하는 특정한 업무에 해당되는 항공기(나목의 항공기는 제외한다)

　　나. 「군용항공기 비행안전성 인증에 관한 법률」 제4조 제5항 제1호에 따른 형식인증을 받아 제작된 항공기로서 산불진화, 수색구조 등 국토교통부령으로 정하는 특정한 업무를 수행하도록 개조된 항공기

③ 국토교통부장관은 제2항 제1호의 형식증명(이하 "형식증명"이라 한다) 또는 같은 항 제2호의 제한형식증명(이하 "제한형식증명"이라 한다)을 하는 경우 국토교통부령으로 정하는 바에 따라 형식증명서 또는 제한형식증명서를 발급하여야 한다.

④ 형식증명서 또는 제한형식증명서를 양도 · 양수하려는 자는 국토교통부령으로 정하는 바에 따라 국토교통부장관에게 양도사실을 보고하고 해당 증명서의 재발급을 신청하여야 한다.

⑤ 형식증명, 제한형식증명 또는 제21조에 따른 형식증명승인을 받은 항공기등의 설계를 변경하기 위하여 부가적인 증명(이하 "부가형식증명"이라 한다)을 받으려는 자는 국토교통부령으로 정하는 바에 따라 국토교통부장관에게 부가형식증명을 신청하여야 한다.

⑥ 국토교통부장관은 부가형식증명을 하는 경우 국토교통부령으로 정하는 바에 따라 부가형식증명서를 발급하여야 한다.

⑦ 국토교통부장관은 다음 각 호의 어느 하나에 해당하는 경우 해당 항공기등에 대한 형식증명, 제한형식증명 또는 부가형식증명을 취소하거나 6개월 이내의 기간을 정하여 그 효력의 정지를 명할 수 있다. 다만, 제1호에 해당하는 경우에는 형식증명, 제한형식증명 또는 부가형식증명을 취소하여야 한다.

1. 거짓이나 그 밖의 부정한 방법으로 형식증명, 제한형식증명 또는 부가형식증명을 받은 경우

2. 항공기등이 형식증명, 제한형식증명 또는 부가형식증명 당시의 항공기기술기준 등에 적합하지 아니하게 된 경우

「항공안전법」 제23조(감항증명 및 감항성 유지) ① 항공기가 감항성이 있다는 증명(이하 "감항증명"이라 한다)을 받으려는 자는 국토교통부령으로 정하는 바에 따라 국토교통부장관에게 감항증명을 신청하여야 한다.

② 감항증명은 대한민국 국적을 가진 항공기가 아니면 받을 수 없다. 다만, 국토교통부령으로 정하는 항공기의 경우에는 그러하지 아니하다.

③ 누구든지 다음 각 호의 어느 하나에 해당하는 감항증명을 받지 아니한 항공기를 운항하여서는 아니 된다.

  1. 표준감항증명 : 해당 항공기가 형식증명 또는 형식증명승인에 따라 인가된 설계에 일치하게 제작되고 안전하게 운항할 수 있다고 판단되는 경우에 발급되는 증명

  2. 특별감항증명 : 해당 항공기가 제한형식증명을 받았거나 항공기의 연구, 개발 등 국토교통부령으로 정하는 경우로서 항공기 제작자 또는 소유자등이 제시한 운용범위를 검토하여 안전하게 운항할 수 있다고 판단되는 경우에 발급하는 증명

④ 국토교통부장관은 제3항 각 호의 어느 하나에 해당하는 감항증명을 하는 경우 국토교통부령으로 정하는 바에 따라 해당 항공기의 설계, 제작과정, 완성 후의 상태와 비행성능에 대하여 검사하고 해당 항공기의 운용한계를 지정하여야 한다. 다만 각 호의 어느 하나에 해당하는 항공기의 경우에는 국토교통부령으로 정하는 바에 따라 검사의 일부를 생략할 수 있다.

  1. 형식증명, 제한형식증명 또는 형식증명승인을 받은 항공기

  2. 제작증명을 받은 자가 제작한 항공기

  3. 항공기를 수출하는 외국정부로부터 감항성이 있다는 승인을 받아 수입하는 항공기

⑤ 감항증명의 유효기간은 1년으로 한다. 다만, 항공기의 형식 및 소유자등(제32조 제2항에 따른 위탁을 받은 자를 포함한다)의 감항성 유지능력 등을 고려하여 국토교통부령으로 정하는 바에 따라 유효기간을 연장할 수 있다.

⑥ 국토교통부장관은 제4항에 따른 검사 결과 항공기가 감항성이 있다고 판단되는 경우 국토교통부령으로 정하는 바에 따라 감항증명서를 발급하여야 한다.

⑦ 국토교통부장관은 다음 각 호의 어느 하나에 해당하는 경우에는 해당 항공기에 대한 감항증명을 취소하거나 6개월 이내의 기간을 정하여 그 효력의 정지를 명할 수 있다. 다만, 제1호에 해당하는 경우에는 감항증명을 취소하여야 한다.

  1. 거짓이나 그 밖의 부정한 방법으로 감항증명을 받은 경우

  2. 항공기가 감항증명 당시의 항공기기술기준에 적합하지 아니하게 된 경우

⑧ 항공기를 운항하려는 소유자등은 국토교통부령으로 정하는 바에 따라 그 항공기의 감항성을 유지하여야 한다.

⑨ 국토교통부장관은 제8항에 따라 소유자등이 해당 항공기의 감항성을 유지하는지를 수시로 검사하여야 하며, 항공기의 감항성 유지를 위하여 소유자등에게 항공기등, 장비품 또는 부품에 대한 정비등에 관한 감항성개선 또는 그 밖의 검사 · 정비등을 명할 수 있다.

31. 다음 중 제시된 자료에 따라 감항증명을 신청해야 하는 사람으로 가장 적절한 것은?

① 해외 국적의 항공기를 소유하고 운용하려는 자
② 항공기의 제조설계를 해외에 수출하려는 자
③ 안전기준에 따른 항공기를 생산할 수 있는 설비 보유를 증명하려는 자
④ 자체 기준에 따른 항공기 정비가 완료되었음을 증명하려는 자
⑤ 해당 항공기가 현재 안전하게 비행할 수 있는 성능이 있다는 증명을 받으려는 자

32. 다음 중 직원 C가 제시된 자료를 이해한 내용으로 가장 적절한 것은?

① 항공기 소유자의 정비능력은 감항증명의 유효기간에 영향을 주지 않는다.
② 항공기의 기령은 항공기의 감항증명을 위한 안전기준 설정의 기준이 된다.
③ 부정한 방법으로 받은 형식증명은 취소하거나 6개월 이내의 기간을 정해 효력을 정지할 수 있다.
④ 외국정부가 감항성이 있다고 승인한 항공기에 대해서는 감항증명을 위한 검사의 일부를 생략할 수 있다.
⑤ 행정안전부장관은 항공기가 기술기준에 적합한 상태를 유지하는 지를 수시로 검사하여야 하며, 이를 위해 항공기에 대한 검사 · 정비를 직접 명할 수 있다.

33. 다음 중 제시된 자료를 통해 직원 C가 확인할 수 있는 사항으로 적절하지 않은 것은?

① 부가형식증명의 대상자
② 감항증명의 유효기간
③ 감항증명이 취소되는 경우
④ 항공기기술기준 변경 여부
⑤ 특별감항증명이 발급되는 경우

34. 다음은 ○○공사 경영기획부의 승진시험 결과에 대한 자료이다. 정답을 맞히면 문제당 1점을 득점하고, 답을 기입하지 않으면 0점으로 처리하며, 답을 기입하였지만 정답이 아닐 경우 문제당 1점을 감점하는 방식으로 점수를 계산한다. 승진시험은 총 25문항이라고 할 때, 다음 중 정답을 가장 많이 맞힌 사람은?

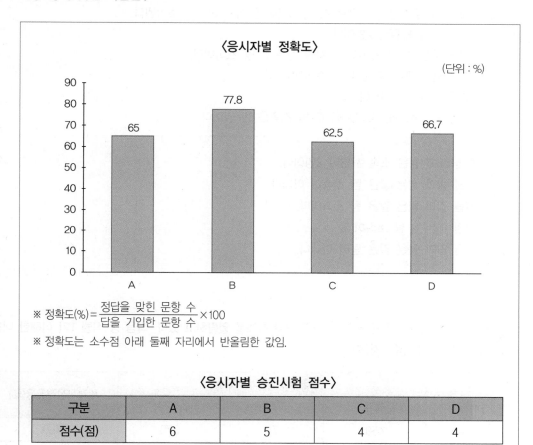

〈응시자별 정확도〉

(단위 : %)

$$정확도(\%)=\frac{정답을\ 맞힌\ 문항\ 수}{답을\ 기입한\ 문항\ 수}\times100$$

※ 정확도는 소수점 아래 둘째 자리에서 반올림한 값임.

〈응시자별 승진시험 점수〉

구분	A	B	C	D
점수(점)	6	5	4	4

① A   ② B   ③ C

④ D   ⑤ 모두 같음.

35. 갑, 을, 병, 정, 무 5명의 사원이 소속된 영업부에는 A, B, C의 3개 팀이 있다. 다음 〈보기〉를 바탕으로 할 때 참이 아닌 것은?

―| 보기 |―

- 사원 갑, 을, 병, 정, 무는 A, B, C 팀 중 어느 하나에 소속된다.
- 팀의 최대 인원은 2명이다.
- 사원 을은 A 팀 소속이고, 사원 정은 C 팀 소속이다.
- 사원 을과 무는 같은 팀 소속이 아니다.
- 병은 B 팀 소속이 아니다.
- 사원 갑, 을, 병, 정, 무 중 C 팀 소속은 한 명이다.

① A 팀과 B 팀은 소속 사원이 2명이다.
② 사원 병과 정은 같은 팀 소속이 아니다.
③ 사원 갑과 병은 같은 팀 소속이다.
④ 사원 무는 B 팀 소속이다.
⑤ 사원 갑과 을은 같은 팀이 아니다.

36. 직원 T는 선박보유국 중 일부 국가의 현황 통계를 열람하고 있다. 다음 중 직원 T가 이해한 내용으로 적절하지 않은 것은?

국가	지배선대(백만 DWT*)			세계시장점유율(%)
	총계	국적선	외국적선	
그리스	450	72	378	20.0
중국	378	126	252	16.8
일본	270	54	216	12.0
한국	99	17	82	4.4
독일	63	6	57	2.8

* DWT : 재화중량톤수

① 한국과 독일의 지배선대를 합친 값은 제시된 5개 국가의 지배선대 평균보다 작다.
② 제시된 5개 국가의 지배선대는 세계시장의 절반 이상을 점유하고 있다.
③ 제시된 5개 국가의 지배선대 중 국적선이 차지하는 비중은 5개 국가 모두 10%가 넘는다.
④ 제시된 5개 국가의 지배선대 중 외국적선이 차지하는 비중이 가장 낮은 국가는 중국이다.
⑤ 전세계 선박보유국이 보유한 지배선대는 2,250백만 DWT이다.

37. 다음 자료를 참고할 때, 총액인건비팀 조직과 벤처형 조직에 대한 설명으로 적절하지 않은 것은?

〈총액인건비팀 조직과 벤처형 조직 비교〉

구분	총액인건비팀 조직	벤처형 조직
설치절차	행정안전부 협의를 거쳐 설치	자율 설치
설치기준	최소 5명 이상	5명 미만도 가능
	장·차관, 실·국 아래 설치	장·차관, 기조실장 아래 설치
명칭	팀	과, 팀, 단, 등 명칭 자율
부서장	4급 또는 5급 무보직 서기관	아이디어 제공 공무원이 부서장 담당
운영기간	3년 이내	2년 이내

① 설치유연성이 높은 조직은 벤처형 조직이다.

② 속하는 조직 형태는 두 조직 모두 규정에 정해져 있다.

③ 부서장이 가능한 직급은 두 조직 모두 정해져 있다.

④ 운영기간은 벤처형 조직이 더 짧다.

⑤ 구성원 수가 7명이라면 둘 중 어떠한 조직 형태로도 가능하다.

38. 영업부 직원인 최 사원은 회의실을 예약하라는 상사의 지시를 받았다. 〈회의실 예약 조건〉과 〈회의실 예약 현황〉이 다음과 같을 때, 회의실을 예약할 수 있는 요일과 시간으로 옳은 것은? (단, 오전은 09 : 00 ~ 12 : 00, 오후는 14 : 00 ~ 18 : 00을 의미한다)

〈회의실 예약 조건〉

- 12 : 00 ~ 14 : 00은 점심시간으로 회의 진행 불가
- 회의 시간은 3시간이 걸릴 것으로 예상되며 회의는 끊기지 않고 지속하여야 함.
- 회의에는 김 부장, 유 과장, 이 대리, 박 대리, 최 사원 중 3명 이상이 참여해야 함(단, 가능한 날짜와 시간이 여러 개라면 가장 많은 사람이 참여할 수 있는 시간을 선택).
- 김 부장 : 월요일 재택근무, 목요일 휴가
- 유 과장 : 월요일부터 수요일까지 휴가
- 박 대리 : 화요일부터 금요일까지 출장
- 최 사원 : 수요일부터 목요일까지 출장
- 금요일 오후는 직원 전체 워크숍으로 회의 진행 불가

〈회의실 예약 현황〉

- 월요일 14 : 00 ~ 16 : 00, 화요일 09 : 00 ~ 11 : 00, 목요일 10 : 00 ~ 12 : 00 법무팀 예약
- 화요일 오후 ~ 수요일 오전 회의실 공사

구분	월	화	수	목	금
09 : 00 ~ 10 : 00					
10 : 00 ~ 11 : 00					
11 : 00 ~ 12 : 00					
12 : 00 ~ 13 : 00					
13 : 00 ~ 14 : 00					
14 : 00 ~ 15 : 00					
15 : 00 ~ 16 : 00					
16 : 00 ~ 17 : 00					
17 : 00 ~ 18 : 00					

① 월요일 09 : 00 ~ 12 : 00
② 수요일 15 : 00 ~ 18 : 00
③ 목요일 14 : 00 ~ 17 : 00
④ 금요일 09 : 00 ~ 12 : 00
⑤ 금요일 15 : 00 ~ 18 : 00

39. 다음 사례에서 A가 B를 통해 알게 된 사고방식에 대한 설명으로 적절하지 않은 것은?

> 인사부에 근무하는 A에게 회사 전체의 인사시스템을 구축하라는 업무가 떨어졌다. A는 시
> 간과 자료가 부족하다는 이유로 제대로 된 분석과 평가 없이 현황만 제시한 기획서를 제출하
> 였다. 부서 회의 시간에 동료 B로부터 기획서의 부족한 부분에 대한 지적을 받은 A는 감정이
> 상해서 B에게 너무 부정적인 시각을 가지고 있는 것이 아니냐고 되물었다. 며칠 뒤 A는 B가
> 작성한 기획서를 우연히 보게 되었다. B의 기획서는 관련 증거나 자료를 충분히 제시하고 객
> 관적, 과학적으로 현 인사시스템의 문제점과 개선방안을 도출하고 있었다. 그제야 A는 B가
> 단순히 부정적으로 생각했던 것이 아니라 비판적 사고를 통해 문제의식을 가지고 적극적으로
> 분석하고 평가하였다는 것을 깨달았다.

① 증명할 수 있는 사실과 가치 주장을 구별할 수 있다.

② 애매모호한 주장이나 논증을 확인할 수 있다.

③ 충분한 근거가 있을 경우 진실로 받아들이고 사실을 왜곡하지 않으려는 성향이 있다.

④ 합리적 절차에 따라 문제를 해결하고자 하는 정황에 대한 감성적 판단을 근거로 한다.

⑤ 충분한 근거가 확보될 때까지 결론짓기를 유보하려는 성향이 있다.

40. 〈보기〉는 ○○공사에서 근무하는 A 사원이 정부 부처에서 발표한 다음 보도자료의 내용을 정리한 것이다. ㄱ~ㄹ 중 적절하지 않은 것을 모두 고르면?

'우리 과일' 시장 안착 위해 연구기관·업계 뭉친다
− 30일 비대면 업무협약… 신품종 생산·유통·가공·수출 협력 −

□ 농촌진흥청(청장 김□□)은 우리 과수 신품종의 안정적인 시장 정착을 돕고자 생산자, 유통·가공·수출업체와 힘을 합친다.
　• 국립원예특작과학원은 30일 생산자연합회, 12개 민간업체와 '과수 신품종 시장 인큐베이팅(지원) 프로젝트' 추진에 관한 업무협약을 맺었다. 협약식은 코로나19 확산을 막기 위해 서울과 제주, 나주 등 전국 4곳을 화상회의시스템으로 연결해 비대면 방식으로 진행했다.

□ 이번 협약에 따라 업체와 생산자연합회는 앞으로 신품종 과일의 생산·유통·가공·수출과 브랜딩·마케팅에 힘을 보탤 계획이다.

〈주요 추진 내용〉
　− 국립원예특작과학원은 프로젝트 책임 기관으로 푸드 브랜딩·마케팅 전문가와 함께 시장 평가와 각 업체의 원활한 업무 협력 진행을 원조
　− 유통·수출 과정에서 품질이 유지될 수 있도록 환경 모니터링 진행
　− 생산자연합회는 생과일과 가공용 냉동 과일을 제공, 유통·가공업체에서 과일 구매 후 주스 등 가공품 개발을 추진, 판매업체는 가공 제품을 판매, 수출업체는 해외 구매상을 발굴하고 수출과 해외 시장에 대한 평가 진행
　− ○○공사는 국내 과일의 절반 가까이가 유통되는 도매시장에서 경매사·중도매인을 대상으로 우리 품종을 알리는 교육·홍보 진행

| 보기 |

ㄱ. 농촌진흥청이 우리 과수 신품종의 안정적인 시장 정착을 돕기 위해 독자적으로 진행한다.
ㄴ. 협약식은 코로나19의 확산을 막기 위해 비대면 방식으로 진행되었다.
ㄷ. 이번 협약의 내용에는 제공, 가공, 판매, 수출의 과정이 모두 포함되어 있다.
ㄹ. ○○공사 직원들은 국내 품종의 우수함에 대한 교육을 받아야 한다.

① ㄱ, ㄹ　　　　　　　　② ㄴ, ㄷ　　　　　　　　③ ㄷ, ㄹ
④ ㄱ, ㄴ, ㄷ　　　　　　⑤ ㄴ, ㄷ, ㄹ

41. 다음 자료에 대한 설명으로 옳지 않은 것은?

〈S사 연구기관 직종별 인력 현황〉

구분	연도	20X5	20X6	20X7	20X8	20X9
정원(명)	연구 인력	80	80	85	90	95
	지원 인력	15	15	18	20	25
	계	95	95	103	110	120
현원(명)	연구 인력	79	79	77	75	72
	지원 인력	12	14	17	21	25
	계	91	93	94	96	97
박사학위 소지자(명)	연구 인력	52	53	51	52	55
	지원 인력	3	3	3	3	3
	계	55	56	54	55	58
평균 연령 (세)	연구 인력	42.1	43.1	41.2	42.2	39.8
	지원 인력	43.8	45.1	46.1	47.1	45.5
평균 연봉 지급액(만 원)	연구 인력	4,705	5,120	4,998	5,212	5,430
	지원 인력	4,954	5,045	4,725	4,615	4,540

※ 충원율(%) = $\dfrac{현원}{정원}$ × 100

① 지원 인력의 충원율이 100%를 초과하는 해가 있다.

② 연구 인력과 지원 인력의 평균 연령 차이는 전년 대비 계속해서 커지고 있다.

③ 지원 인력 가운데 박사학위 소지자의 비율은 매년 줄어들고 있다.

④ 20X6년 이후로 지원 인력의 평균 연봉 지급액이 연구 인력을 앞지른 해는 없다.

⑤ 20X5년 대비 20X9년의 정원 증가율은 26%를 초과한다.

[42 ~ 43] 다음은 ○○수협 각 조직의 성과를 평가하기 위한 체계이다. 이어지는 질문에 답하시오.

구분	평가항목 (가중치)	평가내용	배점 (점)	비고
부서평가 (100점)	주요 업무성과 (60점)	업무실적평가 : 부서 지표(5개) 실적 평가(실·국장)	35	가중치 하향 (70 → 60점)
		자체평가 : 성과관리시행계획 관리과제 평가(자체 평가위원)	25	
	정책홍보 (20점)	정책홍보 : 부서별 주요업무 홍보 실적 평가 ※ 지원부서는 주요업무성과와 연계하여 점수 부여	20	신설
	고객관리 (10점)	민원 소통 : 부서별 민원처리 실적 평가	4	가중치 하향 (15 → 10점)
		정책 제안 및 참여 : 제안처리 및 국민참여실적 평가	3	
		고객만족도 : 부서별 업무처리 만족도 조사	3	
	정책수행 (10점)	일하는 방식 개선 : 주요지표 평가 및 역량교육 이수율 평가	5	가중치 하향 (10 → 5점)
		유연근무제 평가 : 부서원의 유연근무 실시율 평가	2	신설
		테마별 점검 – 청렴교육 : 부패 및 청렴 관련 교육 이수 실적 – 중증장애인 및 중소기업 제품 구매 : 예산대비 물품구매 실적 – 사이버침해대응훈련 : 해킹 메일 열람 및 신고율	3	
가·감점 (−5 ~ +2점)	장관가점	대내외 평가 실적, 탁월한 실적 선정 ※ 청렴 우수 사례 포함	+1	
	규제개혁 등	• 규제개혁 발굴·추진, 등록규제 정비 우수/미흡 실적(−0.5 ~ +1) • 비정상의 정상화 과제 우수/미흡 실적(−0.3 ~ +0.5)	−5 ~ +1	신설

42. ○○수협의 조직성과 평가체계를 위의 표와 같이 정비한 취지로 적절하지 않은 것은?

① 불필요한 휴가 자제 및 공동 업무 분위기 저해 요인을 제거하려는 목적이 담겨 있다.

② 기존 평가항목의 가중치를 낮추고 새롭고 다양한 평가항목으로 조직을 평가하고자 하였다.

③ 외부에서의 평가와 그에 따른 실적을 조직성과에 반영하고자 하였다.

④ 민원인과의 원활한 업무 소통을 청렴교육 이수 실적보다 중요하게 평가하고자 하였다.

⑤ 부서원들의 유연근무 사용을 권장하려는 목적이 담겨 있다.

43. 다음은 ○○수협 J, K, M, S 팀의 업무 내용별 평가점수이다. 이에 근거하여 조직성과 평가점수가 가장 우수할 것으로 판단되는 팀은? (단, 언급되지 않은 항목은 모두 동일한 수준이라고 가정한다)

구분	J 팀	K 팀	M 팀	S 팀
역량교육 이수율 평가	우수	최우수	매우 미흡	보통
민원처리 실적 평가	보통	보통	최우수	최우수
업무처리 만족도	보통	미흡	우수	보통
제안처리 실적	미흡	우수	보통	우수
유연근무제 실시율	양호	미흡	양호	미흡

※ 5점 배점의 경우 최우수 5점, 우수 4점, 보통 3점, 미흡 2점, 매우 미흡 1점
　 4점 배점의 경우 최우수 4점, 우수 3점, 보통 2점, 미흡 1점
　 3점 배점의 경우 우수 3점, 보통 2점, 미흡 1점
　 2점 배점의 경우 양호 2점, 미흡 1점

① J 팀　　　　② K 팀　　　　③ M 팀
④ S 팀　　　　⑤ 최고점이 같아 알 수 없다.

[44 ~ 46] 다음 자료를 보고 이어지는 질문에 답하시오.

본사 직원 P는 물류창고와 가맹점의 물류 흐름 관리 업무를 수행하고 있다.

〈각 가맹점과 물류창고의 위치 및 장소 간 이동시간〉

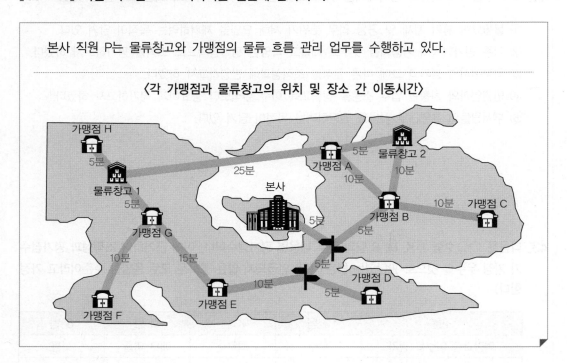

44. 다음 중 직원 P가 본사에서 물류창고 1과 2 순으로 시찰하고 본사로 복귀하는 데 걸리는 최소 이동시간은? (단, 시찰로 소요되는 시간은 고려하지 않는다)

① 1시간 20분   ② 1시간 25분   ③ 1시간 30분
④ 1시간 35분   ⑤ 1시간 40분

45. 본사는 가맹점을 두 물류창고 중 이동시간이 더 짧은 곳과 연결하여 운영하고 있다. 다음 중 물류창고 1, 2와 연결된 각 가맹점 개수를 바르게 짝지은 것은?

	물류창고 1	물류창고 2		물류창고 1	물류창고 2
①	2개	6개	②	3개	5개
③	4개	4개	④	5개	3개
⑤	6개	2개			

46. 직원 P는 시제품을 모든 가맹점과 물류창고에 지급하기 위해 오전 9시에 본사에서 출발하여 모든 가맹점과 물류창고에 방문하고 다시 본사로 복귀하려 한다. 다음 중 직원 P가 가장 빠르게 본사에 도착하는 시각은? (단, 이동 외의 소요시간은 고려하지 않는다)

① 11시 15분   ② 11시 30분   ③ 11시 45분
④ 12시 00분   ⑤ 12시 15분

47. 다음 자료에 대한 설명으로 적절하지 않은 것은?

〈우리나라의 연도별 석유 수입량〉

(단위 : 백만 배럴)

구분	20X4년	20X5년	20X6년	20X7년	20X8년	20X9년
이란	56.1	48.2	44.9	42.4	111.9	147.9
이라크	93.1	90.7	71.2	126.6	138.3	126.2
쿠웨이트	137.6	139.9	136.5	141.9	159.3	160.4
카타르	103.8	86.1	100.1	123.2	88.2	64.9
아랍에미리트	86.5	110.8	108.5	99.8	87.7	91.0
사우디아라비아	303.0	286.6	292.6	305.8	324.4	319.2

〈연도별 국제 유가(WTI)〉

(단위 : 달러/배럴)

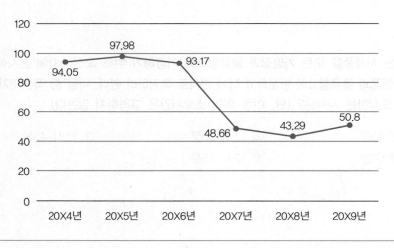

① 매년 사우디아라비아로부터 수입한 석유의 양이 가장 많다.

② 20X6년 이후 쿠웨이트로부터 수입한 석유의 가격은 매년 상승한다.

③ 국제 유가가 배럴당 90달러를 초과한 해에 석유 수입이 가장 적은 국가는 이란이다.

④ 각 나라로부터 수입한 석유량의 순위는 매년 다르다.

⑤ 국제 유가가 전년 대비 가장 많이 감소한 해에는 이란과 아랍에미리트를 제외한 모든 국가에서 석유 수입량이 증가하였다.

48. 다음의 A, B 사례는 물적자원을 적절하게 이용하지 못해 발생한 것이다. A와 B의 내용과 관계가 깊은 요인을 순서대로 나열한 것은?

> A : 대학생 이동식 씨는 최근 수일간 '경제와 영작 세미나' 과목의 과제를 하고 있었다. USB 에 저장을 하여 공강 시간과 집에서 차츰 그 분량을 늘려가고 있었다. 어느 날 과제 작성 을 계속하려고 USB를 컴퓨터에 연결시켜 보니 USB가 손상되어 파일을 열 수 없었다. 결국 이동식 씨는 처음부터 다시 과제를 작성하게 되었다.
>
> B : 성급한 씨는 조그만 마을에서 슈퍼마켓을 운영하고 있었다. 규모가 작다 보니 고용된 직 원이 있을 리 없었고 스스로 가게를 정리해야 했다. 어느 날 가게가 너무 어지럽다고 판단 되어 최근에 잘 팔리지 않던 물품들을 박스에 담아 한쪽 구석에 정리하였다. 그러나 다음 날 손님이 최근에 잘 팔리지 않던 어떤 상품을 구입하기 위해 방문했는데, 성급한 씨는 그 상품을 어디에 두었는지 알아낼 수가 없었다. 결국 박스를 뒤져서 그 상품을 찾긴 하였 지만 가게는 원래대로 난장판이 되었다.

① 분실한 경우, 훼손된 경우
② 훼손된 경우, 분실한 경우
③ 분실한 경우, 보관 장소를 파악하지 못하는 경우
④ 훼손된 경우, 보관 장소를 파악하지 못하는 경우
⑤ 보관 장소를 파악하지 못하는 경우, 분실한 경우

[49 ~ 50] 다음 글을 읽고 이어지는 질문에 답하시오.

케어팜은 ㉠ 사회적 농업을 대표하는 사업 모델이다. 치유 농장이란 의미를 가진 케어팜은 농업을 통해 정신과 육체의 질병을 치유하는 새로운 개념의 시니어 비즈니스다. 건강이 좋지 않은 사람이 요양하듯 의학적으로나 사회적으로 병을 가지고 있는 사람들이 스스로를 치료할 수 있는 사업장을 가리킨다.

케어팜이 처음 시작된 곳은 네덜란드다. 지난 1970년대에 민간에서 처음 선을 보인 케어팜은 병원이나 요양원보다 비용이 저렴하면서도 다양한 환자들의 요구에 부응할 수 있다는 장점 때문에 그 수요가 급증했고, 50여 년 가까운 세월이 흐른 지금은 1,000개가 넘는 거대 조직으로 성장한 상황이다. 케어팜 관계자는 "시작할 때만 해도 민간농장에서 시작됐지만, 현재는 국가차원의 지원을 받고 있다."라고 소개하며 "전체 케어팜 중에서 15%는 치매 노인을 위한 농장으로 운영되고 있다."라고 밝혔다. 치매 노인을 위한 케어팜이 특히나 주목을 받고 있는 이유로는 케어팜을 요양원의 대안으로 볼 수 있기 때문이다. 국내보다는 덜하지만 해외에서도 요양원은 부정적 이미지가 가득한 공간이다. 늙고 병들고 무기력한 노인들의 공동 집합소라는 것이 기존 요양원의 이미지다. 그런데 치매 노인을 위한 케어팜에서는 전혀 다른 모습이 펼쳐진다. 농장에서 과일을 따거나 동물에게 먹이를 주는 등 농업 활동에 참여하면서 자연과 최대한 교감할 수 있도록 다양한 체험을 제공한다.

아직까지는 요양과 관련된 분야가 케어팜의 주류를 이루고 있지만, 최근 들어서는 교육과 여가를 주제로 하는 케어팜의 수가 급속하게 늘어나고 있다. 어린이 돌봄이나 체험 관광 등이 그 사례로, 이는 아이를 중심으로 돌아가는 가족의 생활패턴과 무관치 않다는 것이 전문가들의 의견이다. 실제로 어린이 돌봄농장은 2007년 20곳에서 2013년 219곳으로 10배 이상 늘어났고, 매출액도 400만 유로에서 2,600만 유로로 증가한 것으로 나타났다.

그 외에도 최근 들어서는 케어팜의 이용 계층이 고령층에서 신체적, 정신적 장애를 앓고 있는 자폐아나 마약과 알코올 그리고 게임에 빠진 환자 등 그 범위가 다양해지고 있는 추세이며, 사회문제 해결에도 기여할 수 있다는 장점이 드러나고 있다.

이와 같은 추세에 대해 케어팜 관계자는 "농업 하면 떠오르는 생산량 위주의 농업은 이제 전 세계 어디에서나 환영받지 못하고 있다."라고 전하면서 "그보다는 농업이 주는 부가적 기능을 활용하거나 자연적 경관을 이용하는 등의 사회적 요구에 초점을 맞추는 경향이 증가하고 있는 것이 케어팜의 성장 비결"이라고 강조했다.

유럽보다는 시기적으로나 질적인 면에서 많이 뒤처졌지만 국내에서도 사회적 농업의 모델이 될 수 있는 사업들이 하나둘씩 등장하고 있어 주목을 끌고 있다. 경북 경산에 있는 원예치료센터가 대표적인 사례로서 이곳에서는 현재 농업체험과 원예활동을 중심으로 하는 전문적 치유프로그램이 운영되고 있다. 개설된 프로그램으로는 청소년 심리치료와 장애인 재활 그리고 주부 우울증 치료 및 고령자 치매 예방 등이 있다.

49. 다음 중 제시된 글의 밑줄 친 ㉠의 의미에 대한 설명으로 적절한 것은?

① 지역인재를 활용하여 농가소득 증대에 기여하는 사업

② 선진화된 첨단 농업 기술을 사회 전반으로 확대시키고자 하는 사업

③ 도시와 농촌의 격차를 없애기 위하여 도시 인구를 농촌으로 유입하고자 하는 사업

④ 농업의 확산을 위하여 사회 각층으로 농업의 이점을 전파시키는 사업

⑤ 농업이 갖고 있는 여러 가지 장점과 가치를 사회적으로 활용하는 사업

50. 다음 중 '케어팜'에 대한 설명으로 적절하지 않은 것은?

① 케어팜은 요양원에 대한 대안으로 부각되기 시작한 새로운 개념의 사업 모델이다.

② 케어팜에서는 자연과의 교감을 이루는 다양한 경험을 제공한다.

③ 케어팜은 병약한 노인뿐 아니라 어린이들에게까지 유익한 체험의 장이 되고 있다.

④ 케어팜은 농촌의 농산물 판매에도 상당한 기여를 하고 있다.

⑤ 케어팜은 심리치료와 장애인 재활 등의 의료적인 방면에도 유용한 사업이다.

고시넷

전국수협

최신기출유형모의고사

적성검사 + 전공시험

¤ 전공시험 출제키워드 ¤

경영학 ≫ SWOT 분석방법 이해하기
조직과 개인의 관계 파악하기
경영전략 파악하기
고객관계관리(CRM) 이해하기
리더십의 종류 파악하기

수협법 ≫ 지구별수협의 설립 이유 파악하기
어업인과 수산가공업자의 관계 이해하기
수산업협동조합중앙회가 진행하는 사업 파악하기
수산업협동조합의 회계결산 규정 이해하기
수협은행과 타 금융기관의 차이 이해하기

전국 수협_ 전공시험

파트 **2** 기출유형모의고사

경영학　전공시험

수협법　전공시험

경영학 전공시험

01. 다음 〈보기〉에서 주식회사에 대한 설명으로 옳지 않은 것은 모두 몇 개인가?

| 보기 |

ㄱ. 주식회사의 출자자는 모두 무한책임을 진다.
ㄴ. 출자의 단위를 소액 균등화하여 소액자본 보유자도 출자가 가능하다.
ㄷ. 일반적으로 소유와 경영이 분리되어 있다.
ㄹ. 주주총회와 이사회 등의 기관을 보유하고 있다.
ㅁ. 증권을 통한 자본조달이 가능하다.
ㅂ. 발행한 주식은 자유롭게 매매할 수 있다.

① 1개　　　　② 2개　　　　③ 3개　　　　④ 4개　　　　⑤ 5개

02. 다음 중 SWOT 분석에 대한 설명으로 적절하지 않은 것은?

① 약점(W)은 조직이 잘하지 못하는 활동이나 필요하지만 소유하지 못한 자원을 포함한다.
② 기회(O)는 내·외부 환경요인에서 긍정적인 경향들을 포함한다.
③ SO 전략은 내부의 강점을 이용해 외부의 기회를 포착하는 전략이다.
④ WT 전략은 내부의 약점과 외부의 위협을 최소화하여 사업을 축소하거나 철수하는 전략이다.
⑤ ST 전략은 내부의 강점을 활용하여 외부의 위험을 회피하는 전략이다.

03. 지식경영에 대한 설명으로 옳은 것은?

① 언어로 표현하기 힘든 주관적 지식을 형식지라고 한다.
② 암묵지에서 형식지로 지식이 전환되는 과정을 내면화라고 한다.
③ 수집된 데이터를 문제해결과 의사결정에 도움이 될 수 있도록 일정한 패턴으로 정리한 것을 정보라고 한다.
④ 지식경영은 형식지를 기업 구성원들에게 체화시킬 수 있는 암묵지로 전환하여 공유하는 경영 방식이다.
⑤ SECI 모델은 암묵지와 형식지라는 두 종류의 지식이 독립화, 표출화, 연결화, 내면화라는 네 가지 변환과정을 거치며 지식이 창출된다는 이론이다.

04. 수요가 공급을 초과할 때 수요를 감소시키는 것을 목적으로 하는 마케팅관리기법은?

① 전환 마케팅(Conversional Marketing)
② 동시화 마케팅(Synchro Marketing)
③ 자극 마케팅(Stimulational Marketing)
④ 개발 마케팅(Developmental Marketing)
⑤ 디마케팅(Demarketing)

05. 다음 중 포터의 가치사슬모형의 지원 활동(Support Activities)에 해당하는 것은?

① A/S 등 고객에 대한 서비스 활동
② 투입요소를 최종제품의 형태로 만드는 생산 활동
③ 제품을 구입할 수 있도록 유도하는 활동
④ 생산한 물품을 저장하고 배송하는 활동
⑤ 기계, 설비, 사무장비, 건물 등의 자산을 구입하는 활동

06. 다음 중 강화이론(Reinforcement Theory)에 대한 설명으로 옳지 않은 것은?

① 적극적 강화는 긍정적인 행동에 따른 보상을 이용한다.
② 도피학습과 회피학습은 소극적 강화에 해당한다.
③ 기존에 주어졌던 혜택이나 이익을 제거하는 것은 소거에 해당한다.
④ 학습 초기 단계에서 연속적 강화는 단속적 강화에 비해 효과적이나 현실 적용이 어렵다.
⑤ 간격법은 비율법에 비해 더 효과적인 강화방법이다.

07. 다음 동기부여이론 중 내용이론이 아닌 것은?

① 브룸(Vroom)의 기대이론

② 허즈버그(Herzberg)의 2요인이론

③ 맥그리거(McGregor)의 X·Y 이론

④ 매슬로우(Maslow)의 욕구단계이론

⑤ 아지리스(Argyris)의 성숙·미성숙이론

08. 다음 임금 및 보상에 관한 설명 중 적절하지 않은 것은?

① 직무급은 종업원이 맡은 직무의 상대적 가치에 따라 임금을 결정하는 방식이다.

② 해당 기업의 종업원이 받는 임금수준을 타 기업 종업원의 임금수준과 비교하는 것은 임금의 외부 공정성과 관련이 있다.

③ 해당 기업 내 종업원 간의 임금수준의 격차는 임금의 내부 공정성과 관련이 있다.

④ 직능급은 종업원이 보유하고 있는 직무수행능력을 기준으로 임금을 결정하는 방식이다.

⑤ 기업의 임금체계와 임금의 내부 공정성은 해당 기업의 지불능력, 생계비 수준, 노동시장에서의 임금수준에 의해 결정된다.

09. 조직에서 개인의 태도와 행동에 관한 설명으로 적절한 것은?

① 조직몰입에서 지속적 몰입은 조직구성원으로서 가져야 할 의무감에 기반한 몰입이다.

② 정적 강화에서 강화가 중단될 때, 변동비율법에 따라 강화된 행동이 고정비율법에 따라 강화된 행동보다 빨리 사라진다.

③ 감정지능이 높을수록 조직몰입은 증가하고 감정노동과 감정소진은 줄어든다.

④ 직무만족이 높을수록 이직의도는 낮아지고 직무 관련 스트레스는 줄어든다.

⑤ 조직시민행동(Organizational Citizenship Behavior)은 신사적 행동, 예의바른 행동, 이타적 행동, 전문가적 행동의 네 가지 요소로 구성된다.

10. 페이욜(H. Fayol)이 제시한 경영조직의 일반원칙으로 옳지 않은 것은?

   ① 명령일원화의 원칙　　　② 분업의 원칙　　　③ 동작경제의 원칙

   ④ 권한과 책임의 원칙　　　⑤ 집권화의 원칙

11. 다음 중 구성원에게 실시하는 교육훈련 방법에 대한 설명으로 적절하지 않은 것은?

   ① 직무현장훈련(OJT)은 직무에 종사하면서 감독자 지도하에 훈련을 받을 수 있는 현장실무중심훈련이다.
   ② 모든 교육훈련은 훈련 현장과 직무 현장 간, 직무내용 간 유사성을 유지해야 한다.
   ③ 집단구축기법을 통해 아이디어와 경험을 공유할 수 있다.
   ④ 인터넷이나 인트라넷을 통해 학습하는 e-러닝을 실시할 수 있다.
   ⑤ 비즈니스 게임을 통해 주어진 사례나 문제의 실제 인물을 연기함으로써 당면한 문제를 체험해 볼 수 있다.

12. 상품 성과 분석방법 중 하나인 ABC분석에 대한 설명으로 적절하지 않은 것은?

   ① 가장 중요한 성과 측정치인 공헌이익은 매출액에서 변동비를 차감한 금액을 의미한다.
   ② 재고 결정을 위해 상품에 등위를 매기는 방법이다.
   ③ 단품 수준에서는 적용이 가능하나 상품 부문에서는 적용이 불가능하다.
   ④ 재고관리나 자재관리뿐만 아니라 원가관리, 품질관리에도 이용할 수 있다.
   ⑤ 상품의 수가 많아 모든 재고품목을 관리하기 어려운 경우에 이용된다.

13. 다음 중 브랜드 자산가치를 측정하는 방법으로 거리가 먼 것은?

① 매출액 배수를 이용한 측정 　　　　② 초과가치 분석을 통한 측정

③ 무형자산의 가치추정을 통한 측정 　④ 브랜드 플랫폼 분석을 통한 측정

⑤ 취득원가에 기초한 측정

14. 다음 경우에서 적합하게 사용될 수 있는 가격결정전략은?

> • 잠재 구매자들이 가격－품질 연상을 강하게 갖고 있는 경우
> • 가격을 높게 매겨도 경쟁자들이 들어올 가능성이 낮은 경우

① 사양제품 가격전략 　　　　　　　② 시장침투 가격전략

③ 혼합 묶음제품 가격전략 　　　　　④ 이중요율 가격전략

⑤ 스키밍 가격전략

15. 다음 중 기업의 소유자와 경영자 사이에서 발생하는 대리인 비용(Agency Problem)과 관련이 없는 것은 모두 몇 개인가?

> ㄱ. 감시비용(Monitoring Cost)
> ㄴ. 지배원리(Dominance Principle)
> ㄷ. 스톡옵션(Stock Option)
> ㄹ. 정보의 비대칭성(Information Asymmetry)
> ㅁ. 기업지배권(Corporate Governance)

① 1개 　　　　　　② 2개 　　　　　　③ 3개

④ 4개 　　　　　　⑤ 5개

16. 다음 중 시장세분화에 대한 설명으로 옳지 않은 것은?

① 효과적인 시장세분화를 위해서는 세분시장의 규모가 측정 가능하여야 한다.

② 시장세분화를 통해 소비자들의 다양한 욕구를 보다 정확하게 파악할 수 있다.

③ 동일한 세분시장 내에 있는 소비자들은 이질성이 극대화되며, 세분시장 간에는 동질성이 존재한다.

④ 욕구가 비슷하거나 동일한 시장을 묶어서 세분화한 것으로 소비자들의 다양한 욕구를 충족시키기에 적합하다.

⑤ 역세분화(Counter-Segmentation)는 시장세분화로 인해 발생한 마케팅비용의 증가를 완화하기 위해 세분시장을 통합하는 과정을 의미한다.

17. 인사평가상의 오류와 그 방지책에 대한 설명으로 옳지 않은 것은?

① 현혹효과(Halo Effect)는 평가 대상이 가진 어떤 분야의 호의적 인상이 다른 분야의 평가에도 영향을 미치는 것으로 평가요소별 평가를 통해 오류를 방지할 수 있다.

② 연공오류(Seniority Errors)는 평가 대상의 학력, 근속연수, 연령 등의 연공에 의해 평가가 결정되는 것으로, 서류평가 단계에서 의도적으로 이를 기재하지 않도록 하는 방법으로 오류를 방지할 수 있다.

③ 상동적 태도(Stereotyping)는 사람을 평가함에 있어서 그 사람이 가지는 특성에 기초하지 않고 그 사람이 속한 집단의 특징으로 그 사람을 평가하는 것으로, 그 사람에 대한 정보가 충분할 경우 오류를 방지할 수 있다.

④ 가혹화 경향(Severity Tendency)이란 평가 대상을 지나치게 가혹하게 평가하는 것을 말하며 강제할당법을 사용하여 오류를 방지할 수 있다.

⑤ 중심화 경향(Central Tendency)은 평가 대상을 평균치에 집중하여 평가하는 경향으로 강제할당법을 사용하여 오류를 방지할 수 있다.

18. ○○기업 기획팀은 BCG 매트릭스를 활용하여 전략사업단위를 평가하기 위한 회의를 열었다. 다음 대화 내용 중 가장 옳지 않은 발언을 한 사람은?

> 박일번 팀장 : 오늘 회의는 BCG 매트릭스의 특징을 기반으로 사업 전략을 제시하도록 합시다.
>
> 배대로 대리 : 시장성장률과 사업의 강점을 축으로 구성된 매트릭스를 말씀하시는 거죠?
>
> 보태도 과장 : Question Mark 사업부는 많은 현금을 필요로 하므로 경쟁력이 없을 것으로 판단되는 사업 단위는 회수나 철수 등의 정책을 취해야 합니다.
>
> 손바른 차장 : 시장점유율이 매우 큰 Star 사업부는 유지전략이 사용될 수 있지만, 시장점유율이 크지 않으면 육성전략이 사용될 수도 있습니다.
>
> 이미도 차장 : Cash Cow 사업부는 저성장시장에 있으므로 신규설비투자를 멈추고 유지정책을 사용해야 합니다.
>
> 현재연 대리 : Dog 사업부는 시장전망이 좋지 않으니 회수나 철수정책을 사용해야 합니다.

① 배대로 대리　　　　　② 보태도 과장　　　　　③ 손바른 차장
④ 이미도 차장　　　　　⑤ 현재연 대리

19. 다음 중 포터(Porter)의 산업구조분석기법의 5가지 요소에 해당하지 않는 것은?

① 기업지배구조의 변동성　　　　　② 잠재적 진입자의 위협
③ 대체재의 위협　　　　　④ 구매자의 교섭력
⑤ 현재 산업 내의 경쟁자

20. 다음 중 생산시설 배치(Facility Layout)에 대한 설명으로 옳지 않은 것은?

① 제품형 시설배치(Product Layout)는 특정 제품을 생산하는 데 필요한 작업순서에 따라 시설을 배치하는 방식이다.

② 공정형 시설배치(Process Layout)는 다품종 소량생산에 적합하고 범용기계 설비의 배치에 많이 이용된다.

③ 항공기, 선박의 생산에 효과적인 생산시설 배치의 유형은 고정형 시설배치(Fixed-Position Layout)이다.

④ 제품형 시설배치는 재공품 재고의 수준이 상대적으로 높으며 작업기술이 복잡하다.

⑤ 셀룰러 배치(Cellular Layout)는 제조셀을 이용한 제품별 배치의 한 유형이다.

21. 다음 중 재고관리에서 안전재고(Safety Stock)에 관한 설명 중 옳지 않은 것은?

① 수요, 공급 및 리드타임(Lead Time) 등의 변동성이 작을수록 안전재고의 필요성이 감소한다.

② 과다한 안전재고의 보유는 불필요한 재고보유비용을 발생시킨다.

③ 수요예측의 정확도를 향상시키려는 노력과 납품업체와의 생산계획 공유를 통해 공급의 불확실성을 감소시키려는 노력은 안전재고를 감축하는 데 도움이 된다.

④ 고정주문량 모형(Q-모형)을 이용하는 경우, 리드타임 동안에 재고부족이 발생할 수 있으므로 품절 위험에 대비한 안전재고를 고려해야 한다.

⑤ 기업에서 요구되는 서비스 수준(Service Level)이 낮을수록 이를 달성하는 데 필요한 안전재고의 수준이 높아진다.

22. 해리스(F. W. Harris)가 제시한 EOQ(경제적 주문량) 모형의 가정으로 옳은 것은?

① 단일 품목만을 대상으로 한다.

② 조달기간은 분기 단위로 변동한다.

③ 수량할인이 적용된다.

④ 주문비용은 주문량에 정비례한다.

⑤ 단위기간 중의 수요는 예측할 수 없다.

23. 품질경영에 관한 설명으로 적절하지 않은 것은?

① QC 서클은 품질, 생산성, 원가 등과 관련된 문제를 해결하기 위해 모이는 작업자 그룹이다.

② ZD(Zero Defect) 프로그램은 불량이 발생되지 않도록 통계적 품질관리의 적용을 강조한다.

③ 품질비용은 일반적으로 통제비용과 실패비용의 합으로 계산된다.

④ 관리도는 정기적으로 추출한 표본자료의 움직임으로 공정의 이상유무를 판단하는 통계적 관리 기법이다.

⑤ 6시그마 품질수준은 공정평균이 규격의 중심에서 '1.5×공정표준편차'만큼 벗어났다고 가정하였을 때 100만 개당 3.4개 정도의 불량이 발생하는 수준을 의미한다.

24. 신제품 수용과 제품수명주기에 관한 설명으로 옳은 것을 〈보기〉에서 모두 고르면?

─────| 보기 |─────

㉠ 후기 다수 수용자(Late Majority)는 조기 수용자(Early Adopters) 바로 다음에 신제품을 수용하는 소비자 집단이다.

㉡ 단순성(Simplicity)은 신제품의 이해나 사용상의 용이한 정도를 의미하며 신제품 수용에 영향을 미치는 요인들 중의 하나이다.

㉢ 시장규모는 성숙기보다 성장기에서 더 크고, 제품원가는 도입기보다 성장기에서 더 높다.

㉣ 전형적인 제품수명주기는 도입기, 성장기, 성숙기, 쇠퇴기의 단계를 갖는다.

㉤ 최종수용층(Laggards)은 주로 제품수명주기상 쇠퇴기에 제품을 수용한다.

① ㉠, ㉡, ㉢ 　　② ㉡, ㉣, ㉤ 　　③ ㉡, ㉢, ㉤

④ ㉠, ㉣, ㉤ 　　⑤ ㉢, ㉣, ㉤

25. 다음 사례를 통해 알 수 있는 유통의 기능을 〈보기〉에서 모두 고르면?

> 감자를 재배하는 A 씨는 매점상인 B 씨에게 자신의 밭에 심은 감자를 1,000만 원에 판매하였다. B 씨는 구매한 감자를 중앙 도매시장으로 가져가 경매를 통해 도매인인 C 씨에게 1,500만 원에 판매하였다.

| 보기 |

ⓐ 정보 불일치를 해소하는 기능   ⓑ 소유권을 이전시키는 기능
ⓒ 장소적 불일치를 해소하는 기능   ⓓ 품질적 거리를 조절하는 기능

① ㄱ, ㄴ   ② ㄱ, ㄷ   ③ ㄴ, ㄷ
④ ㄴ, ㄹ   ⑤ ㄷ, ㄹ

26. 기업이 사용하는 멀티 브랜드(Multi brand) 전략에 대한 설명으로 적절하지 않은 것은?

① 기업이 동일 시장 내에서 두 가지 이상의 브랜드를 출시하는 전략이다.
② 자사의 시장점유율을 올리고 경쟁사에 대한 진입 장벽을 높이는 전략이다.
③ 경쟁사의 제품으로 고객이 유출되는 것을 막을 수 있다는 이점이 있다.
④ 특정한 니즈(Needs)를 가진 소수의 단일 고객층에 집중하기 위해 사용하는 전략이다.
⑤ 브랜드 간에 이미지가 겹칠 경우 자사 제품 간의 경쟁이 유도된다는 위험이 있다.

27. 다음에서 설명하는 기업결합의 형태로 옳은 것은?

> • 동종 또는 유사 기업이 상호 간 경쟁의 제한 또는 완화를 목적으로 시장통제에 관한 협정을 맺음으로써 이루어지는 기업연합
> • 이 형태의 기업결합은 기업 상호 간에 아무런 자본적 지배를 하지 않으므로 기업 간의 독립성이 유지되며 기업 간 구속력이 낮다.

① 트러스트(Trust)   ② 콘체른(Konzern)   ③ 콤비나트(Kombinat)
④ 카르텔(Cartel)   ⑤ 지주회사(Holding Company)

28. 다음 중 창의성 개발기법에 대한 설명으로 알맞지 않은 것은?

① 창의성 개발기법에는 자유연상법, 분석적 기법, 강제결합 등이 있다.

② 브레인스토밍과 고든법은 둘 다 아이디어의 질을 중시하는 기법이다.

③ 강제결합은 서로 관계가 없는 둘 이상의 물건이나 아이디어를 강제로 연결시키는 방법이다.

④ 집단 내에서 창의적인 의사결정을 증진시키는 방법으로 델파이법과 명목집단법도 포함시킬 수 있다.

⑤ 자유연상법에서는 아이디어를 내는 과정에서의 내용에 대한 비평은 일절 금지된다.

29. 다음 중 직무평가에 대한 설명으로 적절한 것은?

① 직무평가의 목적은 조직에 필요한 직무인지 여부를 평가하고 개선점을 찾아내는 것이다.

② 직무급 도입을 위한 핵심적인 과정이다.

③ 직무수행에 필요한 인적 요건에 관한 정보를 구체적으로 기록한 것이 직무기술서이다.

④ 서열법은 직무를 세부요소로 구분하여 직무들의 상대적 가치를 판단한다.

⑤ 사전에 등급이나 기준을 만들고 그에 맞게 직무를 판정하는 방법을 요소비교법이라고 한다.

30. 기업에서 필요한 인력의 풀(Pool)을 구성하는 방식에는 크게 내부모집과 외부모집이 있다. 다음 중 내부모집과 외부모집의 특성에 관한 설명으로 적절하지 않은 것은?

① 내부모집은 내부인끼리의 경쟁이라서 선발에 탈락되어도 불만이 적으며 과다경쟁도 거의 없다.

② 내부모집의 경우 이미 지원자들에 대해 많은 정보를 가지고 있어서 정확한 평가와 결정을 내릴 수 있다.

③ 내부모집은 내부인들 개인이 경력개발을 위해 계획을 세우고 실천하도록 함으로써 사내직원 전체의 능력향상을 도모할 수 있다.

④ 외부모집은 외부인이 자기직무에 잘 적응하기까지의 비용과 시간이 많이 든다.

⑤ 외부모집을 통해 기업은 조직 내부의 분위기에 신선한 충격을 줄 수 있다.

31. 다음 중 공급사슬에서의 채찍효과(Bullwhip Effect)에 대한 설명으로 가장 적절한 것은?

① 고객으로부터 소매점, 도매점, 제조업체, 부품업체의 순으로 사슬의 상류로 가면서 최종 소비자의 수요 변동에 따른 수요 변동폭이 증폭되어 가는 현상을 말한다.

② 부품업체, 제조업체, 유통업체의 순으로 하류방향으로 가면서 부품업체의 생산량 변동에 대한 정보에서 생산량 변동폭이 증폭되어 나타나는 현상을 말한다.

③ 부품업체, 제조업체, 유통업체의 순으로 하류방향으로 가면서 상류에서 협력의 경제적 효과가 증폭되어 나타나는 현상을 말한다.

④ 생산정보를 공유하는 경우 부품업체, 제조업체, 유통업체의 순으로 하류방향으로 가면서 생산정보시스템의 도입에 대한 한계비용 효과가 증폭되어 나타나는 현상을 말한다.

⑤ 소매점, 도매점, 제조업체, 부품업체의 순으로 사슬의 상류로 가면서 재고수준에 대한 정보공유 효과가 증폭되어 가는 현상을 말한다.

32. 다음 중 고객관계관리(CRM)에 대한 설명으로 적절하지 않은 것은?

① 상거래관계를 통한 고객과의 신뢰 형성을 강조한다.

② 단기적인 영업성과 향상보다 중·장기적인 마케팅 성과 향상에 중점을 둔다.

③ 시장 점유율 향상을 목표로 하기보다 고객 점유율 향상을 위해 총력을 기울이고자 한다.

④ 평생고객을 유치하여 기업의 수익안정성을 확보하고 기업수익과 기업가치의 상승을 추구한다.

⑤ 기존 고객에 대한 만족도 향상 및 지속적인 관계 형성에 대한 관리도 중요하지만 성장을 위한 신규고객의 확보에 더욱 중요성을 둔다.

33. 다음 중 마케팅조사에 대한 설명으로 적절하지 않은 것은?

① 자료유형 중에서 1차자료는 조사자가 특정 조사목적을 위해 직접 수집한 자료이다.

② 단어연상법은 개방형 질문 유형에 해당한다.

③ 명목척도는 측정대상이 속한 범주나 종류를 구분하기 위한 척도이다.

④ 표본조사는 전수조사보다 비용이 적게 든다는 장점이 있다.

⑤ 편의표본추출법에서는 모집단을 구성하는 모든 측정치들에 동일한 추출기회를 부여한다.

34. 다음 중 제품에 대한 설명이 바르지 않은 것은?

① 선매품은 예약을 통하여 구매하는 제품을 말한다.

② 편의품은 보통 고객이 수시로 또한 최소의 노력으로 구매하는 소비용품을 말한다.

③ 전문품은 상당한 수의 구매자집단이 특징적으로 애착심을 가지며 특수한 구매노력을 기울이는 소비용품이다.

④ 필수품은 일상생활에 없어서는 안 되며 반드시 필요한 물건이다.

⑤ 산업재는 추가적인 가공을 목적으로 구매하는 제품이다.

35. 다음 중 서비스마케팅이 제품마케팅과 다른 점으로 적절하지 않은 것은?

① 서비스를 계획하고 촉진하는 데 있어 컨트롤이 용이하다.

② 제품에 대한 특허권과 달리 서비스는 특허권을 낼 수 없다.

③ 종업원이 서비스 결과에 크게 영향을 준다.

④ 고객이 거래과정에 직접적으로 참여할 뿐만 아니라 상당한 영향을 미친다.

⑤ 서비스는 시간의 경과에 큰 영향을 받는다.

36. 리더십에 관한 설명으로 적절하지 않은 것은?

① 거래적 리더십은 리더와 종업원 사이의 교환이나 거래관계를 통해 발휘된다.

② 서번트 리더십은 목표달성이라는 결과보다 구성원에 대한 서비스에 초점을 둔다.

③ 카리스마적 리더십은 비전달성을 위해 위험감수 등 비범한 행동을 보인다.

④ 변혁적 리더십은 장기비전을 제시하고 구성원들의 가치관 변화와 조직몰입을 증가시킨다.

⑤ 슈퍼 리더십은 리더가 종업원들을 관리하고 통제할 수 있는 힘과 기술을 가지도록 하는 데 초점을 둔다.

37. 다음 중 제조업체와 소매유통업체 사이의 두 가지 극단적인 관계인 풀(Pull) 전략과 푸시(Push) 전략에 관한 설명으로 알맞은 것은?

① 유통업체의 경제성 측면, 즉 마진율은 푸시 전략이 풀 전략보다 상대적으로 낮다.

② 제조업체가 자사신규제품에 대한 시장 창출을 주로 소매유통업체에게 의존하는 것은 푸시 전략에 가깝다.

③ 소비자가 제품의 브랜드 명성을 보고 판매매장으로 찾아오도록 소비자의 등을 미는 것을 푸시 전략이라고 한다.

④ 잘 알려지지 않은 브랜드의 제품을 손님이 많이 드나드는 매장에 전시함으로써 고객들을 끌어당기는 것을 풀 전략이라고 한다.

⑤ 푸시 전략을 이용하기 위해서는 많은 수의 소비자를 대상으로 하는 마케팅 비용을 제조업체가 직접 부담할 수 있어야 한다.

38. 개인이 혼자 일할 때보다 집단으로 일할 때 발생할 수 있는 무임승차(Social Loafing) 현상을 줄이기 위한 방안으로 적절하지 않은 것은?

① 과업을 전문화시켜 책임소재를 분명하게 한다.

② 개인별 성과를 측정하여 비교할 수 있게 한다.

③ 팀의 규모를 늘려서 각자의 업무 행동을 쉽게 관찰할 수 있게 한다.

④ 본래부터 일하려는 동기수준이 높은 사람을 고용한다.

⑤ 직무충실화를 통해 직무에서 흥미와 동기가 유발되도록 한다.

39. 다음 중 촉진믹스에 해당하지 않는 것은?

① 광고   ② 인적 판매   ③ 제품
④ PR   ⑤ 판매촉진

40. 인적자원의 모집 방법 중 사내공모제(Job Posting System)의 특징으로 옳지 않은 것은?

① 종업원의 상위직급 승진기회가 제한된다.

② 외부인력의 영입이 차단되어 조직이 정체될 가능성이 있다.

③ 지원자의 소속부서 상사와의 인간관계가 훼손될 수 있다.

④ 특정부서의 선발 시 연고주의를 고집할 경우 조직 내 파벌이 조성될 수 있다.

⑤ 선발과정에서 여러 번 탈락되었을 때 지원자의 심리적 위축감이 고조된다.

41. 단위당 소요되는 표준작업시간과 실제작업시간을 비교하여 절약된 작업시간에 대한 생산성 이득을 노사가 각각 50 : 50의 비율로 배분하는 성과급제도는?

① 임프로쉐어 플랜   ② 스캔론 플랜

③ 럭커 플랜   ④ 메리크식 복률성과급

⑤ 테일러식 차별성과급

42. 소비자들이 좋아하는 음악을 상품광고에 등장시키는 것은 소비자들이 해당 음악에 대해 가지는 좋은 태도가 상품에 대한 태도로 이전되기를 기대하기 때문이다. 이를 가장 잘 설명하는 학습이론으로 적절한 것은?

① 내재적 모델링(Covert Modeling)

② 작동적 조건화(Operant Conditioning)

③ 수단적 조건화(Instrumental Conditioning)

④ 대리적 학습(Vicarious Learning)

⑤ 고전적 조건화(Classical Conditioning)

43. 제품유통 의사결정에 필요한 내용으로 옳지 않은 것은?

① 중간상의 자질에 관한 문제나 유통마진의 크기에 관한 문제 등으로 경로구성원들 사이에서 발생하는 갈등은 목표불일치에 의한 수직적 갈등이다.

② 물적 유통의 목표는 고객만족을 극대화할 수 있도록 적절한 상품을 적시적소에 최소비용으로 배달하는 것이다.

③ 선택적 유통경로정책은 소비자들에게 제품의 노출을 선택적으로 제한함으로써 제품의 명성을 어느 정도 유지하면서 적정수준의 판매량을 확보하고자 할 때 사용할 수 있다.

④ 기술수준이 높은 상품의 유통경로 길이는 사후서비스의 편리성 등을 고려하여 짧은 것이 바람직하다.

⑤ 경로형태 선택 시 판매원을 이용한 직접 판매는 대리상을 이용한 판매에 비하여 매출량에 비례해서 늘어나는 변동비는 많으나 고정비는 상대적으로 적다는 점을 고려하여야 한다.

44. 제품 구매에 대한 심리적 불편을 겪게 되는 인지부조화(Cognitive Dissonance)에 관한 설명으로 옳은 것은?

① 반품이나 환불이 가능할 때 많이 발생한다.

② 구매제품의 만족수준에 정비례하여 발생한다.

③ 고관여 제품에서 많이 발생한다.

④ 제품 구매 전에 경험하는 긴장감과 걱정의 감정을 뜻한다.

⑤ 사후서비스(A/S)가 좋을수록 많이 발생한다.

45. 경영조직론 관점에서 기계적 조직과 유기적 조직에 대한 설명으로 옳지 않은 것은?

① 기계적 조직은 효율성과 생산성 향상을 목표로 한다.

② 기계적 조직에서는 공식적 커뮤니케이션이 주로 이루어지고, 상급자가 조정자 역할을 한다.

③ 유기적 조직에서는 주로 분권화된 의사결정이 이루어진다.

④ 대량생산기술을 적용할 때에는 유기적 조직이 적합하며, 소량주문생산기술을 적용할 때에는 기계적 조직이 적합하다.

⑤ 유기적 조직은 기계적 조직에 비해 공식화와 분업화의 정도가 낮은 편이다.

46. 협동조합(Cooperatives)에 대한 설명으로 옳지 않은 것은?

① 자신들의 경제적 권익을 보호하기 위해 두 명 이상이 공동출자로 조직한 공동기업이다.

② 조합원에게는 출자액에 비례하여 의결권이 부여된다.

③ 영리보다 조합원의 이용과 편익제공을 목적으로 운영된다.

④ 운영주체 또는 기능에 따라 소비자협동조합, 생산자협동조합 등으로 나눌 수 있다.

⑤ 사업을 통해 이익이 발생하면 주식회사는 출자배당을 우선하지만 협동조합은 이용배당을 우선한다.

47. 베버(M. Weber)가 주장한 이상적인 관료제의 특징으로 옳지 않은 것은?

① 분업화와 전문화   ② 명확한 권한체계

③ 문서화된 공식적 규칙과 절차   ④ 전문적 자격에 근거한 공식적인 선발

⑤ 개인별 특성을 고려한 관리

48. Big 5 성격 특성을 구성하는 다섯 가지 특성과 그에 대한 설명으로 옳지 않은 것은?

① 개방성(Openness) : 지적 자극이나 변화, 다양성을 선호하는 정도

② 성실성(Conscientiousness) : 규범과 원칙을 지키려고 하는 정도

③ 외향성(Extraversion) : 타인과의 교제를 선호하는 정도

④ 친화성(Agreeableness) : 타인의 관심을 끌려고 하거나 타인을 주도하려고 하는 정도

⑤ 정서불안정성(Neuroticism) : 자신의 정서적 안정, 세상을 위협적으로 느끼지 않는 생각의 정도

49. 기업의 보상관리에 있어 경제적 보상을 직접적 보상과 간접적 보상으로 구분할 때, 〈보기〉에서 직접적 보상에 해당하는 것을 모두 고르면?

> | 보기 |
> ㉠ 임금　　　　　　　　　　　㉡ 스톡옵션
> ㉢ 유급휴가　　　　　　　　　㉣ 상여금
> ㉤ 의료보험료

① ㉠　　　　　　　　② ㉠, ㉡　　　　　　　　③ ㉢, ㉤
④ ㉠, ㉡, ㉣　　　　⑤ ㉠, ㉢, ㉣, ㉤

50. 기업이 보유한 브랜드 인지도에 대해 보조인지도(Brand Recognition)와 비보조인지도(Brand Recall)를 기준으로 하는 분석방법에 대한 설명으로 옳지 않은 것은?

① 브랜드의 보조인지도란 소비자에게 브랜드를 직접 제시했을 때 해당 브랜드를 인지하고 있는 정도를 의미한다.

② 브랜드의 비보조인지도란 소비자에게 제품군을 제시했을 때 해당 브랜드를 연관하여 인지하는 정도를 의미한다.

③ 최초상기(Top of Mind)는 제품시장에서 보조인지도가 가장 높은 브랜드를 의미한다.

④ 브랜드의 보조인지도가 높고 비보조인지도가 낮은 브랜드는 알고는 있지만 구매에 있어서 고려되지 않는 그레이브야드 브랜드(Graveyard Brand)로 해석할 수 있다.

⑤ 브랜드의 보조인지도가 낮고 비보조인지도가 높다면 해당 브랜드는 특정 소비층에서 높은 인지도를 가진 니치 브랜드(Niche Brand)로 해석할 수 있다.

01. 다음은 「수산업협동조합법」의 목적이다. 빈칸 ㉠, ㉡에 들어갈 내용으로 바르게 연결된 것은?

> 「수산업협동조합법」은 (㉠   )의 자주적인 협동조직을 바탕으로 (㉠   )의 경제적·사회적·문화적 지위의 향상과 (㉡   )의 경쟁력 강화를 도모함으로써 (㉠   )의 삶의 질을 높이고 국민경제의 균형 있는 발전에 이바지함을 목적으로 한다.

	㉠	㉡
①	어업인	수산업
②	어업인과 수산물가공업자	어업 및 수산물가공업
③	어업인과 양식업자	어업과 양식업
④	어업인과 어획물운반업자	어업 및 어획물운반업
⑤	수산물유통업자	수산물유통업

02. 수산업협동조합중앙회의 사업에 대한 설명으로 옳지 않은 것은?

① 수산업협동조합중앙회는 자기자본을 충실히 하고 적정한 유동성을 유지하는 등의 경영의 건전성과 효율성을 확보해야 하는 의무를 지닌다.

② 수산업협동조합중앙회가 회원과 공동출자의 방식으로 사업을 수행하는 것은 회원의 사업과 경합되지 않는다.

③ 수산업협동조합중앙회가 출자한 법인은 회원 또는 회원의 조합원으로부터 판매위탁을 받은 수산물 및 그 가공물의 유통, 가공, 판매 및 수출을 적극적으로 추진한다.

④ 수산업협동조합중앙회의 사업을 목적으로 하는 재산에 대해서는 국가 및 지방자치단체의 조세 외의 부과금을 면제한다.

⑤ 국가는 수산업협동조합중앙회의 자율성을 침해해서는 안 되며, 사업에 필요한 경비를 보조하거나 융자할 수 없다.

03. 다음 중 「수산업협동조합법」에서 규정하는 수산물협동조합과 타법과의 관계에 대한 설명으로 옳지 않은 것을 모두 고르면?

> ㉠ 수산업협동조합의 재해보상보험사업에 대해서는 「보험업법」의 규정을 준용한다.
>
> ㉡ 수산업협동조합의 운수사업에 대해서는 「화물자동차 운수사업법」 제56조(유상운송의 금지)의 적용을 받지 않는다.
>
> ㉢ 수산업협동조합의 보관사업에 대해서는 「상법」 제155조부터 제168조까지의 창고업자에 관한 규정의 적용을 받지 않는다.
>
> ㉣ 수산업협동조합은 공공기관에 직접 생산하는 물품을 공급하는 경우 「중소기업제품 구매촉진 및 판로지원에 관한 법률」에서 국가와 수의계약으로 납품계약을 체결할 수 있는 자로 본다.

① ㉠
② ㉣
③ ㉠, ㉢
④ ㉡, ㉣
⑤ ㉠, ㉡, ㉢

04. 지구별수협의 설립에 대한 설명으로 옳은 것은?

① 지구별수협을 설립하기 위해서는 조합원의 자격을 가진 자 3인 이상이 발기인이 되어 정관을 작성하고 의결을 거쳐 해양수산부장관의 인가를 받아야 한다.

② 지구별수협을 설립하기 위해 필요한 출자금납입확약총액의 금액에 대해서는 제한을 두지 않는다.

③ 지구별수협의 성립에는 설립등기를 요구하지 않는다.

④ 설립사무의 인계를 받은 조합장은 정관으로 정한 기일 이내에 조합원이 되려는 자에게 출자금 전액을 납입하게 하여야 한다.

⑤ 지구별수협의 설립무효에 관하여는 「상법」 제328조(설립무효의 소)를 적용하지 아니한다.

05. 다음 중 지구별수협의 정관에 포함되어야 할 사항에 해당하지 않는 것을 모두 고르면?

⊙ 지구별수협의 명칭
ⓒ 지구별수협의 주된 사무소 소재지
ⓒ 지구별수협의 출자 납입 방법과 지분 계산에 대한 사항
ⓔ 약정된 현물출자의 명칭과 수량·가격 및 출자자의 성명과 주소
ⓜ 수산금융채권의 발행에 관한 사항

① ⓜ
② ⊙, ⓒ
③ ⓔ, ⓜ
④ ⓒ, ⓔ, ⓜ
⑤ ⊙, ⓒ, ⓒ, ⓔ

06. 지구별수협의 조합원 자격에 대한 설명으로 옳지 않은 것은?

① 조합원은 해당 지구별수협의 구역에 주소·거소 또는 사업장이 있는 어업인이어야 한다.

② A 지역에 주소 또는 거소만이 있는 어업인이 B 지역의 사업장 소재지를 구역으로 하는 지구별수협의 조합원이 될 경우 A 지역을 구역으로 하는 지구별수협의 조합원이 될 수 있다.

③ 「농어업경영체의 육성 및 지원의 관한 법률」 제16조에 따른 영어조합법인(營漁組合法人)이 주된 사무소를 지구별수협의 구역에 두고 어업을 경영한다면, 지구별수협의 조합원이 될 수 있다.

④ 지구별수협은 정관에 따라 지구별수협의 구역에 주소를 둔 어업인을 구성원으로 하는 해양수산 관련 단체를 준조합원으로 할 수 있다.

⑤ 지구별수협은 준조합원에게 정관에 따라 가입금과 경비를 부담하게 할 수 있고, 준조합원은 탈퇴 시 가입금의 환급을 청구할 수 있다.

07. 다음에서 설명하는 용어는?

> 지구별수협은 사업의 이용 실적에 따라 조합원에게 배당금을 지급하는데, 「수산업협동조합법」은 지구별수협의 조합원이 이 배당액의 전부 또는 일부를 출자금으로 전환하여 이를 출자하게 할 수 있도록 하고 있다. 이를 통해 지구별수협은 배당금 지급에 의한 자금압박을 피하면서 동시에 자기자본을 증가시키는 효과를 기대할 수 있다.

① 현물출자   ② 우선출자   ③ 회전출자
④ 법정적립금   ⑤ 수산금융채권

08. 지구별수협 조합원의 출자에 대한 설명으로 옳지 않은 것은?

① 조합원은 정관으로 정하는 계좌 수 이상을 출자하여야 한다.
② 조합원의 출자금은 질권의 목적이 되지 않는다.
③ 조합원은 지구별수협에 대한 채권과 출자금 납입을 상계할 수 있다.
④ 출자 1계좌의 금액과 조합원 1인의 출자계좌 수의 한도는 정관으로 정한다.
⑤ 지구별수협은 정관에 따라 잉여금 배당에 관한 내용이 다른 종류의 우선적 지위를 가지는 우선출자를 하게 할 수 있다.

09. 지구별수협 조합원의 변동에 대한 설명으로 옳은 것은?

① 지구별수협 조합원의 수는 정관으로 정한다.
② 지구별수협은 1년 이상 지구별수협의 사업을 이용하지 아니한 조합원에 대해 이사회의 의결을 거쳐 제명할 수 있다.
③ 지구별수협의 조합원은 파산을 이유로 탈퇴되지 않는다.
④ 지구별수협의 조합원이 조합원의 자격을 가지고 있지 않은지의 여부는 이사회의 의결로 결정한다.
⑤ 사망으로 인해 탈퇴하게 된 조합원의 상속인은 조합원의 자격이 있더라도 피상속인의 출자를 승계하여 조합원이 될 수는 없다.

10. 다음 중 지구별수협 총회의 의결사항에 해당하지 않는 것은?

① 조합원의 제명 결정

② 지구별수협의 해산·합병 및 분할

③ 지구별수협 정관의 변경

④ 정관에 규정하지 않은 어업권에 대한 물권의 설정

⑤ 조합원의 자격 및 가입에 대한 심사

11. 지구별수협 총회의 소집과 의결에 대한 설명으로 옳지 않은 것은?

① 총회에서는 조합원은 출자금에 비례한 의결권을 행사한다.

② 지구별수협 조합원은 조합원 전체의 5분의 1 이상의 동의를 받아 소집의 목적과 이유를 서면에 적어 조합장에게 제출하여 총회의 소집을 청구할 수 있다.

③ 총회 소집이 결정되면 조합원에게 개회 7일 전까지 회의 목적 등을 적은 총회소집통지서를 발송해야 한다.

④ 총회는 특히 정하지 않는 경우 구성원 과반수의 출석으로 개의하고 출석구성원 과반수의 찬성으로 의결한다.

⑤ 조합원은 다른 조합원을 대리인으로 하여 의결권을 행사하게 할 수 있으며, 이 경우 조합원은 출석한 것으로 본다.

12. 지구별수협의 대의원회에 대한 설명으로 옳지 않은 것은?

① 지구별수협은 정관에 따라 총회의 의결을 갈음하는 기관으로 대의회를 둘 수 있다.

② 대의원회는 조합장과 대의원으로 구성하며, 대의원은 조합원이어야 한다.

③ 대의원회는 정관에 정하는 바에 따라 선출하며, 임기는 5년이다.

④ 대의원은 조합장을 제외한 임직원과 다른 조합의 임직원을 겸임할 수 없다.

⑤ 대의원은 대리인을 통해 의결권을 행사할 수 없다.

13. 다음 중 지구별수협 이사회의 의결사항에 해당하는 것을 모두 고르면?

> ㉠ 지구별수협의 업무 집행에 대한 기본방침의 결정
> ㉡ 인사추천위원회의 구성에 관한 사항
> ㉢ 규약의 제정·변경 또는 폐지
> ㉣ 지구별수협이 보유한 부동산의 처분결정

① ㉢   ② ㉠, ㉡   ③ ㉡, ㉢
④ ㉠, ㉢, ㉣   ⑤ ㉠, ㉡, ㉢, ㉣

14. 지구별수협 상임이사의 직무에 대한 설명으로 옳지 않은 것은?

① 지구별수협 조합장이 비상임인 경우 상임이사 또는 전무가 조합장의 업무를 집행한다.

② 지구별수협의 신용사업과 공제사업은 상임이사가 전담하여 처리한다.

③ 지구별수협이 부실조합으로 해양수산부장관으로부터 적기시정조치를 받은 경우 상임이사는 적기시행조치의 이행을 마칠 때까지 경제사업을 전담하여 처리한다.

④ 지구별수협 상임이사가 구금되어 직무를 수행할 수 없는 경우에는 조합장이 그 직무를 대행한다.

⑤ 지구별수협 상임이사가 6개월을 초과하여 궐위하게 될 경우 지구별수협 중앙회는 해양수산부장관의 승인을 받아 상임이사의 직무를 수행할 관리인을 파견한다.

15. 지구별수협의 감사에 대한 설명으로 옳지 않은 것은?

① 감사는 지구별수협과 재산과 업무 집행 상황을 감사하여 총회에 보고하여야 하며, 전문적인 회계감사가 필요하다고 인정될 때에는 중앙회에 회계감사를 의뢰할 수 있다.

② 감사는 지구별수협의 재산 상황 또는 업무 집행에서 부정한 사실이 발견되면 이를 총회 및 중앙회 회장에게 보고해야 한다.

③ 지구별수협과 조합장을 포함한 이사와의 계약에 관하여 감사가 조합장을 대표한다.

④ 지구별수협과 조합장을 포함한 이사와의 소송에 관하여 감사가 지구별수협을 대표한다.

⑤ 지구별수협 감사의 임기는 3년으로 한다.

16. 다음 중 지구별수협 임원의 결격사유에 해당하지 않는 것은?

① 금고 이상의 형의 선고유예를 받고 그 선고유예기간 중에 있는 사람

② 임원 선거에서 당선된 후 위탁선거범죄로 인하여 당선무효가 확정된 날로부터 4년이 지나지 않은 사람

③ 「성폭력범죄의 처벌 등에 관한 특례법」 제10조에 규정된 죄를 저지른 사람으로서 300만 원 이상의 벌금형을 선고받고 그 형이 확정된 후 2년이 지나지 않은 사람

④ 임원선거 공고일 현재 해당 지구별수협에 대해 정관으로 정하는 금액과 기간을 초과하여 채무 상환을 연체하고 있는 사람

⑤ 임원선거 공고일 현재 해당 지구별수협에 대해 정관으로 정하는 일정 규모 이상의 사업 이용 실적이 없는 사람

17. 「수산업협동조합법」에 규정된 지구별수협 임원선거에 관한 내용으로 옳지 않은 것은?

① 누구든지 자기 또는 특정인을 지구별수협의 임원으로 당선되지 못하게 할 목적으로 선거인이나 그 가족에 대해 금전·물품·향응이나 그 밖의 재산상의 이익을 제공하여서는 안 된다.

② 임원 및 대의원 후보자는 선거운동을 위해 선거일 공고일부터 선거일까지의 기간 중에는 조합원을 호별로 방문하거나 특정 장소에 모이게 할 수 없다.

③ 지구별수협의 임직원은 임원후보자의 선거운동의 기획에 참여하거나 그 기획의 실시에 관여하여서는 안 된다.

④ 임원 선거 기간 중 조합의 경비로 지구별수협의 임원 선거 후보자의 관혼상제 의식이나 그 밖의 경조사에 축의·부의금품을 제공함에 있어 해당 조합장의 직명 또는 성명을 밝히거나 이를 추정할 수 있다면 이는 조합장의 기부행위로 본다.

⑤ 지구별수협 임원 선거의 관리에 대해서는 정관으로 정하는 바에 따라 그 주된 사무소의 소재지를 관장하는 「선거관리위원회법」에 따른 구·시·군선거관리위원회에 위탁하여야 한다.

18. 다음 중 지구별수협의 임원 선거 후보자나 후보자가 소속된 기관·단체·시설이 선거 기간 중 금전·물품이나 그 밖의 재산적 이익을 제공하는 '기부행위'에 해당하는 것은?

① 의례적인 목적으로 자체 사업계획과 예산으로 화환을 제공하는 행위

② 물품 구매, 공사, 서비스 등에 대한 대가의 제공 또는 부담금 납부 등 채무를 이행하는 행위

③ 후보자의 기관·단체·시설에 소속된 유급사무직원에게 연말·설 또는 추석에 의례적인 선물을 제공하는 행위

④ 후보자가 친목단체의 구성원으로 관례상 종전의 범위에서 회비를 내는 행위

⑤ 후보자가 평소에 다니는 교회·성당·사찰 등에 일반적으로 헌금하는 행위

19. 다음 중 지구별수협이 수행하는 교육·지원 사업에 해당하는 것을 모두 고르면?

> ㉠ 수산종자의 생산 및 보급
> ㉡ 어촌지도자 및 후계어업경영인 발굴·육성과 수산기술자 양성
> ㉢ 수산물 유통 조절 및 비축사업
> ㉣ 조합원의 예금 및 적금의 수납업무

① ㉠, ㉡   ② ㉠, ㉢   ③ ㉡, ㉢
④ ㉡, ㉣   ⑤ ㉢, ㉣

20. 다음 중 지구별수협의 사업수행에 대한 설명으로 옳지 않은 것은?

① 지구별수협이 국가나 공공단체가 위탁하는 사업을 수행할 때에는 대통령령으로 정하는 바에 따라 위탁 계약의 형식으로 한다.

② 지구별수협이 사업 목적을 달성하기 위해 국가로부터 차입한 자금은 조합원이 아닌 수산업자에게 대출하는 용도로는 사용할 수 없다.

③ 지구별수협이 공제사업을 하려면 공제규정에 대한 해양수산부장관의 인가를 필요로 한다.

④ 지구별수협은 조합원의 이용에 지장이 없는 범위에서 조합원이 아닌 자에게 사업을 이용하게 할 수 있다.

⑤ 지구별수협은 조합원의 공동이익을 위하여 총회의 의결을 거쳐 어업을 직접 경영할 수 있다.

21. 지구별수협의 회계와 그 구분에 대한 설명으로 옳지 않은 것은?

① 지구별수협의 회계연도는 정관으로 정한다.

② 지구별수협의 일반회계는 신용사업 부문 회계와 신용사업 이외의 사업 부문 회계로 구분하여 처리한다.

③ 특별회계는 일반회계와는 구분할 필요가 있는 특정 사업의 운영을 위해 설치한다.

④ 일반회계와 특별회계 간의 재무관계와 그에 대한 재무기준은 해양수산부장관이 정한다.

⑤ 지구별수협의 신용사업 부문과 신용사업 이외의 사업 부문 간의 재무관계와 그에 대한 재무기준은 금융위원회가 정한다.

22. 다음 중 「수산물협동조합법」에서 규정하는 지구별수협의 자금운용규정에 대한 설명으로 옳지 않은 것은?

① 지구별수협의 자기자본에는 회전출자금이 포함된다.

② 지구별수협의 업무상 여유자금은 국채·공채 및 대통령령으로 정하는 유가증권을 매입하는 방법으로 운용할 수 있다.

③ 지구별수협은 매 회계연도의 손실 보전을 하고 남은 잉여금에 대하여 자기자본의 3배가 될 때까지 매 사업연도마다 잉여금의 전액을 법정적립금으로 적립하여야 한다.

④ 지구별수협이 보유한 법정적립금과 자본적립금은 지구별수협의 손실금을 보전하기 위해 사용할 수 있다.

⑤ 지구별수협은 출자감소 의결에 대해 이의가 있는 채권자는 이의를 제기하라는 취지의 내용을 공고하고, 이미 알고 있는 채권자에게는 따로 독촉하여야 한다.

23. 지구별수협의 합병 및 분할에 대한 설명으로 옳지 않은 것은?

① 지구별수협이 다른 조합과 합병할 경우에는 합병계약서를 작성하고 각 총회의 의결을 거쳐 해양수산부장관의 인가를 받아야 한다.

② 합병 후의 지구별수협의 설립을 위한 설립위원은 20명 이상 30명 이하로 각 조합원 중에서 조합원 수의 비율로 총회에서 선출하여 구성한다.

③ 소멸되는 지구별수협의 권리의무를 합병 후 존속하는 지구별수협은 승계하나, 합병 후 새로 설립되는 지구별수협은 승계하지 아니한다.

④ 지구별수협의 합병은 합병 후 존속하거나 합병으로 설립하는 지구별수협이 주된 사무소의 소재에서 등기를 함으로써 효력을 가진다.

⑤ 지구별수협이 분할 후 설립되는 조합이 승계하는 권리의무의 범위는 총회에서 의결한다.

24. 지구별수협의 해산과 그 청산업무에 대한 설명으로 옳지 않은 것은?

① 지구별수협은 조합원 수가 100인 미만인 경우 해산한다.

② 해산하는 지구별수협의 청산인은 조합장이며, 총회는 조합장이 아닌 다른 사람을 청산인으로 선임할 수 있다.

③ 청산인은 지구별수협의 재산 상황을 조사하고 재산 처분 방법을 정하여 이를 총회에 제출하여 승인을 받아야 하며, 만일 2회 이상 총회를 소집하여도 총회가 구성되지 않는다면 해양수산부장관의 승인으로 이를 갈음할 수 있다.

④ 해산한 지구별수협의 청산 후 남은 재산은 따로 법률로 정하는 것 외에는 정관에 따라 처분한다.

⑤ 청산 사무가 끝난 청산인은 결산보고서를 작성하고 이를 해양수산부에 제출하여 승인을 받아야 한다.

25. 다음 중 지구별수협의 설립등기신청서에 기재해야 하는 내용을 모두 고르면?

> ㉠ 임원의 성명·주민등록번호 및 주소 ㉡ 설립인가의 연월일
> ㉢ 총 출자계좌 수와 납입출자금의 총액 ㉣ 회계연도와 회계에 관한 사항

① ㉡   ② ㉠, ㉣   ③ ㉡, ㉢
④ ㉠, ㉡, ㉢   ⑤ ㉠, ㉡, ㉢, ㉣

26. 다음은 지구별수협의 합병등기에 대한 「수산업협동조합법」 규정의 일부이다. ㉠ ~ ㉢에 들어갈 내용을 바르게 연결한 것은?

> 지구별수협이 합병하였을 때에는 해양수산부장관이 합병인가를 한 날로부터 2주 이내에 합병 후 존속하는 지구별수협은 (㉠)등기를, 소멸되는 지구별수협은 (㉡)등기를, 설립되는 지구별수협은 (㉢)등기를 각각 주된 사무소의 소재지에서 하여야 한다.

	㉠	㉡	㉢		㉠	㉡	㉢
①	이전	소멸	변경	②	변경	해산	설립
③	이전	청산인	설립	④	변경	청산인	설립
⑤	변경	해산	변경				

27. 다음 중 업종별수협에 대한 설명으로 옳지 않은 것은?

① 업종별수협은 어업을 경영하는 조합원의 생산성을 높이고 조합원이 생산한 수산물의 판로 확대 및 유통의 원활화를 도모함을 목적으로 한다.

② 업종별수협은 정관으로 정하는 바에 따라 지사무소를 둘 수 있다.

③ 업종별수협의 조합원은 그 구역에 주소 · 거소 또는 사업장이 있는 자로서 정치망어업, 외끌이 · 쌍끌이대형저인망어업 등 대통령령으로 정하는 종류의 어업을 경영하는 경영인이어야 한다.

④ 업종별수협의 조합원 자격을 가지고 있다면 단일 어업을 경영함을 이유로 업종별수협의 가입을 제한하여서는 안 된다.

⑤ 업종별수협의 구역은 정관으로 정한다.

28. 다음 중 업종별수협의 사업에 해당하는 것을 모두 고르면?

㉠ 어업질서 유지 관련 사업	㉡ 상호금융사업
㉢ 수산물 유통 조절 및 비축사업	㉣ 운송사업
㉤ 어업통신사업	

① ㉠, ㉢   ② ㉡, ㉤   ③ ㉠, ㉢, ㉣

④ ㉡, ㉢, ㉣   ⑤ ㉢, ㉣, ㉤

29. 다음 중 수산물가공수협과 조합공동사업법인에 대한 설명으로 옳지 않은 것은?

① 수산물가공수협은 수산물가공업을 경영하는 조합원의 생산성을 높이고 조합원이 생산한 가공품의 판로 확대 및 유통의 원활화를 도모함을 목적으로 한다.

② 수산물가공수협의 조합원은 그 구역에 주소 · 거소 또는 사업장이 있는 자로서 대통령령으로 정하는 종류의 수산물가공업을 경영하는 자여야 한다.

③ 조합공동사업법인은 사업의 공동수행을 통하여 수산물의 판매 · 유통 · 가공 등과 관련된 사업을 활성화함으로써 수산업의 경쟁력 강화와 어업인의 이익 증진에 기여함을 목적으로 한다.

④ 조합공동사업법인은 그 명칭으로 지역명과 사업명을 붙인 조합공동사업법인의 명칭을 사용하여야 한다.

⑤ 조합공동사업법인의 회원은 출자금의 많고 적음과 관계없이 평등한 의결권을 가진다.

30. 다음 중 조합공동사업법인의 정관에 포함되어야 하는 사항을 모두 고른 것은?

> ㄱ 조합공동사업법인의 명칭
> ㄴ 조합공동사업법인 회원의 권리와 의무
> ㄷ 조합공동법인 회원의 자격과 가입·탈퇴 및 제명에 관한 사항
> ㄹ 사업의 종류와 집행에 관한 사항

① ㄱ, ㄴ   ② ㄱ, ㄹ   ③ ㄱ, ㄴ, ㄷ
④ ㄴ, ㄷ, ㄹ   ⑤ ㄱ, ㄴ, ㄷ, ㄹ

31. 다음 중 수산업협동조합협의회에 대한 설명으로 옳지 않은 것은?

① 수산업협동조합협의회는 서로 다른 종류의 조합과 연계하는 공동사업을 개발하고 그 권익을 증진하기 위함을 목적으로 한다.
② 수산업협동조합협의회는 소속 회원을 위한 사업의 개발 및 정책 건의와 생산·유통 조절 및 시장개척 등의 사업을 수행한다.
③ 수산업협동조합협의회는 그 명칭으로 지역명·업종명 또는 수산물가공업명을 붙인 수산업협동조합협의회라는 명칭을 사용해야 한다.
④ 국가는 수산업협동조합협의회의 사업에 필요한 자금을 보조하거나 융자할 수 있다.
⑤ 지구별수협은 특별시·광역시·도 또는 특별자치도를 단위로 수산업협동조합협의회를 구성할 수 있다.

32. 다음 중 수협중앙회의 회원에 대한 설명으로 옳지 않은 것은?

① 수협중앙회의 회원은 조합이다.
② 수협중앙회의 회원은 수협중앙회의 권리와 의무에 대해 무한책임을 진다.
③ 수협중앙회의 회원은 파산한 경우 당연히 탈퇴한다.
④ 수협중앙회의 회원은 정관으로 정하는 계좌 수 이상의 출자를 하여야 한다.
⑤ 수협중앙회는 정관에 따라 해양수산에 관한 법인 또는 단체를 준회원으로 할 수 있다.

33. 다음 중 수협중앙회의 정관에 포함되어야 하는 사항은?

① 수협중앙회장의 성명 및 주소
② 수산금융채권의 발행에 관한 사항
③ 약정된 현물출자 재산의 명칭ㆍ수량ㆍ가격
④ 본점, 지점, 출장소와 대리점에 관한 사항
⑤ 자본금 및 주식에 관한 사항

34. 다음 중 수협중앙회 총회의 의결사항에 해당하지 않는 것은?

① 수협중앙회 정관의 변경
② 수협중앙회의 경영목표 설정
③ 수협중앙회의 사업계획ㆍ수지예산 및 결산의 승인
④ 수협중앙회장, 사업전담대표이사, 감사위원, 이사의 선출 및 해임
⑤ 수협중앙회 회원의 제명 결정

35. 수협중앙회가 추진하는 유통지원사업에 대한 설명으로 옳지 않은 것은?

① 수협중앙회의 수산물등 판매활성화 사업은 회원 또는 회원의 조합원으로부터 수집하거나 판매
위탁을 받은 수산물 및 그 가공품을 효율적으로 판매하기 위한 사업이다.
② 수산업협동조합 경제사업 평가협의회는 수산물등 판매활성화 사업을 점검 및 평가하기 위하여
수협중앙회장이 위촉하는 수산 관련 단체 대표를 포함하여 총 20인의 위원으로 구성한다.
③ 수협중앙회 유통지원자금은 중앙회 회원의 조합원이 생산한 수산물등의 원활한 유통을 지원하
기 위하여 조성하고 운용한다.
④ 수협중앙회 유통지원자금은 수협중앙회의 명칭사용료와 임의적립금 등으로 조성한다.
⑤ 국가는 예산의 범위에서 수협중앙회 유통지원자금의 조성을 지원할 수 있다.

36. 수협중앙회의 임원인 사업전담대표이사에 대한 설명으로 옳지 않은 것은?

① 수협중앙회 사업전담대표이사는 상임이사이며, 지도경제사업대표이사이다.

② 수협중앙회 사업전담대표이사는 수협중앙회의 경제사업과 상호금융사업에 관한 업무를 처리하며, 그 업무에 관하여 중앙회를 대표한다.

③ 수협중앙회 사업전담대표이사는 전담사업에 관한 전문지식과 경험이 풍부한 사람으로서 인사추천위원회에서 추천한 사람으로 이사회에서 선출한다.

④ 수협중앙회 이사회는 경영 실적이 부실하여 그 직무를 담당하기 곤란함을 이유로 사업전담대표이사의 해임을 요구할 수 있다.

⑤ 수협중앙회 사업전담대표이사는 업무를 보좌하는 집행간부를 임면할 수 있다.

37. 다음 중 수협중앙회가 수행하는 사업에 해당하는 것을 모두 고르면?

㉠ 수협중앙회 회원과 그 조합원의 권익 증진을 위한 사업

㉡ 수협중앙회 회원과 그 조합원을 위한 수산물의 처리·가공 및 제조 사업

㉢ 수협중앙회 회원에 대한 예금·적금의 수납·운용

㉣ 「어선원 및 어선 재해보상보험법」에 따른 어선원 고용 및 복지와 관련된 사업

㉤ 어업협정 등과 관련된 국제 민간어업협력사업

---

① ㉤

② ㉠, ㉡, ㉢

③ ㉠, ㉢, ㉣

④ ㉡, ㉢, ㉤

⑤ ㉠, ㉡, ㉢, ㉣, ㉤

38. 수협중앙회 총회와 이사회의 구성에 대한 설명으로 옳지 않은 것은?

① 수협중앙회 총회의 의장은 수협중앙회장이 된다.

② 수협중앙회의 정기총회는 회계연도 경과 후 3개월 이내에 회장이 매년 1회 소집한다.

③ 수협중앙회 이사회의 의장은 수협중앙회 사업전담대표이사가 된다.

④ 수협중앙회 이사회의 구성원 2분의 1 이상은 수협중앙회 회원인 조합의 조합장이어야 한다.

⑤ 수협중앙회 이사회는 이사 3명 이상 또는 감사위원회의 요구로 소집된다.

39. 수협중앙회의 여신자금 관리에 대한 내용으로 옳지 않은 것은?

① 수협중앙회가 국가로부터 차입한 자금 중 회원 또는 어업인에 대한 여신자금은 압류의 대상이 될 수 없다.

② 수협중앙회로부터 자금을 차입하는 자가 20톤 미만의 어선을 담보로 제공하는 경우 대통령령으로 정한 절차에 따라 채권을 보전한다.

③ 수협중앙회는 국가로부터 사업비의 전부 또는 일부를 보조 또는 융자받아 시행한 사업에 대해서는 그 자금의 사용내용을 공시하여야 한다.

④ 수협중앙회는 사업을 목적으로 신용사업특별회계를 포함한 자기자본의 범위에서 다른 법인에 출자할 수 있다.

⑤ 수협중앙회는 수협은행의 주식 취득을 목적으로 자기자본을 초과하여 출자하여서는 안 된다.

40. 다음에서 설명하는 법인에 대한 설명으로 옳은 것은?

> 수협중앙회는 어업인과 조합에 필요한 금융을 제공함으로써 어업인과 조합의 자율적인 경제활동을 지원하고 그 경제적 지위의 향상을 촉진하기 위하여 수협중앙회의 신용사업을 분리하여 그 사업을 하는 법인을 설립한다.

① 수협중앙회는 해당 법인의 주식을 보유함에 있어서 「은행법」 제15조(동일인의 주식보유한도 등)의 규정을 적용받지 않는다.

② 해당 법인은 「은행법」 제2조 제1항 제2호의 '은행'에 해당한다.

③ 수협중앙회의 신용사업 분리는 「상법」 제530조의12에 따른 회사의 분할로 보지 않는다.

④ 해당 법인은 「수산업협동조합법」에 특별한 규정이 없다면 「상법」 중 유한책임회사에 관한 규정을 적용한다.

⑤ 해당 법인은 정관을 작성하거나 변경할 때에는 해양수산부장관의 인가를 요구하지 않는다.

41. 다음 중 수협은행의 이사회에 대한 설명으로 옳지 않은 것은?

① 수협은행의 이사회는 수협은행장과 이사로 구성하며, 수협은행의 업무에 관한 중요 사항을 의결한다.

② 수협은행의 이사회는 수협은행장을 의장으로 하며, 구성원 과반수의 출석으로 개의하고 출석구성원 과반수의 찬성으로 의결한다.

③ 이사는 정관에 따라 주주총회에서 선출하되, 예금보험공사가 신용사업특별회계에 출자한 우선출자금이 있는 경우 그 우선출자금이 전액 상환될 때까지 예금보험공사가 추천하는 사람 1명 이상을 포함해야 한다.

④ 수협은행장의 임기는 5년으로 한다.

⑤ 수협은행장은 주주총회에서 선출하되, 정관으로 정하는 추천위원회에서 추천한 사람으로 한다.

42. 다른 금융기관과 구분되는 수협은행의 업무규정에 관한 내용으로 옳은 것은?

① 수협은행은 수협중앙회 및 조합의 전산시스템 운영업무를 위탁받아 수행한다.

② 수협은행은 수산물의 생산·유통·가공·판매를 위하여 어업인이 필요하다고 하는 자금의 대출에 우선적으로 자금을 공급하되, 다른 신용업무에 비하여 금리 등의 거래 조건을 우대할 수 없다.

③ 수협은행은 수협중앙회의 경제사업 활성화에 필요한 자금을 우선적으로 공급할 수 없다.

④ 금융위원회는 수협은행의 업무특수성을 이유로 「은행법」 제34조 제2항에 따른 경영지도기준을 정하는데 그 적용을 달리 하여서는 안 된다.

⑤ 수협은행은 수협중앙회가 위탁하는 공제상품의 판매 및 그 부수업무에 대하여 「보험업법」 제4장 모집에 관한 규정을 적용한다.

43. 수협중앙회 조합감사위원회에 대한 설명으로 옳지 않은 것은?

① 수협중앙회장 소속으로 회원의 업무를 지도·감사할 수 있는 조합감사위원회를 둔다.

② 조합감사위원회의 위원장은 위원 중에서 호선으로 선출하고 수협중앙회장이 임명한다.

③ 조합감사위원회의 위원장과 위원은 감사 또는 회계 업무에 관한 전문지식과 경험이 풍부한 사람으로 회원의 조합장이나 조합원일 것을 요구한다.

④ 조합감사위원회는 회원의 재산 및 업무 집행 상황에 대하여 2년에 1회 이상 회원을 감사하여야 하며, 필요시 회원의 부담으로 회계감사를 요청할 수 있다.

⑤ 조합감사위원회의 감사 결과에 따라 해당 회원에게 시정 또는 업무의 정지, 관련 임직원에 대한 징계 및 문책 등의 조치를 요구할 수 있다.

44. 다음 제도에 대한 설명으로 옳지 않은 것은?

> 수협중앙회는 자기자본의 확충을 통한 경영의 건전성을 도모하기 위해 정관으로 정하는 바에 따라 회원 또는 임직원 등을 대상으로 잉여금 배당에 관하여 내용이 다른 종류의 우선적 지위를 가지는 출자인 우선출자를 할 수 있으며, 이를 통해 잉여금 배당에서 우선적 지위를 가진 자를 우선출자자라고 한다.

① 우선출자의 총액은 자기자본의 2분의 1을 초과할 수 없으나, 국가와 공공단체의 우선출자금에 대하여는 그 출자계좌 수의 제한을 받지 않는다.

② 우선출자자는 정기총회에서의 의결권과 선거권을 가지지 않는다.

③ 우선출자는 임의로 양도할 수 없으며, 수협중앙회가 발행한 우선출자증권의 점유자는 적법한 소지인으로 추정한다.

④ 우선출자의 배당률은 정관으로 정하는 최저 배당률과 최고 배당률의 사이에서 정기총회를 통해 정한다.

⑤ 수협중앙회는 우선출자자에게 손해를 입히게 되는 정관의 변경에 대해서는 우선출자자로 구성된 우선출자자총회의 의결을 거쳐야 한다.

45. 수협은행이 발행하는 수산금융채권에 대한 설명으로 옳지 않은 것은?

① 수협은행은 자기자본의 5배를 초과하는 수산금융채권을 발행할 수 없으나, 수산금융채권의 차환을 목적으로는 발행 한도를 초과하여 발행할 수 있다.

② 수협은행은 수산금융채권을 할인하는 방법으로 발행할 수 있다.

③ 기명식 수산금융채권의 명의를 변경하여 취득하려는 자는 그 성명과 주소를 채권 원부에 적고 그 성명을 증권에 적지 아니하면 제3자에 대항하지 못한다.

④ 국가는 수산금융채권의 원리금 상환을 전액 보증할 수 있다.

⑤ 수산금융채권의 소멸시효는 원금과 이자 모두 5년으로 한다.

46. 다음 중 수협중앙회의 회계결산에 대한 규정의 내용으로 옳지 않은 것은?

① 수협중앙회는 회계법인의 회계감사를 받은 의견서를 첨부한 결산보고서를 매 회계연도가 지난 후 3개월 이내에 해양수산부장관에게 제출하여야 한다.

② 수협중앙회의 자기자본은 신용사업특별회계 외의 사업 부문의 자기자본과 신용사업특별회계의 자기자본으로 구분한다.

③ 수협중앙회의 법정적립금과 임의적립금, 지도사업이월금은 정관에 따라 각 사업 부문별로 적립하고 이월할 수 있다.

④ 수산업협동조합의 명칭을 사용하는 법인에 대하여 부과하는 명칭사용료는 다른 수입과 구분하여 관리하여야 한다.

⑤ 수협중앙회의 잉여금 배당은 손실을 보전하고 법정적립금과 임의적립금, 지도사업이월금을 적립한 후에 진행한다.

47. 수협 관련 법인에 대한 해양수산부장관 등의 감독권에 관한 설명으로 옳지 않은 것은?

① 수협은행에 대한 해양수산부장관의 업무 감독은 금융위원회와 협의하여 수행한다.

② 해양수산부장관은 조합등에 대한 감독 업무의 일부를 수협중앙회장에게 위탁할 수 있다.

③ 지방자치단체장은 해양수산부장관의 업무 감독과 별개로 지방자치단체가 보조한 사업에 관련한 업무에 대해 조합등을 감독하고 필요한 조치를 할 수 있다.

④ 해양수산부장관과 금융위원회는 조합, 수협중앙회 또는 수협은행에 대해 필요하다고 인정될 때에는 업무 또는 재산상황에 관한 보고를 받을 수 있다.

⑤ 조합 중 직전 회계연도 말 자산총액이 기준액 이상인 조합은 수협중앙회의 감독과 별도로 매년 「주식회사 등의 외부감사에 관한 법률」 제2조 제7호 및 제9조의 감사인의 감사를 받아야 한다.

48. 다음 〈보기〉의 상황에 대한 행정처분의 내용으로 적절하지 않은 것은?

| 보기 |

　해양수산부장관은 A 수산업협동조합에 대한 회계감사 결과 자기자본의 2배를 초과하는 수준의 부실대출이 누적되었음이 확인되었으며 향후 누적적자가 납입자본금을 잠식하는 자본잠식의 위험이 높다는 회계법인의 외부감사 진단결과를 근거로 해당 조합을 대상으로 경영지도를 실시하였다.

① 해양수산부장관은 해당 수산업협동조합에 대한 채무지급 정지와 함께 금융감독원장에게 해당 수산업협동조합의 재산실사를 요청하였다.

② 수협중앙회 사업전담대표이사는 해당 수산업협동조합에 대해 자금 결제 및 지급 보증과 신규수표의 발행을 중지하였다.

③ 금융감독원장은 재산실사 결과 해당 수산업협동조합의 부실대출에 대해 불법자금대출 사실이 확인된 임원 B 씨에 대해 재산 조회 및 가압류 신청을 하였다.

④ 해당 수산업협동조합의 소재지를 구역으로 하는 지방자치단체의 장은 자본잠식이 조합원 또는 제3자에게 중대한 손실이 끼칠 우려가 있다고 판단되어 설립인가의 취소를 위한 청문회를 개시하였다.

⑤ 해양수산부장관은 향후 재산실사 결과에 따라 경영정상화가 가능하다고 판단될 경우 채무 지급 정지 또는 수산업협동조합 임직원에게 내렸던 직무정지처분을 일부 철회할 수 있다.

49. 다음 중 「수산업협동조합법」의 위반사례와 그 벌칙의 연결로 옳지 않은 것은?

① 투기의 목적으로 수협중앙회의 재산을 처분하거나 이용하여 손실을 끼친 자는 10년 이하의 징역 또는 1억 원 이하의 벌금에 처한다.

② 제16조 제1항을 위반하여 해양수산부장관으로부터 설립인가를 받지 않은 지구별수협을 운영하다 적발된 조합장은 3년 이하의 징역 또는 3천만 원 이하의 벌금을 부과한다.

③ 제60조 제1항을 위반하여 수협중앙회로부터 승인을 받지 않은 사업을 운영한 지구별수협의 임원은 3년 이하의 징역 또는 3천만 원 이하의 벌금에 처한다.

④ 제53조의3을 위반하여 조합의 경비를 사용하여 조합장 본인의 성명으로 수협중앙회 임원의 경조사에 축의금을 제공한 경우 3년 이하의 징역 또는 3천만 원 이하의 벌금에 처한다.

⑤ 제7조 제2항을 위반하여 특정 정당을 지지하기 위한 목적으로 소속 직원들에게 선거운동에 참여할 것을 요구한 수협중앙회 임원은 2년 이하의 징역 또는 2천만 원 이하의 벌금에 처한다.

50. 수산업협동조합 및 수협중앙회의 임원 선거에 관한 선거범죄(제178조)에 따른 조치에 관한 설명으로 옳지 않은 것은?

① 당선인이 해당 선거에서 선거범죄에 의해 징역형이 확정된 경우 형량에 관계없이 해당 선거의 당선을 무효로 한다.

② 위탁선거범죄로 인한 당선무효결정의 확정판결 이전에 사직한 사람은 해당 당선무효가 확정되어 이를 실시사유로 하는 보궐선거의 후보자로 등록할 수 없다.

③ 수산업협동조합은 조합이 선거범죄의 사실을 인지하기 전 해당 범죄행위를 신고한 자에게 정관으로 정하는 바에 따라 포상금을 지급할 수 있다.

④ 과태료에 해당하는 선거범죄 신고자 역시 보호대상에 포함되며, 이에 관하여는 「공직선거법」 제262조의2를 준용한다.

⑤ 수협중앙회의 임원 선거에서 제53조를 위반하여 선거운동을 대가로 공사의 직을 제공받기로 승낙하였다면 선거관리위원회에 자수하더라도 형량이 감경되지는 않는다.

고시넷
전국수협
최신기출유형모의고사
적성검사 + 전공시험

전국 수협

파트 **3** **인성검사**

인성검사의 이해

1 인성검사, 왜 필요한가?

채용기업은 지원자가 '직무적합성'을 지닌 사람인지를 인성검사와 적성검사를 통해 판단한다. 인성검사에서 말하는 인성(人性)이란 그 사람의 성품, 즉 각 개인이 가지는 사고와 태도 및 행동 특성을 의미한다. 인성은 사람의 생김새처럼 사람마다 다르기 때문에 몇 가지 유형으로 분류하고 이에 맞추어 판단한다는 것 자체가 억지스럽고 어불성설일지 모른다. 그럼에도 불구하고 기업들의 입장에서는 입사를 희망하는 사람이 어떤 성품을 가졌는지 정보가 필요하다. 그래야 해당 기업의 인재상에 적합하고 담당할 업무에 적격한 인재를 채용할 수 있기 때문이다.

지원자의 성격이 외향적인지 아니면 내향적인지, 어떤 직무와 어울리는지, 조직에서 다른 사람과 원만하게 생활할 수 있는지, 업무 수행 중 문제가 생겼을 때 어떻게 대처하고 해결할 수 있는지에 대한 전반적인 개성은 자기소개서를 통해서나 면접을 통해서도 어느 정도 파악할 수 있다. 그러나 이것들만으로 인성을 충분히 파악할 수 없기 때문에 객관화되고 정형화된 인성검사로 지원자의 성격을 판단하고 있다.

채용기업은 필기시험을 높은 점수로 통과한 지원자라 하더라도 해당 기업과 거리가 있는 성품을 가졌다면 탈락시키게 된다. 일반적으로 필기시험 통과자 중 인성검사로 탈락하는 비율이 10% 내외가 된다고 알려져 있다. 물론 인성검사를 탈락하였다 하더라도 특별히 인성에 문제가 있는 사람이 아니라면 절망할 필요는 없다. 자신을 되돌아보고 다음 기회를 대비하면 되기 때문이다. 탈락한 기업이 원하는 인재상이 아니었다면 맞는 기업을 찾으면 되고, 경쟁자가 많았기 때문이라면 자신을 다듬어 경쟁력을 높이면 될 것이다.

2 인성검사의 특징

우리나라 대다수의 채용기업은 인재개발 및 인적자원을 연구하는 한국행동과학연구소(KIRBS), 에스에이치알(SHR), 한국사회적성개발원(KSAD), 한국인재개발진흥원(KPDI) 등 전문기관에 인성검사를 의뢰하고 있다.

이 기관들의 인성검사 개발 목적은 비슷하지만 기관마다 검사 유형이나 평가 척도는 약간의 차이가 있다. 또 지원하는 기업이 어느 기관에서 개발한 검사지로 인성검사를 시행하는지는 사전에 알 수 없다. 그렇지만 공통으로 적용하는 척도와 기준에 따라 구성된 여러 형태의 인성검사지로 사전 테스트를 해 보고 자신의 인성이 어떻게 평가되는가를 미리 알아보는 것은 가능하다.

인성검사는 필기시험 당일 직무능력평가와 함께 실시하는 경우와 직무능력평가 합격자에 한하여 면접과 함께 실시하는 경우가 있다. 인성검사의 문항은 100문항 내외에서부터 최대 500문항까지 다양하다. 인성검사에 주어지는 시간은 문항 수에 비례하여 30 ~ 100분 정도가 된다.

문항 자체는 단순한 질문으로 어려울 것은 없지만 제시된 상황에서 본인의 행동을 정하는 것이 쉽지만은 않다. 문항 수가 많을 경우 이에 비례하여 시간도 길게 주어지지만 단순하고 유사하며 반복되는 질문에 방심하여 집중하지 못하고 실수하는 경우가 있으므로 컨디션 관리와 집중력 유지에 노력하여야 한다. 특히 같거나 유사한 물음에 다른 답을 하는 경우가 가장 위험하다.

3 인성검사 척도 및 구성

1 미네소타 다면적 인성검사(MMPI)

MMPI(Minnesota Multiphasic Personality Inventory)는 1943년 미국 미네소타 대학교수인 해서웨이와 매킨리가 개발한 대표적인 자기 보고형 성향 검사로서 오늘날 가장 대표적으로 사용되는 객관적 심리검사 중 하나이다. MMPI는 약 550여 개의 문항으로 구성되며 각 문항을 읽고 '예(YES)' 또는 '아니오(NO)'로 대답하게 되어 있다.

MMPI는 4개의 타당도 척도와 10개의 임상척도로 구분된다. 500개가 넘는 문항들 중 중복되는 문항들이 포함되어 있는데 내용이 똑같은 문항도 10문항 이상 포함되어 있다. 이 반복 문항들은 응시자가 얼마나 일관성 있게 검사에 임했는지를 판단하는 지표로 사용된다.

구분	척도명	약자	주요 내용
타당도 척도 (바른 태도로 임했는지, 신뢰할 수 있는 결론인지 등을 판단)	무응답 척도 (Can not say)	?	응답하지 않은 문항과 복수로 답한 문항들의 총합으로 빠진 문항을 최소한으로 줄이는 것이 중요하다.
	허구 척도 (Lie)	L	자신을 좋은 사람으로 보이게 하려고 고의적으로 정직하지 못한 답을 판단하는 척도이다. 허구 척도가 높으면 장점까지 인정받지 못하는 결과가 발생한다.
	신뢰 척도 (Frequency)	F	검사 문항에 빗나간 답을 한 경향을 평가하는 척도로 정상적인 집단의 10% 이하의 응답을 기준으로 일반적인 경향과 다른 정도를 측정한다.
	교정 척도 (Defensiveness)	K	정신적 장애가 있음에도 다른 척도에서 정상적인 면을 보이는 사람을 구별하는 척도로 허구 척도보다 높은 고차원으로 거짓 응답을 하는 경향이 나타난다.
임상척도 (정상적 행동과 그렇지 않은 행동의 종류를 구분하는 척도로, 척도마다 다른 기준으로 점수가 매겨짐)	건강염려증 (Hypochondriasis)	Hs	신체에 대한 지나친 집착이나 신경질적 혹은 병적 불안을 측정하는 척도로 이러한 건강염려증이 타인에게 어떤 영향을 미치는지도 측정한다.
	우울증 (Depression)	D	슬픔·비관 정도를 측정하는 척도로 타인과의 관계 또는 본인 상태에 대한 주관적 감정을 나타낸다.
	히스테리 (Hysteria)	Hy	갈등을 부정하는 정도를 측정하는 척도로 신체 증상을 호소하는 경우와 적대감을 부인하며 우회적인 방식으로 드러내는 경우 등이 있다.
	반사회성 (Psychopathic Deviate)	Pd	가정 및 사회에 대한 불신과 불만을 측정하는 척도로 비도덕적 혹은 반사회적 성향 등을 판단한다.
	남성-여성특성 (Masculinity-Feminity)	Mf	남녀가 보이는 흥미와 취향, 적극성과 수동성 등을 측정하는 척도로 성에 따른 유연한 사고와 융통성 등을 평가한다.

편집증 (Paranoia)	Pa	과대 망상, 피해 망상, 의심 등 편집증에 대한 정도를 측정하는 척도로 열등감, 비사교적 행동, 타인에 대한 불만과 같은 내용을 질문한다.	
강박증 (Psychasthenia)	Pt	과대 근심, 강박관념, 죄책감, 공포, 불안감, 정리정돈 등을 측정하는 척도로 만성 불안 등을 나타낸다.	
정신분열증 (Schizophrenia)	Sc	정신적 혼란을 측정하는 척도로 자폐적 성향이나 타인과의 감정 교류, 충동 억제불능, 성적 관심, 사회적 고립 등을 평가한다.	
경조증 (Hypomania)	Ma	정신적 에너지를 측정하는 척도로 생각의 다양성 및 과장성, 행동의 불안정성, 흥분성 등을 나타낸다.	
사회적 내향성 (Social introversion)	Si	대인관계 기피, 사회적 접촉 회피, 비사회성 등의 요인을 측정하는 척도로 외향성 및 내향성을 구분한다.	

2 캘리포니아 성격검사(CPI)

CPI(California Psychological Inventory)는 캘리포니아 대학의 연구팀이 개발한 성검사로 MMPI와 함께 세계에서 가장 널리 사용되고 있는 인성검사 툴이다. CPI는 다양한 인성 요인을 통해 지원자가 답변한 응답 왜곡 가능성, 조직 역량 등을 측정한다. MMPI가 주로 정서적 측면을 진단하는 특징을 보인다면, CPI는 정상적인 사람의 심리적 특성을 주로 진단한다.

CPI는 약 480개 문항으로 구성되어 있으며 다음과 같은 18개의 척도로 구분된다.

구분	척도명	주요 내용
제1군 척도 (대인관계 적절성 측정)	지배성(Do)	리더십, 통솔력, 대인관계에서의 주도권을 측정한다.
	지위능력성(Cs)	내부에 잠재되어 있는 내적 포부, 자기 확신 등을 측정한다.
	사교성(Sy)	참여 기질이 활발한 사람과 그렇지 않은 사람을 구분한다.
	사회적 자발성(Sp)	사회 안에서의 안정감, 자발성, 사교성 등을 측정한다.
	자기 수용성(Sa)	개인적 가치관, 자기 확신, 자기 수용력 등을 측정한다.
	행복감(Wb)	생활의 만족감, 행복감을 측정하며 긍정적인 사람으로 보이고자 거짓 응답하는 사람을 구분하는 용도로도 사용된다.
제2군 척도 (성격과 사회화, 책임감 측정)	책임감(Re)	법과 질서에 대한 양심, 책임감, 신뢰성 등을 측정한다.
	사회성(So)	가치 내면화 정도, 사회 이탈 행동 가능성 등을 측정한다.
	자기 통제성(Sc)	자기조절, 자기통제의 적절성, 충동 억제력 등을 측정한다.
	관용성(To)	사회적 신념, 편견과 고정관념 등에 대한 태도를 측정한다.
	호감성(Gi)	타인이 자신을 어떻게 보는지에 대한 민감도를 측정하며, 좋은 사람으로 보이고자 거짓 응답하는 사람을 구분한다.
	임의성(Cm)	사회에 보수적 태도를 보이고 생각 없이 적당히 응답한 사람을 판단하는 척도로 사용된다.

제3군 척도 (인지적, 학업적 특성 측정)	순응적 성취(Ac)	성취동기, 내면의 인식, 조직 내 성취 욕구 등을 측정한다.
	독립적 성취(Ai)	독립적 사고, 창의성, 자기실현을 위한 능력 등을 측정한다.
	지적 효율성(Le)	지적 능률, 지능과 연관이 있는 성격 특성 등을 측정한다.
제4군 척도 (제1∼3군과 무관한 척도의 혼합)	심리적 예민성(Py)	타인의 감정 및 경험에 대해 공감하는 정도를 측정한다.
	융통성(Fx)	개인적 사고와 사회적 행동에 대한 유연성을 측정한다.
	여향성(Fe)	남녀 비교에 따른 흥미의 남향성 및 여향성을 측정한다.

3 SHL 직업성격검사(OPQ)

OPQ(Occupational Personality Questionnaire)는 세계적으로 많은 외국 기업에서 널리 사용하는 CEB 사의 SHL 직무능력검사에 포함된 직업성격검사이다. 4개의 질문이 한 세트로 되어 있고 총 68세트 정도 출제되고 있다. 4개의 질문 안에서 '자기에게 가장 잘 맞는 것'과 '자기에게 가장 맞지 않는 것'을 1개씩 골라 '예', '아니오'로 체크하는 방식이다. 단순하게 모든 척도가 높다고 좋은 것은 아니며, 척도가 낮은 편이 좋은 경우도 있다.

기업에 따라 척도의 평가 기준은 다르다. 희망하는 기업의 특성을 연구하고, 채용 기준을 예측하는 것이 중요하다.

척도	내용	질문 예
설득력	사람을 설득하는 것을 좋아하는 경향	− 새로운 것을 사람에게 권하는 것을 잘한다. − 교섭하는 것에 걱정이 없다. − 기획하고 판매하는 것에 자신이 있다.
지도력	사람을 지도하는 것을 좋아하는 경향	− 사람을 다루는 것을 잘한다. − 팀을 아우르는 것을 잘한다. − 사람에게 지시하는 것을 잘한다.
독자성	다른 사람의 영향을 받지 않고, 스스로 생각해서 행동하는 것을 좋아하는 경향	− 모든 것을 자신의 생각대로 하는 편이다. − 주변의 평가는 신경 쓰지 않는다. − 유혹에 강한 편이다.
외향성	외향적이고 사교적인 경향	− 다른 사람의 주목을 끄는 것을 좋아한다. − 사람들이 모인 곳에서 중심이 되는 편이다. − 담소를 나눌 때 주변을 즐겁게 해 준다.
우호성	친구가 많고, 대세의 사람이 되는 것을 좋아하는 경향	− 친구와 함께 있는 것을 좋아한다. − 무엇이라도 얘기할 수 있는 친구가 많다. − 친구와 함께 무언가를 하는 것이 많다.
사회성	세상 물정에 밝고 사람 앞에서도 낯을 가리지 않는 성격	− 자신감이 있고 유쾌하게 발표할 수 있다. − 공적인 곳에서 인사하는 것을 잘한다. − 사람들 앞에서 발표하는 것이 어렵지 않다.

겸손성	사람에 대해서 겸손하게 행동하고 누구라도 똑같이 사귀는 경향	– 자신의 성과를 그다지 내세우지 않는다. – 절제를 잘하는 편이다. – 사회적인 지위에 무관심하다.
협의성	사람들에게 의견을 물으면서 일을 진행하는 경향	– 사람들의 의견을 구하며 일하는 편이다. – 타인의 의견을 묻고 일을 진행시킨다. – 친구와 상담해서 계획을 세운다.
돌봄	측은해 하는 마음이 있고, 사람을 돌봐 주는 것을 좋아하는 경향	– 개인적인 상담에 친절하게 답해 준다. – 다른 사람의 상담을 진행하는 경우가 많다. – 후배의 어려움을 돌보는 것을 좋아한다.
구체적인 사물에 대한 관심	물건을 고치거나 만드는 것을 좋아하는 경향	– 고장 난 물건을 수리하는 것이 재미있다. – 상태가 안 좋은 기계도 잘 사용한다. – 말하기보다는 행동하기를 좋아한다.
데이터에 대한 관심	데이터를 정리해서 생각하는 것을 좋아하는 경향	– 통계 등의 데이터를 분석하는 것을 좋아한다. – 표를 만들거나 정리하는 것을 좋아한다. – 숫자를 다루는 것을 좋아한다.
미적가치에 대한 관심	미적인 것이나 예술적인 것을 좋아하는 경향	– 디자인에 관심이 있다. – 미술이나 음악을 좋아한다. – 미적인 감각에 자신이 있다.
인간에 대한 관심	사람의 행동에 동기나 배경을 분석하는 것을 좋아하는 경향	– 다른 사람을 분석하는 편이다. – 타인의 행동을 보면 동기를 알 수 있다. – 다른 사람의 행동을 잘 관찰한다.
정통성	이미 있는 가치관을 소중히 여기고, 익숙한 방법으로 사물을 대하는 것을 좋아하는 경향	– 실적이 보장되는 확실한 방법을 취한다. – 낡은 가치관을 존중하는 편이다. – 보수적인 편이다.
변화 지향	변화를 추구하고, 변화를 받아들이는 것을 좋아하는 경향	– 새로운 것을 하는 것을 좋아한다. – 해외여행을 좋아한다. – 경험이 없더라도 시도해 보는 것을 좋아한다.
개념성	지식에 대한 욕구가 있고, 논리적으로 생각하는 것을 좋아하는 경향	– 개념적인 사고가 가능하다. – 분석적인 사고를 좋아한다. – 순서를 만들고 단계에 따라 생각한다.
창조성	새로운 분야에 대한 공부를 하는 것을 좋아하는 경향	– 새로운 것을 추구한다. – 독창성이 있다. – 신선한 아이디어를 낸다.
계획성	앞을 생각해서 사물을 예상하고, 계획적으로 실행하는 것을 좋아하는 경향	– 과거를 돌이켜보며 계획을 세운다. – 앞날을 예상하며 행동한다. – 실수를 돌아보며 대책을 강구하는 편이다.

치밀함	정확한 순서를 세워 진행하는 것을 좋아하는 경향	- 사소한 실수는 거의 하지 않는다. - 정확하게 요구되는 것을 좋아한다. - 사소한 것에도 주의하는 편이다.
꼼꼼함	어떤 일이든 마지막까지 꼼꼼하게 마무리 짓는 경향	- 맡은 일을 마지막까지 해결한다. - 마감 시한은 반드시 지킨다. - 시작한 일은 중간에 그만두지 않는다.
여유	평소에 릴랙스하고, 스트레스에 잘 대처하는 경향	- 감정의 회복이 빠르다. - 분별없이 함부로 행동하지 않는다. - 스트레스에 잘 대처한다.
근심 · 걱정	어떤 일이 잘 진행되지 않으면 불안을 느끼고, 중요한 일을 앞두면 긴장하는 경향	- 예정대로 잘되지 않으면 근심 · 걱정이 많다. - 신경 쓰이는 일이 있으면 불안하다. - 중요한 만남 전에는 기분이 편하지 않다.
호방함	사람들이 자신을 어떻게 생각하는지를 신경 쓰지 않는 경향	- 사람들이 자신을 어떻게 생각하는지 그다지 신경 쓰지 않는다. - 상처받아도 동요하지 않고 아무렇지 않은 태도를 취한다. - 사람들의 비판에 크게 영향받지 않는다.
억제력	감정을 표현하지 않는 경향	- 쉽게 감정적으로 되지 않는다. - 분노를 억누른다. - 격분하지 않는다.
낙관적	사물을 낙관적으로 보는 경향	- 낙관적으로 생각하고 일을 진행시킨다. - 문제가 일어나도 낙관적으로 생각한다.
비판적	비판적으로 사물을 생각하고, 이론 · 문장 등의 오류에 신경 쓰는 경향	- 이론의 모순을 찾아낸다. - 계획이 갖춰지지 않은 것이 신경 쓰인다. - 누구도 신경 쓰지 않는 오류를 찾아낸다.
행동력	운동을 좋아하고, 민첩하게 행동하는 경향	- 동작이 날렵하다. - 여가를 활동적으로 보낸다. - 몸을 움직이는 것을 좋아한다.
경쟁성	지는 것을 싫어하는 경향	- 승부를 겨루게 되면 지는 것을 싫어한다. - 상대를 이기는 것을 좋아한다. - 싸워 보지 않고 포기하는 것을 싫어한다.
출세 지향	출세하는 것을 중요하게 생각하고, 야심적인 목표를 향해 노력하는 경향	- 출세 지향적인 성격이다. - 곤란한 목표도 달성할 수 있다. - 실력으로 평가받는 사회가 좋다.
결단력	빠르게 판단하는 경향	- 답을 빠르게 찾아낸다. - 문제에 대한 빠른 상황 파악이 가능하다. - 위험을 감수하고도 결단을 내리는 편이다.

🔍 4 인성검사 합격 전략

1 포장하지 않은 솔직한 답변

"다른 사람을 험담한 적이 한 번도 없다.", "물건을 훔치고 싶다고 생각해 본 적이 없다."

이 질문에 당신은 '그렇다', '아니다' 중 무엇을 선택할 것인가? 채용기업이 인성검사를 실시하는 가장 큰 이유는 '이 사람이 어떤 성향을 가진 사람인가'를 효율적으로 파악하기 위해서이다.

인성검사는 도덕적 가치가 빼어나게 높은 사람을 판별하려는 것도 아니고, 성인군자를 가려내기 위함도 아니다. 인간의 보편적 성향과 상식적 사고를 고려할 때, 도덕적 질문에 지나치게 겸손한 답변을 체크하면 오히려 솔직하지 못한 것으로 간주되거나 인성을 제대로 판단하지 못해 무효 처리가 되기도 한다. 자신의 성격을 포장하여 작위적인 답변을 하지 않도록 솔직하게 임하는 것이 예기치 않은 결과를 피하는 첫 번째 전략이 된다.

2 필터링 함정을 피하고 일관성 유지

앞서 강조한 솔직함은 일관성과 연결된다. 인성검사를 구성하는 많은 척도는 여러 형태의 문장 속에 동일한 요소를 적용해 반복되기도 한다. 예컨대 '나는 매우 활동적인 사람이다'와 '나는 운동을 매우 좋아한다'라는 질문에 '그렇다'고 체크한 사람이 '휴일에는 집에서 조용히 쉬며 독서하는 것이 좋다'에도 '그렇다'고 체크한다면 일관성이 없다고 평가될 수 있다.

그러나 일관성 있는 답변에만 매달리면 '이 사람이 같은 답변만 체크하기 위해 이 부분만 신경 썼구나'하는 필터링 함정에 빠질 수도 있다. 비슷하게 보이는 문장이 무조건 같은 내용이라고 판단하여 똑같이 답하는 것도 주의해야 한다. 일관성보다 중요한 것은 솔직함이다. 솔직함이 전제되지 않은 일관성은 허위 척도 필터링에서 드러나게 되어 있다. 유사한 질문의 응답이 터무니없이 다르거나 양극단에 치우치지 않는 정도라면 약간의 차이는 크게 문제되지 않는다. 중요한 것은 솔직함과 일관성이 하나의 연장선에 있다는 점을 명심하자.

3 지원한 직무와 연관성을 고려

다양한 분야의 많은 계열사와 큰 조직을 통솔하는 대기업은 여러 사람이 조직적으로 움직이는 만큼 각 직무에 걸맞은 능력을 갖춘 인재가 필요하다. 그래서 기업은 매년 신규채용으로 입사한 신입사원들의 젊은 패기와 참신한 능력을 성장 동력으로 활용한다.

기업은 사교성 있고 활달한 사람만을 원하지 않는다. 해당 직군과 직무에 따라 필요로 하는 사원의 능력과 개성이 다르기 때문에, 지원자가 희망하는 계열사나 부서의 직무가 무엇인지 제대로 파악하여 자신의 성향과 맞는지에 대한 고민은 반드시 필요하다. 같은 질문이라도 기업이 원하는 인재상이나 부서의 직무에 따라 판단 척도가 달라질 수 있다.

4 평상심 유지와 컨디션 관리

역시 솔직함과 연결된 내용이다. 한 질문에 오래 고민하고 신경 쓰면 불필요한 생각이 개입될 소지가 크다. 이는 직관을 떠나 이성적 판단에 따라 포장할 위험이 높아진다는 뜻이기도 하다. 긴 시간 생각하지 말고 자신의 평상시 생각과 감정대로 답하는 것이 중요하며, 가능한 건너뛰지 말고 모든 질문에 답하도록 한다. 300 ~ 400개 정도 문항을 출제하는 기업이 많기 때문에, 끝까지 집중하여 임하는 것이 중요하다.

특히 적성검사와 같은 날 실시하는 경우, 적성검사를 마친 후 연이어 보기 때문에 신체적 · 정신적으로 피로한 상태에서 자세가 흐트러질 수도 있다. 따라서 컨디션을 유지하면서 문항당 7 ~ 10초 이상 쓰지 않도록 하고, 문항 수가 많을 때는 답안지에 바로바로 표기하자.

02 인성검사 연습

👥 1 인성검사 출제유형

인성검사는 수협이 추구하는 '협동과 소통, 창의와 혁신, 친절과 배려를 갖춘 인재'라는 내부 기준에 따라 적합한 인재를 찾기 위해 가치관과 태도를 측정하는 것이다. 응시자 개인의 사고와 태도·행동 특성 및 유사 질문의 반복을 통해 거짓말 척도 등으로 기업의 인재상에 적합한지를 판단하므로 특별하게 정해진 답은 없다.

👥 2 문항군 개별 항목 체크

1 각 문항의 내용을 읽고 자신이 동의하는 정도에 따라 '① 매우 그렇지 않다 ② 그렇지 않다 ③ 그렇다 ④ 매우 그렇다' 중 해당되는 것을 표시한다.

2 성된 검사지에 문항 수가 많으면 일관된 답변이 어려울 수도 있으므로 최대한 꾸밈없이 자신의 가치관과 신념을 바탕으로 솔직하게 답하도록 노력한다.

📢 인성검사 Tip

1. 직관적으로 솔직하게 답한다.
2. 모든 문제를 신중하게 풀도록 한다.
3. 비교적 일관성을 유지할 수 있도록 한다.
4. 평소의 경험과 선호도를 자연스럽게 답한다.
5. 각 문항에 너무 골똘히 생각하거나 고민하지 않는다.
6. 지원한 분야와 나의 성격의 연관성을 미리 생각하고 분석해 본다.

🔍 3 모의 연습

※ 자신의 모습 그대로 솔직하게 응답하십시오. 솔직하고 성의 있게 응답하지 않을 경우 결과가 무효 처리됩니다.

[001~200] 모든 문항에는 옳고 그른 답이 없습니다. 다음 문항을 잘 읽고 ① ~ ④ 중 본인에게 해당되는 부분에 표시해 주십시오.

번호	문항	응답			
		전혀 그렇지 않다	그렇지 않다	그렇다	매우 그렇다
001	고객을 만족시키기 위해서 거짓말을 할 수 있다.	①	②	③	④
002	일을 통해 나의 지식과 기술로 후대에 기여하고 싶다.	①	②	③	④
003	내 의견을 이해하지 못하는 사람은 상대하지 않는다.	①	②	③	④
004	사회에서 인정받을 수 있는 사람이 되고 싶다.	①	②	③	④
005	착한 사람은 항상 손해를 보게 되어 있다.	①	②	③	④
006	내가 잘한 일은 남들이 꼭 알아줬으면 한다.	①	②	③	④
007	나와 다른 의견도 끝까지 듣는다.	①	②	③	④
008	어떤 말을 들을 때 다른 생각이 자꾸 떠오른다.	①	②	③	④
009	조직에서 될 수 있으면 비중 있는 일을 담당하려 노력한다.	①	②	③	④
010	싸운 후 다시 화해하는 데까지 시간이 많이 걸린다.	①	②	③	④
011	인정에 이끌려 내 생각을 변경한 적이 많다.	①	②	③	④
012	상처를 잘 받지 않고 실패나 실수를 두려워하지 않는다.	①	②	③	④
013	나만의 공간에 다른 사람이 침범하는 것을 싫어한다.	①	②	③	④
014	약속을 잊어버려 당황할 때가 종종 있다.	①	②	③	④
015	정해진 내용과 범위에 따라 일하는 것을 좋아한다.	①	②	③	④
016	지시를 받기 전에 먼저 일을 찾아서 하는 성향이다.	①	②	③	④
017	내 뜻에 맞지 않으면 조목조목 따진다.	①	②	③	④
018	하고 싶은 말이 있으면 꼭 해야만 마음이 편하다.	①	②	③	④
019	일 때문에 다른 것을 포기할 때가 많다.	①	②	③	④
020	상대방을 격려하고 고무시키는 일을 잘 못한다.	①	②	③	④
021	잘못을 저질렀을 때 요령 있게 상황을 잘 넘긴다.	①	②	③	④
022	문제를 많이 가지고 있는 사람일수록 덜 행복할 것이다.	①	②	③	④
023	현실에서 벗어나고 싶다는 생각이 들 때가 많다.	①	②	③	④
024	주변에는 감사할 일들이 별로 없다.	①	②	③	④
025	어떤 경우라도 남을 미워하지 않는다.	①	②	③	④

번호	문항	응답			
		전혀 그렇지 않다	그렇지 않다	그렇다	매우 그렇다
026	미래를 예측하거나 추상적인 개념 정립을 좋아한다.	①	②	③	④
027	회사의 일거리를 집에까지 가져가서 일하고 싶지는 않다.	①	②	③	④
028	웬만해서는 자신의 감정을 표현하지 않는다.	①	②	③	④
029	약속을 한 번도 어긴 적이 없다.	①	②	③	④
030	지루하거나 심심한 것은 잘 못 참는다.	①	②	③	④
031	자신의 논리와 법칙에 따라 행동한다.	①	②	③	④
032	옳다고 생각하면 다른 사람과 의견이 달라도 끝까지 의견을 고수한다.	①	②	③	④
033	확실하지 않은 것은 처음부터 시작하지 않는다.	①	②	③	④
034	성공할 것이라고 생각되는 확실한 계획만 실행에 옮긴다.	①	②	③	④
035	지인이나 친구의 부탁을 쉽게 거절하지 못한다.	①	②	③	④
036	잘못한 상대와는 다시 상대하지 않는 편이다.	①	②	③	④
037	나는 무슨 일이든지 잘할 수 있다.	①	②	③	④
038	양보와 타협보다 내 이익이 우선이다.	①	②	③	④
039	속고 사는 것보다 차라리 남을 속이는 것이 좋다.	①	②	③	④
040	새로운 유행이 시작되면 먼저 시도해 본다.	①	②	③	④
041	내 의견과 다르더라도 집단의 의견과 결정에 순응한다.	①	②	③	④
042	사람이 많이 모인 곳에 나가기가 어렵다.	①	②	③	④
043	기분에 따라 행동하는 경우는 거의 없다.	①	②	③	④
044	문제를 해결할 때 제일 먼저 떠오른 생각에 따른다.	①	②	③	④
045	작은 기쁨에도 지나치게 기뻐한다.	①	②	③	④
046	세상에는 감사할 일들이 너무 많다.	①	②	③	④
047	조심스럽게 운전하는 사람을 보면 짜증이 난다.	①	②	③	④
048	타고난 천성은 근본적으로 변화시킬 수 없다.	①	②	③	④
049	혼자보다 함께 일할 때 더 신이 난다.	①	②	③	④
050	식사 전에는 꼭 손을 씻는다.	①	②	③	④
051	문제가 생겼을 때 그 원인을 남에 비해 쉽게 알아낸다.	①	②	③	④
052	세상은 부정부패로 가득 차 있다.	①	②	③	④
053	하고 싶은 일을 하지 않고는 못 배긴다.	①	②	③	④
054	에너지가 넘친다는 말을 자주 듣는다.	①	②	③	④
055	거래처를 방문할 때 조그마한 선물 준비는 기본 예의다.	①	②	③	④

번호	문항	응답			
		전혀 그렇지 않다	그렇지 않다	그렇다	매우 그렇다
056	타인이 나를 비판하는 것을 견디지 못한다.	①	②	③	④
057	다른 사람의 일에는 절대 참견하지 않는다.	①	②	③	④
058	경제적 이득이 없더라도 인맥 구축을 위해 모임에 참석한다.	①	②	③	④
059	많은 사람의 도움이 없었다면 지금의 나도 없었을 것이다.	①	②	③	④
060	기분파라는 말을 자주 듣는다.	①	②	③	④
061	상대방을 생각해서 하고 싶은 말을 다 못할 때가 많다.	①	②	③	④
062	수줍음이 많아 앞에 잘 나서질 못한다.	①	②	③	④
063	내키지 않는 약속이라도 철저히 지킨다.	①	②	③	④
064	모임에서 함께 어울려 놀기보다 조용히 구경하는 것을 더 좋아한다.	①	②	③	④
065	조그마한 소리에도 잘 놀란다.	①	②	③	④
066	부자와 가난한 사람의 주된 차이는 운이다.	①	②	③	④
067	다양한 사람을 만나 소통하는 것을 좋아한다.	①	②	③	④
068	먼저 뛰어 들기보다 남들이 하는 것을 우선 관찰해본다.	①	②	③	④
069	살아있는 하루하루에 대해 감사함을 느낀다.	①	②	③	④
070	다른 사람에 비해 열등감을 많이 느낀다.	①	②	③	④
071	국제적, 정치적 문제에 보수적인 태도를 취한다.	①	②	③	④
072	깊이 생각하는 문제보다 쉽게 다룰 수 있는 문제를 선호한다.	①	②	③	④
073	통제하는 것보다 통제받는 것을 더 선호한다.	①	②	③	④
074	우선순위가 상황에 따라 자주 바뀐다.	①	②	③	④
075	주위 환경이 나를 괴롭히거나 불행하게 만든다.	①	②	③	④
076	좋고 싫음에 대해 내색을 잘하지 못한다.	①	②	③	④
077	갈등이 생기면 간접적이고 우회적으로 접근한다.	①	②	③	④
078	필요하다면 어떤 상대도 내 편으로 만들 수 있다.	①	②	③	④
079	남이 시키는 일을 하는 것이 편하다.	①	②	③	④
080	미래의 비전보다는 구체적인 현안 해결을 중시한다.	①	②	③	④
081	순간적인 기분으로 행동할 때가 많다.	①	②	③	④
082	사소한 법이라도 어긴 적이 없다.	①	②	③	④
083	누군가 나를 감시(미행)하고 있다는 느낌이 들 때가 있다.	①	②	③	④
084	현재의 나는 그렇게 행복한 삶을 살고 있지 않다.	①	②	③	④
085	상대에게 상처가 되더라도 진실을 이야기한다.	①	②	③	④

번호	문항	응답			
		전혀 그렇지 않다	그렇지 않다	그렇다	매우 그렇다
086	내가 행복해지려면 주변의 많은 것들이 변해야 한다.	①	②	③	④
087	일이나 타인의 부탁에 대해 끊고 맺음이 분명하다.	①	②	③	④
088	성격이 급하다는 말을 자주 듣는다.	①	②	③	④
089	아무 이유 없이 눈물이 나기도 한다.	①	②	③	④
090	다른 사람의 사랑 없이 나는 행복해질 수 없다.	①	②	③	④
091	조직의 이익보다는 내 입장이 우선이다.	①	②	③	④
092	본인에게 중요하지 않은 대화는 안 하는 편이다.	①	②	③	④
093	상대방이 불편해 하면 비위를 맞추려고 노력한다.	①	②	③	④
094	관심 있는 세미나나 강연회가 있으면 열심히 찾아가서 듣는다.	①	②	③	④
095	살아갈수록 감사할 일들이 많아진다.	①	②	③	④
096	사고하는 문제보다 쉽게 풀 수 있는 문제를 좋아한다.	①	②	③	④
097	눈치가 빠르며 상황을 빨리 파악하는 편이다.	①	②	③	④
098	현재의 나에 대해 매우 만족한다.	①	②	③	④
099	자존심이 상하면 화를 잘 참지 못한다.	①	②	③	④
100	부담을 주는 상대는 되도록 피한다.	①	②	③	④
101	일의 성사를 위해 연고(지연, 학연, 혈연 등)관계를 적극 활용할 필요가 있다.	①	②	③	④
102	어떤 일에 집중하느라 약속을 잊어버릴 때가 가끔 있다.	①	②	③	④
103	자진해서 발언하는 일이 별로 없다.	①	②	③	④
104	쓸데없는 잔걱정이 끊이질 않는다.	①	②	③	④
105	공정과 정의보다 사랑과 용서가 더 중요하다.	①	②	③	④
106	의사결정을 할 때 주도적 역할을 한다.	①	②	③	④
107	다툼을 피하기 위해 상대에게 저주는 편이다.	①	②	③	④
108	갈등이나 마찰을 피하기 위해 대부분 양보하는 편이다.	①	②	③	④
109	무엇이든 직선적으로 대응하는 방식을 선호한다.	①	②	③	④
110	자료를 분석하고 예측하는 일을 잘한다.	①	②	③	④
111	행운이 없이는 능력 있는 지도자가 될 수 없다.	①	②	③	④
112	뜻을 정하면 좀처럼 흔들리지 않는다.	①	②	③	④
113	혁신적이고 급진적인 사고방식에 거부감이 있다.	①	②	③	④
114	완벽한 능력이 있고, 성공을 해야만 내 가치를 인정받을 수 있다.	①	②	③	④
115	세상일은 절대로 내 뜻대로 되지 않는다.	①	②	③	④

번호	문항	전혀 그렇지 않다	그렇지 않다	그렇다	매우 그렇다
		응답			
116	조금은 엉뚱하게 생각하곤 한다.	①	②	③	④
117	불편한 상황은 그대로 넘기지 않고 시시비비를 따지는 편이다.	①	②	③	④
118	아무 목적 없이 여행하고 방랑했던 기억이 몇 차례 있다.	①	②	③	④
119	남들이 생각하지 못한 독특한 의견을 개진하곤 한다.	①	②	③	④
120	사람들과 헤어질 때 불안을 느낀다.	①	②	③	④
121	과거의 영향에서 벗어난다는 것은 거의 불가능하다.	①	②	③	④
122	세상에서 행복해지려면 반드시 돈이 많아야 한다.	①	②	③	④
123	상대방의 의견에 잘 맞추어 행동한다.	①	②	③	④
124	이롭지 않은 약속은 무시할 때가 종종 있다.	①	②	③	④
125	새롭게 느껴지는 문제를 해결하는 것을 좋아한다.	①	②	③	④
126	궂은일이나 애로사항이 생기면 도맡아서 처리한다.	①	②	③	④
127	다른 사람이 한 말의 숨은 뜻을 쉽게 알아차릴 수 있다.	①	②	③	④
128	잘못된 규정이라도 일단 확정되면 규정에 따라야 한다.	①	②	③	④
129	새로운 것을 보면 그냥 지나치지 못한다.	①	②	③	④
130	다시 태어나도 현재와 같은 삶을 살고 싶다.	①	②	③	④
131	나와 맞지 않다고 생각되는 사람하고는 굳이 친해지려고 하지 않는다.	①	②	③	④
132	양심적으로 살면 불이익을 당하는 경우가 많다.	①	②	③	④
133	가까운 사람에게 선물을 주는 것을 좋아한다.	①	②	③	④
134	남들이 당연하게 여기는 것도 의문을 품는 경향이 있다.	①	②	③	④
135	어렵고 힘든 일을 자진해서 떠맡는 편이다.	①	②	③	④
136	주변 환경이나 사물에 별로 관심이 없다.	①	②	③	④
137	나는 모든 사람으로부터 사랑받고 인정받아야 한다.	①	②	③	④
138	마음이 안심될 때까지 확인한다.	①	②	③	④
139	정서적으로 예민하고 유행에 민감하다.	①	②	③	④
140	조직이 원한다면 많은 희생을 감수할 수 있다.	①	②	③	④
141	다른 사람에 비해 유행이나 변화에 민감하지 못한 편이다.	①	②	③	④
142	명절에 거래처에서 주는 상품권이나 선물은 금액이 많지 않다면 받아도 된다.	①	②	③	④
143	질문을 많이 하고 의문을 많이 가진다.	①	②	③	④
144	감수성이 풍부하고 감정의 기복이 심하다.	①	②	③	④
145	공정한 사람보다 인정 많은 사람으로 불리고 싶다.	①	②	③	④

번호	문항	응답			
		전혀 그렇지 않다	그렇지 않다	그렇다	매우 그렇다
146	목표 달성을 위해서라면 사소한 규칙은 무시해도 된다.	①	②	③	④
147	남이 부탁하면 거절하지 못하고 일단 맡아 놓고 본다.	①	②	③	④
148	나의 미래는 희망으로 가득 차 있다.	①	②	③	④
149	기존의 방법과 다른 방향으로 생각하려 노력한다.	①	②	③	④
150	아무리 바빠도 시간을 내서 독서를 한다.	①	②	③	④
151	내 생각과 달라도 어른이나 상사의 행동이나 지시를 잘 따르는 편이다.	①	②	③	④
152	나와 관련 없는 것은 관심을 갖지 않는다.	①	②	③	④
153	항상 스스로 실수를 인정한다.	①	②	③	④
154	발이 넓고 활동적이어서 늘 바쁘다.	①	②	③	④
155	시간이 지난 후에야 어떤 일이나 사람에 대해 감사함을 느끼게 된다.	①	②	③	④
156	다른 사람들보다 옳고 그름에 대해 엄격한 편이다.	①	②	③	④
157	세세한 것에 신경 쓰다 큰 그림을 놓치는 경향이 있다.	①	②	③	④
158	사정에 따라 우선순위를 자주 바꾸는 경향이 있다.	①	②	③	④
159	흥분을 잘하지만 또 금방 풀어진다.	①	②	③	④
160	세상은 그저 스쳐지나가는 것이라는 느낌이 자주 든다.	①	②	③	④
161	내 근심을 덜어 줄 사람은 아무도 없다.	①	②	③	④
162	하고 싶은 말을 잘 참지 못한다.	①	②	③	④
163	위험을 회피하고 확실한 길만 간다.	①	②	③	④
164	내 주장이 맞다고 생각하면 양보하지 않는다.	①	②	③	④
165	분노를 표현하는 데 주저하지 않는다.	①	②	③	④
166	나는 주는 것보다 받은 것이 너무 많다.	①	②	③	④
167	특별한 용건이 없는 한 사람들을 잘 만나지 않는다.	①	②	③	④
168	인생은 허무하고 공허할 뿐이다.	①	②	③	④
169	상대 잘못으로 갈등이 생겨도 먼저 가서 화해를 청한다.	①	②	③	④
170	나에 대한 가치는 다른 사람의 평가에 달려 있다.	①	②	③	④
171	다른 사람의 일까지 맡아서 하는 경우가 많다.	①	②	③	④
172	다른 사람들과 똑같은 생각이나 행동을 하기 싫다.	①	②	③	④
173	내키지 않는 하찮은 일을 하기가 어렵다.	①	②	③	④
174	지배당하는 것보다 지배하는 삶이 훨씬 가치 있다.	①	②	③	④
175	문제가 생기면 해결사 역할을 도맡아 한다.	①	②	③	④

번호	문항	응답			
		전혀 그렇지 않다	그렇지 않다	그렇다	매우 그렇다
176	꼼꼼히 하는 것보다 빨리하는 것을 좋아한다.	①	②	③	④
177	나는 언제나 잘될 것이라고 생각한다.	①	②	③	④
178	남을 의심해 본 적이 없다.	①	②	③	④
179	도전해 볼 만한 일이라면 실패 위험을 감수한다.	①	②	③	④
180	어찌 됐든 규정을 어겼다면 처벌을 받아야 한다.	①	②	③	④
181	다른 사람의 좋은 점을 말하고 칭찬하기를 좋아한다.	①	②	③	④
182	미래가 암담하게 느껴질 때가 많다.	①	②	③	④
183	다른 사람이 선뜻 나서지 않는 문제를 먼저 자원해서 해결한다.	①	②	③	④
184	세상의 모든 불공정한 일에 대해 생각할 때 괴롭다.	①	②	③	④
185	일과 사람(공과 사)의 구분이 명확하다.	①	②	③	④
186	조그마한 실수나 결점에 매우 민감하다.	①	②	③	④
187	복잡하고 어려운 문제에 도전하는 것이 재미있다.	①	②	③	④
188	종종 내 삶은 무의미한 것 같다.	①	②	③	④
189	서로 대립할 때 중재 역할을 잘 못한다.	①	②	③	④
190	협력하는 일보다 개인 중심 업무를 선호한다.	①	②	③	④
191	다른 사람이 참견하고 간섭하는 것을 싫어한다.	①	②	③	④
192	개인 활동보다 팀 활동을 선호한다.	①	②	③	④
193	건물에 들어가면 비상구를 항상 확인해 둔다.	①	②	③	④
194	어떤 경기든 홈그라운드의 이점은 있어야 한다.	①	②	③	④
195	상대가 공격해오면 곧바로 되받아친다.	①	②	③	④
196	상대방이 실수를 해도 싫은 말을 잘 못한다.	①	②	③	④
197	확인되고 증명된 것만을 믿는다.	①	②	③	④
198	나의 일상은 흥미진진한 일들로 가득 차 있다.	①	②	③	④
199	회사에 지장을 주지 않는 선에서 다른 일을 겸하는 것은 문제되지 않는다.	①	②	③	④
200	좋은 소식은 물론 나쁜 소식도 솔직하게 공유한다.	①	②	③	④

Memo

미래를 창조하기에 꿈만큼 좋은 것은 없다.
오늘의 유토피아가 내일 현실이 될 수 있다.

There is nothing like dream to create the future.
Utopia today, flesh and blood tomorrow.
빅토르 위고 Victor Hugo

고시넷
전국수협
최신기출유형모의고사
적성검사 + 전공시험

전국 수협

파트 **4** **면접가이드**

01 면접의 이해

※ 능력중심 채용에서는 타당도가 높은 구조화 면접을 적용한다.

1 면접이란?

일을 하는 데 필요한 능력(직무역량, 직무지식, 인재상 등)을 지원자가 보유하고 있는지를 다양한 면접기법을 활용하여 확인하는 절차이다. 자신의 환경, 성취, 관심사, 경험 등에 대해 이야기하여 본인이 적합하다는 것을 보여 줄 기회를 제공하고, 면접관은 평가에 필요한 정보를 수집하고 평가하는 것이다.

- 지원자의 태도, 적성, 능력에 대한 정보를 심층적으로 파악하기 위한 선발 방법
- 선발의 최종 의사결정에 주로 사용되는 선발 방법
- 전 세계적으로 선발에서 가장 많이 사용되는 핵심적이고 중요한 방법

2 면접의 특징

서류전형이나 인적성검사에서 드러나지 않는 것들을 볼 수 있는 기회를 제공한다.

- 직무수행과 관련된 다양한 지원자 행동에 대한 관찰이 가능하다.
- 면접관이 알고자 하는 정보를 심층적으로 파악할 수 있다.
- 서류상의 미비한 사항과 의심스러운 부분을 확인할 수 있다.
- 커뮤니케이션, 대인관계행동 등 행동·언어적 정보도 얻을 수 있다.

3 면접의 평가요소

1 인재적합도

해당 기관이나 기업별 인재상에 대한 인성 평가

2 조직적합도

조직에 대한 이해와 관련 상황에 대한 평가

3 직무적합도

직무에 대한 지식과 기술, 태도에 대한 평가

👥🔍 4 면접의 유형

구조화된 정도에 따른 분류

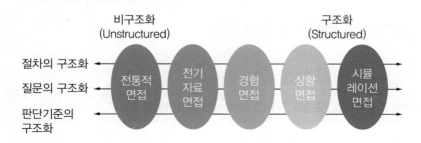

비구조화 (Unstructured) ←→ 구조화 (Structured)

절차의 구조화 →
질문의 구조화 →
판단기준의 구조화 →

전통적 면접 · 전기 자료 면접 · 경험 면접 · 상황 면접 · 시뮬 레이션 면접

1 구조화 면접(Structured Interview)

사전에 계획을 세워 질문의 내용과 방법, 지원자의 답변 유형에 따른 추가 질문과 그에 대한 평가역량이 정해져 있는 면접 방식(표준화 면접)

- 표준화된 질문이나 평가요소가 면접 전 확정되며, 지원자는 편성된 조나 면접관에 영향을 받지 않고 동일한 질문과 시간을 부여받을 수 있음.
- 조직 또는 직무별로 주요하게 도출된 역량을 기반으로 평가요소가 구성되어, 조직 또는 직무에서 필요한 역량을 가진 지원자를 선발할 수 있음.
- 표준화된 형식을 사용하는 특성 때문에 비구조화 면접에 비해 신뢰성과 타당성, 객관성이 높음.

2 비구조화 면접(Unstructured Interview)

면접 계획을 세울 때 면접 목적만 명시하고 내용이나 방법은 면접관에게 전적으로 일임하는 방식(비표준화 면접)

- 표준화된 질문이나 평가요소 없이 면접이 진행되며, 편성된 조나 면접관에 따라 지원자에게 주어지는 질문이나 시간이 다름.
- 면접관의 주관적인 판단에 따라 평가가 이루어져 평가 오류가 빈번히 일어남.
- 상황 대처나 언변이 뛰어난 지원자에게 유리한 면접이 될 수 있음.

02 구조화 면접 기법

※ 능력중심 채용에서는 타당도가 높은 구조화 면접을 적용한다.

1 경험면접(Behavioral Event Interview)

면접 프로세스

안내 ⟩ 지원자는 입실 후, 면접관을 통해 인사말과 면접에 대한 간단한 안내를 받음.

질문 ⟩ 지원자는 면접관에게 평가요소(직업기초능력, 직무수행능력 등)와 관련된 주요 질문을 받게 되며, 질문에서 의도하는 평가요소를 고려하여 응답할 수 있도록 함.

세부질문 ⟩ •지원자가 응답한 내용을 토대로 해당 평가기준들을 충족시키는지 파악하기 위한 세부질문이 이루어짐.
•구체적인 행동·생각 등에 대해 응답할수록 높은 점수를 얻을 수 있음.

- **방식**
  해당 역량의 발휘가 요구되는 일반적인 상황을 제시하고, 그러한 상황에서 어떻게 행동했었는지(과거경험)를 이야기하도록 함.

- **판단기준**
  해당 역량의 수준, 경험 자체의 구체성, 진실성 등

- **특징**
  추상적인 생각이나 의견 제시가 아닌 과거 경험 및 행동 중심의 질의가 이루어지므로 지원자는 사전에 본인의 과거 경험 및 사례를 정리하여 면접에 대비할 수 있음.

- **예시**

지원분야		지원자		면접관		(인)
경영자원관리 조직이 보유한 인적자원을 효율적으로 활용하여, 조직 내 유·무형 자산 및 재무자원을 효율적으로 관리한다.						
주질문						
A. 어떤 과제를 처리할 때 기존에 팀이 사용했던 방식의 문제점을 찾아내 이를 보완하여 과제를 더욱 효율적으로 처리했던 경험에 대해 이야기해 주시기 바랍니다.						
세부질문						
[상황 및 과제] 사례와 관련해 당시 상황에 대해 이야기해 주시기 바랍니다. [역할] 당시 지원자께서 맡았던 역할은 무엇이었습니까? [행동] 사례와 관련해 구성원들의 설득을 이끌어 내기 위해 어떤 노력을 하였습니까? [결과] 결과는 어땠습니까?						

기대행동	평점
업무진행에 있어 한정된 자원을 효율적으로 활용한다.	① - ② - ③ - ④ - ⑤
구성원들의 능력과 성향을 파악해 효율적으로 업무를 배분한다.	① - ② - ③ - ④ - ⑤
효과적 인적/물적 자원관리를 통해 맡은 일을 무리 없이 잘 마무리한다.	① - ② - ③ - ④ - ⑤

척도해설

1 : 행동증거가 거의 드러나지 않음	2 : 행동증거가 미약하게 드러남	3 : 행동증거가 어느 정도 드러남	4 : 행동증거가 명확하게 드러남	5 : 뛰어난 수준의 행동증거가 드러남
관찰기록 :				
총평 :				

※ 실제 적용되는 평가지는 기업/기관마다 다름.

2 상황면접(Situational Interview)

면접 프로세스

안내 ─ 지원자는 입실 후, 면접관을 통해 인사말과 면접에 대한 간단한 안내를 받음.

↓

질문 ─
- 지원자는 상황질문지를 검토하거나 면접관을 통해 상황 및 질문을 제공받음.
- 면접관의 질문이나 질문지의 의도를 파악하여 응답할 수 있도록 함.

↓

세부질문 ─
- 지원자가 응답한 내용을 토대로 해당 평가기준들을 충족시키는지 파악하기 위한 세부질문이 이루어짐.
- 구체적인 행동·생각 등에 대해 응답할수록 높은 점수를 얻을 수 있음.

- 방식
  직무 수행 시 접할 수 있는 상황들을 제시하고, 그러한 상황에서 어떻게 행동할 것인지(행동의도)를 이야기하도록 함.
- 판단기준
  해당 상황에 맞는 해당 역량의 구체적 행동지표
- 특징
  지원자의 가치관, 태도, 사고방식 등의 요소를 평가하는 데 용이함.

• 예시

지원분야		지원자		면접관	(인)

유관부서협업
타 부서의 업무협조요청 등에 적극적으로 협력하고 갈등 상황이 발생하지 않도록 이해관계를 조율하며 관련 부서의 협업을 효과적으로 이끌어 낸다.

주질문
당신은 생산관리팀의 팀원으로, 2개월 뒤에 제품 A를 출시하기 위해 생산팀의 생산 계획을 수립한 상황입니다. 그러나 원가가 곧 실적으로 이어지는 구매팀에서는 최대한 원가를 줄여 전반적 단가를 낮추려고 원가절감을 위한 제안을 하였으나, 연구개발팀에서는 구매팀이 제안한 방식으로 제품을 생산할 경우 대부분이 구매팀의 실적으로 산정될 것이므로 제대로 확인도 해보지 않은 채 적합하지 않은 방식이라고 판단하고 있습니다. 당신은 어떻게 하겠습니까?

세부질문
[상황 및 과제] 이 상황의 핵심적인 이슈는 무엇이라고 생각합니까?
[역할] 당신의 역할을 더 잘 수행하기 위해서는 어떤 점을 고려해야 하겠습니까? 왜 그렇게 생각합니까?
[행동] 당면한 과제를 해결하기 위해서 구체적으로 어떤 조치를 취하겠습니까? 그 이유는 무엇입니까?
[결과] 그 결과는 어떻게 될 것이라고 생각합니까? 그 이유는 무엇입니까?

척도해설

1 : 행동증거가 거의 드러나지 않음	2 : 행동증거가 미약하게 드러남	3 : 행동증거가 어느 정도 드러남	4 : 행동증거가 명확하게 드러남	5 : 뛰어난 수준의 행동증거가 드러남
관찰기록 :				
총평 :				

※ 실제 적용되는 평가지는 기업/기관마다 다름.

3 발표면접(Presentation)

면접 프로세스

안내
• 입실 후 지원자는 면접관으로부터 인사말과 발표면접에 대해 간략히 안내받음.
• 면접 전 지원자는 과제 검토 및 발표 준비시간을 가짐.

발표
• 지원자들이 과제 주제와 관련하여 정해진 시간 동안 발표를 실시함.
• 면접관은 발표내용 중 평가요소와 관련해 나타난 가점 및 감점요소들을 평가하게 됨.

질문응답
• 발표 종료 후 면접관은 정해진 시간 동안 지원자의 발표내용과 관련해 구체적인 내용을 확인하기 위한 질문을 함.
• 지원자는 면접관의 질문의도를 정확히 파악하여 적절히 응답할 수 있도록 함.
• 응답 시 명확하고 자신있게 전달할 수 있도록 함.

- 방식

  지원자가 특정 주제와 관련된 자료(신문기사, 그래프 등)를 검토하고, 그에 대한 자신의 생각을 면접관 앞에서 발표하며, 추가 질의응답이 이루어짐.

- 판단기준

  지원자의 사고력, 논리력, 문제해결능력 등

- 특징

  과제를 부여한 후, 지원자들이 과제를 수행하는 과정과 결과를 관찰·평가함. 과제수행의 결과뿐 아니라 과제수행 과정에서의 행동을 모두 평가함.

4 토론면접(Group Discussion)

 면접 프로세스

안내	·입실 후, 지원자들은 면접관으로부터 토론 면접의 전반적인 과정에 대해 안내받음. ·지원자는 정해진 자리에 착석함.

토론	·지원자들이 과제 주제와 관련하여 정해진 시간 동안 토론을 실시함(시간은 기관별 상이). ·지원자들은 면접 전 과제 검토 및 토론 준비시간을 가짐. ·토론이 진행되는 동안, 지원자들은 다른 토론자들의 발언을 경청하여 적절히 본인의 의사를 전달할 수 있도록 함. 더불어 적극적인 태도로 토론면접에 임하는 것도 중요함.

마무리 (5분 이내)	·면접 종료 전, 지원자들은 토론을 통해 도출한 결론에 대해 첨언하고 적절히 마무리 지음. ·본인의 의견을 전달하는 것과 동시에 다른 토론자를 배려하는 모습도 중요함.

- 방식

  상호갈등적 요소를 가진 과제 또는 공통의 과제를 해결하는 내용의 토론 과제(신문기사, 그래프 등)를 제시하고, 그 과정에서의 개인 간의 상호작용 행동을 관찰함.

- 판단기준

  팀워크, 갈등 조정, 의사소통능력 등

- 특징

  면접에서 최종안을 도출하는 것도 중요하나 주장의 옳고 그름이 아닌 결론을 도출하는 과정과 말하는 자세 등도 중요함.

5 역할연기면접(Role Play Interview)

- 방식
  기업 내 발생 가능한 상황에서 부딪히게 되는 문제와 역할을 가상적으로 설정하여 특정 역할을 맡은 사람과 상호작용하고 문제를 해결해 나가도록 함.
- 판단기준
  대처능력, 대인관계능력, 의사소통능력 등
- 특징
  실제 상황과 유사한 가상 상황에서 지원자의 성격이나 대처 행동 등을 관찰할 수 있음.

6 조별활동(GA : Group Activity)

- 방식
  지원자들이 팀(집단)으로 협력하여 정해진 시간 안에 활동 또는 게임을 하며 면접관들은 지원자들의 행동을 관찰함.
- 판단기준
  대인관계능력, 팀워크, 창의성 등
- 특징
  기존 면접보다 오랜 시간 관찰을 하여 지원자들의 평소 습관이나 행동들을 관찰하려는 데 목적이 있음.

면접 최신 기출 주제

전국 수협 면접은 크게 1차 실무면접과 2차 임원면접으로 이루어진다. 1차 실무면접에서는 수협에서 진행하는 사업, 시사 중심의 경제학 관련 전문지식 이해 여부를 기준으로 삼아 각 지점별로 다양한 유형의 내용을 질문으로 제시한다. 2차 임원면접에서는 인성관련 질문 이외에 사회ㆍ문화 관련 이슈를 질문으로 제시한다. 따라서 면접 전 지원한 수협에 대한 정보와 경제용어를 미리 학습하여 질문에 당황하지 않고 대답할 수 있도록 사전에 대비할 필요가 있다.

1 2024 하반기 면접 실제 기출 주제

1 1차 실무면접

- 1분 자기소개
- 해당 수협에서 진행하는 사업에 대해 아는 대로 말해 보시오.
- 지원한 수협에서 판매하는 적금상품 중 가입을 한다면 어떠한 상품에 할 것인지 이유를 말해 보시오.
- 행원으로서 업무를 수행하는 데 있어 가장 중요하다고 생각하는 역량을 말하고 그 이유를 제시하시오.
- 지원자의 가치관과 회사의 가치관이 충돌할 경우 어떻게 하겠는가?
- 직장인으로서 어떠한 덕목이 필요하다고 생각하는가?
- 수협의 인재상 중 '창의와 혁신'이라는 항목이 있는데 과거에 이를 실천한 경험이 있다면 말해 보시오.
- 최근 본 수협과 관련된 기사의 내용을 말해 보시오.
- 지원한 수협과 지역의 중소기업 간의 상품을 개발하기 위해서 어떠한 조사가 필요한지 말해 보시오.
- 지원한 수협을 방문한 경험이 있다면 해당 경험을 바탕으로 개선이 필요한 점을 말해 보시오.

2 2차 임원면접

- 대학원을 졸업했던데 전국 수협을 지원한 이유가 있는가?
- 집 주소가 다른 도시인데 해당 수협을 지원한 이유가 있는가?
- 자기소개서를 보니 컨설팅 관련 활동을 한 이력이 있는데 이때 한 업무를 자세하게 말해 보시오.
- 지원한 업무가 아닌 위판장에서 근무하게 될 수도 있는데 괜찮은가?
- 공백기에는 무엇을 하였는지 말해 보시오.
- 스트레스를 해소하는 자신만의 방법이나 취미가 있는가?
- 조직생활을 하면서 함께 일하기 싫은 유형에 대해 말해 보시오.
- 직무가 적성에 맞지 않는다면 어떻게 할 것인가?
- 자신을 설명할 수 있는 단어 3개를 말하고 그 이유도 말해 보시오.

2 2024 상반기 면접 실제 기출 주제

1 1차 실무면접

- 1분 자기소개
- 인턴 경험이 있는데 해당 경험이 수협에서 업무를 수행하는 데에 어떻게 도움이 될지 말해 보시오.
- 시중 은행과 비교했을 때 수협만의 장점을 말해 보시오.
- 전공과 지원한 직무와의 연관성이 있는가?
- 이전에 일했던 직장에서 까다로운 민원을 처리한 경험이 있다면 말해 보시오.
- 수협 특성상 나이가 있으신 어르신이 자주 오는데 원활한 커뮤니케이션을 위한 자신만의 방법이 있는가?
- 공제 상품에 대해 아는 대로 말해 보시오.
- 무리한 요구를 하는 고객이 있다면 어떻게 할지 말해 보시오.
- 현재 젊은 입사자 중에 퇴사자가 많은데 이를 줄이기 위해서 수협이 어떻게 대응하는 게 좋을지 말해 보시오.
- 지원한 직무에 대해 아는 대로 말해 보시오.
- 요새와 같은 금리 인상 시기에 어떠한 상품을 주력으로 판매해야 할지 의견을 제시해 보시오.
- 금리 변동이 은행에 미치는 영향에 대해서 말해 보시오.
- 은퇴 후 노후에 대해서는 어떠한 방식으로 대비할지 말해 보시오.
- 수협은 공공성과 수익성 중 어떤 것을 추구하는 것이 좋을지 말해 보시오.

2 2차 임원면접

- 발령받은 곳의 업무량이 많을 때 어떻게 할 것인가?
- 실패를 경험해본 적이 있는가, 있다면 해당 경험에 대해 말해 보시오.
- 입사 후 5년 안에 이루고 싶은 목표가 있다면 말해 보시오.
- 다른 사람들을 위해 희생하거나 배려했던 경험을 말해 보시오.
- 열정을 다해 도전해 본 경험이 있다면 말해 보시오.
- 상사가 부당한 업무를 지시했을 때 어떻게 할 것인가?
- 같은 고객에게 계속해서 민원이 들어온다면 어떻게 대처하겠는가?
- 워라밸에 대해 어떻게 생각하는가?
- 입사 후 수협에서 어떤 업무를 해보고 싶은가?

3 2023 상반기 면접 실제 기출 주제

1 1차 실무면접

- 1분 자기소개
- 현재 따로 자기 계발을 위해 공부하거나 자격증을 따려고 하는 것이 있는가? 있다면 해당 분야를 공부하는 이유는 무엇인가?
- 행원으로서 갖추어야 할 자질이나 덕목은 무엇이라고 생각하는가?
- 최근 본 기사 중 은행권에 영향이 있을 것 같은 내용의 기사를 설명해 보시오.
- 수협이 다른 은행들과 차별화된 점이 있다면 무엇인가? 만약 차별화된 것이 없다고 느꼈다면 무엇을 개선하는 것이 중요하다고 생각하는가?
- 갈등을 극복한 사례가 있다면 그 경험에 대해 말해 보시오.
- 금융업 종사자로서 수협 내 카드 상품 중 개선되어야 하는 것이 있다고 생각하는가? 있다면 어떻게 개선해야 하는가?
- 2억을 맡기려는 고객이 있다고 할 때, 어떠한 방식의 자산 운용을 추천할 것인가?
- 업무를 수행함에 있어서 본인이 가장 중요하다고 생각하는 가치를 말해 보시오.
- 수협의 인재상 중 '친절과 배려'라는 항목이 있는데 과거에 이를 실천한 경험이 있다면 말해 보시오.

2 2차 임원면접

- 본인이 희망하는 부서가 아닌 다른 부서로 배정된다면 어떻게 할 것인가?
- 나중에 임원이 된다면 어떠한 사람이 되고 싶은가?
- 상사와 업무적으로 자주 충돌하는 상황이 발생하면 어떻게 해결할 것인지 말해 보시오.
- 수협에 지원하기 전에 다른 곳에서 계약직으로 일한 경력이 있던데 그만둔 이유를 말해 보시오.
- 주변 사람들이 자신에 대해 어떻게 생각하는지 말해 보시오.
- MZ 세대들이 회사 생활에서 가장 꺼려하는 것은 무엇인가?
- 다음 생에 꼭 하고 싶은 것이나 되고 싶은 것이 있는가, 있다면 그 이유는 무엇인가?
- 스트레스를 해소하는 자신만의 방법이 있는가?
- 조직에서 가장 중요하게 생각하는 부분이 있는가? 있다면 말해 보시오.

🔍 4 2022 하반기 면접 실제 기출 주제

1 1차 실무면접

- 1분 자기소개
- 지원한 수협에 대해 아는 대로 말해 보시오.
- 본인의 강점을 사례와 함께 설명하시오.
- 졸업 후 공백기가 있던데 그 이유를 말해 보시오.
- 이전에 중소기업에서 일했던 경력이 있는데 그 기업에 지원한 이유는 무엇인가?
- 수협의 역할이 무엇이라고 생각하는가?
- 혼자만의 자산관리방법이 있는가?
- 지원한 수협을 방문한 적이 있는가, 있다면 해당 경험을 통해 느낀 점을 말해 보시오.
- 거주지에서 출퇴근할 때 소요되는 시간은 얼마정도 되는가?
- 지원자의 역량 중 수협에 기여할 수 있는 역량은 무엇인가?
- 재래시장 옆에 위치한 지점에서 근무한다고 할 때 신규 고객을 모집하면서 매출을 증대하는 방안을 제시해 보시오.
- 일을 할 때 끈기와 근성을 발휘해서 문제를 해결한 경험이 있다면 말해 보시오.

2 2차 임원면접

- 본인을 색으로 표현하고 해당 색을 고른 이유를 설명하시오.
- 본인의 강점을 말하고 업무와의 연관성을 제시하시오.
- 보수적인 상사를 만났을 때 어떻게 대처할 것인가?
- 전공과 경력이 금융권과는 거리가 있는데 본인의 전공을 어떤 식으로 업무에 적용할 것인가?
- 거주지가 해당 수협과 거리가 있는데 어떠한 방식으로 출퇴근을 할 것인가?
- 젊은 세대의 퇴사율이 높아지고 있는데 이러한 상황에서 수협이 나아가야할 방향을 제시하시오.
- 코로나 이후로 많은 기업들이 재택근무를 시행하고 있는데 만약 재택근무를 해야 한다면 지원자는 어떤 방식으로 업무를 수행할 것인가?
- MZ 세대의 특징은 무엇이라고 생각하는가, 그 특징이 수협에 기여할 수 있는 점은 무엇인가?

5 2022 상반기 면접 실제 기출 주제

1 1차 실무면접

- 해당 수협에 지원한 이유를 말해 보시오.
- 합격했을 때 배정받고 싶은 희망부서가 있다면 말해 보시오.
- 수협은 어떤 일을 하는 곳인지 아는 대로 말해 보시오.
- 위판장의 경우 업무의 강도가 높은 편인데 다닐 수 있는가?
- 위판장에서 근무하게 될 경우 어르신을 상대하는 상황이 많아 곤란한 일(욕설)에 처할 수도 있는데 이때 어떻게 대처하겠는가?
- 위와 같은 곤란한 일을 겪고도 극복하는 자신만의 방법이 있는가?
- 경력에 기술된 기업에서 했던 업무에 대해 자세히 말해 보시오.
- 해당 수협의 재무제표를 확인한 것 같은데 영업이익이 알고 있는가?
- 비전공자임에도 금융권으로 취업은 준비한 이유를 말해 보시오.
- 테이퍼링에 대해 설명해 보시오.
- 코로나 19 이후 한국 경제가 어떻게 변화한 것 같은지 말해 보시오.
- 좋아하는 생선이 있는가, 있다면 이 생선을 수협에서 판매하기 위해 어떠한 전략을 사용해야 하는지 말해 보시오.

2 2차 임원면접

- 전에 직장을 다닌 경력이 있는데 퇴사 이유가 무언인가?
- 지원한 수협을 방문한 적이 있는가, 있다면 그 경험에 대해 말해 보시오.
- 지방으로 발령을 받을 수도 있는데 근무가 가능한가?
- 다른 곳도 지원했는가 그리고 이전에 다른 회사에서 면접을 본 경험이 있는가?
- 이력서를 보니 자격증을 다수 보유하고 있는데 이를 연계한 인턴 경험은 없는가?
- 조합과 중앙회의 차이에 대해 설명해 보시오.
- 10년 뒤 수협에서 본인이 하고 싶은 일이 무엇인지 말하고 어떻게 할 것인지 제시하시오.
- 잘 맞지 않은 사람과 일을 해야 할 때 어떻게 대처하겠는가?
- 본인이 한 일 중에 가장 잘 한 일과 후회되는 일을 말해 보시오.

Memo

미래를 창조하기에 꿈만큼 좋은 것은 없다.
오늘의 유토피아가 내일 현실이 될 수 있다.

**There is nothing like dream to create the future.
Utopia today, flesh and blood tomorrow.**
빅토르 위고 Victor Hugo

전국 수협

1회 기출유형문제

감독관
확인란

gosinet
(주)고시넷

성명표기란

수험번호

(주민등록 앞자리 생년제외) 월일

수험생 유의사항

※ 답안은 반드시 컴퓨터용 사인펜으로 보기와 같이 바르게 표기해야 합니다.
〈보기〉 ① ② ③ ❹ ⑤

※ 성명표기란 위 칸에는 성명을 한글로 쓰고 아래 칸에는 성명을 정확하게 표기하십시오. (맨 왼쪽 칸부터 성과 이름은 붙여 씁니다)

※ 수험번호/월일 위 칸에는 아라비아 숫자로 쓰고 아래 칸에는 숫자와 일치하게 표기하십시오.

※ 월일은 반드시 본인 주민등록번호의 생년월일 제외한 월 두 자리, 일 두 자리를 표기하십시오. (예) 1994년 1월 12일 → 0112

적성검사

문번	답란	문번	답란	문번	답란	문번	답란
1	① ② ③ ④ ⑤	16	① ② ③ ④ ⑤	31	① ② ③ ④ ⑤	46	① ② ③ ④ ⑤
2	① ② ③ ④ ⑤	17	① ② ③ ④ ⑤	32	① ② ③ ④ ⑤	47	① ② ③ ④ ⑤
3	① ② ③ ④ ⑤	18	① ② ③ ④ ⑤	33	① ② ③ ④ ⑤	48	① ② ③ ④ ⑤
4	① ② ③ ④ ⑤	19	① ② ③ ④ ⑤	34	① ② ③ ④ ⑤	49	① ② ③ ④ ⑤
5	① ② ③ ④ ⑤	20	① ② ③ ④ ⑤	35	① ② ③ ④ ⑤	50	① ② ③ ④ ⑤
6	① ② ③ ④ ⑤	21	① ② ③ ④ ⑤	36	① ② ③ ④ ⑤		
7	① ② ③ ④ ⑤	22	① ② ③ ④ ⑤	37	① ② ③ ④ ⑤		
8	① ② ③ ④ ⑤	23	① ② ③ ④ ⑤	38	① ② ③ ④ ⑤		
9	① ② ③ ④ ⑤	24	① ② ③ ④ ⑤	39	① ② ③ ④ ⑤		
10	① ② ③ ④ ⑤	25	① ② ③ ④ ⑤	40	① ② ③ ④ ⑤		
11	① ② ③ ④ ⑤	26	① ② ③ ④ ⑤	41	① ② ③ ④ ⑤		
12	① ② ③ ④ ⑤	27	① ② ③ ④ ⑤	42	① ② ③ ④ ⑤		
13	① ② ③ ④ ⑤	28	① ② ③ ④ ⑤	43	① ② ③ ④ ⑤		
14	① ② ③ ④ ⑤	29	① ② ③ ④ ⑤	44	① ② ③ ④ ⑤		
15	① ② ③ ④ ⑤	30	① ② ③ ④ ⑤	45	① ② ③ ④ ⑤		

전국 수협

2회 기출유형문제

감독관
확인란

적성검사

성명표기란

수험번호

주민등록 앞자리 생년제외 월일

수험생 유의사항

※ 답인은 반드시 컴퓨터용 사인펜으로 보기[와] 같이 바르게 표기해야 합니다.
(보기) ① ② ③ ● ⑤

※ 성명표기란 위 칸에는 성명을 한글로 쓰고 아래 칸에는 성명을 정확하게 표기하[신]시
오, (맨 왼쪽 칸부터 성과 이름은 붙여 씁니다)

※ 수험번호/월일 위 칸에는 아라비아 숫자로 쓰고 아래 칸에는 숫자와 일치하게 표기하
십시오.

※ 월일은 반드시 본인 주민등록번호의 생년을 제외한 월 두 자리, 일 두 자리를 표기하십
시오. (예) 1994년 1월 12일 → 0112

문번	답란	문번	답란	문번	답란	문번	답란
1	① ② ③ ④ ⑤	16	① ② ③ ④ ⑤	31	① ② ③ ④ ⑤	46	① ② ③ ④ ⑤
2	① ② ③ ④ ⑤	17	① ② ③ ④ ⑤	32	① ② ③ ④ ⑤	47	① ② ③ ④ ⑤
3	① ② ③ ④ ⑤	18	① ② ③ ④ ⑤	33	① ② ③ ④ ⑤	48	① ② ③ ④ ⑤
4	① ② ③ ④ ⑤	19	① ② ③ ④ ⑤	34	① ② ③ ④ ⑤	49	① ② ③ ④ ⑤
5	① ② ③ ④ ⑤	20	① ② ③ ④ ⑤	35	① ② ③ ④ ⑤	50	① ② ③ ④ ⑤
6	① ② ③ ④ ⑤	21	① ② ③ ④ ⑤	36	① ② ③ ④ ⑤		
7	① ② ③ ④ ⑤	22	① ② ③ ④ ⑤	37	① ② ③ ④ ⑤		
8	① ② ③ ④ ⑤	23	① ② ③ ④ ⑤	38	① ② ③ ④ ⑤		
9	① ② ③ ④ ⑤	24	① ② ③ ④ ⑤	39	① ② ③ ④ ⑤		
10	① ② ③ ④ ⑤	25	① ② ③ ④ ⑤	40	① ② ③ ④ ⑤		
11	① ② ③ ④ ⑤	26	① ② ③ ④ ⑤	41	① ② ③ ④ ⑤		
12	① ② ③ ④ ⑤	27	① ② ③ ④ ⑤	42	① ② ③ ④ ⑤		
13	① ② ③ ④ ⑤	28	① ② ③ ④ ⑤	43	① ② ③ ④ ⑤		
14	① ② ③ ④ ⑤	29	① ② ③ ④ ⑤	44	① ② ③ ④ ⑤		
15	① ② ③ ④ ⑤	30	① ② ③ ④ ⑤	45	① ② ③ ④ ⑤		

gosinet (주)고시넷

전국 수협

3회 기출유형문제

gosinet (주)고시넷

성명표기란

수험번호

(주민등록 앞자리 생년제외) 월일

수험생 유의사항

※ 답안은 반드시 컴퓨터용 사인펜으로 보기와 같이 바르게 표기해야 합니다.
〈보기〉 ① ② ③ ❹ ⑤

※ 성명표기란 위 칸에는 성명을 한글로 쓰고 아래 칸에는 성명을 정확하게 표기하십시오. (맨 왼쪽 칸부터 성과 이름은 붙여 씁니다)

※ 수험번호/월일 위 칸에는 아라비아 숫자로 쓰고 아래 칸에는 숫자와 일치하게 표기하십시오.

※ 월일은 반드시 본인 주민등록번호의 생년월 제외한 월 두 자리, 일 두 자리를 표기하십시오. (예) 1994년 1월 12일 → 0112

작성검사

작성감사

문번	답란	문번	답란	문번	답란	문번	답란
1	① ② ③ ④ ⑤	16	① ② ③ ④ ⑤	31	① ② ③ ④ ⑤	46	① ② ③ ④ ⑤
2	① ② ③ ④ ⑤	17	① ② ③ ④ ⑤	32	① ② ③ ④ ⑤	47	① ② ③ ④ ⑤
3	① ② ③ ④ ⑤	18	① ② ③ ④ ⑤	33	① ② ③ ④ ⑤	48	① ② ③ ④ ⑤
4	① ② ③ ④ ⑤	19	① ② ③ ④ ⑤	34	① ② ③ ④ ⑤	49	① ② ③ ④ ⑤
5	① ② ③ ④ ⑤	20	① ② ③ ④ ⑤	35	① ② ③ ④ ⑤	50	① ② ③ ④ ⑤
6	① ② ③ ④ ⑤	21	① ② ③ ④ ⑤	36	① ② ③ ④ ⑤		
7	① ② ③ ④ ⑤	22	① ② ③ ④ ⑤	37	① ② ③ ④ ⑤		
8	① ② ③ ④ ⑤	23	① ② ③ ④ ⑤	38	① ② ③ ④ ⑤		
9	① ② ③ ④ ⑤	24	① ② ③ ④ ⑤	39	① ② ③ ④ ⑤		
10	① ② ③ ④ ⑤	25	① ② ③ ④ ⑤	40	① ② ③ ④ ⑤		
11	① ② ③ ④ ⑤	26	① ② ③ ④ ⑤	41	① ② ③ ④ ⑤		
12	① ② ③ ④ ⑤	27	① ② ③ ④ ⑤	42	① ② ③ ④ ⑤		
13	① ② ③ ④ ⑤	28	① ② ③ ④ ⑤	43	① ② ③ ④ ⑤		
14	① ② ③ ④ ⑤	29	① ② ③ ④ ⑤	44	① ② ③ ④ ⑤		
15	① ② ③ ④ ⑤	30	① ② ③ ④ ⑤	45	① ② ③ ④ ⑤		

전국 수험

gosinet (주)고시넷

4회 기출유형문제

감독관
확인란

적성검사

문번	답란					문번	답란					문번	답란					문번	답란				
1	①	②	③	④	⑤	16	①	②	③	④	⑤	31	①	②	③	④	⑤	46	①	②	③	④	⑤
2	①	②	③	④	⑤	17	①	②	③	④	⑤	32	①	②	③	④	⑤	47	①	②	③	④	⑤
3	①	②	③	④	⑤	18	①	②	③	④	⑤	33	①	②	③	④	⑤	48	①	②	③	④	⑤
4	①	②	③	④	⑤	19	①	②	③	④	⑤	34	①	②	③	④	⑤	49	①	②	③	④	⑤
5	①	②	③	④	⑤	20	①	②	③	④	⑤	35	①	②	③	④	⑤	50	①	②	③	④	⑤
6	①	②	③	④	⑤	21	①	②	③	④	⑤	36	①	②	③	④	⑤						
7	①	②	③	④	⑤	22	①	②	③	④	⑤	37	①	②	③	④	⑤						
8	①	②	③	④	⑤	23	①	②	③	④	⑤	38	①	②	③	④	⑤						
9	①	②	③	④	⑤	24	①	②	③	④	⑤	39	①	②	③	④	⑤						
10	①	②	③	④	⑤	25	①	②	③	④	⑤	40	①	②	③	④	⑤						
11	①	②	③	④	⑤	26	①	②	③	④	⑤	41	①	②	③	④	⑤						
12	①	②	③	④	⑤	27	①	②	③	④	⑤	42	①	②	③	④	⑤						
13	①	②	③	④	⑤	28	①	②	③	④	⑤	43	①	②	③	④	⑤						
14	①	②	③	④	⑤	29	①	②	③	④	⑤	44	①	②	③	④	⑤						
15	①	②	③	④	⑤	30	①	②	③	④	⑤	45	①	②	③	④	⑤						

성명표기란

| ㄱ | ㄴ | ㄷ | ㄹ | ㅁ | ㅂ | ㅅ | ㅇ | ㅈ | ㅊ | ㅋ | ㅌ | ㅍ | ㅎ | ㄲ | ㄸ | ㅃ | ㅆ | ㅉ |
| ㅏ | ㅑ | ㅓ | ㅕ | ㅗ | ㅛ | ㅜ | ㅠ | ㅡ | ㅣ | ㅐ | ㅒ | ㅔ | ㅖ | ㅘ | ㅙ | ㅚ | ㅝ | ㅞ | ㅟ | ㅢ |

수험번호

| ⓪ | ① | ② | ③ | ④ | ⑤ | ⑥ | ⑦ | ⑧ | ⑨ |

(주민등록 앞자리 생년제외)월일

| ⓪ | ① | ② | ③ | ④ | ⑤ | ⑥ | ⑦ | ⑧ | ⑨ |

수험생 유의사항

※ 답안은 반드시 컴퓨터용 사인펜으로 보기와 같이 바르게 표기해야 합니다.
〈보기〉 ① ② ③ ● ⑤

※ 성명표기란 위 칸에는 성명을 한글로 쓰고 아래 칸에는 성명을 정확하게 표기하십시오. (맨 왼쪽 칸부터 성과 이름은 붙여 씁니다)

※ 수험번호/월일 위 칸에는 아라비아 숫자로 쓰고 아래 칸에는 숫자와 일치하게 표기하한

※ 월일은 반드시 본인 주민등록번호의 생년을 제외한 월 두 자리, 일 두 자리를 표기하십시오. (예) 1994년 1월 12일 → 0112

전국 수협 전공시험

전공시험

감독관
확인란

성명표기란

수험번호

수험생 유의사항

※ 답안은 반드시 컴퓨터용 사인펜으로 보기와 같이 바르게 표기해야 합니다.
〈보기〉 ① ② ③ ❹ ⑤

※ 성명표기란 위 칸에는 성명을 한글로 쓰고 아래 칸에는 성명을 정확하게 표기하십시오. (맨 왼쪽 칸부터 성과 이름은 붙여 씁니다)

※ 수험번호의 위 칸에는 아라비아 숫자로 쓰고 아래 칸에는 숫자와 일치하게 표기하십시오.

※ 월일은 반드시 본인 주민등록번호의 생년을 제외한 월 두 자리, 일 두 자리를 표기하십시오. (예) 1994년 1월 12일 → 0112

전공시험

문번	답란	문번	답란	문번	답란	문번	답란
1	① ② ③ ④ ⑤	16	① ② ③ ④ ⑤	31	① ② ③ ④ ⑤	46	① ② ③ ④ ⑤
2	① ② ③ ④ ⑤	17	① ② ③ ④ ⑤	32	① ② ③ ④ ⑤	47	① ② ③ ④ ⑤
3	① ② ③ ④ ⑤	18	① ② ③ ④ ⑤	33	① ② ③ ④ ⑤	48	① ② ③ ④ ⑤
4	① ② ③ ④ ⑤	19	① ② ③ ④ ⑤	34	① ② ③ ④ ⑤	49	① ② ③ ④ ⑤
5	① ② ③ ④ ⑤	20	① ② ③ ④ ⑤	35	① ② ③ ④ ⑤	50	① ② ③ ④ ⑤
6	① ② ③ ④ ⑤	21	① ② ③ ④ ⑤	36	① ② ③ ④ ⑤		
7	① ② ③ ④ ⑤	22	① ② ③ ④ ⑤	37	① ② ③ ④ ⑤		
8	① ② ③ ④ ⑤	23	① ② ③ ④ ⑤	38	① ② ③ ④ ⑤		
9	① ② ③ ④ ⑤	24	① ② ③ ④ ⑤	39	① ② ③ ④ ⑤		
10	① ② ③ ④ ⑤	25	① ② ③ ④ ⑤	40	① ② ③ ④ ⑤		
11	① ② ③ ④ ⑤	26	① ② ③ ④ ⑤	41	① ② ③ ④ ⑤		
12	① ② ③ ④ ⑤	27	① ② ③ ④ ⑤	42	① ② ③ ④ ⑤		
13	① ② ③ ④ ⑤	28	① ② ③ ④ ⑤	43	① ② ③ ④ ⑤		
14	① ② ③ ④ ⑤	29	① ② ③ ④ ⑤	44	① ② ③ ④ ⑤		
15	① ② ③ ④ ⑤	30	① ② ③ ④ ⑤	45	① ② ③ ④ ⑤		

gosinet (주)고시넷

전국 수험 전공시험

전국 수험 전공시험

전공시험

감독관
확인란

전공시험

성명표기란

ㄱ	ㄴ	ㄷ	ㄹ	ㅁ	ㅂ	ㅅ	ㅇ	ㅈ	ㅊ	ㅋ	ㅌ	ㅍ	ㅎ	ㄲ	ㄸ	ㅃ	ㅆ	ㅉ

수험번호

⓪①②③④⑤⑥⑦⑧⑨

(주민등록 앞자리 생년제외) 월일

⓪①②③④⑤⑥⑦⑧⑨

수험생 유의사항

※ 답안은 반드시 컴퓨터용 사인펜으로 보기와 같이 바르게 표기해야 합니다.
〈보기〉① ② ③ ❹ ⑤
※ 성명표기란 위 칸에는 성명을 한글로 쓰고 아래 칸에는 성명을 정확하게 표기하십시오. (맨 왼쪽 칸부터 성과 이름은 붙여 씁니다)
※ 수험번호/월일 위 칸에는 아라비아 숫자로 쓰고 아래 칸에는 숫자와 일치하게 표기하십시오.
※ 월일은 반드시 본인 주민등록번호의 생년월을 제외한 월 두 자리, 일 두 자리를 표기하십시오. (예) 1994년 1월 12일 → 0112

전공시험

문번	답란	문번	답란	문번	답란	문번	답란	문번	답란
1	①②③④⑤	16	①②③④⑤	31	①②③④⑤	46	①②③④⑤		
2	①②③④⑤	17	①②③④⑤	32	①②③④⑤	47	①②③④⑤		
3	①②③④⑤	18	①②③④⑤	33	①②③④⑤	48	①②③④⑤		
4	①②③④⑤	19	①②③④⑤	34	①②③④⑤	49	①②③④⑤		
5	①②③④⑤	20	①②③④⑤	35	①②③④⑤	50	①②③④⑤		
6	①②③④⑤	21	①②③④⑤	36	①②③④⑤				
7	①②③④⑤	22	①②③④⑤	37	①②③④⑤				
8	①②③④⑤	23	①②③④⑤	38	①②③④⑤				
9	①②③④⑤	24	①②③④⑤	39	①②③④⑤				
10	①②③④⑤	25	①②③④⑤	40	①②③④⑤				
11	①②③④⑤	26	①②③④⑤	41	①②③④⑤				
12	①②③④⑤	27	①②③④⑤	42	①②③④⑤				
13	①②③④⑤	28	①②③④⑤	43	①②③④⑤				
14	①②③④⑤	29	①②③④⑤	44	①②③④⑤				
15	①②③④⑤	30	①②③④⑤	45	①②③④⑤				

gosinet (주)고시넷

대기업·금융

저마다의 일생에는,

특히 그 일생이 동터 오르는 여명기에는

모든 것을 결정짓는 한 순간이 있다.

그 순간을 다시 찾아내는 것은 어렵다.

그것은 다른 수많은 순간들의 퇴적 속에

깊이 묻혀있다.

- 장 그르니에, 섬 LES ILES

고시넷 공기업

모듈형/피듈형 NCS 베스트셀러

350여 공공기관 및 출제사 최신 출제유형

NCS 완전정복 초록이 시리즈

산인공 모듈형 + 응용모듈형
필수이론, 기출문제 유형

고시넷 NCS
초록이 ① 통합기본서

고시넷 NCS
초록이 ② 통합문제집

인·적성검사

2025 고시넷 대기업

최신
전국 수협
기출유형

실제 시험과
동일한 구성의
모의고사

전국 수협 인적성 선택과목 [경영학/수협법]
최신 기출유형 모의고사

정답과 해설

gosinet
(주)고시넷

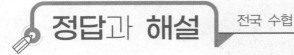

정답과 해설 전국 수협

✏️ 파트 1 적성검사 기출유형모의고사

👤 1회 기출유형문제

▶ 문제 16쪽

01	④	02	④	03	⑤	04	③	05	①
06	③	07	②	08	④	09	⑤	10	④
11	③	12	③	13	④	14	①	15	③
16	⑤	17	④	18	①	19	②	20	②
21	④	22	②	23	②	24	①	25	⑤
26	④	27	②	28	⑤	29	②	30	④
31	⑤	32	④	33	⑤	34	④	35	⑤
36	②	37	③	38	①	39	⑤	40	②
41	⑤	42	②	43	②	44	③	45	①
46	⑤	47	②	48	③	49	②	50	④

01 사고력 명제 추론하기

| 정답 | ④

| 해설 | 여섯 번째 조건에서 최 씨는 28세 혹은 29세가 아니라 하였고, 네 번째 조건에서 김 씨가 26세이므로 최 씨는 27세이다. 마지막 조건에서 이 씨가 박 씨보다 나이가 많다고 했으므로 이 씨는 29세, 박 씨는 28세이다.
일곱 번째 조건에 따라 E 대를 나온 직원은 H 대를 나온 직원보다 1살 많고, H 대를 나온 직원은 입사 순서가 마지막인 직원보다 1살 많다. 이를 두 가지 경우로 나누어 정리하면 다음과 같다.

구분	김 씨(26)	최 씨(27)	박 씨(28)	이 씨(29)
경우 1	입사 마지막	H 대	E 대	
경우 2		입사 마지막	H 대	E 대

네 번째 조건에서 김 씨는 첫 번째로 입사했으므로 경우 1은 제외된다. 마지막 조건에서 이 씨는 박 씨보다 입사 순서가 빠르다고 했으므로 이 씨가 두 번째, 박 씨가 세 번째로 입사한 것이 된다. 다섯 번째 조건까지 고려하여 정리하면

다음과 같다.

구분	김 씨(26)	최 씨(27)	박 씨(28)	이 씨(29)
입사 순서	1	4	3	2
출신학교	K 대	S 대	H 대	E 대

따라서 김 씨 성의 마케팅팀 직원은 K 대 출신이다.

02 문서작성능력 보고서 작성법 이해하기

| 정답 | ④

| 해설 | 보고서를 압축적으로 작성하기 위해 전문용어나 약어 등을 별도의 설명없이 쓰는 경우가 있는데, 보고서는 비전문가도 이해할 수 있도록 가능한 쉽게 쓰는 것이 좋으며 필요한 경우에는 상세 설명을 적는다.

03 기초통계능력 확률 계산하기

| 정답 | ⑤

| 해설 | 최 대리와 강 사원 중 어느 한 명이라도 식사 당번에 포함될 확률은 전체 확률에서 두 명 모두 식사 당번이 아닐 확률을 빼면 구할 수 있다.
두 명 모두 식사 당번이 아닐 확률은 첫 번째와 두 번째 모두 식사 당번이 아닌 종이를 꺼낼 확률이 되므로 $\frac{7}{11} \times \frac{6}{10} = \frac{21}{55}$ 이 된다. 따라서 최 대리와 강 사원 중 어느 한 명이라도 식사 당번에 포함될 확률은 $1 - \frac{21}{55} = \frac{34}{55}$ 이다.

04 업무이해능력 매출표와 영수증 이해하기

| 정답 | ③

| 해설 | 영수증에 나타난 구매내역에서 탄산수 구매에 사용한 금액은 5,100원, 프레즐은 6,000원으로 탄산수 구매보다 프레즐 구매에 더 많은 금액을 사용하였다.

| 오답풀이 |

⑤ 카드−체크 매출표에 나타난 거래내역 고유번호는 3754 −9774−1988이다.

05 업무이해능력 매출표와 영수증 이해하기

| 정답 | ①

| 해설 | 카드−체크 매출표에 나타난 카드 일련번호는 1771
이다.

| 오답풀이 |

② 승인번호는 1785642이다.

③ 거래수량은 백미 2개, 탄산수 6개, 프레즐 2개로 총 10
개이다.

⑤ 거래일자는 202X년 12월 17일이다.

06 문서이해능력 세부 내용 이해하기

| 정답 | ③

| 해설 | 제시된 자료를 통해 환경 관련 산업은 향후 성장이
예상되며, 이에 대해 국무총리의 발언을 통해 정부에서도
환경 관련 산업에 대한 투자가 이루어질 것임을 알 수 있
다. 다만 기후테크 관련 벤처스타트업들이 관련 기술을 인
증하는 절차에 대한 문제점을 제기하면서 이를 해결할 것
을 촉구하고 있다.

| 오답풀이 |

① 두 번째 문단을 통해 국내 환경산업에 대한 앞으로의 전
망을 알 수 있다.

② 세 번째 문단을 통해 국가 차원에서 투자해 관련 산업을
육성할 예정임을 알 수 있다.

④, ⑤ 제시된 글을 통해서는 알 수 없는 내용이다.

07 사고력 최단 경로의 수 계산하기

| 정답 | ②

| 해설 | 우회로를 제외하고 (가)에서 (나)로 최단거리로 이
동하는 경우의 수와 (나)에서 (다)로 이동하는 최단거리의
경우의 수를 각각 구하면 다음과 같다.

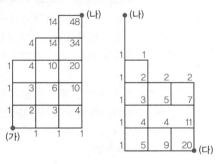

따라서 (가)에서 (나)를 거쳐 (다)까지 최단거리로 이동하는
경우의 수는 48×20=960(가지)이다.

08 기초통계능력 경우의 수 계산하기

| 정답 | ④

| 해설 | 리그전에서 치르는 경기 횟수는 (팀의 수)×(팀의
수−1)÷2이므로 5팀이 리그전을 할 경우 경기 횟수는
$\frac{5 \times 4}{2}$=10(번)이다. 5팀씩 4개 조로 나누어 조별 리그전
을 하기 때문에 총 4×10=40(번)의 경기를 하게 된다. 그
리고 토너먼트전에서 치르는 경기 횟수는 (팀의 수)−1이
다. 토너먼트전에 각 조의 상위 2팀씩 참여하면 총 8팀이므
로 8−1=7(번)의 경기를 하게 된다.

따라서 전체 경기의 수는 40+7=47(경기)이다.

09 예산관리능력 시공업체 선정하기

| 정답 | ⑤

| 해설 | 제시된 조건에 따라 업체별 점수를 매기면 다음과
같다.

구분	경영상태		공사기간		비용		후기		A/S기간		점수
	순위	점수	순위	점수	순위	점수	순위	점수	순위	점수	총합
K 시공	4	2	3	3	2	4	4	2	3	3	14
G 시공	1	5	1	5	5	1	3	3	2	4	18
H 시공	3	3	1	5	4	2	4	2	3	3	15
M 시공	5	1	3	3	1	5	2	4	3	3	16
U 시공	1	5	5	1	3	3	1	5	1	5	19

따라서 지수가 선정할 업체는 점수 총합이 가장 높은 U 시
공이다.

10 체제이해능력 조직도 파악하기

| 정답 | ④

| 해설 | 기존 관리본부 산하의 총무팀, 인사팀, 재무팀은 관리본부장을 거쳐 사장과 결재라인이 연결되었으며, 이는 개편 후의 조직도에서도 동일하게 유지되고 있다. 해외관리팀은 사장 직할 조직으로 관리본부와 사장 사이에 추가된 결재라인은 아니다.

| 오답풀이 |

① 2본부 6팀에서 4본부 12팀(해외관리팀 포함)으로 개편되었으므로 팀과 본부의 수가 모두 확대 개편되었다.

② 영업지원본부 산하의 외환팀, 물류팀, 국제법무팀은 조직 개편에 따라 신설된 조직이며, 조직 명칭으로 보아 해외영업을 지원하기 위한 지원조직으로 판단하는 것이 타당하다.

③ 국내영업본부와 해외영업본부는 모두 영업부문 산하의 조직으로 구성되었으므로 동일한 부문 내에서 같은 '영업' 업무를 수행하며 자연스럽게 매출이나 이익 등이 비교되어 상호 건전한 경쟁 구도를 형성하게 된다. 이는 조직개편 전 영업 1 ~ 3팀 간에서도 나타날 수 있는 특징이다.

⑤ 조직개편 후 사장 직할 조직인 해외관리팀이 신설되었다.

11 문서이해능력 세부 내용 이해하기

| 정답 | ③

| 해설 | '2. 제안 사양 및 예정 수량'을 보면 통장프린터 기기사양으로 고항자력을 지원할 것을 요구하고 있다. 고항자력은 일반통장보다 자성이 강한 자화테이프가 부착된 통장으로 생활자석(핸드백, 지갑 등에 부착된 자석)에 의해 자화테이프가 쉽게 손상되지 않는 것을 의미한다. 따라서 자력 물질을 전혀 사용하지 않은 통장프린터를 원한다고 볼 수 없다.

12 문서이해능력 사례 적용하기

| 정답 | ③

| 해설 | F 중소기업은 우수한 납품 실적을 갖추고 있으나 S은행에서 기기 사양으로 필수적으로 원하는 일본어를 지원하지 않으므로 자격 조건에 맞지 않는다.

| 오답풀이 |

④ 경쟁 업체에 납품 실적이 있는 것이 제한 사항이 된다는 규정은 없으므로 적격한 업체이다.

13 자원관리능력 자원의 특징과 낭비요인 이해하기

| 정답 | ⑤

| 해설 | 자원이란 기업 활동을 위해 사용되는 시간, 예산, 물적, 인적자원으로 이들은 '유한성'이라는 공통점을 가지고 있다. 이러한 특징으로 인해 자원을 효과적으로 확보, 유지, 활용하는 것이 매우 중요하다. 자원을 낭비하는 요인으로는 비계획적인 행동, '편리성' 추구, 자원에 대한 인식 부재, 노하우 부족이 있다.

14 기초연산능력 세금 계산하기

| 정답 | ①

| 해설 | 신고한 가액과 공시지가 중 금액이 큰 공시지가 5억 원이 부동산 취득가격이 되므로 납부해야 하는 세금은 다음과 같다.

- 취득세 : $500,000,000 \times 0.02 = 10,000,000$(원)
- 농어촌특별세 : $10,000,000 \times 0.1 = 1,000,000$(원)
- 등록세 : $500,000,000 \times 0.008 = 4,000,000$(원)
- 지방교육세 : $4,000,000 \times 0.2 = 800,000$(원)

따라서 $10,000,000 + 1,000,000 + 4,000,000 + 800,000 = 15,800,000$(원)을 납부해야 한다.

15 문서작성능력 개요 수정하기

| 정답 | ③

| 해설 | '3-4) 주변의 냉대와 차별'은 다문화 가정 지원서비스가 아닌 사회적인 문제점으로, 3의 하위 항목으로 어울리지 않으나 다문화 가정 지원서비스의 문제점과 개선방안을 찾고 있는 글의 흐름상 결론으로도 적절하지 않다.

| 오답풀이 |

① 단어의 개념은 서론에 들어가는 것이 자연스럽다.

② 선진국의 사례는 국내 다문화 가정의 지원서비스 개선에 도움이 될 참고자료가 될 수 있으므로 4의 하위 항목으로 이동하는 것이 적절하다.

⑤ 결론 부분에 지원서비스를 개선함으로써 얻을 수 있는 전망, 즉 국가적 이익을 넣는 것이 적절하다.

16 문제처리능력 | 자료를 바탕으로 성과급 계산하기

| 정답 | ⑤

| 해설 | 성과급은 기본급×지급률이다. 이에 따라 경영 부서 직원들의 성과급을 계산하면 다음과 같다.

• 김철수 : 400×1=400(만 원)

• 나희민 : 280×1.2=336(만 원)

• 박민영 : 인사등급이 C이므로 지급하지 아니함.

• 이미래 : 230×1.5=345(만 원)

• 정해원 : 350×1.2=420(만 원)

따라서 정해원이 가장 많은 성과급을 받는다.

17 문제처리능력 | 자료를 바탕으로 성과급 계산하기

| 정답 | ④

| 해설 | 12월에 성과급이 기본급과 함께 지급된다고 했으므로, 이를 합산하면 12월 경영부서 직원들에게 지급되는 금액의 합계를 구할 수 있다.

• 경영부서 직원들 기본급의 총합 : 400×2+350+280+230=1,660(만 원)

• 경영부서 직원들 성과급의 총합 : 400+336+345+420=1,501(만 원)

따라서 12월에 경영부서 팀원들에게 지급되는 금액의 합계는 1,660+1,501=3,161(만 원)이다.

18 기초연산능력 | 비율 계산하기

| 정답 | ①

| 해설 | B 통신사의 이용 비율은 전체의 30%이며, 전체 직원이 100명이므로 B 통신사를 이용하는 직원은 총 30명이다. 또한 개별 통신사 이용자별 SNS 활용 비율은 동일하며, △△ SNS 서비스의 이용 비율은 22%이므로 B 통신사에서 △△ SNS 서비스를 이용하는 인원은 30×0.22≒7(명)이다. 따라서 B 통신사를 이용하는 직원 중 △△ SNS 서비스를 이용하지 않는 직원은 30−7=23(명)이다.

19 인적자원관리능력 | 벌점 계산해 징계 내리기

| 정답 | ②

| 해설 | 직원 A ~ E의 총 벌점과 업무처리 건수 대비 실수 건수의 비율을 계산하면 다음과 같다.

구분	일반 실수	중대한 실수	차감	총 벌점	업무처리 건수 대비 실수 건수의 비율
A	300	120	−	420	$\frac{30+6}{200}\times100=18(\%)$
B	230	340	−	570	$\frac{23+17}{200}\times100=20(\%)$
C	180	420	−100	500	$\frac{18+21}{200}\times100=19.5(\%)$
D	340	160	−100	400	$\frac{34+8}{200}\times100=21(\%)$
E	390	160	−100	450	$\frac{39+8}{200}\times100=23.5(\%)$

따라서 징계를 받는 직원은 B이다.

20 도표분석능력 | 자료의 수치 분석하기

| 정답 | ②

| 해설 | 전체 혼합형 보육형태 중 '유치원+돌봄'의 비중은 20X1년에는 $\frac{1,040}{30,595}\times100≒3.4(\%)$, 20X2년에는 $\frac{911}{23,617}\times100≒3.9(\%)$로 20X1년 대비 20X2년에 증가하였다.

| 오답풀이 |

① 20X1년 대비 20X2년에 '가정양육+돌봄'은 4,571(명), '어린이집+돌봄'은 2,278(명), '유치원+돌봄'은 129(명)이 감소하였다.

④ 20X1년 '가정양육+돌봄'과 아이 돌봄의 차이는 13,056−1,208=11,848이며, 이는 20X1년 전체 자녀 보육형태의 $\frac{11,848}{956,623}\times100≒1.2(\%)$이다.

⑤ 전년 대비 비중 차는 어린이집이 2.2%로 가장 크지만, 전년 대비 증가율은 유치원이 2.7%, 어린이집이 1.2%로 유치원이 크다.

21 문서작성능력 내용에 맞는 사자성어 파악하기

|정답| ④

|해설| 제시된 글은 새로운 관점과 능력의 습득을 위해 '기존 지식, 고정관념이나 통념, 타성이나 낡은 습관' 등을 버려야 함을 강조하고 있다. 따라서 빈칸에는 과거에만 얽매여 발전을 모르는 '수주대토(守株待兔)'의 태도를 경계해야 한다는 내용이 들어가는 것이 적절하다.

수주대토(守株待兔)란 한 가지 일에만 얽매여 발전을 모르는 어리석은 사람을 비유적으로 이르는 말로 중국 송나라의 한 농부가 우연히 나무 그루터기에 토끼가 부딪쳐 죽은 것을 잡은 후, 또 그와 같이 토끼를 잡을까 하여 일도 하지 않고 그루터기만 지키고 있었다는 데서 유래한다.

|오답풀이|

① 간담상조(肝膽相照) : '간과 쓸개를 내놓고 서로에게 내 보인다'라는 뜻으로, 서로 마음을 터놓고 친밀히 사귐.

② 불치하문(不恥下問) : 자기보다 아랫사람에게 묻는 것을 부끄럽게 여기지 아니함을 두고 이르는 말

③ 마부위침(磨斧爲針) : '도끼를 갈아 바늘을 만든다'는 뜻으로, 끊임없는 노력과 끈기 있는 인내로 성공하고야 만다는 뜻

⑤ 지록위마(指鹿爲馬) : '사슴을 가리켜 말이라고 한다'는 뜻으로 윗사람을 농락하여 권세를 마음대로 함을 이르는 말

22 문제처리능력 자료를 바탕으로 생산 가능 개수 구하기

|정답| ②

|해설| 상품 A를 단독으로 생산한다고 할 때 각 자원별 가용 예산을 기준으로 자원 1은 $\frac{2,300}{20}=115$(개), 자원 2는 $\frac{5000}{60}≒83$(개), 자원 3은 $\frac{5,000}{15}≒333$(개) 분량만큼 사용할 수 있다. 상품 생산 시 모든 자원이 동일하게 필요하므로 생산할 수 있는 상품 A의 수는 최대 83개이다.

23 문제처리능력 자료를 바탕으로 이익 계산하기

|정답| ②

|해설| 상품 B를 단독으로 생산한다고 할 때 각 자원별 가용 예산을 기준으로 자원 1은 $\frac{2,300}{24}≒95$(개), 자원 2는

$\frac{5,000}{20}=250$(개), 자원 3은 $\frac{5,000}{60}≒83$(개) 분량만큼 사용할 수 있다. 상품 생산 시 모든 자원이 동일하게 필요하므로 생산할 수 있는 제품 B의 수는 최대 83개이고, 개당 이익은 600원이다. 따라서 최대 이익은 600×83= 49,800(원)이다.

24 문제처리능력 자료를 바탕으로 이익 계산하기

|정답| ①

|해설| 상품 A, B를 동일한 수량으로 동시에 생산하고, 상품 A와 B를 각각 1개씩 생산하는 것을 1단위라고 할 때, 상품 1단위 생산에 필요한 자원의 수와 그 개당 이익은 상품 A와 B를 각각 1개씩 생산하는 각각의 자원 사용량 및 개당 이익의 합과 같다.

각 자원별 가용 예산을 기준으로 자원 1은 상품 1단위를 $\frac{2,300}{20+24}≒52$(개), 자원 2는 $\frac{5,000}{60+20}≒62$(개), 자원 3은 $\frac{5,000}{15+60}≒66$(개) 분량을 사용할 수 있다. 따라서 최대 상품 52단위를 생산할 수 있으며 이때의 이익은 52×1,800 =93,600(원)이다.

25 문제처리능력 문제해결단계 이해하기

|정답| ⑤

|해설| 제시된 사례에 의하면 A사는 성공적인 고객관계관리를 위해 만들어진 전산시스템을 실제 상황에 적용하여 신속한 고객대응이 가능하도록 하였다. 이는 해결안 개발을 통해 만들어진 실행 계획을 실제 상황에 적용하여 당초 장애가 되는 문제의 원인들을 제거하는 '문제해결안 실행 및 평가' 단계에 해당한다.

26 기초연산능력 방정식 활용하기

|정답| ⑤

|해설| 펌프 한 대로 1분 동안 퍼낸 물의 양을 a, 1분 동안 저수지로 들어오는 물의 양을 b, 기존 저수지의 물의 양을 x라 하면, 다음과 같은 식이 성립한다.

$7a \times 2 = x + 7b$ ...... ㉠

$4a \times 3 = x + 4b$ ...... ㉡

㉠−㉡을 하면 $a = \dfrac{3}{2}b$가 되고, 이를 ㉠에 대입하면

$x = 14b$가 된다.

펌프 12대로 저수지의 물을 모두 퍼내는 데 걸리는 시간을 y분이라 하면,

$12a \times y = x + by$

$18by = 14b + by$

$y = \dfrac{14}{17}$ (분)

따라서 펌프 12대로 물을 모두 퍼내는 데 걸리는 시간은

$\dfrac{14}{17} \times 60 ≒ 49$(초)이다.

---

27 경영이해능력 목표관리제 이해하기

| 정답 | ②

| 해설 | 목표관리제(MBO)는 목표를 달성하기 위한 활동이나 작업을 계획화하여 이후에 초래될 수 있는 결과를 고려하여 기업의 당면과제를 합리적으로 해결할 수 있도록 한다는 장점이 있다.

---

28 문서이해능력 글의 서술방식 이해하기

| 정답 | ⑤

| 해설 | 제시된 글은 돈이 아닌 물건을 선물하는 행위를 통해 선물을 사온 상대방의 시간과 마음에서 따뜻함을 느낄 수 있다는 내용의 경험이 담긴 칼럼으로 전문적인 지식과는 관련이 없다.

| 오답풀이 |

① 자신의 사례를 공유하며 그를 통해 느낌 감정을 진솔하게 작성한 글이다.

② 여섯 번째 문단에서 선물을 비유적인 표현을 사용해서 설명했음을 알 수 있다.

③ 전체적으로 완곡한 표현을 사용하여 선물을 주고받는 행위에 대한 의미를 설명한다.

④ 선물을 주고 받는 것에 대한 필자의 견해를 양식기 세트를 받은 자신의 경험과 '안개바다 위의 방랑자', '설중방우도'를 통해 설명한다.

---

29 문서작성능력 문맥에 따른 단어의 쓰임 알기

| 정답 | ②

| 해설 | ㉡의 증여자는 '재산이나 물품 따위를 다른 사람이나 단체 및 기관에 무상으로 주는 사람'을 의미하는데 일반적으로 동산이나 부동산과 같은 재산을 무상으로 내어 줄 때 사용하는 단어이다. ②의 경우 자선 사업을 위해 성금을 낸 것이므로 증여자 보다는 '자선 사업이나 공공사업을 돕기 위하여 돈이나 물건 따위를 대가 없이 내놓는 사람'을 의미하는 '기부자'가 쓰이는 것이 더 적절하다.

---

30 도표분석능력 자료의 수치 분석하기

| 정답 | ④

| 해설 | 농가수의 전년 대비 증감률을 바탕으로 20X1년부터 20X4년까지의 농가수를 구하면 다음과 같다.

(단위 : 가구, %)

구분	전체 농가		전업 농가	
	농가수	증감률	농가수	증감률
20X1년	29,182	−	15,674	−
20X2년	30,962.1	6.1	17,366.8	10.8
20X3년	30,466.7	−1.6	16,811.1	−3.2
20X4년	32,812.6	7.7	18,626.7	10.8

구분	1종 겸업		2종 겸업	
	농가수	증감률	농가수	증감률
20X1년	5,967	−	7,541	−
20X2년	5,710.4	−4.3	7,895.4	4.7
20X3년	6,098.7	6.8	7,563.8	−4.2
20X4년	6,385.3	4.7	7,798.3	3.1

따라서 1종 겸업 농가수가 가장 많았던 해는 20X4년으로, 이때의 전업 농가수는 18,626.6(가구)이고 18,200가구 이상이다.

| 오답풀이 |

① 20X2년 전체 농가수는 30,962.1가구, 겸업 농가수는 5,710.4+7,895.4=13,605.8(가구)이므로 20X2년 겸업 농가수는 20X2년 전체 농가수의 $\dfrac{13,605.8}{30,962.1} \times 100 ≒$ 43.9(%)로 47% 이하이다.

② 20X2년과 20X3년 2종 겸업 농가수의 차이는 7,895.4 −7,563.8=331.6(가구)로 310가구 이상이다.

③ 20X3년 1종 겸업 농가수 대비 2종 겸업 농가수의 비중

은 $\frac{7,563.8}{6,098.7} \times 100 ≒ 124.0(\%)$로 120% 이상이다.

⑤ 20X1 ~ 20X4년까지 전체 농가수에서 전업 농가수 비

중이 가장 높았던 해는 $\frac{18,626.7}{32,812.6} \times 100 ≒ 56.8(\%)$를

기록한 20X4년이다.

31 사고력 조건을 바탕으로 추론하기

| 정답 | ⑤

| 해설 | 네 개의 부서가 리그전을 벌일 경우 부서당 3번씩, 총 6번의 경기를 치르게 된다. 첫 번째 조건에 따라 A 부서는 3번의 경기 중 한 경기에서 D 부서를 이긴 것을 알 수 있으므로 2승(6점) 1무(1점)를 기록한 것을 추리할 수 있다. 그리고 네 번째 조건에서 C 부서의 승점은 2점인 사실을 통해 C 부서가 2무(2점) 1패를 했다는 것을 추리할 수 있다. 이와 같은 추리를 통해 A 부서와 C 부서 모두 무승부를 했다는 기록이 있음을 알 수 있는데, 여기서 A 부서가 C 부서가 아닌 다른 부서와의 경기에서 무승부를 했다면 A ~ D 모든 부서가 무승부를 한 기록이 생기게 되어 A 부서와 C 부서의 경기가 무승부를 기록했음을 추론할 수 있다. 따라서 A 부서는 C 부서를 상대로 무승부를, B 부서와 D 부서를 상대로는 승리했음을 알 수 있다.

마지막으로 세 번째 조건을 통해 D 부서는 한 번만 이긴 것을 알 수 있는데 이때 D 부서가 B 부서를 이긴 경우와 C 부서를 이긴 경우로 나누어 생각해 볼 수 있다.

ⅰ) D 부서가 C 부서를 이긴 경우, 네 번째 조건에 따라 C 부서가 무승부를 기록한 나머지 상대는 B 부서임을 알 수 있으며, 두 번째 조건에 따라 어느 부서와도 무승부를 기록하지 않은 부서는 D 부서가 된다. 이때 세 번째 조건을 고려하면 D 부서는 B 부서에게 졌음을 알 수 있다. 이를 표로 정리하면 다음과 같다.

구분	A	B	C	D	승점
A	–	승	무	승	7
B	패	–	무	승	4
C	무	무	–	패	2
D	패	패	승	–	3

ⅱ) D 부서가 B 부서를 이긴 경우, 세 번째 조건과 네 번째 조건에 따라 D 부서는 C 부서를 상대로 무승부를 기록

했음을 알 수 있다. 이때 두 번째 조건에 따라 어느 부서와도 무승부를 기록하지 않은 부서는 B 부서가 되고 C 부서가 2무 1패임을 고려할 때, B 부서는 C 부서에게 이겼음을 알 수 있다. 이를 표로 정리하면 다음과 같다.

구분	A	B	C	D	승점
A	–	승	무	승	7
B	패	–	승	패	3
C	무	패	–	무	2
D	패	승	무	–	4

따라서 결선에 진출하는 두 부서는 경우에 따라 A와 B 또는 A와 D로 달라지기에 제시된 정보만으로는 결선에 진출할 두 부서를 알 수 없다.

32 시간관리능력 시간관리 매트릭스 이해하기

| 정답 | ④

| 해설 | 영역 1은 긴급도와 중요도가 모두 높은 일로, 이에 대해 긴급도는 즉시 처리해야 하는 일, 중요도는 장기 목표에 영향을 주는 일로 정의하고 있다. 업무에 필요한 자격증 시험을 위한 기본 개념 정리는 업무에 직접 연관이 있다는 점에서 장기 목표에 영향을 주는 일이나, 즉시 처리해야 하는 일과는 거리가 멀어 영역 2에 해당한다고 볼 수 있다.

33 문서이해능력 세부 내용 파악해 답변하기

| 정답 | ⑤

| 해설 | 계약 기간이 종료되어도 임대인이 보증금을 반환해 주지 않을 경우, 변제우선순위를 유지하기 위하여 임차권 등기명령을 받아 등기부에 등재된 것을 확인한 후 이사를 하는 것이 좋은 방법이다.

34 문서작성능력 어법에 맞는 표현 사용하기

| 정답 | ④

| 해설 | '묵시적 갱신'은 미리 임대나 임차를 그만두겠다는 의사를 표시하지 않고 가만히 있는 것을 말한다. 이는 「주택임대차보호법」에 사용되는 공식 어휘로 적절한 표현이다.

| 오답풀이 |

㉠ 우선변재권 → 우선변제권

㉡ 신속이 → 신속히

㉢ 문맥상 이미 지불된 상황에서 최종 잔금을 지불하고 계약을 맺기 전에 확인하는 사항에 대한 언급이므로 '계약금'이 아닌 '보증금'이 적절한 표현이다.

㉣ '해지'는 계약 기간이 만료되어 계약이 종료되는 것을 의미하며 '해제'는 소급하여 원래부터 없던 일로 되돌린다는 의미이므로 이 경우 '해제'가 아닌 '해지'가 적절한 표현이다.

35 도표분석능력 자료의 수치 분석하기

| 정답 | ⑤

| 해설 | '도시근로자 가구 대비 농가의 소득비'는 농가의 1인당 소득 항목 값을 도시근로자 가구의 1인당 소득 항목 값으로 나누어 구한다. 이를 적용하여 다음과 같이 표로 정리할 수 있다.

(단위 : 천 원)

구분	도시근로자 가구		농가		$\dfrac{C}{A}$	$\dfrac{D}{B}$
	가구원 1인당 소득(A)	취업자 1인당 소득(B)	가구원 1인당 소득(C)	영농종사자 1인당 소득(D)		
2016	1,087	3,912	1,220	1,492	1.12	0.38
2018	2,446	7,916	2,777	2,847	1.14	0.36
2020	5,313	14,891	6,124	5,033	1.15	0.34
2022	6,808	19,001	7,395	5,045	1.09	0.27
2024	8,242	21,724	8,241	5,196	1.00	0.24

도시근로자 가구 대비 농가의 소득비 $\left(\dfrac{C}{A}\right)$가 커질수록 농가의 소득이 증가하였음을 의미하며, 취업한 도시근로자 가구 대비 영농조사자의 소득비 $\left(\dfrac{D}{B}\right)$ 또한 마찬가지이다.

따라서 가구원 1인당 소득비 $\left(\dfrac{C}{A}\right)$는 2020년 1.15까지 증가하다가 이후 감소하였으며, 취업자 대비 영농종사자 1인당 소득비 $\left(\dfrac{D}{B}\right)$의 경우 2016년 0.38 이후 지속적으로 감소한 것을 알 수 있다.

36 도표분석능력 자료의 수치 분석하기

| 정답 | ②

| 해설 | ㉢ 1인 가구와 4인 이상 가구의 합이 50%이므로 2 ~ 3인 가구는 50% 이하일 것이다.

| 오답풀이 |

㉠ 최소 평균 가구원 수를 구하기 위해서는 그래프에 제시되지 않은 나머지 가구를 모두 2인 가구로 전제하여 계산해야 한다(100−26−22=52). 따라서 2021년 평균 가구원 수는 최소 1×0.26+4×0.22+2×0.52=2.18 (명)이다.

㉡ 2005년의 평균 가구원 수는 3.42명으로 2000년의 2.74명에 비해 증가하였다.

㉣ 2005년 1인 가구 비율은 2000년 대비 $\dfrac{12.9-9.1}{9.1} \times 100 ≒ 42(\%)$ 증가하였다.

37 체제이해능력 조직구조의 형태 이해하기

| 정답 | ③

| 해설 | ㉡ 1인당 보통 7 ~ 8개의 역할을 수행하므로 고정된 역할 수행이 익숙한 사람은 N사의 조직 체계에 만족하지 못할 수 있다.

㉢ 조율한 역할이 적합하지 않을 수 있고, 고정된 역할이 없으므로 조율하는 데 어느 정도의 시간이 소요된다.

| 오답풀이 |

㉠ 특정 리더십을 보유한 구성원이 맡은 역할이 적합하지 않다고 판단되면 다른 구성원에게 리더십이 넘어가는 등 서클 구성원의 역할은 수시로 조정된다.

㉣ N사에서는 다양한 역할을 수행하므로 타사로 이직할 때 어떤 지위였는지 질문을 받는다면 쉽게 대답하기 어려울 것이다.

38 사고력 조건을 바탕으로 추론하기

| 정답 | ①

| 해설 | 조건에 따라 A 업체는 하루에 한 층씩 청소할 수 있으며, 2일 연속으로 동일한 층을 청소할 수 없다. 여기에 2층 청소는 이틀 이상의 간격으로 진행해야 하므로, 2층을

청소하는 요일을 기준으로 A 업체의 주간 청소 일정을 구성하면 다음과 같다.

- 월요일과 목요일에 2층을 청소할 경우 : A 업체는 토요일과 일요일 연속으로 3층을 청소할 수 없으므로 토요일은 1층을 청소하고, 그 외의 요일에는 다음과 같이 3층을 청소하게 된다.

일	월	화	수	목	금	토
3층	2층	3층	휴일	2층	3층	1층

- 월요일과 금요일에 2층을 청소할 경우 : A 업체는 토요일에 1층을 청소하고, 그 외의 요일에는 다음과 같이 3층을 청소한다. 이때 2일 연속으로 동일한 층을 청소할 수 없다는 조건에서 휴일인 수요일도 1일로 계산하므로 A 업체는 화요일과 목요일에 3층을 청소할 수 있다.

일	월	화	수	목	금	토
3층	2층	3층	휴일	3층	2층	1층

- 화요일과 목요일에 2층을 청소할 경우 : A 업체는 일요일과 월요일 혹은 토요일과 일요일에 연속으로 3층을 청소해야 하므로 조건에 부합하지 않는다.

일	월	화	수	목	금	토
3층		2층	휴일	2층	3층	

- 화요일과 금요일에 2층을 청소할 경우 : A 업체는 일요일과 월요일 혹은 토요일과 일요일에 연속으로 3층을 청소해야 하므로 조건에 부합하지 않는다.

일	월	화	수	목	금	토
3층		2층	휴일	3층	2층	

- 화요일과 토요일에 2층을 청소할 경우 : A 업체는 일요일과 월요일 혹은 목요일과 금요일에 연속으로 3층을 청소해야 하므로 조건에 부합하지 않는다.

일	월	화	수	목	금	토
3층		2층	휴일			2층

따라서 A 업체가 2층을 청소할 수 있는 요일은 월요일과 목요일 혹은 월요일과 금요일이다.

|오답풀이|
② 월요일과 토요일에 2층을 청소할 경우에 2층 청소는 이틀 이상의 간격으로 진행해야 한다는 조건에 부합하지 않는다.

---

39 예산관리능력 직접비·간접비 구분하기

|정답| ⑤

|해설| A 업체의 직접비와 간접비는 다음과 같다.
- 직접비 : 직원 급여, 임직원 출장비, 공작기계 구입비용, 자재대금
- 간접비 : 건물관리비, 수도/전기세, 광고료, 비품, 임직원 통신비

따라서 공작기계를 1대만 구입하게 되면 직접비는 1,250+370+1,150+700=3,470(만 원)이 되며, 간접비는 600+65+550+55+30=1,300(만 원)이 되어 직접비가 간접비의 3배를 넘지 않게 된다.

---

40 물적자원관리능력 기준을 바탕으로 업체 선정하기

|정답| ②

|해설| 제시된 선정 기준에 따라 업체별로 실적 항목을 제외한 점수를 구해보면 다음과 같다.
A : 24(사업 기간)+6(기술 인력)+21(비용 절감)=51(점)
B : 30(사업 기간)+10(기술 인력)+30(비용 절감)=70(점)
C : 12(사업 기간)+20(기술 인력)+9(비용 절감)=41(점)
D : 24(사업 기간)+10(기술 인력)+21(비용 절감)=55(점)
E : 12(사업 기간)+20(기술 인력)+9(비용 절감)=41(점)
따라서 C와 E 업체가 실적 항목에서 만점인 20점을 받아도 B의 70점을 넘지 못하므로 B 업체가 선정된다.

---

41 물적자원관리능력 변경된 기준으로 업체 선정하기

|정답| ⑤

|해설| 제시된 선정 기준에 따라 업체별로 점수를 구해보면 다음과 같다.
A : 32(사업 기간)+18(기술 인력)=50(점)
B : 40(사업 기간)+30(기술 인력)=70(점)
C : 16(사업 기간)+60(기술 인력)=76(점)
D : 32(사업 기간)+30(기술 인력)=62(점)
E : 16(사업 기간)+60(기술 인력)=76(점)
C와 E 업체가 동점이므로 사업 기간이 더 긴 E 업체가 선정된다.

42 조직이해능력 조직의 특징 구분하기

| 정답 | ②

| 해설 | ㉠은 공식조직이며 ㉡은 비공식조직이다. 공식조직은 조직의 구조, 기능, 규정 등이 조직화되어 있는 조직으로 단일한 목표를 가지고 인위적으로 발생한 조직이다. 공식조직의 임무는 보통 공식화된 목표 달성을 위해 명확하게 설정된다.

43 문서작성능력 문맥에 따라 문단 배열하기

| 정답 | ②

| 해설 | 첫 번째 문단으로 창조 도시의 개념을 소개하고 있는 (가)가 오고, 그다음으로 창조 도시의 주된 동력을 창조 산업으로 보는 (라)와 창조 계층의 관점으로 바라보는 (나)가 이어진다. 마지막은 창조 산업과 창조 계층의 두 가지 관점보다 창조 환경이 먼저 마련되어야 한다는 주장의 (다)로 마무리된다. 따라서 (가)−(라)−(나)−(다) 순이 적절하다.

44 도표분석능력 자료의 수치 분석하기

| 정답 | ③

| 해설 | ㉠ 그래프에 따르면 20X5년 이후 국내에 체류하고 있는 전체 외국인 수는 점점 증가하고 있다.

㉢ 20X5년 대비 20X9년 장기체류자 수는

$\frac{1,583,099-1,219,192}{1,219,192} \times 100 ≒ 29.8(\%)$로, 약 30% 증가했다.

| 오답풀이 |

㉡ 단기체류자 대비 장기체류자 수의 비율은

20X6년은 $\frac{1,377,945}{419,673} ≒ 3.3$,

20X8년은 $\frac{1,530,539}{518,902} ≒ 2.9$로 20X6년에 더 높았다.

㉣ 20X8년 장기체류자의 전년 대비 증가량은 $1,530,539-1,467,873=62,666$(명)이고, 20X7년의 전년 대비 증가량은 $1,467,873-1,377,945=89,928$(명)이다.

45 경영이해능력 본원적 경영전략 이해하기

| 정답 | ①

| 해설 | 원가우위 전략은 원가절감을 통해 해당 산업에서 우위를 점하는 전략으로 원가절감을 위해 새로운 생산기술을 개발할 필요가 있기 때문에 신기술 개발을 지향한다.

46 경영이해능력 사례 속 경영전략 파악하기

| 정답 | ⑤

| 해설 | (가) L 전자는 1인 가구라는 특정 고객을 대상으로 새로운 시장 수요를 만들어 내는 집중화 전략을 사용하였다.

(나) N사는 자사 의류의 고급화를 통해 브랜드 이미지를 개선하고 고객에게 자사 제품이 가치가 있고 독특하게 인식되도록 하는 차별화 전략을 이용하였다.

47 문서이해능력 세부 내용 이해하기

| 정답 | ②

| 해설 | 제시된 기사는 공인인증서가 인터넷 금융생활을 하는 데 있어 반드시 필요한 제도로서의 역할이 폐지된다는 내용으로 이는 인증 절차가 없이 금융생활을 하게 된다는 의미로 해석할 수는 없다. 또한 '공인인증서는 법적 효력이 달라지겠지만 불편함 없이 계속 사용할 수 있도록 할 예정'이라고 언급하고 있으므로 새로운 인증 절차를 마련한다는 취지의 기사라고 할 수 있다.

| 오답풀이 |

① 공인인증서 제도가 폐지되면 액티브 X를 반드시 설치하지 않아도 된다.

③ 예정 사항이며 법적인 절차를 거쳐야 하는 만큼 정확한 실행일은 알 수 없다.

④ 과기정통부가 밝힌 '카드사 등이 보유한 개인정보를 당사자가 편리하게 내려받아 자유롭게 활용하는 시범 사업'의 내용이다.

48 문서이해능력 자료를 바탕으로 추론하기

|정답| ③

|해설| 가상화폐에 쓰이는 핵심 기술이 블록체인이지만 블록체인 기술이 기존 금융거래의 새로운 인증제도로 도입된다고 해서 가상화폐 거래가 기존 금융거래와 통합되어 운영되어야 한다는 점은 개연성이 없다. 가상화폐와 공인인증제도를 함께 연계할 근거는 제시되어 있지 않다.

|오답풀이|

① 새로운 인증제도이므로 시범사업을 통한 오류 발견 등의 과정이 필요하다고 볼 수 있다.

② 각 은행별로 내부 약관을 개정하는 일은 적절한 조치로 볼 수 있다.

④ 새로운 인증제도는 여러 은행에 공통으로 적용될 것이므로 홍보용 합동 광고를 제작하는 일은 고객의 혼란을 방지하기 위해 필요한 적절한 조치로 판단할 수 있다.

⑤ 기업에서 가지고 있는 개인정보를 당사자가 편리하게 사용하기 어려움이 있어 본인정보 활용을 지원하는 제도를 도입하기로 하였으므로 적절한 조치로 볼 수 있다.

49 도표분석능력 자료의 수치 분석하기

|정답| ②

|해설| ㉠ 20X7년 A사와 C사의 매출액 합계는 3,969+2,603=6,572(백만 달러)이고, 4대 이동통신업자 전체 매출액은 13,582백만 달러이므로 $\frac{6,572}{13,582} \times 100 ≒$ 48.4(%)로 전체 매출액의 50%를 넘지 않는다.

㉣ 20X8년의 전체 인구를 x명이라 하고 주어진 보급률 공식에 따라 식을 세우면 다음과 같다.

$125.3(\%) = \frac{76,900,000}{x} \times 100$

$x ≒ 61,372,706$

따라서 20X8년의 전체 인구는 대략 6천 1백만여 명임을 알 수 있다.

|오답풀이|

㉡ 4대 이동통신사업자의 매출액 순위는 20X6년과 20X7년에 A사>B사>D사>C사 순이었고, 20X8년은 B사>A사>D사>C사 순이었다. 따라서 20X8년 A사와 B사의 매출액 순위가 서로 바뀐 것 외에 나머지 순위는 변하지 않았음을 알 수 있다.

㉢ A사의 20X9년 10 ~ 12월 월평균 매출액이 1 ~ 9월의 월평균 매출액과 동일하다고 가정할 경우, 1 ~ 9월의 월평균 매출액은 2,709÷9=301(백만 달러)이므로, 10 ~ 12월 매출액은 301×3=903(백만 달러)가 된다. 따라서 A사의 20X9년 한 해의 전체 매출액은 2,709+903=3,612(백만 달러)이다.

50 도표작성능력 자료의 수치 계산하기

|정답| ④

|해설| 전체 조사대상자 중 국민연금으로 노후 준비를 하는 인원의 비율을 묻고 있으므로 65.4×0.53≒34.7(%)가 들어가야 한다. 〈20X6년 노후 준비 방법〉의 국민연금 비율인 53%는 노후를 준비하고 있는 사람들 중에서 차지하는 비율임에 주의해야 한다.

2회 기출유형문제

▶ 문제 56쪽

01	③	02	④	03	②	04	②	05	③
06	②	07	③	08	⑤	09	④	10	③
11	④	12	④	13	②	14	①	15	④
16	⑤	17	②	18	⑤	19	⑤	20	⑤
21	②	22	③	23	③	24	②	25	④
26	④	27	④	28	②	29	②	30	③
31	⑤	32	②	33	④	34	②	35	②
36	⑤	37	④	38	②	39	①	40	③
41	①	42	③	43	②	44	①	45	③
46	①	47	②	48	③	49	④	50	②

01 도표분석능력 자료의 수치 분석하기

| 정답 | ③

| 해설 | ○○시의 세입 중 가장 큰 비중을 차지하는 것은 지방세로, 20X0년에 31%, 20X1년에 28%, 20X2년에 25%를 차지하였다.

| 오답풀이 |

① 세외수입의 액수는 20X1년에 감소하였다가 20X2년에 증가하였다.

② 전년 대비 전체 세입 증가액은 20X1년이 466,597−381,989=84,608(억 원), 20X2년이 540,435−466,597=73,838(억 원)으로 20X1년이 20X2년보다 많다.

④ 전체 세입에서 지방세가 차지하는 비중은 20X0년 31%, 20X1년 28%, 20X2년 25%로 계속 감소하였다.

⑤ 20X1년 지방교부세의 전년 대비 증가액은 70,000−52,000=18,000(억 원)으로 20X1년 국고보조금의 전년 대비 증가액인 109,430−93,514=15,916(억 원)보다 많다.

02 문서작성능력 글의 제목 찾기

| 정답 | ④

| 해설 | 제시된 글에서는 광동 상인의 활동 초기 특징과 함께 상해에서의 활약상을 간략히 소개하고 있다. 따라서 글의 내용을 모두 포함할 수 있는 제목으로는 중국의 개항장이었던 상해를 광동 상인이 선점하였다는 내용이 적절하다.

| 오답풀이 |

① 광동 상인의 매판적인 특성을 부정적으로 묘사하는 의도의 내용은 아니다.

② 광동 상인과 청조의 협력을 통해 탄생한 상해의 기업은 당시 광동 상인들의 일부 단면을 소개한 내용에 지나지 않는다.

③ 당시의 조선이나 일본 등으로 진출하는 광동 상인의 모습이 그려지지는 않았다.

⑤ 제시된 글은 광동 상인이 상해 발전의 원동력이었다는 사실보다는 광동 상인 자체에 더 집중하여 서술하고 있다.

03 예산관리능력 최단 경로 파악하기

| 정답 | ②

| 해설 | 조합을 출발하여 5곳의 위판장을 모두 방문하는 최단 거리는 지나간 도로를 두 번 거치지 않고 이동하는 경로가 될 것이므로 가능한 경로는 다음의 8가지가 있다.

1) 조합−E−A−B−C−D → 5+7+8+4+5=29(km)
2) 조합−E−D−C−B−A → 5+6+5+4+8=28(km)
3) 조합−B−A−E−D−C → 3+8+7+6+5=29(km)
4) 조합−B−C−D−E−A → 3+4+5+6+7=25(km)
5) 조합−D−E−A−B−C → 2+6+7+8+4=27(km)
6) 조합−D−C−B−A−E → 2+5+4+8+7=26(km)
7) 조합−C−D−E−A−B → 6+5+6+7+8=32(km)
8) 조합−C−B−A−E−D → 6+4+8+7+6=31(km)

따라서 4) 경로로 이동한 경우 25km로 최단 이동 경로가 된다.

04 예산관리능력 최단 경로 파악하기

| 정답 | ②

| 해설 | 리터당 연료비는 모두 동일하므로, 8가지 경로에 대한 구간별 사용 연료의 양을 다음과 같이 구할 수 있다.

1) 0.63+0.35+1+0.2+0.5=2.68(L)

2) $0.63+0.6+0.5+0.2+1=2.93(L)$

3) $0.3+1+0.35+0.6+0.5=2.75(L)$

4) $0.3+0.2+0.5+0.6+0.35=1.95(L)$

5) $0.14+0.6+0.35+1+0.2=2.29(L)$

6) $0.14+0.5+0.2+1+0.35=2.19(L)$

7) $0.6+0.5+0.6+0.35+1=3.05(L)$

8) $0.6+0.2+1+0.35+0.6=2.75(L)$

따라서 4) 경로로 이동할 때 1.95L 사용되어 연료비 역시 가장 적게 들인 경로가 된다.

05 업무이해능력 | 메인비즈 제도 이해하기

|정답| ③

|해설| 마지막 문단을 보면 파견사업으로 단체전시회, 시장개척단, 수출컨소시엄이 있으며 업체당 1,000만 원 이내의 금액을 지원받을 수 있다고 하였다.

|오답풀이|

① 메인비즈 인정 기업은 신보매출채권보험료가 10억 원인 경우 15%, 즉 1억 5천만 원을 차감받을 수 있다.

② 메인비즈 인정 기업은 기본 보증료율 1.2%에 0.1%p를 차감받으며 협회 회원사 가입 시 0.1%p 추가 차감으로 총 0.2%p를 차감받을 수 있다.

④ 온라인 홈페이지를 통해서도 가능하다.

⑤ 제품 및 공정 분야의 기술혁신과는 달리 마케팅, 조직혁신의 비기술 분야 육성을 목표로 한다.

06 문서작성능력 | 글의 제목 작성하기

|정답| ②

|해설| 가이드에 따라 시행 주체, 핵심 내용을 포함하였고 불필요한 수식어나 모호한 표현은 사용하지 않았다.

|오답풀이|

① 마지막 문단에서 여러 은행들의 '지점 다이어트'가 계속되고 있지만 △△은행은 일반 지점 영업의 효율성을 끌어올릴 계획이라고 하였으므로 옳지 않다.

③ 마지막 문단에서 디지털 금융, 즉 온라인 서비스는 물론 일반 오프라인 지점 영업의 효율성을 끌어올려 고객을 잡겠다는 전략을 펼칠 계획이라고 하였으므로 옳지

않다.

④ 디지털 창구 도입은 고객과 직원 중심의 거래 편의성 제고를 목적으로 한다. 따라서 직원 편의만을 위한 것은 아니다.

⑤ 시행 주체가 포함되지 않았으며 모호하게 작성되었다.

07 문서이해능력 | 세부 내용 이해하기

|정답| ③

|해설| 세 번째 문단에서 서명 간소화 기능으로 인한 고객 편의성 향상, 서식 검색과 출력 등 불필요한 업무 감소, 관리비용 절감과 같은 긍정적 효과를 언급하고 있다.

|오답풀이|

① 마지막 문단에서 '△△은행은 디지털 금융은 물론 일반 지점 영업의 효율성을 끌어올려 고객을 잡겠다는 전략을 펼칠 계획'이라고 하였으므로 옳지 않다.

② 두 번째 문단에서 현재 50개점에서 시범 운영 중이라고 하였다.

④ 네 번째 문단에서 영업점 창구의 디지털 서비스 강화는 특히 스마트 기기에 익숙하지 않은 중·장년층 고객과 영업점 방문을 선호하는 고객에게 높은 수준의 대면 금융상담 서비스를 제공할 수 있다고 하였으며, 청년층에 대한 언급은 없다.

⑤ 세 번째 문단에서 디지털 창구를 통해 각종 서식을 만들거나 고객 장표를 보관하는 데 지출되는 관리비용도 절감할 수 있게 되었다고 언급하였으며, 지속적인 투자에 대한 언급은 없다.

08 체제이해능력 | 조직구조 이해하기

|정답| ⑤

|해설| 기능별 조직은 가장 일반적인 조직 형태로서 내용이 유사하고 관련성이 있는 업무를 결합시키는 조직 설계 방법으로 주로 단일 제품이나 서비스를 생산 판매하는 소규모 조직에 적합한 구조이다. 사업부 조직은 급변하는 환경 변화에 효과적으로 대응하고 제품, 지역, 고객별 차이에 신속하게 적응하기 위해 분권화된 의사결정이 가능하도록 조직을 구조화한 조직 설계 방법이다. 현재 가장 많이 나타나는 조직구조는 사업부 조직 형태이지만 기업의 초기 단계에

많이 나타나는 조직구조는 기능별 조직 형태이다. 따라서 박 과장의 설명은 틀린 설명이다.

09 기초통계능력 확률 계산하기

| 정답 | ④

| 해설 | 적어도 1명의 대리가 포함되어 있을 확률은 전체인 1에서 2명 모두 대리가 아닐 확률을 뺀 것과 같다.

2개의 종이를 차례로 꺼냈을 때 2명 모두 대리가 아닐 확률은 $\frac{4}{7} \times \frac{3}{6} = \frac{2}{7}$ 이므로 적어도 1명의 대리가 포함되어 있을 확률은 $1 - \frac{2}{7} = \frac{5}{7}$ 가 된다.

10 도표분석능력 자료의 수치 분석하기

| 정답 | ③

| 해설 | 경상도, 경기도, 전라도, 충청도, 서울, 강원도, 제주도 순으로 전체 학교 개수와 대학교 개수가 많다.

| 오답풀이 |

① 각 지역별로 고등학교 졸업생 수가 모두 다르므로, 주어진 자료만으로는 전국 고등학교 졸업생의 대학진학률 평균을 알 수 없다.

② 대학교는 경상도, 경기도, 전라도 순으로 그 수가 많지만 대학진학률이 가장 높은 지역의 순서는 해마다 다르므로 이 두 요소가 서로 밀접한 관련이 있다고 볼 수 없다.

④ 20X6년 대비 20X9년의 대학진학률 감소폭은 다음과 같다.

- 서울 : $65.6 - 62.8 = 2.8(\%p)$
- 경기도 : $81.1 - 74.7 = 6.4(\%p)$
- 강원도 : $92.9 - 84.2 = 8.7(\%p)$
- 충청도 : $88.2 - 80.1 = 8.1(\%p)$
- 전라도 : $91.3 - 81.9 = 9.4(\%p)$
- 경상도 : $91.8 - 83.8 = 8(\%p)$
- 제주도 : $92.6 - 87.6 = 5(\%p)$

따라서 가장 작은 감소폭을 보인 지역은 서울이다.

⑤ 전라도의 20X8년 대학진학률은 86.9%, 20X7년 대학진학률은 88.1%이다.

따라서 $88.1 - 86.9 = 1.2\%p$ 감소했다.

11 문서이해능력 세부 내용 이해하기

| 정답 | ④

| 해설 | 민관 합동 조직진단반은 조직 운영의 업무 효율성과 조직진단의 객관성과 전문성을 높이기 위해 도입되었다고 설명하고 있다.

| 오답풀이 |

① 민관 합동 조직진단반은 조직진단 기간 중 자문기구로 한시적으로 운영한다고 제시되어 있다.

② 민관 합동 조직진단반은 시 소속 공무원을 포함하여 구성된다고 제시되어 있다.

③ 민관 합동 조직진단반은 조직진단 과정에서 조직 정비 방안과 조직운영체계상 개선 사항 등에 대한 의견을 제안하는 기구라고 제시되어 있다.

⑤ ○○시가 조직진단에 민간위원을 위촉한 것은 이번이 처음이라는 내용을 통해 이전까지의 조직진단은 민간위원의 참여 없이 자체적으로 진행되었음을 추론할 수 있다.

12 사고력 진위 추론하기

| 정답 | ④

| 해설 | 밴의 주장과 데이빗의 주장이 서로 상충하므로, 각각의 사람이 거짓을 말하고 있는 경우를 나누어 생각해 보면 다음과 같다.

ⅰ) 밴이 거짓을 말하고 있는 경우

나머지 네 명의 주장은 모두 진실이므로, 가장 늦게 제출한 사람은 앤디가 되며 가장 먼저 제출한 사람은 크리스가 된다. 이때, 데이빗은 앤디와 밴보다 서류를 늦게 제출했다 주장하고 있으므로 앤디의 진술과 상충된다.

ⅱ) 데이빗이 거짓을 말하고 있는 경우

나머지 네 명의 주장은 모두 진실이므로, 가장 늦게 제출한 사람은 앤디가 되며 가장 먼저 제출한 사람은 크리스가 된다. 이때, 에릭은 밴보다는 먼저 크리스보다는 늦게 서류를 제출하는데, 밴은 데이빗이 제출한 바로 다음에 제출하므로 데이빗은 앤디와 밴보다 서류를 빨리 제출한 것이 된다. 이를 표로 정리하면 다음과 같다.

순서	1등	2등	3등	4등	5등
사람	크리스	에릭	데이빗	밴	앤디

따라서 거짓을 말하고 있는 사람은 데이빗이다.

13 시간관리능력 일정 관리하기

| 정답 | ③

| 해설 | 외국의 주요 인사 내방 일정이 22일이므로 입소교육은 늦어도 17일까지 완료되어야 한다. 따라서 늦어도 15일에는 입소교육이 시작되어야 하며, 합격자 발표는 13일까지 이루어져야 한다. 이를 위해서는 12일까지 합격자 결과에 대한 결재가 완료되어야 하며, 10일에 면접이 이루어져야 한다. 그런데 10일에는 B 차장과 F 과장이 면접을 진행할 수 없으므로 과장 이상 면접관이 세 명 밖에 없게 된다. 따라서 주말을 제외하고 하루 빠른 영업일인 7일에 면접을 실시해야 한다.

14 도표분석능력 자료의 수치 분석하기

| 정답 | ①

| 해설 | 20X1년부터 20X4년까지 연도별 자연재해 피해액이 매해 지속적으로 증가하는 자연재해 유형은 없다. 태풍의 경우 20X4년 피해액이 0원이었고, 지진은 20X1년과 20X2년 모두 피해액이 0원으로 자연재해 피해액이 매해 증가하였다고 볼 수 없다.

| 오답풀이 |

② 20X1년의 자연재해 피해액 대비 복구비는 $\frac{504,220}{179,009}$ ≒ 2.8(배)로 제시된 연도 중 가장 큰 비율을 기록하였다. 20X4년의 자연재해 피해액 대비 복구비는 $\frac{509,613}{192,029}$ ≒ 2.7(배)이다.

③ 연도별 자연재해 피해액 자료에 따르면 20X3년 태풍에 의한 피해액은 223,301백만 원으로 연내 가장 큰 피해액을 기록하였다.

④ 20X4년 자연재해로 인한 총 피해액은 192,029백만 원으로, 20X3년의 304,277백만 원 보다 작다.

⑤ 20X4년 지진으로 인한 자연재해 피해액은 67,713백만 원, 자연재해 복구비는 183,605백만 원으로 제시된 연도 중 가장 큰 액수를 기록하였다.

15 도표작성능력 자료의 수치 계산하기

| 정답 | ④

| 해설 | (가) ~ (마)에 들어갈 수치를 구하면 다음과 같다.

(가) $\frac{142,198}{179,009} \times 100 ≒ 79.44(\%)$

(나) $\frac{18,814}{33,008} \times 100 ≒ 57.00(\%)$

(다) $\frac{65,923}{192,029} \times 100 ≒ 34.33(\%)$

(라) $\frac{106,736-222,742}{222,742} \times 100 ≒ -52.08(\%)$

(마) $\frac{5,664-63,171}{63,171} \times 100 ≒ -91.03(\%)$

16 인적자원관리능력 HRM의 업무 이해하기

| 정답 | ⑤

| 해설 | HRM은 기업 내부에서 직원 채용 및 인사고과, 교육 등 인적자원을 관리하는 과정을 의미한다. 따라서 기업의 사업 방향을 설정하는 것은 HRM의 업무와는 거리가 멀다.

17 인적자원관리능력 HRM의 업무 이해하기

| 정답 | ②

| 해설 | 온보딩(Onboarding)은 신규 직원이 조직의 일원이 되기 위해 필요한 지식과 기술, 기업문화 등을 습득하도록 지원하는 교육과정을 의미한다.

18 문서이해능력 내용을 바탕으로 추론하기

| 정답 | ⑤

| 해설 | 제시된 자료에서 유럽연합이 가결한 인공지능 법안은 인공지능의 기술을 위험도를 기준으로 단계별로 분류하고 이를 기준으로 인공지능에 대한 단계별 규제를 설정하고 이를 감독하는 기관의 설립을 그 내용으로 하고 있다.

특히 제5조에서 사람들의 안전, 생명, 권리에 명백한 위협이 되는 유해한 인공지능을 금지하는 내용을 통해 인공지능 법안이 사회에 위해를 가하는 인공지능 기술의 개발을 방지하여 기술 발전에 따른 부작용을 억제하는 것을 목적으로 함을 추론할 수 있다.

19 문서이해능력 내용을 바탕으로 추론하기

| 정답 | ⑤

| 해설 | 제시된 자료에서 위험도를 기준으로 인공지능을 단계별로 분류하고 있고 그중 가장 위험도가 높은 인공지능에 대한 예시 중 하나로 특정 취약군에 대한 인지 행동 조작을 제시하였다. 인공지능이 인종을 차별하는 행위를 유발하는 것은 인공지능을 이용한 인지 행동 조작에는 해당한다고 볼 수 있으나, 이것이 가장 위험도가 높은 것으로 분류되기 위해서는 그것이 아이들과 같은 특정 취약군을 대상으로 하는 경우라는 요건이 추가적으로 제시되어야 한다.

20 도표분석능력 자료의 수치 계산하기

| 정답 | ⑤

| 해설 | 20X8년 보이스피싱 피해신고 건수의 전년 대비 감소율은 $\frac{6,720-5,455}{6,720} \times 100 = 18.8(\%)$이고 보이스피싱 피해신고 금액의 감소율 $\frac{621-554}{621} \times 100 = 10.8(\%)$이므로 피해건수의 감소율이 더 크다.

| 오답풀이 |

① 보이스피싱 피해신고 건수 및 금액은 20X6년부터 20X8년까지 감소한 후, 20X9년에 다시 증가하였다.

② 20X9년 보이스피싱 피해신고 금액은 20X5년에 비해 약 2.6배 증가하였다.

③ 5년간 보이스피싱 피해신고 금액의 평균은 719억 원이다.

④ 5년간의 보이스피싱 피해신고 건수의 평균은 6,570.8 건으로 20X7년의 보이스피싱 피해신고 건수(6,720건)가 더 높다.

21 문서이해능력 세부 내용 이해하기

| 정답 | ②

| 해설 | 제20조 제1항 '다만, 부정이체 결과로 당해 계좌에서 발생한 손실액이 1년 만기 정기예금 이율로 계산한 금액을 초과하는 경우에는 당해 손실액을 보상한다'를 통해 알 수 있다.

| 오답풀이 |

① 제20조 제4항 '이용자로부터 접근매체의 분실이나 도난의 통지를 받은 경우에는 은행은 그때부터 제3자가 그 접근매체를 사용함으로 인하여 이용자에게 발생한 손해를 보상한다'를 통해 알 수 있다.

③ 제19조 제3항 '제1항의 신고를 철회할 경우에는 이용자 본인이 은행에 서면으로 신청하여야 한다'를 통해 알 수 있다.

④ 제20조 제2항 제4호에 따라 은행이 접근매체를 통하여 이용자의 신원, 권한 및 거래지시의 내용 등을 확인하는 외에 보안강화를 위하여 전자금융거래 시 사전에 요구하는 추가적인 보안조치를 이용자가 정당한 사유 없이 거부하여 사고가 발생한 경우 이용자의 손해를 전부 또는 일부 책임지지 않는다.

⑤ 제20조 제2항 제1호에 따라 은행의 귀책사유 없이 발생한 정전으로 인해 발생한 이용자의 손해를 전부 또는 일부 책임을 지지 않는다.

22 문서이해능력 세부 내용 이해하기

| 정답 | ③

| 해설 | 제20조 제1항 '「정보통신망 이용촉진 및 정보보호 등에 관한 법률」 제2조 제1항 제1호에 따른 정보통신망에 침입하여 거짓이나 그 밖의 부정한 방법으로 획득한 접근매체의 이용으로 발생한 사고로 인하여 이용자에게 손해가 발생한 경우에 그 금액과 1년 만기 정기예금 이율로 계산한 경과이자를 보상한다'를 통해 ③의 경우 은행이 모든 책임을 짐을 알 수 있다.

| 오답풀이 |

① 제20조 제2항 제1호에 따라 은행은 모든 책임을 지지 않는다.

② 제20조 제4항에 따라 은행은 모든 책임을 지지 않는다.

④ 제20조 제2항 제3호에 따라 은행은 모든 책임을 지지 않는다.

⑤ 제20조 제2항 제2호에 따라 은행은 모든 책임을 지지 않는다.

23 기초통계능력 경우의 수 구하기

| 정답 | ③

| 해설 | A ~ E에 서로 다른 쇼핑몰 2개, 서로 다른 전시장 2개, 카페 1개로 공간을 할당하는 경우 중 두 쇼핑몰끼리는 이웃하지 않도록 하는 경우는 두 쇼핑몰이 AD, AE, BD, BE, DA, DB, EA, EB에 위치하는 총 8가지이다. 두 쇼핑몰의 위치가 결정된 이후 남은 세 개의 공간에 서로 다른 전시장 2개와 카페 1개가 들어가는 경우의 수는 3! = 6(가지)이다. 따라서 쇼핑몰끼리 이웃하지 않는 경우의 수는 8×6 = 48(가지)이다.

24 자원관리능력 자원 낭비의 원인 파악하기

| 정답 | ③

| 해설 | 〈사례〉에서 한 대리는 자원을 활용하는 계획을 사전에 세우지 않아 급하게 예산을 초과하는 숙소를 예매하는 등 자원을 낭비하고 있다.

25 예산관리능력 BIS 자기자본비율 계산하기

| 정답 | ④

| 해설 | BIS 자기자본비율 산정 식에 따라 은행의 자기자본을 은행이 보유한 중앙정부대출, 주택담보대출, 일반대출에 각각의 위험가중치를 곱한 값의 총합으로 나눈다. 위험가중치를 각각 0%, 50%, 100% 적용한다고 하였으므로 각 수치에 1, 1.5, 2를 곱한다.

$$A : \frac{30,000}{(15,000 \times 1 + 60,000 \times 1.5 + 50,000 \times 2)} \times 100$$
$$= \frac{30,000}{205,000} \times 100 ≒ 15(\%)$$

$$B : \frac{18,000}{(10,400 \times 1 + 20,000 \times 1.5 + 20,000 \times 2)} \times 100$$
$$= \frac{18,000}{80,400} \times 100 ≒ 22(\%)$$

$$C : \frac{60,000}{(11,000 \times 1 + 90,000 \times 1.5 + 70,000 \times 2)} \times 100$$
$$= \frac{60,000}{286,000} \times 100 ≒ 21(\%)$$

$$D : \frac{20,000}{(13,000 \times 1 + 30,000 \times 1.5 + 40,000 \times 2)} \times 100$$
$$= \frac{20,000}{138,000} \times 100 ≒ 14(\%)$$

따라서 4개의 은행 중 BIS 자기자본비율이 가장 낮은 은행은 D 은행이고, 가장 높은 은행은 B 은행이다.

| 오답풀이 |

① BIS 자기자본비율이 낮아 가장 재무건전성이 낮은 은행은 D 은행이나 일반대출금 규모가 가장 작은 은행은 B 은행이다.

③ '순이익 잉여금 = 자기자본 - 자본금'이므로 각 은행의 순이익 잉여금은 다음과 같다.

A : 30,000 - 20,000 = 10,000(억 원)

B : 18,000 - 15,000 = 3,000(억 원)

C : 60,000 - 30,000 = 30,000(억 원)

D : 20,000 - 17,000 = 3,000(억 원)

따라서 순이익 잉여금이 가장 많은 은행은 C 은행이며 C 은행은 자본금이 가장 많은 은행이다.

26 사고력 진위 판단하기

| 정답 | ④

| 해설 | 다섯 명의 진술 중 과자를 먹은 사람 한 명만이 거짓을 말하고 있으므로, 거짓을 말하고 있는 각각의 경우를 판단한다.

• A가 과자를 먹은 경우에는 B의 진술이 거짓이 되므로 조건에 부합하지 않는다.

• B가 과자를 먹은 경우에는 E의 진술이 거짓이 되므로 조건에 부합하지 않는다.

• C가 과자를 먹은 경우에는 B의 진술이 거짓이 되고 C의 진술이 참이 되므로 조건에 부합하지 않는다.

• D가 과자를 먹은 경우에는 본인이 과자를 먹었다는 사실을 알았을 것이므로 D의 진술은 거짓이 되고, D가 과자를 먹었다는 B의 진술을 포함한 나머지 진술이 모두 참이 되므로 조건에 부합한다.

- E가 과자를 먹은 경우에는 E의 진술이 참이 되므로 조건에 부합하지 않는다.

따라서 과자를 먹은 사람은 D이다.

27 기초연산능력 이자 계산하기

| 정답 | ④

| 해설 | 원금 × (1 + 연이율)^{기간} = 200 × (1 + 0.15)^2 = 200 × 1.3225 = 264.5(만 원)이다.

28 문서작성능력 문맥에 맞게 단어 사용하기

| 정답 | ②

| 해설 | ㉡ '존속되다'는 어떤 대상이 그대로 있거나 어떤 현상이 계속된다는 뜻으로 문맥상 재산이나 영토, 권리 따위가 특정 주체에 붙거나 딸리게 된다는 뜻의 '귀속되다'가 적절하다.
㉣ 이 원칙은 개인의 선택을 기초로 한다고 하였으므로 문맥상 '시장 경제'가 적절하다.
㉤ 문맥상 금액을 '예치'하는 것이 적절하다.
따라서 글의 흐름상 적절하게 사용되지 않은 것은 3개이다.

29 사고력 강제결합법 이해하기

| 정답 | ②

| 해설 | 강제결합법은 연관성이 없는 둘 이상의 단어를 통해 새로운 아이디어를 도출하는 방법이다. 나머지 선택지에서 언급된 것은 모두 서로 다른 사물의 연결을 통해 제3의 제품을 개발한 사례이나, 플라스틱 컵의 재질을 끊임없이 대체해 보는 과정을 거쳤다는 것은 스캠퍼(SCAMPER) 기법의 '대체하기' 방법을 활용한 것으로 강제결합법으로 보기에는 적절하지 않다.

30 문서이해능력 입찰 공고 내용 파악하기

| 정답 | ③

| 해설 | 공고의 마지막 각주에 '나라장터 또는 e-발주시스템 제출 없이 메일만 제출된 경우는 인정하지 않음'이라고 표기되어 있다.

| 오답풀이 |
① 일반경쟁 입찰에 대한 설명으로 적절하다.
② 제안서 제출 방식은 온라인 제출이고, 별도의 각주는 없으므로 예외는 없다고 볼 수 있다.
④ 산출내역서와 입찰가격이 다를 경우 입찰이 무효 처리된다.
⑤ 공동계약의 경우 공동이행방식만 입찰이 가능하다.

31 사고력 명제 판단하기

| 정답 | ⑤

| 해설 | 제시된 명제와 그 대우를 정리하면 다음과 같다.
- 트랙터 → 2인 가구(~ 2인 가구 → ~ 트랙터)
- 사과 → ~ 2인 가구(2인 가구 → ~ 사과)
- 복숭아 → 노인(~ 노인 → ~ 복숭아)
- ~ 노인 → ~ 트랙터(트랙터 → 노인)

따라서 복숭아를 재배하는 갑 마을 농민들이 트랙터를 갖고 있는지는 파악할 수 없다.

| 오답풀이 |
① 갑 마을의 농민들은 모두 사과 또는 복숭아를 재배하므로 세 번째 명제의 대우를 통해 반드시 사과를 재배함을 알 수 있다.
② 네 번째 명제의 대우를 통해 트랙터를 가진 갑 마을 농민들은 노인과 함께 산다는 것을 알 수 있다.
③ 두 번째 명제의 대우를 통해 2인 가구는 모두 복숭아를 재배함을 알 수 있고, 세 번째 명제를 통해 복숭아를 재배하는 갑 마을 농민들은 노인과 함께 산다는 것을 알 수 있다.
④ 두 번째 명제를 통해 사과를 재배하는 갑 마을 농민들은 2인 가구를 이루고 있지 않고, 첫 번째 명제의 대우를 통해 2인 가구를 이루고 있지 않은 갑 마을 농민들은 트랙터를 가지고 있지 않음을 알 수 있다.

32 경영이해능력 경영활동 이해하기

| 정답 | ②

| 해설 | 경영활동을 구성하는 요소는 경영목적, 인적자원, 자본, 경영전략이다. 따라서 (나)의 경우와 같은 종교 단체를 전략적인 집단으로 규정하는 것은 적절하지 않다.

33 문서이해능력 세부 내용 파악하기

| 정답 | ④

| 해설 | 자료의 하단부에서 '청년우대형 주택청약종합저축은 예금보험공사가 보호하지 않으나 주택도시기금의 조성 재원으로서 정부가 관리하고 있다'고 안내되어 있다.

| 오답풀이 |

① 가입대상 안내 항목의 1), 2), 3)을 통해 알 수 있다.

② 가입서류 항목의 4)를 통해 알 수 있다.

③ 적용이율 항목의 2)에서 우대이율(연 1.5%p)의 적용대상은 가입기간 2년 이상인 계좌이며 당첨계좌의 경우 2년 미만도 포함한다고 하였으므로 A의 답변은 옳다.

⑤ 가입서류 안내 항목의 3)에서 소득확인증명서, 근로소득 원천징수영수증, 근로소득자용 소득금액증명원, 급여명세표 중 하나로 소득을 증빙할 수 있다고 하였다.

34 문서이해능력 알맞은 사례 적용하기

| 정답 | ②

| 해설 | 각 고객별로 필요 증빙서류를 제시하면 다음과 같다.

• 고객 C가 제출할 실명확인증표(여권), 3개월 이내 발급받은 주민등록등본, 3천만 원 이하 연소득을 증빙하는 소득확인증명서는 모두 필수제출서류이다.

• 고객 D는 근로소득자이므로 사업 · 기타소득자용 소득확인서류인 종합소득세용 소득금액증명원은 제출서류로 적절하지 않다.

• 고객 E는 만 30세가 넘지 않은 남성이므로 병적증명서는 필수제출서류에 해당되지 않는다.

• 만 31세 근로소득자인 남성 고객 F는 30세가 넘었으므로 병역기간을 차감 시 만 29세 이하임을 증명하기 위해 병적증명서를 필수적으로 제출해야 한다. 본인실명확인증표(운전면허증), 3개월 이내 발급받은 주민등록등본, 3천만 원 이하 연소득을 증빙하는 급여명세표는 모두 필수제출서류이다.

따라서 필요한 증빙서류가 바르게 나열된 사례는 고객 C와 고객 F이다.

35 조직이해능력 경영혁신 기법 이해하기

| 정답 | ②

| 해설 | 다운사이징은 조직 규모를 줄여 경쟁력을 회복하는 혁신기법이다. 따라서 비효율적인 조직의 효율성을 향상시켜야 하기에 ㉠에는 '비효율적인'이 들어가야 한다. 리엔지니어링은 기존의 기업 활동과 업무 프로세스를 완전히 백지상태에서 새롭게 구성하는 경영혁신 기법이기에 ㉡에는 '근본적으로'가 들어가야 한다.

36 조직이해능력 조직구조 이해하기

| 정답 | ⑤

| 해설 | 다운사이징은 조직구조 유형이 아니라 조직구조조정 방법 중 하나이다.

| 오답풀이 |

① 조직구조 유형 중 프로세스 구조에 해당한다.

② 조직구조조정 방법 중 리엔지니어링에 해당한다.

④ 조직구조 유형 중 부문별 구조에 해당한다.

37 도표분석능력 자료의 수치 분석하기

| 정답 | ④

| 해설 | 연립주택은 1인당 재활용폐기물 배출량이 두 번째로 많은 가정이지만 생활폐기물의 배출량은 가장 적다. 따라서 1인당 재활용폐기물 배출량과 생활폐기물의 배출량은 비례 또는 반비례의 상관관계가 없음을 알 수 있다.

| 오답풀이 |

① 20X3년에 비해 20X8년에 기타 생활폐기물은 5,167톤이 증가하였고, 생활쓰레기는 8,776톤이 감소하였다.

② $\dfrac{42,384-43,757}{43,757} \times 100 ≒ -3.14(\%)$ 에 이르고 있다.

③ 20X8년 A 국의 전체 생활폐기물 1인당 1일 평균 발생량은 0.92kg인 데 반해, 가정 부문의 평균이 0.246kg 이므로 비가정 부문은 가정 부문보다 발생량이 더 많다고 판단할 수 있다.

⑤ 가정 부문은 $\dfrac{0.143}{0.246} ≒ 0.58$, A 국 전체는 $\dfrac{0.28}{0.92} ≒ 0.30$ 으로 가정 부문의 비중이 더 크다.

38 [업무이해능력] [업무 보고서 파악하기]

| 정답 | ②

| 해설 | 주간업부보고에 기재된 업무 담당팀은 교육팀, 인사팀, 전략팀, 지원팀, 계약팀, PR팀, 광고팀, 개발팀, 연구팀, 영업1팀, 영업2팀, 영업3팀, 회계팀, 재경팀으로 총 14개 팀이다.

39 [업무이해능력] [업무 보고서 파악하기]

| 정답 | ①

| 해설 | 주간업무보고에 기재된 업무 담당자는 인재양성부 4명, 기획부 4명, 홍보부 4명, 연구개발부 5명, 영업부 7명, 경리부 2명으로 총 26명이다.

40 [업무이해능력] [업무 보고서 파악하기]

| 정답 | ③

| 해설 | 5월 2주차 당일에 업무를 시작하여 당일에 업무를 마감하는 담당자, 즉 업무 시작일과 마감일이 같은 사람은 연구개발부의 주상춘, 영업부의 이은영과 태은경으로 총 3명이다.

| 오답풀이 |

① 주간업무보고를 통해 확인할 수 있는 프로젝트는 상반기 사내교육, 하반기 인사이동, 지역 문화축제, SNS 이벤트, B 제품 출시기획, K 제품 개선, 상반기 결산으로 총 7개이다.

② 한 주에 두 개 이상의 프로젝트를 진행하고 있는 담당자는 이연호, 유경조, 이은영으로 총 3명이다.

④ 지역 문화축제 프로젝트를 진행하는 담당자는 현준민, 이연호, 배지민, 장요한, 서순철, 유경조, 유지성으로 총 7명이다.

⑤ 5월 2주차에 상반기 사내교육을 담당하는 담당자 중 이와 다른 프로젝트를 함께 담당하고 있는 사람은 지역 문화축제를 함께 담당하고 있는 이연호이며, 고연수는 SNS 이벤트를 담당하고 있으므로 같은 프로젝트를 담당하고 있지 않다.

41 [시간관리능력] [일정 수집하기]

| 정답 | ①

| 해설 | 〈조건〉에 따라 가능하지 않은 날짜를 지우면 가능한 날은 다음과 같다.

〈12월 달력〉

일	월	화	수	목	금	토
	14	15		17	18	
	21			24		

따라서 워크숍을 진행할 수 있는 날짜는 12월 14 ~ 15일, 12월 17 ~ 18일이다.

42 [사고력] [시차를 활용하여 문제 해결하기]

| 정답 | ③

| 해설 | 서울 시각은 시차로 인해 두바이보다 5시간 빠르므로, 서울 시각 오후 3시는 두바이 시각 오전 10시이다. 이때는 두 사람 모두 근무 시간이며 점심시간이나 사내회의 시간과 겹치지 않아 미팅을 잡기에 적절하다.

| 오답풀이 |

①, ② 서울 시각 오전 8시와 9시는 두바이 시각 오전 3시와 4시로, 바이어의 근무 시간이 아니므로 적절하지 않다.

④, ⑤ 서울 시각 오후 4시와 5시는 두바이 시각 오전 11시와 오후 12시인데 바이어의 점심시간은 현지 시각 오전 11시부터 오후 1시까지므로 미팅을 잡을 수 없다.

43 기초연산능력 일률 계산하기

|정답| ②

|해설| 전체 일의 양을 1이라 하면 하루 동안 장 대리가 하는 일의 양은 $\frac{1}{18}$, 박 차장이 하는 일의 양은 $\frac{1}{30}$이다. 장 대리가 일을 한 기간을 x일이라 하면 다음과 같은 식이 성립한다.

$\frac{1}{18}x + \frac{1}{30}(22-x) = 1$

$5x + 3(22-x) = 90$

$\therefore\ x = 12$

따라서 장 대리가 일을 한 기간은 12일이다.

44 문서이해능력 세부 내용 파악하기

|정답| ①

|해설| 네 번째 문단을 보면 '이에 송금 서비스를 주도했던 은행권 또한 간편송금 시장 경쟁에 뛰어드는 추세'라고 제시되어 있다. 이를 통해 은행권이 송금 서비스를 먼저 시작했다는 것을 알 수 있다.

|오답풀이|

② 마지막 문단을 보면 간편송금 서비스는 소액 송금 위주로 운영되고 있고, 이를 초과한 금액은 대부분 은행을 통해 거래되고 있다고 제시되어 있다.

③ 마지막 문단을 보면 간편송금 전자금융업자는 현재 송금 건당 150 ~ 450원의 비용을 제휴 은행에 지불하고 있다고 제시되어 있다.

④ 간편송금 서비스는 공인인증서 의무사용이 폐지되면서 등장하게 되었으며 간편송금의 장점은 공인인증서 대신 간편 인증수단을 이용한다는 것이다. 그러므로 공인인증서 의무사용이 재도입된다면 신규 전자금융업자들은 타격을 입을 것이다.

⑤ 네 번째 문단을 통해 은행권에서 간편송금 서비스를 위해 별도의 앱을 출시했지만 후발주자라는 불리함 때문에 인지도가 낮아 큰 성과를 거두지 못했다는 것을 알 수 있다.

45 문서이해능력 세부 내용 파악하기

|정답| ③

|해설| ㉠ 간편송금 서비스의 최대 강점은 복잡한 인증 절차 없이 쉽고 빠르게 송금할 수 있다는 것이다. 간편송금 서비스는 공인인증서 의무사용이 폐지되면서 등장했으며 공인인증서 대신 다른 간편 인증수단을 이용한다.

㉡ 마지막 문단을 보면 간편송금 전자금융업자의 무료 고객 비중이 72 ~ 100%인 것을 알 수 있다. 그러므로 간편송금 이용자의 과반수는 무료로 서비스를 이용하고 있다는 것을 알 수 있다.

|오답풀이|

㉢ 네 번째 문단을 보면 '송금 서비스를 주도했던 은행권 또한 간편송금 시장 경쟁에 뛰어드는 추세이다'라고 하였으므로 은행권 또한 간편송금 서비스 경쟁에 뛰어들었음을 알 수 있다.

46 인적자원관리능력 부서 배치하기

|정답| ①

|해설| 모든 신입사원을 직원 평가 점수가 높은 순서대로 정렬하여 희망 부서에 따라 부서를 배치하면 다음과 같다.

기준 신입사원	직원 평가 점수	희망 부서 (1지망)	희망 부서 (2지망)	배치 부서
마	5점	영업팀	홍보팀	영업팀
가	4점	영업팀	총무팀	영업팀
라	4점	총무팀	생산팀	총무팀
나	3점	총무팀	영업팀	총무팀
바	3점	생산팀	총무팀	생산팀
사	3점	생산팀	총무팀	생산팀
아	2점	총무팀	영업팀	홍보팀
다	1점	영업팀	홍보팀	홍보팀

따라서 영업팀에 배치되는 사원은 가, 마이다.

47 도표분석능력 자료의 수치 비교하기

|정답| ②

|해설| 삶의 만족도가 한국보다 낮은 국가는 에스토니아,

포르투갈, 헝가리 세 나라이다. 이 세 나라의 장시간근로자 비율의 산술평균은 5.2로, 이탈리아의 장시간근로자비율인 5.4보다 낮다.

| 오답풀이 |

① 삶의 만족도 차이가 2.5 이상인 두 국가는 헝가리와 덴 마크 또는 아이슬란드 또는 호주 또는 멕시코이다. 각 경우 모두 여가 · 개인 돌봄시간 차이가 0.4 이상이다.

③ 여가 · 개인 돌봄시간 상위 3개 국가인 덴마크, 프랑스, 에스토니아의 삶의 만족도 평균은 6.6으로, 하위 3개 국가 국가인 호주, 멕시코, 미국의 삶의 만족도 평균 7.3보다 낮다.

④ 미국의 장시간근로자비율은 11.4로, 이보다 낮은 국가 는 덴마크, 프랑스, 이탈리아, 에스토니아, 포르투갈, 헝가리이다. 미국의 여가 · 개인 돌봄시간은 14.3시간 으로, 이 6개국의 여가 · 개인 돌봄시간은 모두 미국의 여가 · 개인 돌봄시간보다 길다. 참고로 미국보다 여 가 · 개인 돌봄시간이 짧은 나라는 멕시코(13.9시간)뿐 이다.

48 문제처리능력 | 자료 분석하기

| 정답 | ③

| 해설 | 분할인출 가능 횟수는 계좌당 해지를 포함하여 3회 이나, 총 15회 한도로 규정되어 있으므로 7개 계좌를 매 계 좌당 3회 분할인출할 수는 없다.

| 오답풀이 |

① 직장인우대종합통장, 명품여성종합통장 가입자에 한하 여 연 0.3%p 우대금리가 적용된다.

② 신규적립을 제외하면 건별 10만 원 이상 29회까지 가능 하므로 10×29=290(만 원)이 된다.

④ 계좌별 3회(해지 포함) 이내에서 총 15회 한도, 가입일 로부터 1개월 이상 경과, 인출 후 잔액 100만 원 이상 유지 등의 제한 사항이 있다.

⑤ 관련 세법 개정 시 세율이 변경되거나 세금이 부과될 수 있고 계약기간 만료일 이후의 이자는 과세된다.

49 문제처리능력 | 자료를 바탕으로 이율 계산하기

| 정답 | ④

| 해설 | 기본이율은 3.8%이며, 계약기간 12개월에 경과월수 는 10개월이 된다. '기본이율×50%×경과월수÷계약월수' 산식에 대입하여 계산하면 3.8×0.5×10÷12≒1.58(%)가 된다.

50 시간관리능력 | 우선순위 매트릭스 이해하기

| 정답 | ②

| 해설 | 일의 우선순위 판단을 위한 매트릭스는 다음과 같다.

구분	긴급한 일	긴급하지 않은 일
중요한 일	• 위기상황(ㄱ) • 급박한 문제 • 기간이 정해진 프로젝트(ㅅ)	• 예방 생산 능력활동 • 인간관계 구축 • 새로운 기회 발굴(ㄷ) • 중장기 계획(ㄹ), 오락
중요하지 않은 일	• 잠깐의 급한 질문(ㅁ) • 일부 보고서 및 회의 • 눈앞의 급박한 상황 • 인기 있는 활동(ㅇ)	• 바쁜 일, 하찮은 일 • 우편물(ㅂ), 전화 • 시간 낭비 거리(ㄴ) • 즐거운 활동

따라서 (B)에 들어갈 업무는 ㄷ, ㄹ이다.

3회 기출유형문제

▶문제 98쪽

01	①	02	④	03	③	04	②	05	①
06	③	07	④	08	②	09	①	10	④
11	③	12	③	13	③	14	④	15	③
16	②	17	③	18	②	19	②	20	①
21	④	22	①	23	③	24	⑤	25	②
26	⑤	27	①	28	①	29	⑤	30	②
31	①	32	③	33	③	34	③	35	③
36	⑤	37	②	38	④	39	④	40	④
41	③	42	②	43	③	44	④	45	⑤
46	⑤	47	③	48	②	49	③	50	①

01 문서이해능력 중심내용 파악하기

| 정답 | ①

| 해설 | 다우닝가 합의는 한국과 영국이 전략적 동반자 관계의 지위에서 안보·경제·지속가능한 미래 협력 분야 등에 대해 협력 관계를 이어나갈 것을 그 내용으로 하고 있다.

02 체제이해능력 기능별 조직 이해하기

| 정답 | ④

| 해설 | 제시된 조직구조는 기능별 조직으로, 상호 관련성 있는 업무를 동일 부서에 배치하는 설계 방식이다. 비슷한 기능끼리 묶어서 하나의 부서를 구성하고, 직급이 높아질수록 의사결정과 업무의 범위, 권한이 커지는 가장 단순하고 기본적인 조직구조의 형태이다. 기능별 조직은 기능별 목표의 관리와 달성에 유리하며 각 기능별 기술 개발이 용이하고 조직 분위기가 좋아진다는 장점을 지닌다. 반면 각 본부가 전체 조직목표에 대해 제한된 시각을 가지고, 조직 외부의 전문적인 지식이나 기술의 활용이 어렵다는 단점을 가진다.

전체 조직 차원에서 기술의 통합과 전문화가 곤란하다는 단점을 지닌 것은 사업부별 조직이다.

03 사고력 진위 추론하기

| 정답 | ③

| 해설 | 을과 병의 진술이 상충하므로 둘 중 한 사람이 거짓말을 하고 있다.

을이 거짓말을 할 경우, 을이 S 등급을 받았고 한 명만 거짓말을 한다는 조건과 다른 직원들의 진술에도 부합한다. 병이 거짓말을 할 경우, 을은 S 등급을 받지 않았고 정의 진술에 따라 병이 S 등급을 받았다. 따라서 S 등급을 받을 수 있는 사람은 을과 병이다.

04 도표분석능력 자료의 수치 분석하기

| 정답 | ②

| 해설 | 20X4 ~ 20X6년의 자료만을 고려할 경우, 20X7년 서울시의 인구 밀도는 1.59로 예상되어 서울시의 인구는 962만 명으로 예상된다. 하지만 새로 유입되는 인구도 고려해야 하므로 6만 명이 떠난 결과라고 볼 수는 없다.

| 오답풀이 |

① 전년 대비 인구 밀도가 가장 많이 감소한 해는 0.03(만 명/km²) 감소한 20X4년이며, $0.03 \times 605 \fallingdotseq 18$(만 명) 정도 감소하였다.

③ 20X4년 서울시의 인구 밀도는 전년 대비 $\frac{1.65 - 1.62}{1.65}$ $\times 100 \fallingdotseq 1.8(\%)$ 감소하였다.

④ 20X1년 서울시의 인구는 $1.67 \times 605 \fallingdotseq 1,010$(만 명)이고, 20X6년 서울시의 인구는 $1.60 \times 605 \fallingdotseq 968$(만 명)이다. 따라서 20X1년 대비 20X6년 서울시의 인구 감소율은 $\frac{1,010 - 968}{1,010} \times 100 \fallingdotseq 4.19(\%)$로 4%를 넘는다.

⑤ 20X1년부터 20X6년까지 감소한 인구는 $(1.67 - 1.60)$ $\times 605 = 42.35$(만 명)으로, 연평균 $\frac{42.35}{5} \fallingdotseq 8.5$(만 명) 정도 감소하였다.

05 인적자원관리능력 유연근무제 이해하기

| 정답 | ①

| 해설 | 우선 조 대리는 사무실에 출근하여 일하는 것을 선호하므로 재택근무형과 스마트워크근무형이 속한 원격

근무제는 제외한다. 또한 주 5일 동안 40시간을 근무할 예정이므로 주 3.5 ~ 4일만 근무하는 집약근무형과 주 40시간보다 짧게 근무하는 시간제근무도 제외한다. 이틀은 12시간씩 근무하고 나머지는 5 ~ 6시간씩 근무할 계획이므로 1일 8시간 근무로 제한된 시차출퇴근형을 제외하면 조대리에게 적절한 것은 근무시간선택형임을 알 수 있다.

06 | 문서작성능력 | 글의 흐름에 따라 문단 배열하기

| 정답 | ③

| 해설 | (가)를 제외한 문단이 모두 4차 산업혁명의 부정적 측면에 대하여 언급하고 있으므로 가장 먼저 (가)를 배치하고 그다음에 '하지만'으로 시작하는 (다)를 배치하는 것이 자연스럽다. 이때 (다)에서 언급한 노동 시장 붕괴에 대한 구체적인 예시를 들고 있는 (나)를 세 번째 순서로 배치한다. 마지막으로 대응 전략을 논하는 (라)가 배치되어야 한다. 따라서 (가) - (다) - (나) - (라) 순이 적절하다.

07 | 경영이해능력 | 조직 성장을 위한 원칙 알기

| 정답 | ④

| 해설 | 제시된 글은 회사를 무조건적으로 성장시키기보다는 내면을 들여다보는 시간을 통해 성장에 대해 결정해야 한다고 주장한다. 따라서 '스스로에게 자문하면서 성찰해야 한다'는 원칙을 강조하고 있다고 볼 수 있다.

08 | 도표분석능력 | 자료의 수치 분석하기

| 정답 | ②

| 해설 | 수출액에서는 한국 1개국만, 무역액에서는 중국 1개국만 순위가 상승했다.

| 오답풀이 |
① 한국의 5,737억 불이 3.45%의 점유율이므로 세계 수출시장 규모는 5,737÷3.45×100≒166,290(억 불)이다.
③ 2011 ~ 2014, 2017 ~ 2019, 2022년 8번의 감소시기를 거쳐 $\frac{3.45-2.43}{2.43}×100≒42(\%)$의 증가율을 보이고 있다.

④ 한국의 점유율을 근거로 계산해 보면 세계 수출시장의 규모는 약 166,290억 불이다. 상위 10개국의 수출액 합은 92,196억 불이므로 $\frac{92,196}{166,290}×100≒55(\%)$로 50%가 넘는다.
⑤ 전년 대비 증가율을 통해 2022년의 수출액을 계산해 보면, 네덜란드는 6,525÷1.142≒5,714(억 불), 한국은 5,737÷1.158≒4,954(억 불)이 되어 약 760억 불의 차이가 난다.

09 | 도표분석능력 | 자료의 수치 분석하기

| 정답 | ①

| 해설 | '수입액=무역액-수출액'이므로 국가별로 계산하면 다음과 같다.

국가	수입액(억 불)	국가	수입액(억 불)
중국	41,052-22,633 =18,419	프랑스	11,589-5,350 =6,239
미국	39,562-15,468 =24,094	홍콩	11,402-5,503 =5,899
독일	26,155-14,485 =11,670	영국	10,891-4,450 =6,441
일본	13,694-6,982 =6,712	한국	10,522-5,737 =4,785
네덜란드	12,257-6,525 =5,732	이탈리아	9,585-5,063 =4,522

수출액, 수입액, 무역액의 순위를 정리하면 다음과 같다.

구분	수출액	수입액	무역액
1위	중국	미국	중국
2위	미국	중국	미국
3위	독일	독일	독일
4위	일본	일본	일본
5위	네덜란드	영국	네덜란드
6위	한국	프랑스	프랑스
7위	홍콩	홍콩	홍콩
8위	프랑스	네덜란드	영국
9위	이탈리아	한국	한국
10위	영국	이탈리아	이탈리아

3회 기출유형문제

따라서 독일, 일본, 홍콩의 3개국이 세 가지 지표의 순위가 모두 동일한 것을 알 수 있다.

10 | 문서이해능력 | 세부 내용 이해하기

| 정답 | ④

| 해설 | ○○협동조합은 예금자보호법이 처음 제정된 1995년보다 이른 1983년부터 법률로 예금자보호제도를 명문화하여 예금자를 보호하고 있다.

11 | 문서이해능력 | 세부 내용 이해하기

| 정답 | ③

| 해설 | a. (나)의 첫 번째 문장을 통해 제도 개정에 대한 근거가 될 수 있는 것을 알 수 있다.
b. 국내 1인당 GDP 대비 예금보호한도 비율은 1.2배인데 이는 일본, 영국, 미국과 비교했을 때 낮은 편이므로 근거로 활용할 수 있다.

| 오답풀이 |

c. 금융기관에서 부담해야 하는 예금 보험료율이 상승한다는 것은 현 예금자보호한도를 유지하자는 주장에 대한 근거이다.

12 | 경영이해능력 | 경영 전략 파악하기

| 정답 | ③

| 해설 | 집중화 전략은 특정 시장이나 고객에게 한정된 전략으로, 을 회사는 경쟁사인 갑 회사가 소홀히 하고 있는 노인층이라는 한정된 시장에 차별화된 제품을 선보이겠다는 마케팅 전략을 펼치고 있다. 다시 말해, 특정 고객층에 집중하여 차별화 전략 또는 원가우위 전략을 펼치는 경영 전략이 집중화 전략이다.

| 오답풀이 |

① 갑 회사는 원가우위 전략, 을 회사는 집중화 전략을 선택하였다.
② 원가우위 전략은 제품의 대량생산을 통해 단가를 낮추고자 하는 전략이다.

④ 제품 전체의 마케팅 비용이 증가하는 것은 전체 시장을 대상으로 차별화된 마케팅을 펼쳐야 하는 차별화 전략에 해당된다. 집중화 전략하에서는 특정 고객층에 추가 서비스나 기능을 부여하는 것으로 전체 마케팅 비용이 증가한다고 단정할 수 없다.
⑤ 생산품이나 서비스가 독특하게 인식되도록 하는 전략은 차별화 전략과 집중화 전략의 특징이며, 원가우위 전략은 제품의 '독특한 인식'이 아닌 가격 경쟁력에 집중하는 것이다.

13 | 기초통계능력 | 최단경로의 수 구하기

| 정답 | ③

| 해설 | A 지역에서 B 지역까지 가는 길을 차례로 더해가며 구하면 그림과 같이 총 51가지이다.

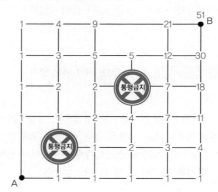

14 | 문제해결능력 | 조건을 바탕으로 추론하기

| 정답 | ④

| 해설 | 우선 여섯 번째와 일곱 번째 조건에 의해 B는 무를, D는 갑을 선택하고, 네 번째 조건에 의해 정과 C는 서로를 선택했다는 것을 알 수 있다. 그리고 세 번째 조건과 다섯 번째 조건에 따라 을과 병은 A 또는 E를 선택할 수 있는데 E를 선택할 경우 지명 결과 한 팀만 만들어지므로 조건에 상충한다. 따라서 을과 병은 A를 선택하였으며 세 번째 조건에 의해 병이 선택한 사람인 A는 갑을 선택하게 된다.

갑−?	A → 갑
을 → A	B → 무
병 → A	C → 정
정 → C	D → 갑
무−?	E−?

이때 첫 번째 조건에 의해 총 두 팀이 만들어져야 하는데, 세 번째 조건에서 무가 선택한 사람은 무가 아닌 병을 선택하였는데, A ~ D 중에서 병을 선택한 사람은 없으므로 E가 병을 선택하였음을 알 수 있다. 따라서 세 번째 조건을 정리하면 무는 E를, E는 병을, 병은 A를, A는 갑을 선택하였다는 내용임을 알 수 있다.

또한 두 팀이 만들어지기 위해서는 갑이 본인을 선택한 A와 D 중 한 명을 선택하여 팀이 되어야 한다. 이때 일곱 번째 조건에서 D는 한 명에게 지명을 받는데 을 ~ 무 중에서 D를 선택한 사람은 없으므로 갑은 D를 선택하였음을 알 수 있다. 이를 정리하면 다음과 같다.

갑 → D	A → 갑
을 → A	B → 무
병 → A	C → 정
정 → C	D → 갑
무 → E	E → 병

따라서 B는 아무에게도 선택받지 못하였다.

15 기초연산능력 단가 계산하기

|정답| ③

|해설| 흰색 A4 용지 한 박스의 단가를 x원이라 하면, 컬러 A4 용지 한 박스의 단가는 $2x$원이므로

$(50 \times x) + (10 \times 2x) - 5,000 = 1,675,000$

$70x = 1,680,000$

$x = 24,000$

따라서 흰색 A4 용지 한 박스의 단가는 24,000원이다.

16 인적자원관리능력 인사발령 결과 파악하기

|정답| ②

|해설| 인사발령 규정을 반영한 결과는 다음과 같다.

지점	필요인원	직원	지점의 선호순위
가	1명	부장 A	3위
나	1명	과장 D	3위
다	2명	과장 C	4위
		대리 F	9위
라	1명	과장 E	5위
마	3명	부장 B	10위
		대리 J	3위
		대리 I	4위
바	2명	대리 H	7위
		대리 G	8위

따라서 5 ~ 10위에 해당하는 직원은 대리 F, 과장 E, 부장 B, 대리 H, 대리 G 총 5명임을 알 수 있다.

17 인적자원관리능력 인사발령 결과 파악하기

|정답| ③

|해설| 인사발령 규정의 변경사항을 반영한 결과는 다음과 같다.

지점	필요인원	직원
가	1명	대리 I
나	1명	과장 C
다	2명	부장 A
		과장 D
라	1명	과장 E
마	3명	부장 B
		대리 H
		대리 J
바	2명	대리 F
		대리 G

따라서 발령지점이 변경된 직원은 대리 I, 과장 C, 부장 A, 과장 D, 대리 H, 대리 F 총 6명임을 알 수 있다.

18 문서이해능력 세부 내용 이해하기

| 정답 | ②

| 해설 | 월스트리트저널의 뮤추얼 펀드 매니저 대상 설문조사 결과에 따르면 지지 요청을 제안받은 펀드 매니저는 응답자의 절반이며 이 중 45%가 지지 의사를 표명하였다. 따라서 조사대상 전체 응답자의 약 22.5%가 지지 의사를 표명한 것으로 볼 수 있다.

| 오답풀이 |

① 1 ～ 2%의 지분만 보유한 경우라도 다른 주주들과 이해관계자들을 끌어들여 연합을 구성해 이사회 의석 확보 등과 같이 적극적으로 기업에 영향을 미친다면 행동주의 투자자에 해당한다.

③, ⑤ 미디어를 활용하며 공격적으로 활동하는 행동주의 투자자뿐 아니라 조용히 최고 경영진과 협의하는 행동주의 투자자도 존재한다. 따라서 활동 양상이 외부에서 관찰 가능한지 여부로는 행동주의 투자자의 활동사례인지 아닌지를 결정할 수 없다.

④ 행동주의 투자자가 두 자릿수의 주식 비중을 보유한 대주주인 경우 가능하다.

19 자원관리능력 효과적인 자원관리 이해하기

| 정답 | ②

| 해설 | 정보팀 홍 대리의 행위는 자원을 낭비하게 되는 대표적 요인 중 하나인 '편리성 추구'에 해당된다. 이는 자원을 활용하는 데 자신의 편리함을 최우선적으로 추구하기 때문에 나타나는 현상이며, 예를 들어 종이컵과 같은 잦은 일회용품의 사용, 할 일 미루기, 약속 불이행 등이 있다. 자원을 효율적으로 관리하기 위해서는 어떤 자원이 얼마나 필요한지 미리 확인하기, 이용 가능한 자원을 수집(확보)하기, 자원 활용 계획 세우기, 계획에 따라 수행하기 등의 과정이 필요하다.

| 오답풀이 |

① 필요한 자원의 종류와 양을 확인함으로써 불필요한 낭비를 줄일 수 있다.

③ 이용 가능한 자원을 수집(확보)하기 위한 행위이다.

④ 시간자원을 활용하기 위해 계획을 세우는 행위이다.

⑤ 물적자원을 계획에 따라 수행하기 위한 행위이다.

20 도표분석능력 자료의 수치 분석하기

| 정답 | ①

| 해설 | 전년 동기 대비 비율을 확인하면 2023년 누적 매출액 순위는 B 건설이 A 건설보다 높다.

| 오답풀이 |

② 2024년 매출액 중 주택매출 비중은 D 건설이 $\frac{56,440}{89,520} \times 100 ≒ 63(\%)$으로 가장 크다.

③ 전년 대비 매출은 줄었으나 영업이익이 증가한 곳은 B, D 건설로 두 곳이다.

④ 2023년 영업이익은 C 건설이 $6,772 \div (1-0.144) ≒ 7,911$(억 원)으로 가장 크다.

⑤ 2024년 영업이익률은 A 건설이 $\frac{8,429}{99,066} \times 100 ≒ 8.5$ (%)로 가장 크다.

21 문서이해능력 세부 내용 이해하기

| 정답 | ④

| 해설 | 18세기 영국의 군악대에 많은 관악기 연주자들이 있었다는 내용이 제시되어 있으나, 이때부터 바순을 사용하기 시작했다고는 볼 수 없다.

| 오답풀이 |

① 첫 번째 문단을 통해 오늘날의 바순처럼 네 부분의 몸통으로 분리되는 바순이 등장한 것은 17세기 말엽 프랑스 루이 14세의 왕실인 것을 알 수 있다.

② 두 번째 문단의 "목관 악기들의 눈부신 발전으로 이어졌다. 그중에서도 바순의 ～"를 통해 바순 역시 목관 악기의 한 종류임을 알 수 있다.

③ 세 번째 문단에서 확인할 수 있다.

⑤ 마지막 문단에서 확인할 수 있다.

22 문제처리능력 조건을 바탕으로 선택하기

| 정답 | ①

| 해설 | 제시된 기준에 따라 점수를 매기면 다음과 같다.

(단위 : 점)

기준 프로그램	가격	난이도	수업 만족도	교육 효과	소요 시간	합계
요가	4	4	3	5	5	21
댄스 스포츠	5	5	3	2	5	20
요리	2	4	5	3	2	16
캘리그래피	2	2	3	2	5	14
코딩	3	1	4	5	1	14

따라서 ○○기업이 선택할 프로그램은 요가이다.

23 문제처리능력 조건을 바탕으로 선택하기

| 정답 | ③

| 해설 | 변경된 기준에 따라 자료를 다시 정리하고 점수를 매기면 다음과 같다.

기준 프로그램	가격	난이도	수업 만족도	교육 효과	소요 시간
요가	120만 원	보통	보통	높음	3시간
댄스 스포츠	100만 원	낮음	보통	낮음	2시간 30분
요리	150만 원	보통	매우 높음	보통	2시간
캘리그래피	150만 원	높음	보통	낮음	2시간 30분
코딩	120만 원	매우 높음	높음	높음	3시간

(단위 : 점)

기준 프로그램	가격	난이도	수업 만족도	교육 효과	소요 시간	합계
요가	4	4	3	5	2	18
댄스 스포츠	5	5	3	2	4	19
요리	2	4	5	3	5	19
캘리그래피	2	2	3	2	4	13
코딩	4	1	4	5	2	16

따라서 ○○기업은 점수가 가장 높은 댄스 스포츠와 요리 중 교육 효과가 더 높은 요리를 선택한다.

24 조직이해능력 레윈의 조직변화과정 이해하기

| 정답 | ⑤

| 해설 | 레윈의 조직변화 3단계 모델에서는 조직의 변화가 해빙(Unfreezing) → 이동(Changing) → 재동결(Refree － zing)의 단계로 진행된다고 설명한다.

(다) 해빙 단계에서는 조직의 변화를 추진하기 전 구성원들에게 변화의 필요성을 인식시키고, 변화의 불확실성에 대한 구성원들의 불안을 줄여 성공적인 변화에 대한 확신을 부여할 것을 요구한다.

(가) 이동 단계에서는 본격적으로 조직의 변화가 추진되며, 구성원들이 변화에 적응해 나가는 단계이다. 구성원들은 변화를 경험하는 과정에서 이를 받아들이거나, 혹은 변화에 저항하는 반응을 보인다.

(나) 재동결 단계에서는 조직변화로 인해 새롭게 발생한 행동패턴을 반복하면서 점점 정형화해 나가는 단계이다. 변화가 약화 혹은 소멸하여 변화 이전으로 되돌아가지 않도록 변화된 행동패턴의 습관화 등의 방법으로 강화할 것을 요구한다.

25 조직이해능력 레윈의 조직변화과정 이해하기

| 정답 | ④

| 해설 | 〈보기〉의 내용은 재동결 과정에서 구성원들에 대한 촉진과 지원을 통해 변화에 수반하는 구성원들의 스트레스를 감소시키고 구성원들이 조직변화에 적응할 수 있도록 지원하는 것을 의미한다.

보충 플러스+

교육과 커뮤니케이션	변화의 설계 및 실행에 앞서 변화대상자에게 내용을 알리고 교육하는 기법
참여와 몰입	변화의 설계 및 실행과정에 변화대상자를 참여시켜 그들의 의견을 반영하는 기법
촉진과 지원	변화대상자가 느끼는 변화로 인한 애로사항 해소를 위해 지원하는 기법
협상과 동의	변화대상자에게 인센티브를 제공하는 기법
조작과 협조	변화의 원만한 실행을 위한 상황을 조작하거나 영향력 있는 변화대상자를 형식적으로 중요한 위치로 배치하는 기법
명시적· 암시적 강요	명시적·암시적인 위협을 통해 변화를 수용하도록 강요하는 기법

26 도표분석능력 자료의 수치 분석하기

|정답| ⑤

|해설| ⑩ 해외주식의 수익률은 1988 ~ 2016년은 평균 7.7%, 2014 ~ 2016년은 평균 8.6%, 2016년은 평균 10.6%인 것으로 보아, 과거에 비해 상승 추세에 있다고 할 수 있다. 그러나 국내주식에 대한 수익률은 1988 ~ 2016년에는 평균 5.7%, 2014 ~ 2016년에는 평균 0.7%, 2016년은 평균 5.6%로, 2014 ~ 2016년의 평균에 비해 2016년 수익률의 평균은 높지만 앞으로 더 높아질 것으로 전망하기는 어렵다.

27 물적자원관리능력 물적자원관리의 방해요인 이해하기

|정답| ①

|해설| 재고 관리상 물품의 특성과 쓰임새(먼저 사용할 물품, 비슷한 물품 등)에 따라 분류하여 보관해야 했지만 그러지 않은 점이 문제점으로 지적될 수 있다. 나머지 선택지들은 알 수 있거나 유의미한 내용으로 볼 수 없다.

28 기초통계능력 경우의 수 구하기

|정답| ①

|해설| 서로 다른 5개의 색상 중에서 3개를 선택하는 것이므로 선택할 수 있는 조합의 수는 $_5C_3 = {_5}C_2 = \dfrac{5 \times 4}{2} = 10$(가지)이다.

29 문서이해능력 세부 내용 이해하기

|정답| ⑤

|해설| WHO가 정한 초미세먼지 연평균 농도 권고기준은 $1m^3$당 10마이크로그램, EPA 권고 기준은 12마이크로그램이다. 그러나 한국은 오랫동안 25마이크로그램을 유지해오다 15마이크로그램으로 기준을 변경했다.

|오답풀이|

① 첫 번째 문단의 두 번째 문장에서 알 수 있다.

② 세 번째 문단의 '그 뒤부터는 추가 증가세 없이 비슷한 발병 위험 수준을 유지했다'를 통해 알 수 있다.

③ 세 번째 문단의 마지막 문장에서 알 수 있다.

④ 네 번째 문단에서 알 수 있다.

30 문서작성능력 빈칸에 알맞은 표현 넣기

|정답| ②

|해설| ㉠의 앞부분은 당뇨병의 위험을 구체적으로 밝힌 대규모 연구를 통해 세계보건기구(WHO)나 미국환경청(EPA) 등이 권고한 '안전한' 환경 기준보다 낮은 농도에서도 당뇨병 발병 위험이 높아지는 것이 드러났다는 내용이다. 따라서 기존의 환경 초미세먼지 농도를 보다 엄격하게 관리해야 한다는 주장을 뒷받침하는 '힘이 실리고 있다'가 가장 적절하다.

31 문서작성능력 빈칸에 알맞은 단어 넣기

|정답| ①

|해설| ㉡에 공통적으로 들어갈 단어로 적절한 것은 '수준이나 정도를 더 높인다'는 뜻의 '강화(强化)'이다.

32 기초연산능력 환전 금액 계산하기

|정답| ③

|해설| • A : 11일에 1달러를 0.94유로로 환전한 뒤 12일에 이를 원화로 환전하였다면, 12일 기준 0.90유로는 1,200원이므로 A는 0.94유로를 $\dfrac{0.94 \times 1,200}{0.9} ≒ 1253.33$(원)으로 환전하게 된다. 13일 기준 1달러는 1,150원이므로 A는 1달러 이상을 받아 이익을 보게 된다.

• B : 11일에 1달러를 7.5위안으로 환전한 뒤 12일에 이를 유로화로 환전하였다면, 12일 기준으로 7위안은 0.90유로이므로 B는 7.5위안을 $\dfrac{7.5 \times 0.9}{7} ≒ 0.96$(유로)로 환전하게 된다. 13일 기준 1달러는 0.95유로이므로 B는 13일에 1달러 이상을 받아 이익을 보게 된다.

- C : 11일에 1달러를 105엔으로 환전한 뒤 12일에 이를 루블화로 환전하였다면, 12일 기준 110엔은 98루블이므로 C는 105엔을 $\frac{98 \times 105}{110} ≒ 93.55$ (루블)로 환전하게 된다. 13일 기준 1달러는 95루블이므로 C는 13일에 1달러 미만을 받아 손해를 보게 된다.

따라서 13일에 달러로 환전했을 때 손해를 보는 사람은 C이다.

33 사고력 PMI 사고기법 이해하기

| 정답 | ③

| 해설 | PMI 사고기법은 제시된 아이디어의 장점과 단점, 흥미로운 점이라는 세 가지 요소를 제시하고, 이를 통해 아이디어를 분석하고 평가하는 기법을 의미한다. PMI 사고기법은 아이디어에 대해 좋고 나쁨을 속단하지 않게 하고 아이디어에 대한 사고를 전개하여 더 넓고 깊은 관점에서 아이디어를 판단하게 하는 과정이다. 그러나 아이디어에 대해 정량적인 지표를 근거로 제시하는 것을 목적으로 하는 기법으로는 보기 어렵다.

| 오답풀이 |

② PMI 사고기법은 문제해결을 위해 제시된 아이디어를 평가하기 위한 사고기법으로, 주로 문제를 해결하는 과정에서 문제 인식과 원인 분석 이후의 해결안 개발 단계에서 이용된다.

보충 플러스+

PMI 사고기법
에드워드 드 보노(Edward de Bono)가 제시한 PMI 사고기법은 문제해결을 위해 제시된 아이디어를 다음의 세 가지 요소를 기준으로 분석하여 아이디어를 평가하는 방법이다.
- 장점(Plus) : 문제해결에 있어서 아이디어의 긍정적인 요소
- 단점(Minus) : 문제해결에 있어서 아이디어의 부정적인 요소
- 흥미로운 점(Interesting) : 문제해결에 있어서 긍정적이지도 부정적이지도 않지만, 그 아이디어가 흥미롭다고 생각되는 요소
PMI 사고기법는 이를 통해 좋은 혹은 나쁜 아이디어에 대해서도 직관에 의한 판단과 다른 관점으로 아이디어를 평가하도록 하여, 제시된 아이디어에서 잘 드러나지 않는 요소를 파악하고 아이디어를 평가할 수 있도록 한다.

34 사고력 시차를 활용하여 문제 해결하기

| 정답 | ③

| 해설 |
- 김 대리 : 13시간 소요됐다.
- 박 대리 : 시애틀은 런던보다 7시간 느리므로, 런던 시간으로 11월 1일 오후 10시는 시애틀 시간으로 11월 1일 오후 3시이다. 따라서 24시간 소요됐다.
- 이 과장 : 서울은 시애틀보다 16시간 빠르므로, 시애틀 시간으로 11월 2일 오후 3시는 서울 시간으로 11월 3일 오전 7시이다. 따라서 3시간 소요됐다.

따라서 프로젝트 최종 마무리까지 소요된 시간은 13+24+3=40(시간)이다.

35 문제처리능력 자료를 바탕으로 추론하기

| 정답 | ②

| 해설 | 인구밀도 항목에 관한 기초조사의 총괄부서는 2부이다.

36 문제처리능력 자료를 바탕으로 추론하기

| 정답 | ⑤

| 해설 | 1, 2, 4부는 1월부터 12월까지 조사를 실시하지만 그 외 부서는 4월부터 5월까지만 조사를 실시한다. 따라서 3부나 5부의 조사범위인 지역별 조사범위만 조사기간이 다르다.

| 오답풀이 |

①, ③ 1부의 조사범위이다.
② 2부의 조사범위이다.
④ 4부의 조사범위이다.

37 문제처리능력 자료를 바탕으로 추론하기

| 정답 | ②

| 해설 | 2부가 총괄하는 지구별, 전체인구, 업체별 조사는 각각 2X13년, 2X09년, 2X17년부터 조사를 시작하였고, 3부가 총괄하는 철도별 조사는 2X21년부터 조사를 시작하였다.

38 문제처리능력 규정 이해하기

|정답| ④

|해설| 장기연체자는 연체도서 반납일로부터 30일 이상 연체한 자를 말하며 이때 30일간 대출이 정지된다.

|오답풀이|

① 제2조 제2항에 따라 도서관자치위원회는 도서관장이 정한 자로서 열람실 이용과 관련된 이용자 준수사항 위반을 단속 및 조치할 수 있다.

② 제2조 제4항에 따라 도서를 무단으로 반출 시 6개월간 도서관 출입 및 이용이 정지되며 졸업생은 1년간 출입이 정지된다.

③ 제2조 제1항 제4호에서 졸업생 및 외부이용자의 경우 출입증이 있다면 도서관에 출입이 가능하다는 것을 유추할 수 있다.

⑤ 제2조 제1항 제3호에 따라 학생증 부정사용 3회 이상 위반 시 6개월간 대출 및 열람실 좌석이용 정지 또는 3개월간 도서관 출입이 정지된다.

39 문제처리능력 규정 적용하기

|정답| ④

|해설| 장기연체자의 경우 연체도서를 반납하면 교내 민원서류 발급이 가능하다.

|오답풀이|

① 제2조 제1항 제1호에 따라 타교생에게 학생증을 대여한 경우 2개월간 대출 및 열람실 좌석이용이 제한된다.

② 제2조 제4항 제3호에 따라 자료절취가 적발되면 졸업생은 1년간 도서관 출입이 제한된다.

③ 열람석을 장시간 이석하는 경우는 이용자 준수사항 위반으로 제2조 제2항 제1호에 의해 학생증 부정사용자에 준하는 처분을 받는다.

⑤ 제2조 제4항 제2호에 따라 무단반출이 적발되면 6개월간 도서관 출입과 이용이 정지된다.

40 기초연산능력 방정식 활용하기

|정답| ④

|해설| 1차 시험에 합격한 지원자 중 남자의 수를 x 명, 여자의 수를 y명이라 하면, 2차 시험에 합격한 남자의 수는 $63 \times \frac{3}{7} = 27$(명), 여자의 수는 $63 \times \frac{4}{7} = 36$(명)이므로,

$x : y = 4 : 3$

$(x-27) : (y-36) = 17 : 12$이 성립한다.

이 식을 정리하면,

$3x = 4y$ ·················· ㉠

$12x - 17y = -288$ ········ ㉡

이고, ㉠을 ㉡에 대입하면

$y = 288$, $x = 384$가 된다.

따라서 1차 시험에 합격한 지원자의 수는 $384 + 288 = 672$(명)이고, 2차 시험에 불합격한 지원자의 수는 $672 - 63 = 609$(명)이다.

41 도표분석능력 자료의 수치 분석하기

|정답| ③

|해설| 20X5 ~ 20X8년의 순이동자 수가 음수이므로 전출 인구가 전입 인구보다 더 많음을 알 수 있다.

|오답풀이|

⑤ 20X9년 국내 이동자 수는 전년 대비, $\left(\frac{7,154 - 7,378}{7,378} \right) \times 100 ≒ -3(\%)$ 약 3% 감소하였다.

42 시간관리능력 시간 낭비 요인 파악하기

|정답| ②

|해설| ㄴ. 적절한 권한 위양은 중요하며, 권한 위양을 충분히 하지 않거나 권한 위양한 일에 대해 부적절한 관리가 이루어진다면 시간 낭비 요인에 해당할 수 있다.

43 기초연산능력 소인수분해 활용하기

|정답| ③

|해설| A, B, C의 나이를 모두 곱하면 2,450이고, 이를 소인수분해하면 $2,450 = 2 \times 5 \times 5 \times 7 \times 7$이다. 이때 가능한 A, B, C 값의 조합은 (49, 10, 5), (35, 10, 7), (70, 7, 5)이다.

A, B, C의 나이를 모두 합하면 을 나이의 2배가 된다고 하였으므로 을의 나이는 각각의 경우에서 32, 26, 41이다. 이때, 을의 출산나이를 고려한다면 가능한 경우는 A : 49, B : 10, C : 5 뿐이므로 을의 나이는 32세이다.

44 문제처리능력 자료를 바탕으로 추론하기

|정답| ④

|해설| 각 사업별 컨설팅 결과 점수를 구하면 다음과 같다.

- □□콜라보 마케팅 : $\dfrac{92+87+90+83}{4}=88$(점)

- △△업체 지원 : $\dfrac{87+90+89+90}{4}=89$(점)

- ○○펀드 투자 : $\dfrac{82+89+92+79}{4}=85.5$(점)

- ◇◇선박 운용 : $\dfrac{89+98+95+96+98}{5}=95.2$(점)

- 인도 ◎◎사 인수 : $\dfrac{79+83+84+85}{4}=82.75$(점)

◇◇선박 운용 1등급인데, E 컨설턴트가 ◇◇선박 운용에 99점을 부여하는 경우 평가자들 중 최고점을 부여하는 것이 되어 점수의 평균을 구하는 과정에서 제외된다. 따라서 ◇◇선박 운용의 평균 점수는 $\dfrac{89+98+95+96}{4}=94.5$ (점)으로 2등급이 된다.

|오답풀이|

① 인도 ◎◎사 인수는 4등급이다. 따라서 사업은 폐지되고 관리조직과 담당자는 문책을 받게 된다.

② 3등급에 해당하는 사업은 내부 회의를 거쳐 사업 지속을 위한 결정을 내리므로, 제시된 사업 중 1 ~ 2등급을 받아 내년에도 확실히 시행되는 것은 ◇◇선박 운용 1개이다.

③ 보다 세밀한 관찰과 관리가 필요한 사업은 2등급을 받은 사업인데, 평가 결과 2등급이 없으므로 그러한 사업은 존재하지 않는다.

⑤ B 컨설턴트가 ○○펀드 투자에 C 컨설턴트와 같이 92점을 주면 $\dfrac{82+92+92+79}{4}=86.25$(점)을 받아 기존과 마찬가지로 3등급이다.

45 도표분석능력 자료의 수치 분석하기

|정답| ③

|해설| ㉠ 각 마을의 경지면적을 계산하면 다음과 같다.

- A 마을 : $244\times6.61≒1,613$(ha)

- C 마을 : $58\times1.95≒113$(ha)

- D 마을 : $23\times2.61≒60$(ha)

- E 마을 : $16\times2.75≒44$(ha)

따라서 B 마을의 경지면적(1,183)은 D 마을과 E 마을의 경지면적의 합(60+44=104)보다 크다.

㉢ 각 마을의 젖소 1마리당 경지면적을 구하면 다음과 같다.

- D 마을 : $\dfrac{60}{12}=5$(ha)

- E 마을 : $\dfrac{44}{8}=5.5$(ha)

각 마을의 돼지 1마리당 경지면적을 구하면 다음과 같다.

- D 마을 : $\dfrac{60}{46}≒1.30$(ha)

- E 마을 : $\dfrac{44}{20}=2.2$(ha)

따라서 D 마을이 E 마을보다 모두 좁다.

|오답풀이|

㉡ 가구당 주민 수는 주민 수를 가구 수로 나눈 값이다. 각 마을의 가구당 주민 수는 다음과 같다.

- A 마을 : $1,243÷244≒5.09$(명)

- B 마을 : $572÷130=4.4$(명)

- C 마을 : $248÷58≒4.28$(명)

- D 마을 : $111÷23≒4.83$(명)

- E 마을 : $60÷16=3.75$(명)

가구당 주민 수가 가장 많은 마을은 A 마을(5.09)이며, A 마을의 가구당 돼지 수는 1.68마리이다. 그러나 가구당 돼지 수가 가장 많은 마을은 D 마을로 2.00마리이다.

㉣ A 마을의 젖소 수가 80% 감소한다면 90마리에서 72마리 줄어든 18마리가 된다. 따라서 전체 젖소의 수는 150마리에서 72마리 줄어든 78마리이므로 전체 돼지 수인 769마리의 $\dfrac{78}{769}\times100≒10.1$(%)로 10% 이상이다.

3회 기출유형문제 **33**

46 업무이해능력 특허출원 업무 이해하기

| 정답 | ⑤

| 해설 | ⓒ 제3항에 따른다.

ⓒ 제2항에 따라 협의로 하나의 특허출원인을 정한다.

ⓔ 제1항에 따라 먼저 출원한 자가 받는다.

| 오답풀이 |

㉠ 제4항에 따르면 제2항 단서에 해당하는 경우 처음부터 없었던 것으로 하지 아니한다.

47 예산관리능력 유급휴가비 계산하기

| 정답 | ③

| 해설 | 유급휴가비는 '사용하지 않은 월차 일수×1일당 유급휴가비'이다. 직원들이 받는 월차 일수는 1달에 1개씩 생기므로 총 12일이고 12에서 사용 월차개수를 뺀 값이 사용하지 않은 월차 일수가 된다. 영업1팀 각 직원들의 유급휴가비를 구하면 다음과 같다.

• 김민석 : 7×5＝35(만 원)

• 노민정 : 10×3＝30(만 원)

• 송민규 : 10×4＝40(만 원)

• 오민아 : 9×2＝18(만 원)

• 임수린 : 5×2＝10(만 원)

따라서 유급휴가비를 가장 많이 받을 영업1팀 직원은 송민규이다.

48 예산관리능력 유급휴가비 계산하기

| 정답 | ③

| 해설 | 영업2팀 각 직원들이 지급 받을 유급휴가비를 구하면 다음과 같다.

• 정가을 : 10×2＝20(만 원)

• 최봄 : 10×3＝30(만 원)

• 한여름 : 6×3＝18(만 원)

• 한겨울 : 7×4＝28(만 원)

• 황아라 : 11×4＝44(만 원)

따라서 영업2팀에 지급될 유급휴가비의 합계는 20＋30＋18＋28＋44＝140(만 원)이다.

49 문제처리능력 자료 분석하기

| 정답 | ③

| 해설 | 급여를 적금통장으로 직접 이체하지 않아도 지정일자를 당행 시스템에 등록하고 '급여', '상여', '월급'의 용어로 입금 시 급여이체로 인정받을 수 있다.

| 오답풀이 |

① 친구등록을 5명 하면 최고 우대금리인 0.5%p를 받을 수 있다.

② 제12조에 의해 해외송금을 위한 중도해지 시에는 경과기간별 고시이율을 적용한다.

④ 상해보험혜택은 상해의 직접결과로써 사망한 경우에만 보험금이 지급된다.

⑤ 은행의 최초 신규고객일 경우 받을 수 있는 우대금리는 0.1%p이고 외환송금금액이 $2,000 이상인 경우 우대금리는 0.2%p이다. 총 0.3%p 우대금리를 제공할 수 있으므로 적금특약상품에 적용 가능한 최대 우대금리인 0.5%p와 차이가 난다.

50 문제처리능력 자료를 분석해 사례에 적용하기

| 정답 | ①

| 해설 | A 씨는 고시금리 1.20%와 당행 최초 신규고객으로서 받는 우대금리 0.1%p를 더한 1.30%의 이율을 받는다.

| 오답풀이 |

② 중도해지금리 1.0%이며 중도해지하였으므로 우대금리는 받을 수 없다.

③ 고시금리 1.20%이며 우대금리는 해당사항이 없다.

④ 중도해지 사유가 특별 중도해지에 해당하므로 고시금리 1.25%를 받을 수 있다.

⑤ 고시금리 1.25%이며 우대금리는 해당사항이 없다.

4회 기출유형문제

▶ 문제 138쪽

01	②	02	①	03	②	04	⑤	05	④
06	④	07	⑤	08	③	09	②	10	⑤
11	②	12	②	13	④	14	②	15	④
16	①	17	③	18	④	19	④	20	④
21	①	22	④	23	④	24	②	25	④
26	④	27	④	28	③	29	④	30	④
31	⑤	32	④	33	④	34	①	35	③
36	③	37	③	38	④	39	④	40	①
41	②	42	①	43	④	44	③	45	③
46	②	47	②	48	④	49	⑤	50	④

01 시간관리능력 시간관리 매트릭스 활용하기

| 정답 | ②

| 해설 | '인사변동, 고충업무 처리' 업무는 상대적으로 긴급하거나 중요도가 높다고 볼 수 없는 업무이므로 다른 업무를 먼저 처리해야 한다.

| 오답풀이 |

① '20X8년도 인사업무 수행계획서 작성' 업무는 매우 긴급하고 중요한 업무이므로 필요시 업무시간을 늘려서 빨리 처리해야 한다.

③ '노무 관련 업무처리' 업무는 가장 긴급하지 않고 중요도가 낮은 업무이므로 시간을 축소하고 다른 업무시간을 늘려야 한다.

④ '연장/야근/휴일 수당 정리 및 관리'는 '신입사원 제출 서류 확인 및 정리'보다 더 중요하고 긴급한 업무이므로 순서를 바꿔서 먼저 처리해야 한다.

⑤ '메일 확인(업무메일 우선)'은 중요도와 긴급한 정도가 낮으므로 타 업무의 진행을 감안해 업무 시간을 유동적으로 조절해야 한다.

02 기초연산능력 소요시간 계산하기

| 정답 | ①

| 해설 | 제시된 방법에 따라 10분 단위로 수조에 공급된

물과 배수된 물을 계산하여 나열하면 다음과 같다.

구분	10분	20분	30분	40분	50분	60분	…	170분
공급(ℓ)	+30	0	+30	0	+30	0	…	+30
배수(ℓ)	−10	−10	−10	−10	−10	−10	…	−10
합계(ℓ)	20	10	30	20	40	30	…	100

따라서 수조에 물이 가득 차는 데 걸리는 시간은 170분으로, 2시간 50분이 걸린다.

03 사고력 조건을 바탕으로 순서 추론하기

| 정답 | ②

| 해설 | 다섯 번째 조건에 의해 D가 3층에서 내리고, 네 번째 조건에 의해 E가 4 ~ 6층 중 한 층에서 내린다. 여섯 번째 조건에 따라 C와 E가 내리는 층의 차이가 3층이 되려면 각각 4층, 7층에서 내리는 경우만 가능하므로 E가 4층, C가 7층에서 내린다. 세 번째 조건에 따라 남은 5층과 6층 중 B는 5층, A는 6층에서 내린다. 따라서 D−E−B−A−C의 순으로 내린다.

04 문서작성능력 개요에 맞게 문단 배열하기

| 정답 | ⑤

| 해설 | 각 문단의 주제어를 찾아보면 다음과 같으며, 주제어는 각 상품의 특징을 의미한다.

(가) 수출 · 기술 강소 500개 기업 선정, 자금 지원 → 글로벌 경쟁력 갖춘 기업을 위한 상품 개발(Ⅳ)

(나) 민간분양 산업단지 입주기업 자금 및 서비스 지원 → 설비투자 활성화를 위한 상품 개발(Ⅲ)

(다) 창업지원사업 → 창업기업 지원상품 개발(Ⅱ)

(라) 심각한 청년실업 문제, 일자리 창출, 재창업 희망 중소기업 지원 → 중소기업 일자리 창출 등 사회적 이슈 해결을 위한 상품 개발(Ⅰ)

따라서 소개 순서에 맞게 문단을 재배열하면 (라)−(다)−(나)−(가) 순이 적절하다.

05 문서이해능력 세부 내용 이해하기

| 정답 | ④

| 해설 | (나)를 통해 '산업단지별 분양자금 대출'은 제공할 예정이며 수행 중인 상태가 아닌 것을 알 수 있다.

| 오답풀이 |

①, ⑤ (라)를 통해 수행했거나 수행 중인 상품임을 알 수 있다.

② (다)를 통해 수행 중인 상품임을 알 수 있다.

③ (가)를 통해 수행 중인 상품임을 알 수 있다.

06 도표분석능력 자료의 수치 분석하기

| 정답 | ④

| 해설 | 연도별 전체 임직원 중 사원이 차지하는 비율을 구하면 다음과 같다.

• 20X1년 전체 임직원 중 사원 비율 :

$\dfrac{12,365}{15,247} \times 100 ≒ 81.10(\%)$

• 20X2년 전체 임직원 중 사원 비율 :

$\dfrac{14,800}{17,998} \times 100 ≒ 82.23(\%)$

• 20X3년 전체 임직원 중 사원 비율 :

$\dfrac{15,504}{18,857} \times 100 ≒ 82.22(\%)$

따라서 전체 임직원 중 사원이 차지하는 비율이 매년 증가하지 않았다.

| 오답풀이 |

① 20X3년 임직원의 수가 전년 대비 증가한 국적은 한국을 제외한 중국, 일본, 대만, 기타로, 각 국적별로 중국 국적은 1,105명, 일본 국적은 396명, 대만 국적은 447명, 기타 국적은 38명이 증가하였다. 따라서 중국 국적의 임직원이 가장 많이 증가하였으며, 그 증가량은 다른 국적의 임직원 수가 증가한 합인 396+447+38=881(명)보다 더 크다.

② 20X2년 비정규직 임직원이 차지하는 비율은 전체 직원의 $\dfrac{1,991}{17,998} \times 100 ≒ 11.06\%$였고, 20X3년 비정규직 임직원이 차지하는 비율은 $\dfrac{1,516}{18,857} \times 100 ≒ 8.04\%$로 약 3%p 감소하였다.

③ 20X1년 대비 20X3년 연령별 임직원 수의 증가율을 구하면 다음과 같다.

• 30대 이하 : $\dfrac{10,947-8,914}{8,914} \times 100 ≒ 22.81(\%)$

• 40대 : $\dfrac{6,210-5,181}{5,181} \times 100 ≒ 19.86(\%)$

• 50대 이상 : $\dfrac{1,700-1,152}{1,152} \times 100 ≒ 47.57(\%)$

따라서 20X1년 대비 20X3년 연령별 임직원 수 증가율이 가장 높은 연령대는 50대 이상이다.

⑤ • 20X2년 40대 이상 임직원 비율 :

$\dfrac{7,113+1,952}{17,998} \times 100 ≒ 50.37(\%)$

• 20X3년 40대 이상 임직원 비율 :

$\dfrac{6,210+1,700}{18,857} \times 100 ≒ 41.95(\%)$

따라서 20X2년과 20X3년의 40대 이상 임직원 비율은 약 8.42%p 차이난다.

07 체제이해능력 조직문화의 기능 이해하기

| 정답 | ⑤

| 해설 | 조직문화는 조직 구성원들에게 일체감과 정체성을 부여하고 조직 몰입을 향상시킨다. 또한 조직 구성원들의 행동지침으로 작용하여 사회화 및 일탈행동 통제의 기능을 하고 조직의 안정성을 가져오는 등의 기능을 한다.

08 체제이해능력 조직문화 표현 방법 파악하기

| 정답 | ③

| 해설 | '의례와 의식'이란 조직에서 업무를 처리해 가는 과정에서 모든 조직 구성원들이 규칙적으로 준수하는 행동, 절차, 양식 또는 관습을 말하며 조직의례, 통과의례, 명예실추의례, 명예고양의례, 개혁의례, 갈등감소의례, 통합의례 등이 있다.

| 오답풀이 |

①, ② '상징물'과 '인공물'이란 가시적인 형태의 문화 양식으로 조직 구성원들이 만든 사회적 환경이고 구조화된 외형적, 물리적 형태이다.

④ '이야기와 전설'이란 조직에서의 문화적 의미를 전달하는 데 사용되는 설화를 말한다.

09 기초통계능력 경우의 수 구하기

| 정답 | ②

| 해설 | 최단거리로 가는 방법은 다음과 같이 구할 수 있다.

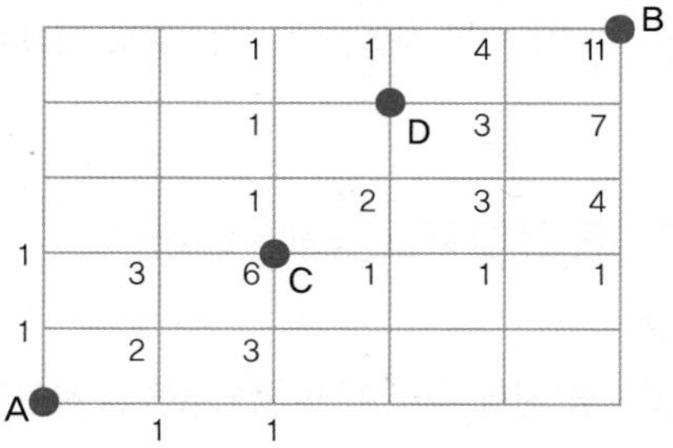

A 건물에서 C 건물까지 가는 방법이 6가지, C 건물에서 D 건물을 지나지 않고 B 건물까지 가는 방법이 11가지이므로 P 사원이 A 건물에서 B 건물까지 가는 방법은 총 6×11=66(가지)이다.

10 기초연산능력 공약수 활용하기

| 정답 | ⑤

| 해설 | 경호원 사이의 간격이 모두 동일하므로 120과 72의 공약수 간격으로 경호원을 배치하면 된다.

8) 120 72
×
3) 15 9
‖
24 5 3

120과 72의 최대공약수는 24이므로 공약수는 1, 2, 3, 4, 6, 8, 12, 24이다. 〈조건〉에서 경호원 사이의 간격이 5m 미만이라고 했으므로 4m일 때 경호원 수는 최소가 되며, 그 수는 (120+72)×2÷4=96(명)이다.

11 문서작성능력 문맥에 따른 단어의 쓰임 알기

| 정답 | ②

| 해설 | ㉡ '참석하다'는 '모임이나 회의 따위의 자리에 참여하다'의 뜻을 가진다. 따라서 문맥상 '출품되다' 등의 표현이 더 적절하다.

㉢ '발췌하다'는 '책, 글 따위에서 필요하거나 중요한 부분을 가려 뽑아내다'의 뜻을 가진다. 따라서 '선정하다' 등의 표현이 더 적절하다.

㉤ '보급하다'는 '널리 펴서 많은 사람들에게 골고루 미치게 하여 누리게 하다'의 뜻을 가진다. 따라서 문맥상 '제공된다' 등의 표현이 더 적절하다.

| 오답풀이 |

㉠ '개최하다'는 '모임이나 회의 따위를 주최하여 열다'의 뜻을 가진다.

㉣ '부여하다'는 '사람에게 권리, 명예, 임무 따위를 지니도록 해 주거나, 사물이나 일에 가치, 의의 따위를 붙여 주다'의 뜻을 가진다.

㉥ '침체되다'는 '어떤 현상이나 사물이 진전하지 못하고 제자리에 머무르게 되다'의 뜻을 가진다.

12 문제처리능력 자료 분석하기

| 정답 | ②

| 해설 | 유의사항 안내 중 세 번째 사항에 따르면 식물은 채집할 수 없으며 별도의 체험이 마련되어 있는지는 나와있지 않다.

| 오답풀이 |

① 단체 요금으로 할인되는 금액은 모두 1,000원이다.

③ 운영 종료 시각이 18시 30분이므로 한 시간 전인 오후 5시 30분까지 입장이 가능하다.

④ 경로 우대자는 신분증, 복지 카드, 의료 보험증 중 하나를 제시하도록 명시되어 있다.

⑤ 체험관 전 지역은 금연이며 애완동물은 동반할 수 없다.

13 문제처리능력 자료를 바탕으로 입장료 산정하기

| 정답 | ④

| 해설 | 각 일행의 입장료를 계산해보면 다음과 같다.

① 6,000원(3급 장애인)+6,000원(보호자)+7,500원(성인)=19,500원

② 6,000원(할아버지)+7,500원(아버지)+5,000원(아이)=18,500원

③ 7,500원(어머니)+6,000원(중학생 딸)+5,000원(초
   등학생 아들)=18,500원

④ 6,000원(국가유공자)+6,000원(국가유공자)+6,000
   원(고등학생)=18,000원

⑤ 7,500×2원(33세 부부)+6,000원(할머니)=21,000원
   (유아는 무료)

따라서 ④의 일행이 요금을 가장 적게 낸다.

14 문제처리능력 자료를 분석해 사례에 적용하기

|정답| ②

|해설| 건강보험자격득실 확인서와 주택 관련 서류는 제출
했으므로 본인 및 대상자 확인, 중소기업 재직 확인을 위
한 준비 서류만 바르게 제출했는지 따져 보면 된다. 박△
△의 경우 본인 확인을 위한 여권, 대상자 확인을 위한 주
민등록등본, 청년 창업자로서 창업 지원 프로그램 수급자
확인을 위한 대출 지원 내역서까지 모두 바르게 제출했다.

|오답풀이|

① 1년 미만 재직자이므로 회사 직인이 첨부된 급여명세표,
   갑종근로소득원천징수영수증(최근 1년), 급여입금내역
   서, 은행 직인이 첨부된 통장거래내역서를 추가로 제출
   해야 한다.

③ 만 35세 이상 병역의무이행자므로 예비역으로 기재된
   병적증명서를 추가로 제출해야 복무 기간을 인정받을
   수 있다.

④ 중소기업 재직을 확인하기 위한 서류를 추가로 제출해
   야 한다.

⑤ 배우자 분리 세대이므로 가족관계증명원을 추가 제출해
   야 한다.

15 문제처리능력 자료를 바탕으로 답변하기

|정답| ④

|해설| 대출 금리 항목에 따르면 조건 충족자이면 최초 가
입부터 1회 연장까지 총 4년간 1.2%의 금리를 유지하며, 1
회 연장 포함 대출 기간 4년이 종료된 2회 연장부터 2.3%
의 금리를 적용한다. 따라서 6년 동안 납부한 이자는

$$\left(8,000 \times \frac{1.2}{100} \times 2\right) + \left(8,000 \times \frac{1.2}{100} \times 2\right) + \left(8,300 \times \frac{2.3}{100} \times 2\right) = 192 + 192 + 368 = 752(만 원)이다.$$

16 체제이해능력 단계별 조직문화혁신 이해하기

|정답| ①

|해설| 가장 빨리 개선해야 할 조직문화는 위계질서에 입각
한 권위적 문화이다.

|오답풀이|

② 조사 결과에 따르면 '조직 건강도'를 해치는 근본적인 원
   인으로는 '불명확한 업무 지시와 권위적인 분위기'가 가
   장 큰 문제로 꼽힌다. 따라서 일방적이고 불명확한 업무
   지시는 조직문화의 시급한 개선항목으로 적절하다.

17 도표분석능력 자료의 수치 분석하기

|정답| ③

|해설| 연도별 전년 대비 비용 증감률을 구하면 다음과
같다.

구분	전년 대비 비용 증감률(%)
20X4년	$\frac{165,000 - 180,000}{180,000} \times 100 ≒ -8.3(\%)$
20X5년	$\frac{190,000 - 165,000}{165,000} \times 100 ≒ 15.2(\%)$
20X6년	$\frac{184,300 - 190,000}{190,000} \times 100 = -3(\%)$
20X7년	$\frac{166,300 - 184,300}{184,300} \times 100 ≒ -9.8(\%)$
20X8년	$\frac{178,000 - 166,300}{166,300} \times 100 ≒ 7.0(\%)$
20X9년	$\frac{173,000 - 178,000}{178,000} \times 100 ≒ -2.8(\%)$

전년 대비 비용 증감률의 절댓값이 가장 높았던 해는 20X5
년으로, 비용도 가장 많았던 해이다.

|오답풀이|

① 연도별 이익과 전년 대비 이익 증감률을 구하면 다음과
   같다.

구분	이익(만 원)	전년 대비 이익 증감률(%)
20X3년	240,000-180,000 =60,000	–
20X4년	250,000-165,000 =85,000	$\frac{85,000 - 60,000}{60,000} \times 100$ ≒41.7(%)

20X5년	$255,000-190,000$ $=65,000$	$\dfrac{65,000-85,000}{85,000}\times100$ $\fallingdotseq-23.5(\%)$
20X6년	$244,000-184,300$ $=59,700$	$\dfrac{59,700-65,000}{65,000}\times100$ $\fallingdotseq-8.2(\%)$
20X7년	$230,000-166,300$ $=63,700$	$\dfrac{63,700-59,700}{59,700}\times100$ $\fallingdotseq6.7(\%)$
20X8년	$240,000-178,000$ $=62,000$	$\dfrac{62,000-63,700}{63,700}\times100$ $\fallingdotseq-2.7(\%)$
20X9년	$230,000-173,000$ $=57,000$	$\dfrac{57,000-62,000}{62,000}\times100$ $\fallingdotseq-8.1(\%)$

이익이 가장 많았던 해는 20X4년으로, 전년 대비 이익 증감률의 절댓값도 가장 높다.

② 이익이 가장 적었던 해는 20X9년으로, 전년 대비 비용 증감률의 절댓값도 가장 낮다.

④ 연도별 전년 대비 매출 증감률을 구하면 다음과 같다.

구분	전년 대비 매출 증감률(%)
20X4년	$\dfrac{250,000-240,000}{240,000}\times100\fallingdotseq4.2(\%)$
20X5년	$\dfrac{255,000-250,000}{250,000}\times100=2(\%)$
20X6년	$\dfrac{244,000-255,000}{255,000}\times100=-4.3(\%)$
20X7년	$\dfrac{230,000-244,000}{244,000}\times100\fallingdotseq-5.7(\%)$
20X8년	$\dfrac{240,000-230,000}{230,000}\times100\fallingdotseq4.3(\%)$
20X9년	$\dfrac{230,000-240,000}{240,000}\times100\fallingdotseq-4.2(\%)$

전년 대비 매출 증감률의 절댓값이 가장 높았던 해는 20X7년으로, 매출이 가장 많았던 해가 아니다. 매출이 가장 많았던 해는 20X5년이다.

⑤ 전년 대비 매출 증감률의 절댓값이 가장 낮았던 해는 20X5년으로, 매출과 비용 모두 가장 많았던 해이다.

18 사고력 명제 추론하기

|정답| ⑤

|해설| 명제 1의 대우인 'B사의 주가가 상승하지 않는다면 A사의 주가는 상승한다'와 명제 2를 연결하면 'B사의 주가가 상승하지 않는다면 C사의 주가는 상승하지 않는다'는 명제를 도출할 수 있다. 'D사의 주가가 상승한다면 C사의 주가는 상승하지 않는다'는 결론을 도출하기 위해서는 B사와 D사와의 관계를 연결하는 명제인 'D사의 주가가 상승한다면 B사의 주가는 상승하지 않는다' 혹은 그 대우인 'B사의 주가가 상승한다면 D사의 주가는 상승하지 않는다'가 필요하다.

19 문서이해능력 단어의 의미 파악하기

|정답| ④

|해설| 〈보기〉의 '잡다'는 상태를 유지한다는 의미로, '균형을 잡다'에서의 '잡다'와 같은 의미로 사용되었다.

|오답풀이|

① '소매치기범을 잡다'에서 '잡다'는 사람을 떠나지 못하게 말리다는 의미이다.

② '밑천을 잡다'에서 '잡다'는 돈이나 재물을 얻어 가지다는 의미이다.

③ '주도권을 잡다'에서 '잡다'는 권한 따위를 차지하다는 의미이다.

⑤ '옷자락을 잡다'에서 '잡다'는 손으로 움키고 놓지 않다는 의미이다.

20 도표분석능력 자료의 수치 분석하기

|정답| ④

|해설| 20X5년 대비 20X6년 전체 지원자 수의 감소율을 구하면 $\dfrac{2,652-3,231}{3,231}\times100\fallingdotseq-17.9(\%)$이므로 25%가 아닌 약 17.9% 감소하였다.

|오답풀이|

① 〈자료 2〉에서 해외 지원자 비율을 보면 전반적으로 감소하는 추세임을 알 수 있다.

② 〈자료 1〉에서 20X9년 전체 지원자 수 대비 국내 지원자의 비율을 계산해 보면 $\dfrac{1,462}{2,475}\times100\fallingdotseq59.1(\%)$이다.

③ 〈자료1〉의 수치를 통해 20X3년 대비 20X9년 전체 지원자 수는 3,899－2,475＝1,424(명) 감소했음을 알 수 있다.

⑤ 〈자료1〉을 통해 (A)와 (B)를 구하면 다음과 같다.

$$(A)=\frac{1,462}{2,475}\times100 ≒ 59.1(\%)$$

$$(B)=\frac{1,013}{2,475}\times100 ≒ 40.9(\%)$$

따라서 (A)－(B)는 18.2%p이다.

---

21 문제처리능력 자료를 적용하여 추론하기

| 정답 | ①

| 해설 | '산림공원 내 시설 확장' 계획을 보면 주차장, 도로 확장, 공용 편의시설, 건축물 시공이 가능해야 한다. 이 조건에 맞는 건설사는 병, 정, 무이다. '한지체험박물관'의 조건에 맞는 건설사는 주차장, 도로 확장, 건축물 시공이 가능한 을, 병, 정, 무이다. '도시 외곽 레포츠 시설'의 수상스포츠 및 암벽장 시공이 모두 가능한 건설사는 정이다. '강변 산책로'의 주차장, 도로 확장, 편의시설 시공이 가능한 건설사는 병, 정, 무이다. 따라서 참여하지 않는 건설사는 갑이다.

---

22 문제처리능력 우선순위 파악하기

| 정답 | ①

| 해설 | ・'산림공원 내 시설 확장'에서 국악 공연장, 동상, 자연박물관은 산림공원 내부에 위치해야 한다. 또 동쪽에 있는 대나무 숲을 최대한 보존하기를 원하므로 동쪽에 대나무 숲이 있어야 한다. 따라서 B 부지가 가장 적절하다.

・'한지체험박물관'은 한지 공장과 산림공원 및 대나무 숲과 인접해야 하며 주민들이 쉽게 접근할 수 있도록 주거지역에 인접한 것이 좋다. 따라서 D 부지가 가장 적합하다.

・'도시 외곽 레포츠 시설'은 도시 외곽에 위치하며 순환도로와 접해 있어야 한다. 또한 수상스포츠 시공을 필요로 하므로 강 등의 물이 가깝고 자연 암벽장이 있는 곳이어야 한다. 따라서 E 부지가 적합하다.

・'강변 산책로'는 부지에 강이 흐르고 인근 주민들이 쉽게 접근할 수 있는 주거 지역 인근에 위치하는 것이 적절하

므로 C, D 부지가 가장 적절하다.

따라서 우선순위가 가장 낮은 부지는 A 부지이다.

---

23 인적자원관리능력 직급 예상하기

| 정답 | ②

| 해설 | 직원 C의 승진 총점을 계산하면 다음과 같다.

구분	직급	업무실적	직무태도	사회봉사	감점	승진총점
직원 C	대리	80×0.4 =32(점)	70×0.3 =21(점)	60×0.3 =18(점)	－	71점

승진 총점이 80점 이상이어야 승진이 가능하므로, 직원 C의 20X5년 직급은 대리이다.

---

24 문서작성능력 글의 서술방식 이해하기

| 정답 | ②

| 해설 | 제시된 글은 우리와 서양인의 '음악적 시간' 간 차이점을 중심으로 설명하는 '대조'의 방식을 택하고 있다.

---

25 기초연산능력 거리・속력・시간 활용하기

| 정답 | ④

| 해설 | 현 지점에서 A 지점까지 왕복하는 데 3시간 이내의 시간이 걸려야 하므로, 먼저 현 지점에서 A 지점까지 가는 데 걸린 시간을 구해 3시간에서 빼면 A 지점에서 현 지점으로 돌아오는 데 필요한 최대 시간을 얻어 최소 속력을 구할 수 있다.

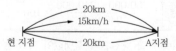

우선 현 지점에서 A 지점까지 가는 데 걸린 시간은 $\frac{20}{15}=\frac{4}{3}$, 즉 1시간 20분이다. 따라서 A 지점에서 현 지점가지 돌아오는 데 필요한 최대 시간은 1시간 40분이며 1시간 40분은 $\frac{5}{3}$ 시간이므로 최소 $20÷\frac{5}{3}=12(km/h)$의 속력으로 돌아와야 한다.

26 예산관리능력 성과급 계산하기

| 정답 | ④

| 해설 | 각 라인별 성과달성률의 평균이 가장 높은 라인인 제2생산라인에서 가장 높은 달성률을 기록한 G가 가장 많은 성과급을 지급받게 된다. 제2생산라인의 성과달성률 평균은 $\frac{82+96+117+95}{4} = 98$(%p)이므로, G가 받게 될 성과급의 합은 개인별 성과급 90,000원과 라인별 성과급 $160,000 \div 4 = 40,000$(원)을 더하여 총 130,000원을 지급받는다. 따라서 상반기 성과급을 가장 많이 받는 직원의 성과급은 150,000원 미만이다.

| 오답풀이 |

① 2/4분기 개인별 성과급을 지급받지 못하는 직원은 성과달성률이 83% 미만인 D, E, I 세 명이다.

② 제2생산라인에서 성과달성률이 82%로 가장 저조하여 개인별 성과급을 받지 못하는 E도 라인별 성과급은 40,000원은 지급받으므로, 제2생산라인의 모든 직원들은 최소 40,000원 이상의 성과급을 지급받는다.

③ 2/4분기 성과급이 100,000원 이상인 직원은 130,000원인 G와 110,000원인 K 두 명이다.

⑤ 2/4분기 성과급을 가장 적게 받는 사람은 라인별 성과급 20,000원만을 받는 D와 I이다.

27 예산관리능력 성과급 지급규정 개선하기

| 정답 | ④

| 해설 | 제1생산라인의 성과달성률 평균은 $\frac{92+84+106+79}{4} = 90$(%p), 제3생산라인은 $\frac{70+94+122+89}{4} = 94$(%p)이므로 모든 직원들은 최소 20,000원의 라인별 성과급을 지급받게 된다.

| 오답풀이 |

① 성과달성률 84%인 B와 96%인 F 둘 다 같은 개인별 성과급 지급 기준인 83 ~ 100% 구간에 위치하므로 동일하게 20,000원씩을 받게 된다.

② 제3생산라인 직원 K의 성과달성률은 122%로 120%를 초과하였다.

③ 성과달성률 82%인 E와 84%인 B의 성과급 지급 구간이 서로 각각 83% 미만, 83 ~ 100% 구간에 해당하여 각

각 다른 개인별 성과급을 지급받는다.

⑤ 제3생산라인 직원 I와 J의 달성률의 차이는 24%p이나, 직원 I는 성과급 20,000원을 받고 직원 J는 성과급 40,000원을 받게 된다.

28 도표분석능력 자료의 수치 분석하기

| 정답 | ③

| 해설 | 20X9년 상용근로 가구의 근로장려금이 당해 전체 지급액에서 차지하는 비율은 $\frac{3,248}{11,416} \times 100 = 28.5$(%)로, 30% 미만이다.

| 오답풀이 |

① 20X8년 근로장려금을 지원받은 기타 사업소득 가구는 전년 대비 $\frac{492-428}{428} \times 100 = 15.0$(%) 증가하였다.

② 근로장려금을 받는 일용근로 가구의 전년 대비 증가량은 20X8년에 74천 가구, 20X9년에 75천 가구로, 20X9년의 증가량이 더 많았다.

④ 20X9년에는 근로장려금을 지급받는 일용근로 가구가 509,000가구로 50만 가구를 상회하였다.

⑤ 조사 기간 중 20X8년부터 상용근로와 일용근로를 겸함에도 불구하고 근로장려금을 받는 가구의 수는 매년 증가하고 있다.

29 기초통계능력 확률 계산하기

| 정답 | ④

| 해설 | 〈조건〉의 내용을 정리하면 다음과 같다.

첫 번째 방	두 번째 방	세 번째 방	네 번째 방	다섯 번째 방
1,000원(지폐)	5,000원(지폐)	5,000원(지폐)	500원	1,000원(지폐)
500원	1,000원(지폐)	0원	0원	0원
0원	0원	0원	0원	0원
0원	0원	0원	0원	0원

각 방에서 상자를 1개씩 선택할 때 지폐의 합이 10,000원이 되려면 두 번째와 세 번째 방에서 5,000원권 지폐가 든 상자를 선택해야 한다. 따라서 각 방에서 상자를 1개씩 선택하는 경우의 수는 $4^5 = 1,024$(가지)이고, 지폐의 합이 10,000원인 경우의 수는 $3 \times 1 \times 1 \times 4 \times 3 = 36$(가지)이므로

당첨금을 가져갈 확률은 $\dfrac{36}{1,024} \times 100 = 3.52(\%)$이다. 지폐의 합이 10,000원인 경우이므로 동전을 뽑아도 상관없음에 주의한다.

30 예산관리능력 직접비 · 간접비 구분하기

| 정답 | ④

| 해설 | 개인의 가계 지출에 있어서 간접비, 직접비 구분은 의식주에 직접적으로 필요한 비용은 직접비용, 세금, 보험료 등은 간접비용에 해당된다. 따라서 제시된 비용 중 간접비 지출은 보험료, 제반 공과금, 자동차 보험료, 병원 치료비이며 기본적인 의식주 비용에 해당하는 나머지 것들은 직접비로 보아야 한다. 따라서 간접비의 총액은 보험료 17(만 원)+제반 공과금 73(만 원)+자동차 보험료 11(만 원)+병원 치료비 7(만 원)=108(만 원)이다.

31 문제처리능력 자료 분석하기

| 정답 | ⑤

| 해설 | 항공기의 감항증명은 항공기가 출고된 이후 운용 과정에서 안전성을 계속적으로 확보하고 있으며 항공기가 현재 안전하게 비행할 수 있는 성능을 유지하고 있음을 증명하는 제도이다.

| 오답풀이 |

① 감항증명은 대한민국 국적을 가진 항공기임을 요구한다.

② 감항증명은 항공기의 제조과정이 아닌 항공기가 운용과정에서의 증명이다.

③ 항공기의 감항증명은 항공기의 생산시설이 아닌 항공기 자체가 안전기준을 충족하고 있는지 여부를 증명하는 제도이다.

④ 「항공안전법」 제23조 제4항에 따라 항공기의 감항증명에서는 국토교통부령으로 정하는 바에 따라 항공기의 운용한계를 지정하며, 제7조 제2호에서는 항공기기술기준에 적합하지 않은 항공기는 감항증명의 취소 혹은 효력정지의 대상이 된다는 점을 통해, 항공기 정비는 자체 기준이 아닌 국토교통부령으로 정하는 기준에 따라야 하며 감항증명은 해당 항공기가 해당 기준을 충족함을 증명하고 이를 표시하는 제도임을 추론할 수 있다.

32 문제처리능력 자료 분석하기

| 정답 | ④

| 해설 | 「항공안전법」 제23조 제4항 제3호에 따라 항공기를 수출하는 외국정부로부터 감항성이 있다는 승인을 받아 수입하는 항공기에 대해서는 국토교통부령으로 정하는 바에 따라 감항증명을 위한 검사의 일부를 생략할 수 있다.

| 오답풀이 |

① 「항공안전법」 제23조 제5항에 따라 항공기의 감항증명은 항공기 소유자등의 감항성 유지능력을 고려하여 국토교통부령으로 정하는 바에 따라 그 유효기간을 연장할 수 있다.

② 항공기의 기령과 감항증명을 위한 검사와의 연관성에 대한 내용은 제시되어 있지 않다.

③ 「항공안전법」 제20조 제7항 제1호에 따라 거짓이나 그 밖의 부정한 방법으로 형식증명을 받은 경우 반드시 그 형식증명을 취소해야 한다.

⑤ 「항공안전법」 제23조 제9항에서 항공기가 감항성을 유지하고 있는지를 검사하고 이를 위한 검사 · 정비를 명하는 주체는 국토교통부장관이다.

33 문제처리능력 자료 분석하기

| 정답 | ④

| 해설 | 항공기의 형식증명과 감항증명을 위해 준수해야 하는 항공기기술기준의 변경 여부에 대한 내용은 제시되어 있지 않다.

| 오답풀이 |

① 형식증명을 받은 항공기등의 설계를 변경하기 위해 부가적인 증명을 받으려는 자는 「항공안전법」 제20조 제5항에 따라 부가형식증명을 신청하여야 한다.

② 「항공안전법」 제23조 제5항에 따라 감항증명의 유효기간은 1년으로 한다.

③ 「항공안전법」 제23조 제7항에 따라 거짓이나 그 밖의 부정한 방법으로 감항증명을 받은 경우에는 해당 항공기에 대한 감항증명이 취소되며, 그 밖에 항공기가 감항증명 당시의 항공기기술기준에 적합하지 아니하게 된 경우에는 해당 항공기에 대한 감항증명 취소 또는 6개월 이내의 효력정지처분을 받을 수 있다.

⑤ 「항공안전법」 제23조 제3항 제2호에서 특별감항증명은 제한형식증명을 받은 항공기나 항공기 연구, 개발 등 국토교통부령으로 정하는 경우에 한해 발급된다.

34 도표분석능력 자료의 수치 분석하기

| 정답 | ①

| 해설 | • A : 정답을 맞힌 문항 수를 a개라 하면 답을 기입하였지만 정답이 아닌 문항 수가 $(a-6)$개이므로 다음과 같은 식이 성립한다.

$$\frac{a}{a+(a-6)} \times 100 = 65$$

$$100a = 65(2a-6)$$

$$\therefore a = 13$$

• B : 정답을 맞힌 문항 수를 b개라 하면 답을 기입하였지만 정답이 아닌 문항 수가 $(b-5)$개이므로 다음과 같은 식이 성립한다.

$$\frac{b}{b+(b-5)} \times 100 = 77.8$$

$$100b = 77.8(2b-5)$$

$$\therefore b \fallingdotseq 7$$

• C : 정답을 맞힌 문항 수를 c개라 하면 답을 기입하였지만 정답이 아닌 문항 수가 $(c-4)$개이므로 다음과 같은 식이 성립한다.

$$\frac{c}{c+(c-4)} \times 100 = 62.5$$

$$100c = 62.5(2c-4)$$

$$\therefore c = 10$$

• D : 정답을 맞힌 문항 수를 d개라 하면 답을 기입하였지만 정답이 아닌 문항 수가 $(d-4)$개이므로 다음과 같은 식이 성립한다.

$$\frac{d}{d+(d-4)} \times 100 = 66.7$$

$$100d = 66.7(2d-4)$$

$$\therefore d \fallingdotseq 8$$

따라서 정답을 가장 많이 맞힌 사람은 A이다.

35 문제해결능력 조건을 바탕으로 추론하기

| 정답 | ③

| 해설 | 확정조건에 따라 C 팀에는 정만 소속되고 A 팀에는 을이 소속된다. 또한 B, C 팀에 소속될 수 없는 병이 A 팀에 소속된다. 한 팀당 최대 인원은 2명이므로 이를 정리하면 다음과 같다.

갑	을	병	정	무
B	A	A	C	B

따라서 갑과 병은 다른 팀 소속이다.

36 도표분석능력 자료의 수치 분석하기

| 정답 | ③

| 해설 | 독일의 지배선대 중 국적선이 차지하는 비중은 $\frac{6}{63} \times 100 \fallingdotseq 9.5(\%)$로 10% 미만이다.

| 오답풀이 |

① 한국과 독일의 지배선대의 총합은 $99+63=162$(백만 DWT)으로 5개 국가 지배선대의 평균인

$$\frac{450+378+270+99+63}{5} = 252(백만 \ DWT)$$

보다 작다.

② 제시된 5대 국가의 세계시장 점유율의 합은 $20+16.8+12+4.4+2.8=56(\%)$로 50%를 초과한다.

④ 5대 국가의 지배선대 중 외국적선이 차지하는 비중이 가장 낮은 국가는 $\frac{252}{378} \times 100 \fallingdotseq 66.7(\%)$인 중국이다.

⑤ 그리스가 보유한 지배선대 450백만 DWT가 세계시장의 20%를 차지하고 있으므로 전세계 선박보유국이 보유한 지배선대는 그 5배인 2,250백만 DWT임을 추론할 수 있다.

37 조직이해능력 조직의 유형 이해하기

| 정답 | ③

| 해설 | 부서장에 대해서는 총액인건비팀 조직의 경우 4급 또는 5급 서기관인 반면, 벤처형 조직은 직급을 정함이 없고 아이디어 제공 공무원이 부서장을 담당한다.

|오답풀이|

① 행정안전부와의 협의를 거쳐야 설치할 수 있는 총액인
건비팀 조직에 비해 벤처형 조직은 이를 요구함이 없이
자율적으로 설치할 수 있어 설치유연성이 더 높다고 볼
수 있다.

② 총액인건비팀 조직은 장·차관, 실·국 소속으로, 벤처형
조직은 장·차관, 기조실장 소속으로 설치된다고 제시되
어 있다.

⑤ 벤처형 조직은 5명 미만도 설치할 수 있다고 제시되어
있으므로, 반대로 구성원 수가 5명을 초과하더라도 벤
처형 조직을 설립할 수 있다고 볼 수 있다.

---

38 문제처리능력 예약 현황 파악하기

|정답| ④

|해설| 〈회의실 예약 조건〉에 따라 회의에 참여할 수 있는
요일을 나타내면 다음과 같다.

구분	월	화	수	목	금
김 부장	재택근무	○	○	휴가	○
유 과장	휴가	휴가	휴가	○	○
이 대리	○	○	○	○	○
박 대리	○	출장	출장	출장	출장
최 사원	○	○	출장	출장	○

〈회의실 예약 현황〉을 참고하여 예약할 수 있는 요일과 시
간대를 나타내면 다음과 같다.

구분	월	화	수	목	금
09 : 00 ~ 10 : 00		▨	▨		
10 : 00 ~ 11 : 00		▨	▨		
11 : 00 ~ 12 : 00		▨	▨		
점심 시간					
14 : 00 ~ 15 : 00	▨				
15 : 00 ~ 16 : 00	▨				
16 : 00 ~ 17 : 00	▨				
17 : 00 ~ 18 : 00	▨				

회의는 끊기지 않고 3시간으로 진행하여야 한다는 조건에
따라 월요일 오전과 수요일 오후, 목요일 오후, 금요일 오
전 시간대에 회의실을 예약할 수 있다. 하지만 수요일 오후
와 목요일 오후에는 회의에 참여할 수 있는 사람이 2명이

므로 회의를 진행할 수 없다. 월요일 오전과 금요일 오전
가운데 가장 많은 인원이 참여할 수 있는 요일은 4명이 참
여 가능한 금요일이므로 금요일 오전(09 : 00 ~ 12 : 00)
에 회의실을 예약할 수 있다.

---

39 사고력 비판적 사고의 특징 이해하기

|정답| ④

|해설| 제시된 사례는 A와 B를 통해 비판적인 사고력에
대해 보여 주고 있다. ④는 감성적 판단을 근거로 하는 것
으로 비판적 사고나 논리적 사고 모두에서 나타나지 않으
며 업무를 수행함에 있어 바람직한 사고방식으로 보기 어
렵다.

비판적 사고는 숨겨진 가정이나 전제된 원리, 편견 등을 찾
아낼 수 있다. 따라서 사실과 가치를 구분하거나 주장 또는
행위에 타당한 근거를 제시하고 합당한 근거에 의거해 평
가하는 것 등의 핵심적인 요소를 가진 사고력이라고 할 수
있다.

---

40 문서이해능력 보도자료 내용 이해하기

|정답| ①

|해설| ㄱ. 농촌진흥청이 우리 과수 신품종의 안정적인 시
장 정착을 돕고자 생산자, 유통 · 가공 · 수출업체와 힘
을 합치는 협약에 관련된 내용이다.

ㄹ. ○○공사 직원들이 국내 품종의 우수함에 대한 교육을
받아야 하는 것이 아니라, 도매시장에서 우리 품종을
알리는 교육 · 홍보를 진행해야 한다.

|오답풀이|

ㄴ. 협약식은 코로나19 확산을 막기 위해 서울과 제주, 나
주 등 전국 4곳을 연결해 비대면 방식으로 진행되었다.

ㄷ. 생산자연합회의 제공, 유통 · 가공업체의 가공, 판매업
체의 판매, 수출업체의 수출의 과정이 모두 포함되어
있다.

---

41 도표분석능력 자료의 수치 분석하기

|정답| ②

|해설| 연구 인력과 지원 인력의 평균 연령 차이를 살펴보면

20X5년 1.7세, 20X6년 2세, 20X7년 4.9세, 20X8년 4.9세, 20X9년 5.7세이므로 20X7년과 20X8년의 차이가 같다. 따라서 전년 대비 계속 커진다고 볼 수 없다.

| 오답풀이 |

① 20X8년의 지원 인력 정원은 20명이고 현원은 21명이므로 충원율은 $\frac{21}{20} \times 100 = 105(\%)$로 100%를 넘는다.

③ 매년 지원 인력은 늘어나지만 박사학위 소지자 수는 동일하므로 그 비율은 줄어든다.

④ 20X6년 이후 지원 인력의 평균 연봉 지급액은 20X9년까지 계속 연구 인력보다 적었다.

⑤ $\frac{120 - 95}{95} \times 100 ≒ 26.3(\%)$로 정원 증가율은 26%를 초과한다.

---

42 조직이해능력 조직성과 평가체계표 이해하기

| 정답 | ①

| 해설 | 제시된 표에서는 불필요한 휴가 자제 및 공동 업무 분위기 저해 요인에 관한 내용을 찾을 수 없다.

| 오답풀이 |

② 3개 항목에서 가중치를 하향 조정하였고, 3개 항목을 신설하였다.

③ 수상실적 등 대내외 평가실적을 가점요인으로 책정하였다.

④ 민원인과의 원활한 업무 소통에 4점을 배점하였고, 청렴교육 이수 실적에 3점을 배점하였으므로 민원인과의 원활한 업무 소통을 더 중요하게 평가하고자 하였다고 볼 수 있다.

⑤ 유연근무제 평가를 신설한 점으로 보아 유연근무제 사용을 권장하려는 목적이 담겨 있다고 볼 수 있다.

---

43 조직이해능력 조직성과 평가체계표 이해하기

| 정답 | ④

| 해설 | 조직성과 평가체계를 통해 배점을 알 수 있다. 역량교육 이수율 평가는 5점 배점, 민원처리 실적 평가는 4점 배점, 업무처리 만족도는 3점 배점, 제안처리 실적은 3점 배점, 유연근무제 실시율은 2점 배점에 해당한다. 이에

근거하여 주어진 항목들의 점수를 다음과 같이 계산해 보면 가장 우수한 평가점수를 얻은 팀을 알 수 있다.

(단위 : 점)

구분	J 팀	K 팀	M 팀	S 팀
역량교육 이수율 평가	4	5	1	3
민원처리 실적 평가	2	2	4	4
업무처리 만족도	2	1	3	2
제안처리 실적	1	3	2	3
유연근무제 실시율	2	1	2	1
평점	11	12	12	13

따라서 S 팀의 평가점수가 가장 우수함을 알 수 있다.

---

44 시간관리능력 최소 이동시간 구하기

| 정답 | ③

| 해설 | 본사에서 물류창고 1과 2를 순서대로 거쳐 본사로 복귀하는 최단 이동경로는 다음과 같다.

본사 → 가맹점 E → 가맹점 G → 물류창고 1 → 가맹점 A → 물류창고 2 → 가맹점 B → 본사

따라서 총 이동시간은 (5+5+10)+15+5+25+5+10+(5+5)=90(분), 즉 1시간 30분이다.

---

45 시간관리능력 최소 이동시간 구하기

| 정답 | ③

| 해설 | 각 가맹점별로 두 물류창고와의 최소 이동시간을 구하면 다음과 같다.

(단위 : 분)

가맹점	A	B	C	D	E	F	G	H
물류창고 1	25	35	45	35	20	15	5	5
물류창고 2	5	10	20	25	30	45	35	35

따라서 물류창고 1과 연결되는 가맹점은 E, F, G, H로 4개, 물류창고 2와 연결되는 가맹점은 A, B, C, D로 4개이다.

46 시간관리능력 | 최소 이동시간 구하기

| 정답 | ②

| 해설 | 본사에서 가맹점 D로 이동하는 것을 시작으로 시계 방향으로 진행한다고 할 때 이동시간이 최소로 소요되며 이동경로는 다음과 같다.

본사 → 가맹점 D → 가맹점 E → 가맹점 G → 가맹점 F → 물류창고 1 → 가맹점 H → 가맹점 A → 물류창고 2 → 가맹점 B → 가맹점 C → 본사

따라서 총 이동시간은 $(5+5+5)+(5+10)+15+10+(10+5)+5+(5+25)+5+10+10+(10+5+5)=150$(분)이므로, 오전 9시에 본사에 출발해서 다시 복귀하는 시각은 2시간 30분 뒤인 11시 30분이다.

47 도표분석능력 | 자료의 수치 분석하기

| 정답 | ②

| 해설 | 20X6년 이후 쿠웨이트로부터 수입한 석유의 양은 매년 증가하나, 국제 유가를 고려한 석유 수입 가격은 20X7년에 오히려 감소하였다.

• 20X6년 : $136.5 \times 93.17 = 12,717.705$(백만 달러)
• 20X7년 : $141.9 \times 48.66 = 6,904.854$(백만 달러)
• 20X8년 : $159.3 \times 43.29 = 6,896.097$(백만 달러)
• 20X9년 : $160.4 \times 50.8 = 8,148.32$(백만 달러)

48 물적자원관리능력 | 물적자원 활용의 방해요인 파악하기

| 정답 | ④

| 해설 | 이동식 씨는 틈틈이 해오던 과제가 담긴 USB 파일이 훼손되어 처음부터 과제를 다시 하고 있다. 이는 자원이 훼손된 경우에 해당한다.

성급한 씨의 경우는 보관 장소를 파악하지 못하는 경우에 해당한다.

49 문서이해능력 | 세부 내용 이해하기

| 정답 | ⑤

| 해설 | 사회적 농업이란 농업이 갖고 있는 여러 가지 장점을 활용하여 노인이나 장애인 같은 사회 취약계층에게 교육 및 고용 그리고 돌봄·서비스 등을 제공하는 사업을 의미한다. 제시된 글에서도 엿볼 수 있듯이 암에 걸린 환자들이 기거하는 요양농장이나 장애인이 일을 할 수 있는 협력 농장 또는 어린이에게 재미있는 농사를 지도하는 체험학교 등 농업의 가치를 사회적으로 활용하는 사업을 사회적 농업이라 부른다.

50 문서이해능력 | 세부 내용 이해하기

| 정답 | ④

| 해설 | 제시된 글에 케어팜이 농촌의 농산물 판매에도 기여하고 있다는 언급은 없다.

| 오답풀이 |

① 치매 노인을 위한 케어팜이 특히 요양원의 대안으로 부상하고 있다고 언급되어 있다.

② 자연과의 교감을 통한 다양한 체험 제공은 케어팜의 주된 활동 내역이다.

③ 노인, 어린이뿐 아니라 정신적 장애를 앓고 있는 자폐아나 마약과 알코올 그리고 게임에 빠진 환자 등 그 범위가 다양해지고 있는 추세다.

⑤ 케어팜은 정신과 육체의 질병을 치유하는 새로운 개념의 시니어 비즈니스라고 소개하며 대상 환자의 범위도 다양해지는 추세라고 하였으므로 의료적 방면에서도 유용한 사업이라고 할 수 있다.

파트 2 전공시험 기출유형모의고사

전공 경영학 전공시험

▶ 문제 184쪽

01	①	02	②	03	③	04	⑤	05	⑤
06	⑤	07	①	08	⑤	09	④	10	③
11	⑤	12	③	13	④	14	⑤	15	①
16	③	17	③	18	①	19	①	20	④
21	②	22	⑤	23	②	24	②	25	③
26	④	27	④	28	②	29	②	30	①
31	②	32	⑤	33	⑤	34	①	35	①
36	⑤	37	②	38	③	39	③	40	①
41	①	42	②	43	⑤	44	③	45	④
46	②	47	⑤	48	④	49	④	50	③

01

| 정답 | ①

| 해설 | ㄱ. 주식회사의 출자자는 모두 유한책임만을 진다. 출자자는 자신의 출자액 한도 내에서만 회사의 자본위험에 대한 책임을 진다.

| 오답풀이 |

ㄴ. 주식회사의 자본금은 소액 단위로 분할되어 양도가능한 유가증권인 주권으로 표현되는데, 이를 자본의 증권화제도라고 한다. 이를 통해 소액자본의 소유자들도 주식회사에 출자가 가능하다.

ㄷ. 주식회사에서는 주식의 분산과 함께 소유와 경영이 분리되어 있는 것이 특징이다.

ㄹ. 주식회사의 대표기관에는 주주총회, 이사회, 감사 등이 있다.

ㅁ, ㅂ. 주식회사는 회사가 필요로 하는 자본을 매매양도가 자유로운 유가증권 형태인 주식으로 균일하게 발행하여 일반 대중으로부터 기업자본을 조달하는 기업 형태이다.

02

| 정답 | ②

| 해설 | 기업환경을 분석하는 기법인 SWOT 분석 중 기회(O)는 외적 환경요인 중 기업에 긍정적으로 작용하는 요소를 의미한다. 기업의 내적 환경요인에서 기업에 긍정적으로 작용하는 요소는 강점(S)이다.

03

| 정답 | ③

| 해설 | 사건, 사실(Fact) 등을 수집·정리하여 모아 놓은 것을 데이터(Data)라고 하고, 데이터를 토대로 문제해결과 의사결정에 도움이 될 수 있도록 일정한 패턴으로 정리한 것을 정보(Information)라고 한다.

| 오답풀이 |

① 언어로 표현하기 힘든 주관적 지식은 형식지가 아니라 암묵지이다.

② 암묵지에서 형식지로 지식이 전환되는 과정은 외부화 내지는 표출화 단계라고 한다. 내면화는 형식지가 다시 암묵지로 전환되는 과정이다.

④ 지식경영은 형식지를 기업 구성원들에게 체화시킬 수 있는 암묵지로 전환하여 공유하는 경영방식이라기보다는 지식을 관리하고 전파하는 형태라고 할 수 있다.

⑤ SECI 모델은 암묵지와 형식지라는 두 종류의 지식이 공동화, 표출화, 연결화, 내면화라는 네 가지 변화과정을 거치며 지식이 창출된다는 이론이다.

04

| 정답 | ⑤

| 해설 | 디마케팅(Demarketing)은 자사 상품과 서비스에 대한 구매를 의도적으로 줄이는 기법으로, 이 마케팅의 기본 원리는 고객의 우량도(Loyalty)에 따라서 차별화된 서비스를 제공하는 것이다.

수요상태에 따른 기업마케팅 과업
1. 전환 마케팅(Conversional Marketing) : 부정적인 수요를 가진 경우에 필요한 마케팅
2. 자극 마케팅(Stimulational Marketing) : 무수요 상황에서 소비자를 자극하여 수요를 창출하는 마케팅
3. 개발 마케팅(Developmental Marketing) : 휴면상태의 소비자들을 현재적 수요로 바꾸는 마케팅
4. 재마케팅(Re-Marketing) : 소비자의 욕구나 관심을 다시 불러일으켜 감퇴하는 수요를 부활시키는 과업이 필요한 마케팅
5. 유지 마케팅(Maintenance Marketing) : 기업이 원하는 수준 및 시기와 일치하는 완전수요 상황을 지속시키는 마케팅
6. 디마케팅(Demarketing) : 초과수요 상황에서 일시적 혹은 영구적으로 수요를 줄이거나 없애려는 마케팅
7. 대항 마케팅(Counter Marketing) : 불건전한 수요를 줄이거나 완전히 없애 버리려는 마케팅, 즉 건전하지 못한 상품(마약, 청소년 성매매 등)의 소비를 제거하는 것
8. 동시화 마케팅(Synchro Marketing) : 변동이 심하거나 계절성을 띠어 시기적으로 불규칙한 수요의 시기를 기업의 공급패턴과 일치시키려는 마케팅

05
| 정답 | ⑤

| 해설 | 기계, 설비, 사무장비, 건물 등의 자산을 구입하는 활동은 지원 활동(Support Activities)이다.

06
| 정답 | ⑤

| 해설 | 행위가 일어난 횟수를 기준으로 하는 비율법은 행위가 일어난 기간을 기준으로 하는 간격법에 비해 성과와 강화요인 간에 보다 직접적인 연관성을 가져 학습효과가 더 높다.

| 오답풀이 |
① 적극적(긍정적) 강화는 바람직한 행동에 대하여 승진이나 칭찬 등의 보상을 제공함으로써 그 행동의 빈도를 증가시키는 것이다.
② 소극적(부정적) 강화는 벌이나 불편함을 중지하여 불편한 자극을 제거하는 것으로, 혐오자극을 감소시키는

반응을 획득하게 하는 도피학습과 바람직한 행위를 통해 불편한 자극을 회피하는 방법을 학습하게 하는 회피학습으로 나눌 수 있다.
③ 소거란 바람직하지 않은 행동에 대하여 기존에 주어졌던 혜택이나 이익을 제거하는 것이다.
④ 연속적 강화는 바람직한 행동이 나타날 때마다 보상을 제공하는 것이고, 단속적 강화는 간격이나 비율에 의하여 간헐적으로 보상을 제공하는 것이다. 연속적 강화는 최초로 행위가 학습되는 과정에는 단속적 강화에 비해 효과적이라는 강점이 있으나, 보상이 주어지는 시간이 길어질수록 그 효율성이 떨어지고 계속적으로 보상을 제공함에 따른 현실적인 자원의 한계가 존재한다는 약점이 있다.

07
| 정답 | ①

| 해설 | 브룸(Vroom)의 기대이론은 과정이론에 해당한다.

08
| 정답 | ⑤

| 해설 | 해당 기업의 지불능력, 생계비 수준, 노동시장에서의 임금수준은 기업의 임금수준과 임금의 외부 공정성과 관련된 개념이다. 임금의 내부 공정성은 임금체계, 즉 임금의 격차결정방식과 관련된 개념이다.

| 오답풀이 |
① 직무급은 종업원이 맡은 직무의 상대적 가치에 따라 임금을 결정하는 방식으로, 동일노동에 동일임금이 제공되는 임금제도이다.
② 기업이 임금수준을 결정할 때 종업원이 받는 임금수준을 타 기업 종업원의 임금수준과 비교하며 사회 전체의 임금수준과 비교하는 것은 임금의 외부 공정성과 관련이 있다.
③ 해당 기업 내 종업원 간의 임금수준의 격차를 결정하는 것은 임금체계이다. 이러한 임금체계의 결정에는 종업원들 간의 임금의 내부 공정성이 확보되어야 한다. 종업원들이 서로의 임금격차가 공정하다고 인정해야 좋은 임금제도이다.

④ 직능급은 종업원이 보유하고 있는 직무수행능력을 기준으로 임금을 결정하는 방식이다. 직능급을 사용하게 되면 종업원들이 자기개발을 하려고 노력하는 경향이 있다.

09

| 정답 | ④

| 해설 | 직무만족(Job Satisfaction)이 높으면 이직의도는 낮아지고, 직무 관련 스트레스는 줄어든다.

| 오답풀이 |

① 조직몰입(Organizational Commitment)에서 지속적 몰입은 경제적 가치에 기반한 몰입이고, 조직구성원으로서 가져야 할 의무감에 기반한 몰입은 규범적 몰입이다.

② 정적 강화(Positive Reinforcement)에서 강화가 중단될 때, 변동비율법에 의해 강화된 행동이 고정비율법에 의해 강화된 행동보다 오래 지속된다.

③ 감정지능은 감정노동과 감정소진 간의 조절변수 역할을 한다. 즉 감정노동을 많이 하게 되면 감정소진이 증가하게 되고 감정소진이 증가하면 조직몰입도가 낮아진다.

⑤ 조직시민행동은 신사적 행동(Sportsmanship), 예의바른 행동(Courtesy), 이타적 행동(Altruism), 공익적 행동(Civic Virtue), 양심적 행동(Conscientiousness)의 다섯 가지 요소로 구성된다.

10

| 정답 | ③

| 해설 | 페이욜(Fayol)은 경영자를 위한 지침과 방향으로서 그가 수행해야 할 5개 기능과 경영의 14원칙을 개발하였다. 경영의 14원칙으로 분업(division of work), 권한과 책임(authority and responsibility), 규율(discipline), 지휘의 일원화(unity of command), 명령일원화(unity of direction), 전체의 이익을 위한 개인의 복종(subordination of individual to general interest), 보수(remuneration), 집권화(centralization), 계층의 연쇄(scalar chain), 질서(order), 공정성(equity), 직장의 안정성(stability of tenure), 주도권(initiative), 단결심(esprit de corps) 등이 있다.

11

| 정답 | ⑤

| 해설 | 비즈니스 게임(Business Game)은 교육 대상자들에게 특정 경영 상태를 설정한 모의회사를 제시하고 게임을 통해 경영상의 의사결정을 체험하게 하는 방식의 경영 교육훈련을 의미한다.

주어진 사례나 문제의 실제 인물을 연기함으로써 문제를 체험하고 이에 대한 해법을 제시하게 하는 교육기법은 역할연기법(Role Playing)에 해당한다.

| 오답풀이 |

② 교육훈련의 방법에는 장소의 제약 없이 온라인에서 교육훈련이 가능한 e-러닝이나 실제 직무장소와 별도의 전문교육기관에서 전문가에 의한 교육훈련을 받는 직장 외 교육훈련(Off-JT Training) 등이 존재하지만 이들 역시 그 교육 내용은 실제 직무 현장과의 유사성을 유지해야 한다.

③ 교육훈련에 있어 집단구축기법(팀 작업)은 구성원들의 아이디어를 공유하고, 집단정체성을 구축하는 것을 교육의 목표로 한다.

12

| 정답 | ③

| 해설 | ABC분석은 기업이 관리하고자 하는 상품의 수가 많아 모든 품목을 동일하게 관리하기가 어려울 때, 상품의 공헌이익 등을 기준으로 품목을 그룹화하고 관리의 수준에 차등을 두는 방법으로, 재고관리나 자재관리뿐만 아니라 원가관리, 품질관리에도 이용할 수 있다.

| 오답풀이 |

① ABC분석의 판단 기준으로 사용되는 공헌이익(Contribution Margin)은 매출액 중에서 고정비를 회수하고 이익을 획득하는 데 공헌한 금액으로, 매출액에서 변동비를 차감한 금액을 의미한다.

13

| 정답 | ④

| 해설 | 브랜드 자산가치 측정방법에는 마케팅적 접근, 재무적

접근, 통합적 접근이 있으며 브랜드 플랫폼 분석을 통한 측정은 이에 해당되지 않는다.

> **보충 플러스+**
>
> 브랜드 자산가치를 측정하는 방법
> 1. 마케팅적 접근 : 비교를 통한 측정, 컨조인트 분석에 의한 측정, 초과가치 분석을 통한 측정
> 2. 재무적 접근 : 취득원가에 기초한 측정, 매출액 배수를 이용한 측정, 무형자산의 가치추정을 통한 측정
> 3. 통합적 접근 : Interbrand의 측정(브랜드 강도에 브랜드 이익을 곱하여 측정)

14

| 정답 | ⑤

| 해설 | 잠재 구매자들이 가격－품질 연상을 강하게 갖고 있는 경우, 가격을 높게 매겨도 경쟁자들이 들어올 가능성이 낮은 경우는 모두 가격을 높게 형성할 유인이 있는 상황으로 고가전략에 해당하는 스키밍 가격전략이 이에 적합하다.

| 오답풀이 |

① 사양제품 가격전략은 옵션제품가격전략이라고도 하며, 주제품에 추가하여 제공되는 옵션제품에 부과되는 가격을 의미한다. 보통 옵션가격은 고가격을 채택하는 경우가 많다.

15

| 정답 | ①

| 해설 | ㄴ. 지배원리는 포트폴리오 이론과 관련된 개념이다.

| 오답풀이 |

ㄱ, ㄷ, ㄹ. 정보의 비대칭성으로 인한 대리인 문제를 해결하기 위하여 주주들은 감시비용을 지출하고, 스톡옵션을 부여한다.

ㅁ. 대주주들의 기업지배권이 약해지면 대리인 비용이 발생할 가능성이 높아진다.

16

| 정답 | ③

| 해설 | 시장세분화 시 동일한 세분시장 내에 있는 소비자들은 동질성이 극대화되도록 해야 하며, 세분시장 간의 소비자들은 이질성이 극대화되어야 한다.

17

| 정답 | ③

| 해설 | 상동적 태도(Stereotyping)는 평가자가 평가 대상이 속한 집단의 특성을 평가자의 특성으로 인식하는 선입견으로 평가자를 판단하여 발생하는 인사평가의 오류이다. 이러한 오류는 평가 대상에 대한 자료의 부족에서 비롯되는 것보다는 이를 분석하는 평가자의 인식의 문제로, 이러한 오류를 방지하기 위해서는 평가자의 인식을 개선하는 교육훈련을 개시하거나, 사전에 평가 기준을 설정하는 강제할당법을 적용하는 방법 등이 유효하다.

18

| 정답 | ①

| 해설 | 성장－점유율 분석이라고도 하는 BCG 매트릭스는 시장점유율과 성장률을 기준으로 사업을 Star, Cash Cow, Question Mark, Dog의 사분면 내에 표시하여 이를 기준으로 미래의 전략방향과 자원배분방안을 결정하는 분석 방법이다.

19

| 정답 | ①

| 해설 | 포터는 산업구조분석기법에서 경쟁자, 잠재적 진입자, 대체재, 공급자의 교섭력, 구매자의 교섭력이라는 다섯 가지 요소를 언급하였다.

20

| 정답 | ④

| 해설 | 제품별 배치는 미숙련공도 가능한 단순작업으로 작업기술이 복잡하지 않다.

21

| 정답 | ⑤

| 해설 | 서비스 수준은 재고부족이 일어나지 않을 확률을 의미한다. 기업에서 요구되는 서비스 수준이 낮다는 것은 재고부족이 발생해도 허용해주겠다는 것을 의미하므로 낮은 서비스 수준을 달성하는 데 필요한 안전재고 수준은 낮아진다. 반대로 기업에서 요구하는 서비스 수준이 높다면 안전재고 수준도 높아진다.

22

| 정답 | ①

| 해설 | 단위기간당 발생하는 총재고비용을 최소화하는 1회 주문량을 구하는 EOQ 모형에서는 단일 품목을 대상으로 그 수요는 확정적이며 일정하다고 가정한다.

| 오답풀이 |
② EOQ 모형에서 조달기간은 고정되어 있음을 가정한다.
③ EOQ 모형에서 수량할인은 없다고 가정한다.
④ EOQ 모형에서 주문비용은 주문량에 관계없이 일정함을 가정한다.
⑤ EOQ 모형에서 각 품목에 대한 단위기간 중의 수요는 정확하게 예측할 수 있다고 가정한다.

23

| 정답 | ②

| 해설 | ZD(Zero Defect) 프로그램은 품질개선을 위한 동기부여 프로그램으로 통계적 품질관리의 적용을 강조하는 것이 아니라 종업원 각자에게 자율성을 부여하여 불량발생 가능성을 사전에 예방하고자 한다.

24

| 정답 | ②

| 오답풀이 |
㉠ 조기 수용자(Early Adopters) 바로 다음에 신제품을 수용하는 소비자 집단은 조기 다수 수용자(Early Majority)이다.

㉢ 시장규모는 성장기보다 성숙기에서 더 크고, 제품원가는 성장기보다 도입기에서 더 높다.

25

| 정답 | ③

| 해설 | ㉡ 재화를 생산자로부터 소비자에게 사회적으로 유통시켜 인격적으로 이전시키는 인격적 통일 기능으로, 다수 유통기관의 활동과 수집, 구매, 분산과 판매, 매매거래와 소유권 이전 등의 기능에 의해 이루어진다.
㉢ 재화의 생산과 소비 사이의 공간적, 장소적 불일치를 극복하고 사회적 유통을 조성하는 장소적 통일 기능으로, 운송이 그 역할을 담당한다.

| 오답풀이 |
㉠ 생산자와 소비자 간의 정보를 수집하고 전달하여 상호 의사소통을 원활하게 해 주는 시장정보 기능으로, 물류비용을 절감하고 고객서비스를 향상시키는 역할을 한다. 문제에서는 정보의 전달에 관한 내용이 제시되어 있지 않다.
㉣ 생산자가 공급하는 물품과 소비자가 수요하는 물품이 품질적으로 적합하지 않을 때 가공을 통해 이들 사이에 품질적 거리를 조절해 주는 품질적 통일 기능이다. 문제에서는 유통가공에 관한 내용이 제시되어 있지 않다.

26

| 정답 | ④

| 해설 | 멀티 브랜드(Multi brand) 전략은 하나의 기업이 한 시장에 다수의 브랜드를 출시하는 것으로, 주로 한 시장 내의 다양한 수요계층에 브랜드 단위로 대응하여 자사의 시장점유율을 올리고 경쟁사의 진입에 대응하기 위해 활용된다. 다만 멀티 브랜드 전략은 자사의 브랜드가 한 시장 내에서 충돌하여 자사 제품들 사이의 불필요한 경쟁이 발생할 수 있다는 위험이 있다. 소수의 고객층으로 구성된 특수한 수요에 집중하는 마케팅전략은 니치 마케팅(Niche Marketing)에 해당한다.

27

|정답| ④

|해설| 카르텔(Cartel, 담합)이란 사업자가 다른 사업자와 공동으로 상품 또는 서비스의 가격, 거래조건, 생산량 등을 결정하거나 제한함으로써 경쟁을 제한하는 행위를 의미한다. 공정거래법상 부당한 공동행위에 해당하는 카르텔은 시장에서 자율적으로 결정되어야 할 가격이나 거래조건을 사업자들이 인위적으로 조절함으로써 시장경제질서를 왜곡하고 소비자들의 후생을 저해한다.

|오답풀이|

① 트러스트(Trust)는 시장지배를 목적으로 동일한 생산단계에 속한 기업들이 하나의 자본에 결합되는 것을 의미한다. 일종의 기업합병이라 할 수 있다.

② 콘체른(Konzern)은 하나의 지배적 기업과 하나 혹은 2개 이상의 피지배기업으로 이루어진 기업 집단이다.

③ 콤비나트(Kombinat)는 러시아어로 '결합'이라는 뜻이 전용되었으며, 영어로는 콤비네이션이라고 한다. 이는 서로 관련이 있는 몇 개의 기업을 결합하여 하나의 공업지대를 이루어 생산 능률을 높이는 합리적인 기업결합이다.

⑤ 지주회사(Holding Company)는 지배회사 또는 모회사라고도 하며 산하에 있는 종속회사, 즉 자회사의 주식을 전부 또는 일부 지배가 가능한 한도까지 매수함으로써 기업합병에 의하지 않고 지배하는 회사를 말한다.

28

|정답| ②

|해설| 브레인스토밍과 고든법 모두 아이디어의 질보다 양을 중시하는 기법으로, 리더가 하나의 주제나 키워드를 제시하면 집단구성원이 각자의 의견을 자유롭게 제시하며 토론한다.

29

|정답| ②

|해설| 직무평가를 실행해야만 직무급을 도입할 수 있으므로 직무평가는 직무급 도입을 위한 핵심적인 과정이다.

|오답풀이|

① 직무평가의 목적은 직무가 조직에 필요한 것인지의 여부를 평가하고 개선점을 찾아내는 것이 아니라 직무 간의 상대적 난이도를 결정하는 것이다.

③ 직무수행에 필요한 인적 요건에 관한 정보를 구체적으로 기록한 것은 직무명세서이다.

④ 서열법은 직무를 세부요소로 구분하지 않고 전체적으로 평가하여 직무들의 상대적 가치를 판단한다. 직무를 세부요소로 구분하여 평가하는 것은 점수법, 요소비교법이다.

⑤ 사전에 등급이나 기준을 만들고 그에 맞게 직무를 판정하는 방법은 분류법에 해당한다.

30

|정답| ①

|해설| 사람들이 선호하는 보직의 경우, 내부모집 역시 여러 명의 지원자가 발생하는 과다경쟁이 발생할 수 있고 선발 탈락 시에 조직구성원들 간 마찰이 발생할 수 있다.

31

|정답| ①

|해설| 공급사슬 내에서 소비자로부터 생산자(혹은 원재료 공급업자) 방향으로 갈수록 수요의 변동폭이 확대되는 것을 채찍효과(Bullwhip Effect)라고 한다. 이러한 채찍효과는 공급사슬 구성원 간의 의사소통이 부족하거나 리드타임의 길이가 길거나 공급사슬의 단계가 길거나 일괄적 주문이나 배치주문의 크기가 크면 더 크게 발생한다.

32

|정답| ⑤

|해설| CRM이란 신규고객 확보, 기존 고객 유지 및 고객 수익성 증대를 위하여 지속적인 커뮤니케이션을 통해 고객 행동을 이해하고 영향을 주려고 하는 광범위한 접근이다. 신규고객의 확보도 중요하지만 성장을 위한 기존 고객과의 지속적인 관계 형성에 더욱 중요성을 둔다.

33

| 정답 | ⑤

| 해설 | 편의표본추출법은 조사자의 편의대로 추출하는 비확률표본추출방법으로 모집단을 구성하는 모든 측정치에 동일한 추출기회가 부여되지 않는다. 모집단을 구성하는 모든 측정자들에 동일한 추출기회를 부여하는 것은 확률표본추출방법 중 단순무작위표본추출에 대한 설명이다.

| 오답풀이 |

① 자료유형 중에서 1차자료(Primary Data)는 조사자가 특정 조사목적을 위해 직접 수집한 자료이므로 목적적합성이 높다. 반면 2차자료는 기 수집된 자료로 자료수집에 시간과 비용이 절약된다.

② 개방형 질문(Open-ended Question)이란 응답자가 생각하고 있는 답변을 자유롭게 표현하도록 하는 방법으로 단어연상법은 여기에 해당한다.

③ 명목척도(Nominal Scale)는 측정대상이 속한 범주나 종류를 구분하기 위한 척도이고 서열척도는 순서를 나타내기 위한 척도이다. 또한 등간척도는 정도까지 파악할 수 있고 비율척도는 비율값을 계산할 수 있다.

④ 표본조사는 전수조사보다 시간과 비용이 적게 들지만 표본오류가 존재하게 되는 단점도 있다.

34

| 정답 | ①

| 해설 | 선매품은 구매 전에 품질, 가격 등 관련 정보를 충분히 조사한 후 구매하는 제품을 말한다.

35

| 정답 | ①

| 해설 | 서비스란 제품 판매를 위해 제공되거나 판매에 부수적으로 제공되는 행위, 편익, 만족이며 서비스는 소비자가 요구하는 주관적 효용인 만족이나 편익을 제공하는 것을 말한다. 서비스는 소비자가 동시에 소비하는 것이므로 시간을 지체하거나 상황이 변하면 서비스 자체가 제공하려 했던 효용은 사라지고 만다. 따라서 서비스는 컨트롤이 어렵다는 특징이 있다.

36

| 정답 | ⑤

| 해설 | 슈퍼 리더십은 종업원들을 관리하고 통제하는 것이 아니라 리더가 종업원들로 하여금 자기 자신을 리드할 수 있는 역량을 가질 수 있도록 도와주는 리더십이다.

37

| 정답 | ②

| 해설 | 푸시(Push)전략은 제조업체가 유통업체 제품을 공급하고 유통업체를 대상으로 적극적인 프로모션을 사용하여 유통업체가 소비자에게 적극적으로 판매하도록 유도하는 전략이다. 특히 브랜드 의존도가 낮은 생활필수품이나 잘 알려지지 않은 브랜드의 제품의 경우 푸시전략이 효과적이다.

풀(Pull)전략은 제조업체가 소비자를 대상으로 적극적인 프로모션을 사용하여 소비자가 제품을 적극적으로 찾게 함으로써 유통업체가 자발적으로 자사 제품을 취급하게 만드는 전략이다. 특히, 브랜드 로열티가 높은 제품의 경우 풀전략이 효과적이다.

| 오답풀이 |

① 유통업체의 마진율은 푸시전략이 풀전략보다 상대적으로 높다.

38

| 정답 | ③

| 해설 | 사회적 태만(무임승차)은 집단 속에서 함께 일할 때 혼자서 할 때보다 노력을 적게 하는 현상을 말한다. 집단의 크기가 커질수록 집단 속에서 일하는 개인의 업적이 타인에 의해 정확히 관찰될 수 없어 개인의 공헌도 및 집단의 생산성이 더 떨어진다.

보충 플러스+

사회적 태만의 원인
1. 책임의 분산(Diffusion of Responsibility) : 자신이 하지 않아도 남이 할 수 있으면 사회적 태만이 발생한다.
2. 집단의 크기(Size) : 집단의 규모가 커질수록 구성원 개개인의 공헌도에 대한 평가 및 감독이 어려워지기 때문에, 사회적 태만이 발생하게 된다.

3. 개인의 공헌도 측정의 곤란 : 사회적 태만은 개별적 노력을 확인하기 어려울수록 더 많이 나타나며, 성과에 대한 보상이 개인에게 정확히 돌아가지 않을 경우 심해진다.
4. 노력의 무용성 지각 : 사람들은 자신의 노력이 집단의 수행 결과에 큰 영향을 미치지 않는다고 느끼면 노력을 덜 하게 된다.
5. 봉 효과(Sucker Effect) : 집단의 다른 구성원들이 충분한 노력을 하고 있음에도 불구하고 최선의 노력을 기울이지 않고 있다는 생각이 들 때에도 사회적 태만이 발생한다.
6. 집단의 특성 : 집단과의 동일시 및 응집성도 사회적 태만에 영향을 주는 요인으로 확인되었다. 즉, 친구들로 구성된 집단보다 낯선 사람들로 구성된 집단에서 사회적 태만이 더 많이 일어났다.

39

| 정답 | ③

| 해설 | 촉진믹스는 광고, PR, 판매촉진, 인적 판매로 구성된다.

40

| 정답 | ①

| 해설 | 사내공모제는 내부충원의 대표적 형태로 승진의 기회가 생겨 종업원들의 사기진작 효과가 있다.

41

| 정답 | ①

| 해설 | 임프로쉐어 플랜은 단위당 소요되는 표준노동시간과 실제노동시간을 비교하여 절약된 노동시간만큼 시간당 임률을 노사가 50 : 50으로 배분하는 것으로, 개인별 인센티브 제도에 쓰이는 성과측정방법을 집단의 성과측정에 이용한 방식이다.

| 오답풀이 |

② 스캔론 플랜은 생산성 향상에 대한 대가를 지불하는 방식의 성과배분계획모형이다.
③ 럭커 플랜은 기업이 창출한 부가가치에서 인건비가 차지하는 비율을 기준으로 배분액을 결정하는 제도이다. 기본적인 사고는 스캔론 플랜과 유사하지만, 생산성

측정의 척도로서 사용되는 기준이 총고용비용에 대한 부가가치의 비율이라는 점에서 중요한 차이가 있다.
④ 메리크식 복률성과급은 테일러의 제자인 메리크가 테일러식 차별성과급의 결함을 보완하여 임금률을 표준생산량의 83% 이하, 83 ～ 100%, 100% 이상의 3단계 기준으로 나누어 상이한 임금률을 적용하는 방식이다.
⑤ 테일러식 차별성과급은 표준작업량을 기준으로 임금률을 고·저로 나누는 방식이다.

42

| 정답 | ⑤

| 해설 | 고전적 조건화(Classical Conditioning)는 자극에 지속적으로 노출됨으로 인해 태도가 형성된다는 이론으로, 소비자들이 좋아하는 음악을 상품과 함께 노출시키면서 음악에 대해 좋은 태도를 갖는 것처럼 상품에 대해서도 좋은 태도를 갖게 하는 것을 말한다.

| 오답풀이 |

②, ③ 수단적 조건화(Instrumental Conditioning), 작동적(조작적) 조건화(Operant Conditioning)는 동일한 개념으로 자신에게 유리한 결과가 오면 그 행동을 계속 수행하고, 불리한 결과가 오면 그 행동을 반복하지 않게 되는 것을 말한다.
①, ④ 대리적 학습(Vicarious Learning)은 다른 사람의 행동을 관찰하면서 학습하는 것으로 이를 모델링이라고도 한다.

43

| 정답 | ⑤

| 해설 | 판매원을 이용한 직접 판매를 하게 되면 기업이 지급하는 고정비(판매원의 급여)가 증가하게 되고 변동비(대리점 수수료 등)가 감소하는 효과가 있다.

| 오답풀이 |

① 경로갈등의 유형에는 수평적 경로갈등, 경로형태 간의 갈등, 수직적 경로갈등이 있다. 수평적 경로갈등(Horizontal Conflict)은 유통경로상의 동일한 수준(단계)에 있는 경로구성원들 간의 갈등이고, 경로형태 간의 갈등(Intertype Conflict)은 유통경로 내의 동일한 수준에

있는 서로 다른 형태의 중간상들 간의 경쟁으로 생기는 갈등을 말하며, 수직적 경로갈등(Vertical Conflict)은 유통경로상의 서로 다른 단계(수준)에 있는 구성원들 간의 갈등을 말한다.

② 물적 유통의 목표는 고객만족과 비용절감이다. 고객만족을 극대화할 수 있도록 적절한 상품을 적시적소에 최소비용으로 배달하는 것은 물적 유통의 목표이다.

③ 선택적 유통경로정책은 집중적 유통과 배타적 유통의 중간적 성격으로 소비자들에게 제품의 노출을 선택적으로 제한함으로써 제품의 명성을 어느 정도 유지하면서 적정수준의 판매량을 확보하고자 할 때 사용할 수 있다.

④ 기술수준이 높은 상품의 유통경로 길이는 사후서비스의 편리성 등을 고려하여 짧게 설계해야 한다. 만약 이를 너무 길게 설계할 경우 소비자가 사후서비스를 받을 때 오랜 시간이 소요되어 불편함을 느끼게 된다.

44

|정답| ③

|해설| 인지부조화는 고관여 제품의 구매 시 많이 발생하며, 소비자는 제품 구매 전에 제품에 관한 정보탐색 등의 활동으로 부조화를 극복하려고 노력한다.
또한 제품 구매 후에 사후서비스가 좋을수록, 보증 및 환불정책이 명확할수록 인지부조화를 줄일 수 있다.

45

|정답| ④

|해설| 대량생산기술을 적용할 때에는 기계적 조직이 적합하며, 소량주문생산기술을 적용할 때에는 유기적 조직이 적합하다.

46

|정답| ②

|해설| 주식회사는 자본이 중심이므로 1주 1표의 의결권을 가지지만, 협동조합은 출자액에 관계없이 1인 1표라는

사람 중심의 의결권을 갖는다. 따라서 일반적으로 주식회사의 경우 실제적인 의사결정이 소수의 대주주에 의해 결정되지만 협동조합은 다수에 의한 평등한 지배가 가능하다.

보충 플러스+

협동조합의 조직·운영 원칙
1. 사업의 목적이 영리에 있지 않고 조합원 간의 상호부조에 있다.
2. 임의(任意)로 설립되며 조합원의 가입·탈퇴가 자유로워야 한다.
3. 조합원은 출자액의 다소에 관계없이 1인 1표의 평등한 의결권을 가진다.
4. 잉여금을 조합원에게 분배함에 있어서는 출자액의 다소에 의하지 않고 조합사업의 이용분량에 따라서 실시한다.

47

|정답| ⑤

|해설| 베버(Weber)가 주장한 관료제 조직은 의사결정 권한을 관리자의 주관적 판단에 맡길 때 발생할 수 있는 조직의 불안정을 최소화하기 위해 업무수행에 관한 규칙과 절차를 철저하게 공식화한다. 조직계층에 따라 책임과 권한을 구체적으로 규정하여 권한의 남용이나 임의성을 최소화하고 조직관리를 비개인화하여 관리자 개인의 능력에 상관없이 조직의 안정성을 유지하도록 하는 조직이다.

48

|정답| ④

|해설| Big 5 성격 특성의 요인 중 타인의 관심을 끌려고 하거나 타인을 주도하려고 하는 정도는 외향성(Extraversion)에 대한 설명이다. 친화성(Agreeableness)은 타인과 편안하고 조화로운 관계를 유지하는 정도로, 해당 요인의 점수가 높은 사람은 이타적이고 배려심이 많은 성격으로 평가한다.

49

| 정답 | ④

| 해설 | 기업이 근로자에게 근로의 대가로 지급하는 보상은 노동에 대한 금전적 보상인 경제적 보상과 비금전적 보상인 비경제적 보상으로 구분되며, 경제적 보상은 다시 직접적 보상과 간접적 보상으로 분류된다. 이 중 직접적 보상이란 화폐의 형태로 된 금전적 보상으로 기본임금과 스톡옵션, 상여금 등의 변동임금(인센티브)이 여기에 해당한다. 간접적 보상이란 화폐적 형태로 직접 제공되지는 않으나 금전적 성격을 가지는 보상으로 보험료, 유급휴가, 시설이용 등의 복리후생이 여기에 해당한다.

50

| 정답 | ③

| 해설 | 최초상기(Top of Mind)는 소비자에게 제품군을 제시했을 때 가장 먼저 떠오르는 브랜드로, 제품시장에서 비보조인지도가 가장 높은 브랜드를 의미한다.

보충 플러스+

그레이브야드 모델(Graveyard Model)
브랜드 인지도에 관하여 보조인지도와 비보조인지도의 높고 낮음을 기준으로 브랜드를 다음과 같이 분류할 수 있다.
• 리딩 브랜드(Leading Brand) : 보조인지도와 비보조인지도가 모두 높아 시장을 선도하고 있는 브랜드
• 그레이브야드 브랜드(Graveyard Brand) : 보조인지도는 높으나 비보조인지도는 낮은 브랜드로, 대중적으로는 알려져 있으나 실제 구매에서는 검토되지 않는 브랜드이다. 해당 위치에 있는 브랜드는 장기적으로 사멸하게 된다고 하여 이를 브랜드의 무덤으로 비유한다.
• 니치 브랜드(Niche Brand) : 보조인지도는 낮으나 비보조인지도가 높은 브랜드로, 브랜드를 인지하는 특정 사용자층에게는 높은 충성도를 가지고 있으나 그 외의 사용자층에게는 인지도가 낮은 브랜드이다. 해당 위치에 있는 브랜드는 상품에 따라 대중적인 브랜드보다 높은 가치를 가지기도 한다.

전공 수협법 전공시험

▶ 문제 202쪽

01	②	02	⑤	03	③	04	④	05	①
06	②	07	③	08	③	09	④	10	⑤
11	①	12	③	13	⑤	14	④	15	③
16	①	17	⑤	18	①	19	①	20	②
21	⑤	22	②	23	③	24	⑤	25	④
26	②	27	②	28	②	29	⑤	30	⑤
31	①	32	②	33	②	34	②	35	②
36	②	37	⑤	38	②	39	⑤	40	②
41	④	42	①	43	②	44	③	45	⑤
46	②	47	⑤	48	④	49	④	50	⑤

01

| 정답 | ②

| 해설 | 수산업협동조합법은 어업인과 수산물가공업자의 자주적인 협동조합을 바탕으로 어업인과 수산물가공업자의 경제적·사회적·문화적 지위의 향상과 어업 및 수산물가공업의 경쟁력 강화를 도모함으로써 어업인과 수산물가공업자의 삶의 질을 높이고 국민경제의 균형 있는 발전에 이바지함을 목적으로 한다(「수산업협동조합법」 제1조).

02

| 정답 | ⑤

| 해설 | 국가와 공공단체는 조합등과 중앙회의 사업에 필요한 경비를 보조하거나 융자할 수 있다(「수산업협동조합법」 제9조 제1항).

| 오답풀이 |

① 중앙회는 자기자본을 충실히 하고 적정한 유동성을 유지하는 등 경영의 건전성 및 효율성을 확보하여야 한다(「수산업협동조합법」 제6조 제3항).

② 수산업협동조합중앙회는 회원의 사업과 직접 경합되는 사업을 하여 회원의 사업을 위축시켜서는 아니 된다. 다만, 중앙회가 회원과 공동출자 등의 방식으로 회원

공동의 이익을 위하여 사업을 수행하는 경우에는 회원의 사업과 직접 경합하는 것으로 보지 아니한다(「수산업협동조합법」 제6조 제2항).

③ 수협은행을 제외한 중앙회와 중앙회가 출자한 법인은 회원 또는 회원의 조합원으로부터 수집하거나 판매위탁을 받은 수산물 및 그 가공품의 유통, 가공, 판매 및 수출을 적극적으로 추진하고, 수산물 가격안정을 위하여 수급조절에 필요한 조치를 하여야 한다(「수산업협동조합법」 제6조 제4항).

④ 중앙회의 업무 및 재산에 대해서는 국가 및 지방자치단체의 조세 외의 부과금을 면제한다. 다만 그 재산이 중앙회의 사업 외의 목적으로 사용되는 경우에는 그러하지 아니하다(「수산업협동조합법」 제8조).

03

| 정답 | ③

| 해설 | ㉠ 조합과 중앙회의 사업에 대해서는 「보험업법」을 적용하지 아니한다(「수산업협동조합법」 제12조 제1항).
㉢ 조합과 중앙회의 보관사업에 대해서는 「수산업협동조합법」에서 정한 것 외에 「상법」 제155조부터 제168조까지의 규정을 준용한다(「수산업협동조합법」 제12조 제2항).

| 오답풀이 |
㉡ 조합과 중앙업의 사업에 대해서는 「화물자동차 운수사업법」 제56조를 적용하지 아니한다(「수산업협동조합법」 제12조 제1항).
㉣ 조합, 조합공동사업법인(이하 '조합등'이라고 한다)이 공공기관에 직접 생산하는 물품을 공급하는 경우에는 조합등을 「중소기업제품 구매촉진 및 판로지원에 관한 법률」 제33조 제1항 각 호 외의 부분에 따른 국가와 수의계약의 방법으로 납품계약을 체결할 수 있는 자로 본다(「수산업협동조합법」 제12조의3).

04

| 정답 | ④

| 해설 | 조합장은 발기인으로부터 사무를 인수하면 정관으로 정하는 기일 이내에 조합원이 되려는 자에게 출자금

전액을 납입하게 하여야 한다(「수산업협동조합법」 제18조 제2항).

| 오답풀이 |
① 지구별수협을 설립하려면 해당 구역의 조합원 자격을 가진 자 20인 이상이 발기인이 되어 정관을 작성하고 창립총회의 의결을 거쳐 해양수산부장관의 인가를 받아야 한다(「수산물협동조합법」 제16조 제1항).
② 지구별수협의 설립인가를 받기 위해서는 조합원 자격이 있는 설립동의자의 출자금납입확약총액이 3억 원 이상일 것을 요구한다(「수산업협동조합법 시행령」 제12조 제1호 다목).
③ 지구별수협은 주된 사무소의 소재지에서 설립등기를 함으로써 성립한다(「수산업협동조합법」 제19조 제1항).
⑤ 지구별수협의 설립무효에 관하여는 「상법」 제328조를 준용한다. 이 경우 '주주'는 '조합원'으로 본다(「수산업협동조합법」 제19조 제2항).

05

| 정답 | ①

| 해설 | ㉤ 수산금융채권은 수산물협동중앙회와 수협은행이 발행하는 채권이므로 지구별수협의 정관에는 이에 관한 내용을 포함하지 않는다. 수산금융채권의 발행에 관한 사항은 중앙회와 수협은행의 정관에 포함되어 있다(「수산업협동조합법」 제123조, 제141조의5).

| 오답풀이 |
㉠ 「수산물협동조합법」 제17조 제2호
㉡ 「수산물협동조합법」 제17조 제4호
㉢ 「수산물협동조합법」 제17조 제6호
㉣ 「수산물협동조합법」 제17조 제17호

06

| 정답 | ②

| 해설 | 사업장 외의 지역에 주소 또는 거소만이 있는 어업인이 그 외의 사업장 소재지를 구역으로 하는 지구별수협의 조합원이 되는 경우에는 주소 또는 거소를 구역으로 하는 지구별수협의 조합원이 될 수 없다(「수산업협동조합법」 제20조 제1항).

| 오답풀이 |

① 조합원은 지구별수협의 구역에 주소·거소 또는 사업장이 있는 어업인이어야 한다(「수산업협동조합법」 제20조 제1항).

③ 「농어업경영체 육성 및 지원에 관한 법률」 제16조와 제19조에 따른 영어조합법인과 어업회사법인으로서 그 주된 사무소를 지구별수협의 구역의 두고 어업을 경영하는 법인은 지구별수협의 조합원이 될 수 있다(「수산업협동조합법」 제20조 제2항).

④ 지구별수협의 구역에 주소를 둔 어업인이 구성원이 되거나 출자자가 된 해양수산 관련 단체는 지구별수협의 정관으로 정하는 바에 따라 이를 준조합원으로 할 수 있다(「수산업협동조합법」 제21조 제1항 제1호).

⑤ 지구별수협은 준조합원에 대하여 정관으로 정하는 바에 따라 가입금과 경비를 부담하게 할 수 있고(「수산업협동조합법」 제21조 제2항), 준조합원은 정관으로 정하는 바에 따라 지구별수협의 사업을 이용할 권리 및 탈퇴 시 가입금의 환급을 청구할 권리를 가진다(동조 제3항).

보충 플러스+

영어조합법인과 어업회사법인

협업적 수산업경영을 통하여 생산성을 높이고, 수산물의 출하·유통·가공·수출 및 농어촌 관광휴양사업 등을 공동으로 하는 어업인과, 수산업의 생산력 향상과 수산인의 권익보호를 위한 수산인의 자주적인 조직인 생산자단체는 「농어업경영체 육성 및 지원에 관한 법률」 제16조에 따라 5인 이상을 조합원으로 하는 조합법인을 설립할 수 있는데, 이를 영어조합법인(營漁組合法人)이라고 한다.

또한 수산업의 경영이나 수산물의 유통·가공·판매를 기업적으로 하거나 농어촌 관광휴양사업을 하려는 어업인 및 어업생산단체는 「농어업경영체 육성 및 지원에 관한 법률」 제19조에 따라 「상법」상 회사인 어업회사법인(漁業會社法人)을 설립할 수 있다.

07

| 정답 | ③

| 해설 | 「수산업협동조합법」 제23조에 따라 지구별수협의 조합원은 정관으로 정하는 바에 따라 사업의 이용 실적에 따라 조합원에게 배당할 금액의 전부 또는 일부를 조합원에게 출자하게 할 수 있는데, 이를 회전출자라고 한다.

08

| 정답 | ③

| 해설 | 조합원은 지구별수협에 대한 채권과 출자금 납입을 상계할 수 없다(「수산업협동조합법」 제22조 제5항).

| 오답풀이 |

① 「수산업협동조합법」 제22조 제1항

② 「수산업협동조합법」 제22조 제4항

④ 「수산업협동조합법」 제22조 제3항

⑤ 「수산업협동조합법」 제22조의2, 제147조 제1항

09

| 정답 | ④

| 해설 | 지구별수협의 조합원은 그 조합원의 자격이 없다면 당연히 탈퇴하며, 이에 해당하는지 결정하는 것은 이사회의 의결로 한다(「수산업협동조합법」 제31조 제2항 제1호, 동조 제3항).

| 오답풀이 |

① 지구별수협은 조합원의 수를 제한할 수 없다(「수산업협동조합법」 제29조 제3항).

② 지구별수협은 1년 이상 지구별수협의 사업을 이용하지 아니한 조합원에 대해 총회의 의결을 거쳐 제명할 수 있다(「수산업협동조합법」 제32조 제1항 제1호).

③ 조합원의 파산은 당연탈퇴 사유에 해당한다(「수산업협동조합법」 제31조 제2항 제3호).

⑤ 사망으로 인하여 탈퇴하게 된 조합원의 상속인이 조합원의 자격이 있는 경우에는 피상속인의 출자를 승계하여 조합원이 될 수 있다(「수산업협동조합법」 제30조 제1항).

10

| 정답 | ⑤

| 해설 | 조합원의 자격 및 가입에 대한 심사는 지구별수협 이사회의 의결사항에 해당한다(「수산업협동조합법」 제45조 제3항 제1호).

| 오답풀이 |

① 「수산업협동조합법」 제37조 제1항 제3호

② 「수산업협동조합법」 제37조 제1항 제2호

③ 「수산업협동조합법」 제37조 제1항 제1호

④ 「수산업협동조합법」 제37조 제1항 제10호

11

| 정답 | ①

| 해설 | 지구별수협 조합원은 출자금의 많고 적음과 관계없이 평등한 의결권 및 선거권을 가진다(「수산업협동조합법」 제27조).

| 오답풀이 |

② 「수산업협동조합법」 제38조 제1항

③ 「수산업협동조합법」 제39조 제2항

④ 총회는 이 법에 다른 규정이 있는 경우를 제외하고는 구성원 과반수의 출석으로 개의하고 출석구성원 과반수의 찬성으로 의결한다. 다만 제37조 제1항 제1호부터 제3호까지 및 제11호의 사항은 구성원 과반수의 출석과 출석구성원 3분의 2 이상의 찬성으로 의결한다(「수산업협동조합법」 제40조).

⑤ 조합원은 다른 조합원이나 가족, 법인의 경우 조합원·사원 등 그 구성원을 대리인으로 하여 의결권을 행사할 수 있으며, 이 경우 조합원은 출석한 것으로 본다(「수산업협동조합법」 제28조 제1항, 제2항).

12

| 정답 | ③

| 해설 | 지구별수협 대의원회를 구성하는 대의원의 임기는 2년으로 한다(「수산업협동조합법」 제44조 제3항).

| 오답풀이 |

① 「수산업협동조합법」 제44조 제1항

② 「수산업협동조합법」 제44조 제1항, 제2항

④ 「수산업협동조합법」 제44조 제4항

⑤ 대의원회에 대해서는 총회에 관한 규정을 준용한다. 다만, 대의원의 의결권은 대리인이 행사할 수 없다(「수산업협동조합법」 제44조 제5항).

13

| 정답 | ⑤

| 해설 | ㉠ 「수산업협동조합법」 제45조 제3항 제3호

㉡ 「수산업협동조합법」 제45조 제3항 제7호

㉢ 「수산업협동조합법」 제45조 제3항 제2호

㉣ 「수산업협동조합법」 제45조 제3항 제4호

14

| 정답 | ④

| 해설 | 지구별수협 상임이사가 궐위·구금되거나 의료기관에서 60일 이상 계속하여 입원하는 등 부득이한 사유로 직무를 수행할 수 없는 경우 이사회가 정한 순서에 따라 간부직원이 그 직무를 대행하며, 그 궐위기간이 6개월을 초과하는 경우에는 중앙회가 해양수산부장관의 승인을 받아 관리인을 파견할 수 있으며 관리인은 상임이사가 선출될 때까지 그 직무를 수행한다(「수산업협동조합법」 제47조 제6항).

| 오답풀이 |

① 지구별수협 조합장이 비상임인 경우에는 상임이사나 간부직원인 전무가 그 업무를 집행한다(「수산업협동조합법」 제47조 제1항).

② 지구별수협의 신용사업 및 공제사업은 상임이사가 전담하여 처리하고 그에 대하여 경영책임을 진다(「수산업협동조합법」 제47조 제3항 제1호).

③ 「수산업협동조합의 부실예방 및 구조개선에 관한 법률」 제2조 제3호에 따른 부실조합으로서 같은 법 제4조의2 제1항에 따라 해양수산부장관으로부터 적기시정조치를 받은 지구별수협은 대통령령으로 정하는 바에 따라 상임이사가 그 적기시정조치의 이행을 마칠 때까지 지구별수협의 경제사업에 관한 업무를 전담하여 처리하고 그에 대하여 경영책임을 진다(「수산업협동조합법」 제47조 제4항 제1호).

⑤ 「수산업협동조합법」 제47조 제6항

15

| 정답 | ③

| 해설 | 지구별수협과 조합장을 포함한 이사와 계약을 할 때에는 감사가 지구별수협을 대표한다(「수산업협동조합법」제49조 제1항).

| 오답풀이 |

① 「수산업협동조합법」 제48조 제1항

② 「수산업협동조합법」 제48조 제2항

④ 「수산업협동조합법」 제49조 제2항

⑤ 「수산업협동조합법」 제50조 제1항

16

| 정답 | ①

| 해설 | 금고 이상의 집행유예를 선고받고 그 유예기간 중에 있는 사람은 지구별수협의 임원이 될 수 없다고 규정하고 있는 한편(「수산업협동조합법」제51조 제1항 제7호), 범죄의 정도가 경미한 자에 대하여 일정 기간 동안 형의 선고를 유예하는 선고유예를 지구별수협의 임원 결격사유로 하는 것은 과도하다는 이유로 2020. 3. 24. 개정에서 선고유예 중인 사람에 대한 임원 결격사유 규정(「수산업협동조합법」제51조 제1항 제8호)을 삭제하였다.

| 오답풀이 |

② 「수산업협동조합법」 제51조 제1항 제10호

③ 「수산업협동조합법」 제51조 제1항 제8호의2

④ 「수산업협동조합법」 제51조 제1항 제12호

⑤ 「수산업협동조합법」 제51조 제1항 제13호

보충 플러스+

선고유예

선고유예는 범죄의 정도가 경미한 자에 대해 형의 선고를 유예하였다가 일정한 기간이 경과되면 면소된 것으로 보는 제도로, 집행유예보다는 가벼운 결정이다. 「형법」 제59조에서는 1년 이하의 징역이나 금고, 자격정지 또는 벌금의 형을 선고할 때 뉘우치는 정상이 뚜렷할 경우 선고유예를 할 수 있다고 규정하고 있다.

17

| 정답 | ⑤

| 해설 | 지구별수협은 임원 선거를 공정하게 관리하기 위하여 대통령령으로 정하는 바에 따라 선거관리위원회를 구성·운영한다(「수산업협동조합법」제54조 제1항). 지구별수협의 주된 사무소의 소재지를 관장하는 구·시·군선거관리위원회에 선거관리를 위탁하는 것은 지구별수협 조합장 선거에 해당한다(「수산업협동조합법」제54조 제2항).

| 오답풀이 |

① 「수산업협동조합법」 제53조 제1항 제1호 가목

② 「수산업협동조합법」 제53조 제2항

③ 「수산업협동조합법」 제53조 제10항 제2호

④ 「수산업협동조합법」 제53조의3 제2항

18

| 정답 | ①

| 해설 | 지구별수협의 임원 선거 후보자나 후보자가 소속된 기관·단체·시설이 선거 기간 중 금전·물품이나 그 밖의 재산적 이익을 제공하는 '기부행위'에는 직무상의 행위나 의례적 행위는 포함하지 않는다. 이때 선거기간 중 후보자가 소속된 기관·단체·시설의 자체 사업계획과 예산으로 하는 의례적인 금전·물품 제공행위는 직무상의 행위로 인정되어 기부행위로 보지 않는다. 다만 이 경우 화환·화분을 제공하는 행위는 예외로 한다(「수산업협동조합법」제53조의2 제2항 제1호 가목).

| 오답풀이 |

② 직무상의 행위에 해당한다(「수산업협동조합법」 제53조의2 제2항 제1호 다목).

③ 의례적 행위에 해당한다(「수산업협동조합법」 제53조의2 제2항 제2호 라목).

④ 의례적 행위에 해당한다(「수산업협동조합법」 제53조의2 제2항 제2호 마목).

⑤ 의례적 행위에 해당한다(「수산업협동조합법」 제53조의2 제2항 제2호 바목).

19

| 정답 | ①

| 해설 | ㉠ 「수산업협동조합법」 제60조 제1항 제1호 가목
㉡ 「수산업협동조합법」 제60조 제1항 제1호 마목

| 오답풀이 |
㉢ 수산물 유통 조절 및 비축사업은 지구별수협의 경제사
업에 해당한다(「수산업협동조합법」 제60조 제1항 제2
호 라목).
㉣ 조합원의 예금 및 적금의 수납업무는 지구별수협의 신
용사업에 해당한다(「수산업협동조합법」 제60조 제1항
제3호 가목).

20

| 정답 | ②

| 해설 | 지구별수협은 국가로부터 차입한 자금을 해양수산
부령으로 정하는 바에 따라 조합원이 아닌 수산업자에게도
대출할 수 있다(「수산업협동조합법」 제60조 제6항).

| 오답풀이 |
① 국가나 공공단체는 지구별수협에게 사업을 위탁하는 경
우에는 대통령령으로 정하는 바에 따라 지구별수협과
위탁 계약을 체결하여야 한다(「수산업협동조합법」 제
60조 제4항).
③ 지구별조합이 공제사업을 하려면 공제규정을 정하여 해
양수산부장관의 인가를 받아야 한다(「수산업협동조합
법」 제60조의2 제1항).
④ 「수산업협동조합법」 제61조 제1항
⑤ 지구별수협은 조합원의 공동이익을 위하여 어업 및 그
에 부대하는 사업을 경영할 수 있다(「수산업협동조합법」
제64조 제1항).

21

| 정답 | ⑤

| 해설 | 지구별수협의 신용사업 부문과 신용사업 이외의 사
업 부문 간의 재무관계와 그에 대한 재무기준은 금융위원
회와의 협의를 거쳐 해양수산부장관이 정한다(「수산업협동
조합법」 제66조 제4항).

| 오답풀이 |
① 「수산물협동조합법」 제65조
② 「수산물협동조합법」 제66조 제2항
③ 지구별수협의 특별회계는 특정 사업을 운영할 경우나
특정 자금을 보유하여 운영할 경우, 그 밖에 일반회계
와 구분할 필요가 있는 경우에 정관으로 정하는 바에 따
라 설치한다(「수산물협동조합법」 제66조 제3항).
④ 「수산물협동조합법」 제66조 제4항 제1호

22

| 정답 | ③

| 해설 | 지구별수협은 매 회계연도의 손실 보전을 하고 남을
때에는 자기자본의 3배가 될 때까지 매 사업연도 잉여금의
10분의 1 이상을 법정적립금으로 적립하여야 한다(「수산업
협동조합법」 제70조 제1항).

| 오답풀이 |
① 「수산업협동조합법」 제68조 제1항
② 지구별수협은 국채·공채 및 대통령령으로 정하는 유가
증권의 매입과 중앙회, 수협은행 또는 대통령령으로 정
하는 금융기관에 예치하는 방법으로만 업무상의 여유자
금을 운용할 수 있다(「수산업협동조합법」 제69조).
④ 지구별수협의 법정적립금과 자본적립금은 지구별수협
의 손실금을 보전하거나, 지구별수협의 구역이 다른 조
합의 구역이 된 경우 그 재산의 일부를 다른 조합에 양
여하는 경우 이외에는 사용하지 못한다(「수산업협동조
합법」 제72조).
⑤ 「수산업협동조합법」 제74조 제2항

23

| 정답 | ③

| 해설 | 합병 후 존속하거나 합병으로 설립되는 지구별수협
은 소멸되는 지구별수협의 권리의무를 승계한다(「수산업협
동조합법」 제81조 제1항).

| 오답풀이 |
① 「수산업협동조합법」 제77조 제1항, 제2항
② 「수산업협동조합법」 제78조 제1항, 제2항

④ 「수산업협동조합법」제83조

⑤ 지구별수협이 분할할 때에는 분할 후 설립되는 조합이 승계하여야 하는 권리의무의 범위를 총회에서 의결하여야 한다(「수산업협동조합법」제80조 제1항).

24

|정답| ⑤

|해설| 청산 사무가 끝나면 청산인은 지체 없이 결산보고서를 작성하고 이를 총회에 제출하여 승인을 받아야 한다(「수산업협동조합법」제90조).

|오답풀이|

① 「수산업협동조합법」제84조 제4호

② 지구별수협이 해산(파산으로 인한 경우는 제외한다)하였을 때에는 조합장이 청산인이 된다. 다만, 총회에서 다른 사람을 청산인으로 선임하였을 때에는 그러하지 아니하다(「수산업협동조합법」제86조 제1항).

③ 청산인은 취임 후 지체 없이 재산 상황을 조사하고 재산 목록 및 재무상태표를 작성하여 재산 처분 방법을 정하고 이를 총회에 제출하여 승인을 받아야 한다. 이때 승인을 받기 위해 2회 이상 총회를 소집하여도 총회가 구성되지 않아 승인을 받을 수 없을 때에는 해양수산부장관의 승인으로 총회의 승인을 갈음할 수 있다(「수산물협동조합법」제87조 제1항, 제2항).

④ 「수산업협동조합법」제88조

25

|정답| ④

|해설| ㉠ 「수산업협동조합법」제92조 제2항 제4호

㉡ 「수산업협동조합법」제92조 제2항 제3호

㉢ 「수산업협동조합법」제92조 제2항 제2호

|오답풀이|

㉣ 회계연도와 회계에 관한 사항은 설립등기신청서에는 기재되지 않고 지구별수협의 정관에 기재된다.

26

|정답| ②

|해설| 지구별수협이 합병하였을 때에는 해양수산부장관이 합병인가를 한 날로부터 2주 이내에 합병 후 존속하는 지구별수협은 제95조에 따른 ㉠ 변경등기를, 합병으로 소멸하는 지구별수협은 제98조에 따른 ㉡ 해산등기를, 합병으로 설립되는 지구별수협은 제92조에 따른 ㉢ 설립등기를 각각 주된 사무소의 소재지에서 하여야 한다(「수산업협동조합법」제97조 제1항).

27

|정답| ④

|해설| 업종별수협의 조합원 자격을 가진 자 중 단일 어업을 경영하는 자는 해당 업종별수협에만 가입할 수 있다(「수산업협동조합법」제106조 제2항).

|오답풀이|

① 업종별수협은 어업을 경영하는 조합원의 생산성을 높이고 조합원이 생산한 수산물의 판로 확대 및 유통 원활화를 도모하며, 조합원에게 필요한 자금·자재·기술 및 정보 등을 제공함으로써 조합원의 경제적·사회적·문화적 지위 향상을 증대함을 목적으로 한다(「수산업협동조합법」제104조).

② 「수산업협동조합법」제105조 제2항

③ 「수산업협동조합법」제106조 제1항, 동법 시행령 제22조 제1호, 제2호, 제3호

⑤ 「수산업협동조합법」제105조 제1항

28

|정답| ③

|해설| ㉠ 「수산업협동조합법」제107조 제1항 제1호 다목

㉢ 「수산업협동조합법」제107조 제1항 제2호 라목

㉣ 「수산업협동조합법」제107조 제1항 제5호

|오답풀이|

㉡ 상호금융사업은 중앙회의 사업에 해당한다.

㉤ 어업통신사업은 중앙회와 지구별수협의 사업에 해당한다.

29

|정답| ⑤

|해설| 조합공동사업법인의 회원은 출자액에 비례하여 의결권을 가진다(「수산업협동조합법」 제113조의4 제3항).

|오답풀이|

① 「수산업협동조합법」 제109조

② 「수산업협동조합법」 제111조

③ 「수산업협동조합법」 제113조의2

④ 「수산업협동조합법」 제113조의3 제2항

30

|정답| ⑤

|해설| ㉠ 「수산업협동조합법」 제113조의6 제1항 제2호

㉡ 「수산업협동조합법」 제113조의6 제1항 제6호

㉢ 「수산업협동조합법」 제113조의6 제1항 제4호

㉣ 「수산업협동조합법」 제113조의6 제1항 제8호

31

|정답| ①

|해설| 조합은 같은 종류의 조합 간의 공동사업 개발과 그 권익 증진을 도모하기 위하여 각 조합을 회원으로 하는 수산업협동조합협의회를 각각 구성할 수 있다(「수산업협동조합법」 제114조 제1항).

|오답풀이|

② 「수산업협동조합법」 제114조 제2항 제1호, 제2호

③ 「수산업협동조합법」 제114조 제3항

④ 국가, 공공단체 또는 중앙회는 조합협의회의 사업에 필요한 자금을 보조하거나 융자할 수 있다(「수산업협동조합법」 제115조 제2항).

⑤ 수산업협동조합협의회는 지구별수협의 경우 특별시·광역시·도 또는 특별자치도를 단위로 구성하고, 업종별수협 및 수산물가공수협의 경우에는 전국을 단위로 구성할 수 있다(「수산업협동조합법 시행규칙」 제9조의5 제1항).

32

|정답| ②

|해설| 수협중앙회 회원의 책임은 그 출자액을 한도로 한다(「수산업협동조합법」 제122조).

|오답풀이|

① 수협중앙회는 조합을 회원으로 한다(「수산업협동조합법」 제118조).

③ 수협중앙회 회원이 해산하거나 파산한 경우에는 당연히 탈퇴한다(「수산업협동조합법」 제121조).

④ 「수산업협동조합법」 제120조

⑤ 「수산업협동조합법」 제119조 제1호

33

|정답| ②

|해설| 수협중앙회는 수산금융채권의 발행자로 그 정관에 수산금융채권의 발행에 관한 사항을 포함한다(「수산업협동조합법」 제123조 제11호).

34

|정답| ②

|해설| 수협중앙회의 경영목표 설정은 수협중앙회 이사회의 의결사항이다(「수산업협동조합법」 제127조 제3항 제1호).

|오답풀이|

① 「수산업협동조합법」 제126조 제1항 제1호

③ 「수산업협동조합법」 제126조 제1항 제4호

④ 「수산업협동조합법」 제126조 제1항 제3호

⑤ 「수산업협동조합법」 제126조 제1항 제2호

35

|정답| ②

|해설| 수산업협동조합 경제사업 평가협의회는 다음 9명의 위원으로 구성한다(「수산업협동조합법」 제139조의3 제4항).

• 수협중앙회장이 위촉하는 수산 관련 단체 대표 1명

- 수협중앙회장이 위촉하는 수산물등 유통 및 어업 관련 전문가 2명
- 수협중앙회장이 소속 임직원 및 조합장 중에서 위촉하는 사람 3명
- 해양수산부장관이 소속 공무원 중에서 지정하는 사람 1명
- 수산업 관련 국가기관, 연구기관, 교육기관 또는 기업에서 종사한 경력이 있는 사람으로서 수협중앙회장이 위촉하는 사람 1명
- 그 밖에 수협중앙회장이 필요하다고 인정하여 위촉하는 사람 1명

|오답풀이|

① 「수산업협동조합법」 제139조의2 제1항

③ 중앙회는 회원의 조합원이 생산한 수산물등의 원활한 유통을 지원하기 위하여 유통지원자금을 조성·운용할 수 있다(「수산업협동조합법」 139조의4 제1항)

④ 「수산업협동조합법」 제139조의4 제3항

⑤ 「수산업협동조합법」 제139조의4 제4항

36

|정답| ③

|해설| 수협중앙회 사업전담대표이사는 총회에서 선출하되, 전담사업에 관한 전문지식과 경험이 풍부한 사람으로서 경력 등 대통령령이 정하는 요건을 충족하는 사람 중 인사추천위원회에서 추천한 사람으로 한다(「수산업협동조합법」 제134조 제2항).

|오답풀이|

① 수협중앙회의 임원 중 사업전담대표이사, 경제사업을 담당하는 이사, 감사위원장은 상임으로 하며(「수산업협동조합법」 제129조 제2항), 사업전담대표이사는 지도경제사업대표이사로 한다(「수산업협동조합법」 제131조 제1항).

② 「수산업협동조합법」 제131조 제2항 제1호

④ 수협중앙회 이사회는 사업전담대표이사 또는 상임이사의 경영 상태를 평가한 결과 경영 실적이 부실하여 그 직무를 담당하기가 곤란하다고 인정하거나, 이 법이나 이 법에 따른 명령 또는 정관을 위반하는 행위를 한 경우에는 총회에 사업전담대표이사 또는 상임이사의 해임을 요구할 수 있다(「수산업협동조합법」 제135조 제3항).

⑤ 수협중앙회에 사업전담대표이사의 업무를 보좌하기 위하여 집행간부를 두고, 집행간부는 사업전담대표이사가 임면한다(「수산업협동조합법」 제136조 제1항, 제2항).

37

|정답| ⑤

|해설| ㉠ 「수산업협동조합법」 제138조 제1항 제1호 자목

㉡ 「수산업협동조합법」 제138조 제1항 제2호 나목

㉢ 「수산업협동조합법」 제138조 제1항 제4호 다목

㉣ 「수산업협동조합법」 제138조 제1항 제14호

㉤ 「수산업협동조합법」 제138조 제1항 제12호

38

|정답| ③

|해설| 수협중앙회 이사회의 의장은 수협중앙회장이 된다(「수산업협동조합법」 제127조 제1항).

|오답풀이|

① 수협중앙회장은 총회의 의장이 된다(「수산업협동조합법」 제125조 제3항).

② 「수산업협동조합법」 제125조 제4항

④ 수협중앙회 이사회는 회장·사업전담대표이사를 포함한 이사로 구성하되, 이사회 구성원의 2분의 1 이상은 회원인 조합의 조합장(회원조합장)이어야 한다(「수산업협동조합법」 제127조 제2항).

⑤ 수협중앙회장은 이사 3명 이상 또는 감사위원회의 요구가 있을 때에는 지체 없이 이사회를 소집하여야 하고, 회장이 필요하다고 인정할 때에는 직접 이사회를 소집할 수 있다(「수산업협동조합법」 제127조 제4항).

39

|정답| ⑤

|해설| 수협중앙회는 수협은행의 주식을 취득하기 위하여 출자하는 경우에 자기자본을 초과하여 출자할 수 있다. 이 경우 사업전담대표이사는 3개월 이내에 출자의 목적 및

금액 등을 총회에 보고해야 한다(「수산업협동조합법」 제141조의3 제4항).

| 오답풀이 |

① 「수산업협동조합법」 제141조 제2항 제1호

② 조합, 중앙회 또는 수협은행으로부터 자금을 차입하는 자가 담보로 제공한 20톤 미만의 어선에 대한 채권 보전을 위해 필요한 절차에 관한 사항은 대통령령으로 정한다(「수산업협동조합법」 제141조 제4항).

③ 수협중앙회는 국가로부터 자금(국가가 관리하는 자금을 포함한다)이나 사업비의 전부 또는 일부를 보조 또는 융자받아 시행한 직전연도 사업에 관련된 자금 사용내용 등 대통령령으로 정하는 정보를 매년 4월 30일까지 공시하여야 한다(「수산업협동조합법」 제141조의2 제1항).

④ 수협중앙회는 사업을 하기 위하여 자기자본의 범위에서 다른 법인에 출자할 수 있다. 다만, 같은 법인에 대한 출자한도는 자기자본의 100분의 20 내에서 정관으로 정한다(「수산업협동조합법」 제141조의3 제1항). 2022년 12월 27일 개정으로 「수산업협동조합법」에서는 신용사업특별회계의 자기자본에 대한 출자 제한은 폐지되었다.

보충 플러스+

2022. 12. 27. 수협법 개정이유 및 주요내용
수협중앙회의 자기자본을 일원화하고, 신용사업특별회계와 신용사업특별회계 외의 사업부문을 구분한 일명 '방화벽' 관련 조항을 폐지하며, 신용사업특별회계의 폐지 수순에 따른 신용사업특별회계의 정의조항 외에 공적자금의 회수를 원활히 하기 위한 규정과 신용사업특별회계의 운용과 관련한 절차 조항을 정비하는 등 공적자금 상환의무와 관련된 규정을 정비하여 수협중앙회가 본래 목적인 수산인에 대한 충분한 지원과 수산업의 경쟁력 강화 및 미래성장 동력 확보에 집중할 수 있도록 함.

40

| 정답 | ②

| 해설 | 제시된 내용은 「수산업협동조합법」 제141조의4 제1항에 명시된 수협은행의 설립의도에 대한 설명이다. 수협중앙회의 신용사업을 분리하여 설립된 법인인 수협은행은 「은행법」 제2조 제1항 제2호에 따른 은행으로 본다(「수산업협동조합법」 제141조의4 제2항).

| 오답풀이 |

① 수협중앙회는 수협은행의 주식을 보유하는 경우 「은행법」 제15조, 제16조, 제16조의2부터 제16조의4까지의 규정을 적용하지 않는다(「수산업협동조합법」 제141조의4 제4항).

③ 수협은행의 설립을 위한 사업의 분리는 「상법」 제530조의12에 따른 회사의 분할로 본다(「수산업협동조합법」 제141조의4 제1항).

④ 수협은행에 대해서는 이 법에 특별한 규정이 없으면 「상법」 중 주식회사에 관한 규정, 「은행법」 및 「금융회사의 지배구조에 관한 법률」을 적용한다(「수산업협동조합법」 제141조의4 제3항).

⑤ 수협은행의 정관을 작성하거나 변경할 때에는 해양수산부장관의 인가를 받아야 한다. 이 경우 해양수산부장관은 미리 금융위원회와 협의하여야 한다(「수산업협동조합법」 제141조의5 제2항).

41

| 정답 | ④

| 해설 | 수협은행 임원의 임기는 3년 이내의 범위에서 정관으로 정한다(「수산업협동조합법」 제141조의7 제4항).

| 오답풀이 |

① 「수산업협동조합법」 제141조의8 제1항

② 「수산업협동조합법」 제141조의8 제2항, 제3항

③ 「수산업협동조합법」 제141조의7 제3항

⑤ 「수산업협동조합법」 제141조의7 제2항

42

| 정답 | ①

| 해설 | 수협은행은 수협중앙회 및 조합의 전산시스템의 위탁운영 및 관리 업무를 수행한다(「수산업협동조합법」 제141조의9 제1항 제7호).

| 오답풀이 |

② 수협은행은 조합 및 수협중앙회의 사업 수행에 필요한 자금이 수산물의 생산·유통·가공·판매를 위하여 어업인이 필요하다고 하는 자금에 해당하는 경우, 우선적으로 자금을 공급할 수 있고, 이 경우 해양수산부령

으로 정하는 바에 따라 우대조치를 할 수 있다(「수산업
협동조합법」 제141조의9 제4항 제1호, 제5항).
③ 수협은행은 조합 및 수협중앙회의 경제사업 활성화에
필요한 자금에 대해 우선적으로 자금을 공급할 수 있다
(「수산업협동조합법」 제141조의9 제4항 제2호).
④ 수협은행에 대하여 금융위원회가 「은행법」 제34조 제2
항에 따른 경영지도기준을 정할 때에는 국제결제은행이
권고하는 금융기관의 건전성 감독에 관한 원칙과 수협
은행의 사업수행에 따른 특수성을 고려하여야 한다(「수
산업협동조합법」 제141조의9 제8항).
⑤ 수협은행이 중앙회가 위탁하는 공제상품의 판매 및 그
부수업무를 수행하는 경우에는 「보험업법」 제4장 모집
에 관한 규정을 적용하지 아니한다(「수산업협동조합법」
제141조의9 제2항).

43

| 정답 | ③

| 해설 | 조합감사위원회의 위원장과 위원은 감사 또는 회계
업무에 관한 전문지식과 경험이 풍부한 사람으로서 대통령
령으로 정하는 요건을 충족해야 하며(「수산업협동조합법」
제144조 제2항), 회원의 조합장과 조합원은 위원이 될 수
없다(「수산업협동조합법」 제144조 제1항).

| 오답풀이 |

① 「수산업협동조합법」 제143조 제1항
② 「수산업협동조합법」 제144조 제1항
④ 조합감사위원회는 회원의 재산 및 업무 집행 상황에 대
하여 2년마다 1회 이상 회원을 감사해야 하며(「수산업
협동조합법」 제146조 제1항), 회원의 건전한 발전을 도
모하기 위하여 필요하다고 인정되면 회원의 부담으로
「주식회사 등의 외부감사에 관한 법률」 제2조 제7호 및
제9조에 따른 감사인에게 회계감사를 요청할 수 있다
(「수산업협동조합법」 제146조 제2항).
⑤ 조합감사위원회는 감사 결과에 따라 해당 회원에게 시
정 또는 업무의 정지를, 관련 임원의 경우 개선, 직무의
정지, 견책 또는 변상을, 관련 직원에 대하여는 징계면
직, 정직, 감봉, 견책 또는 변상을 할 것을 요구할 수
있다(「수산업협동조합법」 제146조 제3항).

44

| 정답 | ③

| 해설 | 우선출자는 이를 양도할 수 있다. 다만, 우선출자증
권 발행 전의 양도는 중앙회에 대하여 효력이 없다(「수산업
협동조합법」 제150조 제1항).

| 오답풀이 |

① 「수산업협동조합법」 제147조 제3항
② 잉여금 배당에 우선적 지위를 가지는 우선출자를 한 자
는 의결권과 선거권을 가지지 아니한다(「수산업협동조
합법」 제147조 제4항).
④ 「수산업협동조합법」 제147조 제5항
⑤ 「수산업협동조합법」 제151조 제1항, 제2항

45

| 정답 | ⑤

| 해설 | 수산금융채권의 소멸시효는 원금은 5년, 이자는 2년
으로 한다(「수산업협동조합법」 제160조).

| 오답풀이 |

① 수협은행은 「은행법」 제2조 제1항 제5호에 따른 자기
자본의 5배를 초과하여 수산금융채권을 발행할 수 없다
(「수산업협동조합법」 제156조 제2항). 다만 수산금융
채권의 차환을 위해서는 그 발행 한도를 초과하여 수산
금융채권을 발행할 수 있다. 이 경우 발행 후 1개월 이
내에 상환 시기가 도래하거나 이에 상당하는 이유가 있
는 수산금융채권에 대하여 그 발행 액면금액에 해당하
는 수산금융채권을 상환하여야 한다(「수산업협동조합
법」 제156조 제3항).
② 수협은행은 수산금융채권을 할인하는 방법으로 발행할
수 있다(「수산업협동조합법」 제156조 제4항).
③ 기명식 수산금융채권의 명의변경은 그 채권 취득자의
성명과 주소를 그 채권 원부에 적고 그 성명을 증권에
적지 아니하면 중앙회, 수협은행 또는 그 밖의 제3자에
게 대항하지 못한다(「수산업협동조합법」 제157조).
④ 수산금융채권은 그 원리금 상환을 국가가 전액 보증할
수 있다(「수산업협동조합법」 제159조).

46

| 정답 | ②

| 해설 | 선택지의 내용은 2022년 12월 27일 개정 전 수협중앙회의 자기자본을 신용사업특별회계와 그 외의 사업으로 구분하는 구 「수산업협동조합법」 제164조 제1항의 내용이다. 2022년 12월 27일 개정으로 수협중앙회의 자기자본이 일원화되면서 해당 조항은 삭제되었다.

| 오답풀이 |

① 수협중앙회는 매 회계연도가 지난 후 3개월 이내에 결산보고서를 해양수산부장관에게 제출하여야 한다. 그 결산보고서에는 「주식회사 등의 외부감사에 관한 법률」에 따른 회계법인의 회계감사를 받은 의견서를 첨부해야 한다(「수산업협동조합법」 제163조 제1항, 제2항).

③ 「수산업협동조합법」 제165조 제1항

④ 수협중앙회는 수산업협동조합의 약칭, 문자, 표식 등을 포함한 명칭을 사용하는 영리법인에 대해 그 영업수익 또는 매출액의 1천분의 25 범위에서 정관으로 정하는 기준에 따라 총회에서 정하는 부과율을 곱하여 산정하는 금액의 명칭사용료를 부과할 수 있다(「수산업협동조합법」 제162조의2 제1항). 수협중앙회는 이 명칭사용료의 회계에 있어서 다른 수입과는 구분하여 관리하여야 하며, 그 수입과 지출에는 총회의 승인을 받아야 한다(「수산업협동조합법」 제162조의2 제2항).

⑤ 수협중앙회는 손실을 보전하고 법정적립금·임의적립금 및 지도사업이월금을 적립한 후가 아니면 잉여금을 배당하지 못한다(「수산업협동조합법」 제166조 제2항).

47

| 정답 | ⑤

| 해설 | 조합 중 직전 회계연도 말 자산총액이 대통령령으로 정하는 기준액 이상인 조합은 제146조 제1항에 따른 조합 감사위원회의 감사를 받지 않은 회계연도에는 「주식회사 등의 외부감사에 관한 법률」 제2조 제7호 및 제9조의 감사인의 감사를 받아야 한다.

다만 최근 5년 이내에 회계부정, 횡령, 배임 등 해양수산부령으로 정하는 중요한 사항이 발생한 조합과 부실조합 및 부실우려조합은 감사인의 감사를 매년 받아야 한다(「수산업협동조합법」 제169조 제7항).

| 오답풀이 |

① 「수산업협동조합법」 제169조 제1항

② 「수산업협동조합법」 제169조 제3항

③ 「수산업협동조합법」 제169조 제4항

④ 「수산업협동조합법」 제169조 제6항

48

| 정답 | ④

| 해설 | 조합등에 대한 감사 또는 경영평가의 결과 경영이 부실하여 자본을 잠식한 조합이, 수협중앙회의 지도 및 감사 또는 해양수산부장관의 경영지도에 따르지 않고, 조합원 또는 제3자에게 중대한 손실을 끼칠 우려가 있는 경우 해양수산부장관은 수협중앙회장의 의견을 들어 설립인가를 취소하거나 합병을 명할 수 있다(「수산업협동조합법」 제173조 제1항 제5호). 이때 해양수산부장관은 설립인가의 취소를 위해서는 청문을 하여야 한다(「수산업협동조합법」 제175조 제2호).

따라서 A 수산업협동조합이 경영지도에 따르지 않는 상황인 것은 아니므로, 설립인가의 취소를 위한 청문회는 부적절하다.

| 오답풀이 |

① 해양수산부장관은 경영지도가 시작된 경우에는 6개월 이내의 범위에서 채무의 지급을 정지하거나 임원의 직무를 정지할 수 있다. 이 경우 수협중앙회장에게 지체 없이 재산실사를 하게 하거나 금융감독원장에게 재산실사를 요청할 수 있다(「수산업협동조합법」 제172조 3항).

② 수협중앙회장 또는 수협중앙회 사업전담대표이사는 정관으로 정하는 바에 따라 경영적자·자본잠식 등으로 인하여 경영 상태가 부실한 조합에 대하여 자금 결제 및 지급 보증의 제한이나 중지, 수표 발행 한도의 설정 또는 신규수표의 발행 중지 등 자산 건전성 제고를 위하여 필요한 조치를 할 수 있다(「수산업협동조합법」 제172조 제8항).

③ 수협중앙회장 또는 금융감독원장은 재산실사 결과 위법·부당한 행위를 하여 조합에 손실을 끼친 임직원에 대해 재산 조회 및 가압류 신청 등 손실금 보전을 위하여 필요한 조치를 하여야 한다(「수산업협동조합법」 제172조 제4항).

⑤ 해양수산부장관은 재산실사 결과 해당 조합의 경영정상화가 가능한 경우 등 특별한 사유가 있다고 인정되면 경영지도에 따른 채무 지급정지 또는 직무정지의 전부 또는 일부를 철회하여야 한다(「수산업협동조합법」 제172조 제6항).

49

|정답| ④

|해설| 제53조의3(제108조 또는 제113조에 따라 준용하는 경우를 포함한다)을 위반하여 조합의 경비로 조합의 명의가 아닌 조합장의 성명을 사용하여 축의·부의금품을 제공한 자에 대해서는 2년 이하의 징역 또는 2천만 원 이하의 벌금에 처한다(「수산업협동조합법」 제178조 제1항 제4호).

|오답풀이|

① 투기의 목적으로 조합등 또는 중앙회의 재산을 처분하거나 이용하는 행위로 손실을 끼쳤을 때에는 10년 이하의 징역 또는 1억 원 이하의 벌금에 처한다(「수산업협동조합법」 제176조 제1항 제2호).

② 제16조 제1항을 위반하여 인가를 받지 않은 경우 3년 이하의 징역 또는 3천만 원 이하의 벌금에 처한다(「수산업협동조합법」 제177조 제2호).

③ 제60조 제1항 제15호를 위반하여 감독기관의 승인을 받지 않은 경우 3년 이하의 징역 또는 3천만 원 이하의 벌금에 처한다(「수산업협동조합법」 제177조 제4호).

⑤ 제7조 제2항을 위반하여 공직선거에 관여한 자는 2년 이하의 징역 또는 2천만 원 이하의 벌금에 처한다(「수산업협동조합법」 제178조 제1항 제1호).

50

|정답| ⑤

|해설| 수협중앙회의 임원 선거에서 제53조(제168조에서 준용)를 위반하여 선거운동을 대가로 금전·물품·향응, 그 밖의 재산상의 이익 또는 공사의 직을 제공받거나 받기로 승낙한 자가 자수한 때에는 그 형 또는 과태료를 감경 또는 면제한다(「수산업협동조합법」 제183조 제1항).

|오답풀이|

① 수산업협동조합이나 수협중앙회의 임원 선거와 관련하여 당선인이 그 선거에서 선거범죄에 따라 징역형 또는 100만 원 이상의 벌금형을 선고받은 경우 해당 선거의 당선을 무효로 한다(「수산업협동조합법」 제179조 제1항 제1호). 즉 징역형이 확정되었다면 그 형량에 관계없이 당선은 무효가 된다.

② 당선인의 당선무효로 실시사유가 확정된 재선거와, 당선인이 기소 후 확정판결 전에 사직함으로 인하여 실시사유가 확정된 보궐선거에서, 위탁선거범죄로 인하여 당선이 무효가 된 사람은 후보자가 될 수 없다(「수산업협동조합법」 제179조 제2항 제1호).

③ 수산업협동조합은 선거범죄에 대하여 해당 조합 또는 조합선거관리위원회가 인지하기 전에 그 범죄행위를 신고한 사람에게는 정관으로 정하는 바에 따라 포상금을 지급할 수 있다(「수산업협동조합법」 제182조).

④ 수산업협동조합은 과태료에 해당하는 죄를 포함한 선거범죄의 신고자의 보호에 관하여는 「공직선거법」 제262조의2를 준용한다(「수산업협동조합법」 제181조).

고시넷 금융권 직무평가 최신판

은행·금융 공기업 NCS
실제유형 + 실전모의고사

지역농협 6급
인적성&직무능력평가

NH농협은행 6급
온라인 필기시험

MG 새마을금고
기출예상모의고사

지역신협 인적성검사
최신 기출유형 모의고사

전국 수협 인적성검사
최신 기출유형 모의고사

2025
고시넷
대기업

전국 수협 인적성
선택과목 경영학/수협법
최신 기출유형 모의고사

공기업_NCS

2025 고시넷 공기업
초록이[1]NCS
통합기본서

2025 고시넷 공기업
초록이[2]NCS
통합문제집

2025 고시넷 공기업
NCS [피듈형]
통합 오픈봉투모의고사
6회

2024 고시넷 공기업
LH 한국토지주택공사
5·6급 NCS
기출예상모의고사
6회

2025 고시넷 공기업
LH 한국토지주택공사
7급 업무직원 NCS
기출예상모의고사

2025 고시넷 공기업
코레일 한국철도공사
NCS + 철도법
기출예상모의고사

2025 고시넷 공기업
코레일 한국철도공사
경영학 직무수행능력평가
기출문제집

2025 고시넷 공기업
코레일 한국철도공사
보훈·고졸채용 NCS·철도법
기출예상모의고사

2024 고시넷 공기업
서울교통공사
NCS
기출예상모의고사
8회

2025 고시넷 공기업
부산교통공사
부산시 공공기관 통합채용 NCS
기출예상모의고사

2025 고시넷 공기업
경기도 공공기관 통합채용
NCS 직업기초능력평가
기출예상모의고사

2024 고시넷 공기업
한국산업인력공단[6급]
NCS + 한국사 + 영어
기출예상모의고사
5회

2025 고시넷 공기업
한국가스공사
NCS 직업기초능력
기출예상모의고사

2025 고시넷 공기업
한국도로공사서비스
NCS
기출예상모의고사

2024 고시넷 공기업
한국전력공사
NCS
기출예상모의고사
5회

고시넷 공기업
사람인 NCS
출제유형모의고사

고시넷 공기업
인크루트 NCS
출제유형모의고사

고시넷 공기업
휴노 NCS
출제유형모의고사

고시넷 공기업
매일경제 NCS
출제유형모의고사

고시넷 공기업
휴스테이션
한국사회능력개발원
NCS 출제유형모의고사

2024 고시넷 공기업
한국도로공사
NCS
기출예상모의고사
5회

2025 고시넷 공기업
사무직 통합전공
핵심이론 + 문제풀이

2025 고시넷 공기업
한국수자원공사
NCS
기출예상모의고사
6회

2025 고시넷 공기업
코레일 한국철도공사
경영학 통합기본서

2025 고시넷 공기업
한국수력원자력
NCS 직업기초능력 + 상식
기출예상모의고사